# 우리말의 어제와 오늘

— 정신의 변화를 안고 흐른 국어의 역사 —

## History of Korean : through the Change of Spirit

김 미 형 지음

**제이앤씨**
*Publishing Company*

# 우리말의 어제와 오늘

역사의 강물은 흐른다. 문물과 제도가 변하면서 사회는 바뀌고 사람들의 의식도 바뀐다. 이에 따라 언어도 바뀐다. 언어의 변천은 개개의 언어 사실로 보면 개별적인 연유를 가지고 변하는 것이나, 흐르는 역사의 강물을 따라 조망해 보면, 섬세하게 투영되는 의식의 산물임을 알 수가 있다.

언어의 변천을 의식의 변천과의 관련성 속에서 파악하는 것, 이것이 이 책의 서술 목적이라고 할 수 있다. 언어가 정신의 산물이라고 하는 것, 그러므로 언어의 연구가 가치가 있다고 하는 것은 국어학의 기본적인 자부심이라 할 수 있다. 그런데 그동안 국어학계는 좁은 언어 사실을 깊이 파헤치는 미시적 관점에 얽매이면서, 크게 역사와 의식의 관계성을 보는 거시적 관점에서 소홀하지 않았나 생각한다. 국어학의 미시적 주제를 꾸준히 연구하신 분이 계셨기에 지금과 같은 알찬 국어사 연구 내용을 풍성하게 만날 수 있지만, 그것이 하나의 역사로 꿰어 큰 줄기를 보여주기에는 인문학적인 안목이 결여되어 있다는 점을 많이 느꼈다. 이에 이 책은 국어사의 사실들을 정신적 변화의 흐름 속에서 고찰하는 인문학적인 접근 방식을 취하였다. 따라서 책의 작은 제목을 "정신의 변화를 안고 흐른 국어의 역사"라 이름 하였다.

이 책은 대학의 전공 교재로 사용하면 좋을 것이라고 생각한다. 필자가 대학에서 국어사 과목을 강의하면서 21세기를 살아갈 학생들에게 유익한 국어사 내용은 무엇인가에 대해 꾸준히 고민하면서, 결국 국어사도 인문 정신이 충분한 서술을 담아야 한다는 것, 음운이나 형태 변천에만 국한해서는 안 된다는 것, 그간에 이룩된 많은 국어사 연구들이 교재에 충실하게 반영되어야 한다는 점들을 깨달았다. 더욱이 지금의 상황은 현실적이고 구체적인 것을 선호하는 현대인의 가치관으로 인해 대학에서 국어사가 외면당하고 있는 실정이다. 기존의 국어사 수업에서 미시적인 국어사 내용만으로서는 학생들에게 지적인 충족감을 주지 못했던 것이 사실이었을 것이다. 언어 변화 사실을 중요하게 다루되 전체적인 국어 역사의 맥을 짚어나감으로써, 언어 사실을 역사적으로 보는 안목을 기르고 나아가 지적인 사고력 향상에도 많은 도움이 될 수 있는 과목이 되어야 한다는 필요성을 절감했다.

이 책은 국어사를 연구한 학자들의 훌륭한 업적이 있었기에 이 내용들을 숙지하면서 이 책을 구성할 수 있었다고 본다. 국어사를 연구하시는 스승님과 선배님, 그리고 동학 여러분들의 치열한 정진에 대해 고개 숙여 존경을 표하고, 또 깊이 감사드린다. 그리고 감히 국어사 교재를 만들고자 하는 이 행위에 대해서 송구스러움을 금할 수 없다. 그저, 현대 사회, 대학의 국어사 강의로서 무엇을 담아야 적절할지를 수 년 간 고심하면서, 정신사의 흐름에서 접근한 새로운 구성이라는 점을 예쁘게 보아주시기 바란다.

2005년 2월 15일
안서골 송백관에서
지은이 삼가 씀.

# 우리말의 어제와 오늘

## 개정판을 내면서

7년의 세월이 흘렀다. 그동안 이 책을 교재로 하여 많은 학생들이 국어사 공부를 하였다. 책의 절판과 함께 제2판에서는 개정판을 내기로 하였다. 개정판은 초판의 미비함을 보완하고, 우리말의 역사에서 가치 있는 것들을 조금 더 보태어, 학부 교재로서도, 전공 교재로서도 더욱 적합한 도서를 만들고자 노력하였다. 개정된 내용은 다음과 같다.

• 한국어 표현의 역사를 살펴보기 위하여 3장에 있었던 어원 관련 내용을 9장으로 옮기고, 사극 드라마 표현에 대한 내용을 넣어, 의성어 표현과 함께 표현의 역사를 다루었다(9장).

• 마지막 장인 13장에 '미래의 언어와 사고에 대한 희망'이라는 절을 새로 넣어, 국어사를 공부하면서 언어에 대한 안목을 가지고 우리의 미래를 가늠하는 계기를 마련해 보고자 하였다.

• 한국어의 역사를 얘기하는 내용이므로, 국어학을 전공하는 우리 학생들이 외국인들에게도 이 내용을 전달해 줄 수 있는 아이디어를 가지면 좋겠다는 생각을 하여 단원 별로 "History of Korean for Foreigners(외국인을 위한 국어사)" 내용을 넣었다.

• 예문의 현대역과 생각샘의 풀이 등을 제공하여, 이 책으로 국어사를 공부하는 이들에게 도움을 주고자 하였다. 생각샘을 푸는 데에 특별한 지식이 따로 필요한 것은 풀이를 제공했고, 각 단원의 내용을 통해서 답할 수 있는 것은 필요한 부분을 안내하였다.

2012년 2월 15일

지은이 삼가 씀.

# 우리말의 어제와 오늘

## 차 례...

개정판

# 우리말의 어제와 오늘

– 정신의 변화를 안고 흐른 국어의 역사 –

History of Korean : through the Change of Spirit

> ## 제 1 장
> # 언어는 변하는가?
>
> "인간은 변화를 두려워한다.
> 그러면서도 자신만은 변화하고 싶어 한다."

이 장에서는 가장 기본적인 개념인 "언어는 변하는가?"하는 문제와 관련된 몇 가지 문제들을 고찰한다. 먼저, 언어가 변화한다는 것은 무엇인가 하는 점을 개념적으로 살핀다. 그리고 이러한 언어 변화에 대해 앞선 학자들은 학문에 어떻게 반영하였는가 하는 점을 개괄한다. 다음으로 언어 변화의 기본 생태, 언어 변화의 원인 등을 고찰하여 정리함으로써 앞으로 이 책의 여러 주제들을 연구하는 기본 바탕을 마련하기로 한다.

## ▌1. 언어 변화의 개념

현재 우리가 사용하는 언어만 놓고 보면, 언어가 변하는지 어떤지 파악이 되지 않는다. 한 세대, 곧 30년 정도의 시간을 고려하여 이 시대의 언어가 변했는지를 돌이켜 보더라도 '동일 개인이 사용하는 언어가 뭐 그리 크게 달라졌겠는가.' 하는 인식이 먼저 든다. 더욱이 '언어가 변했다는 것을 어떻게 얘기할 수 있는가, 언어라는 것 자체가 언제나 유동적이고 가변적인 것일진대…'라고 생각하면 언어의 변화라는 개념이 모호해진다. '변화'라는 것은 어떤 고정된 것을 바탕으로 하여 성립되는 개념이다. 그런데 언어는 사람마다 특징이 있고, 늘 새로운 상황과 생각을 표현하는 것이다. 그러므로 어떻게 언어 변화를 얘기할 수 있겠는가, 언어의 변화란 무엇을 뜻하는가 하는 기초적인 질문을 던지게 되는 것이다.

언어는 사람의 생각을 표현하는 도구로서, 한 언어는 그 사회에서 통용되는 일정한 체계를 갖는다. 사람마다 표현하는 언어는 다르지만, 그 속에서 일정한 수의 음운, 문법 등을 추출하여, 우리는 국어의 체계와 특징을 얘기할 수 있는 것이다. 또한, 언어가 개인의 구사에 의해 이루어지는 것이라 늘 유동적이고 가변적이긴 하지만, 그 언어가 성립되기 위한 사회적 약속을 벗어나는 것은 아니므로 기본적인 고정 상태가 존재하는 것이다. 그러므로 사회가 변하고 사람들의 생각이 변하면 다시 그 표현 안에서 존재하는 음운, 문법, 어휘 등이 달라지게 될 것이므로, 언어가 변한다는 얘기가 성립하게 된다.

곧 언어의 변화는 언어의 속성 속에 내재된 유동성에서 비롯되며, 그 변화가 진행되어 어느 시기에 이르러 안정된 체계 속에서 인정될 때, 언어는 변화했다고 말할 수 있는 것이다. 소쉬르는 한 시기의 언어 현상을 '공시태(共時態)'라 하였는데, 이 개념으로 설명하자면, 언어의 변화란 어느 한 공시태에서 다른 한 공시태로 바뀌는 것을 뜻한다고 할 수 있다.

그러므로 언어가 변화했다고 얘기하는 데에는 여러 등급의 정도성이 내포되어 있다. 처음에는 한 개인에 의하여 언어 변화가 시작될 것이다. 한 개인의 언어 변화가 영향력을 가지고 사회로 전파되는 단계가 있을 것이다. 그리고 전 사회적으로 통용될 수 있을 정도로 변화가 보편화되는 시기가 있을 것이다. 그러다가 그 시대의 언어 규범에 변화를 인정하는 절차를 밟게 된다.

그런데 모든 언어 변화가 위와 같은 단계를 거치는 것은 아니다. 새로운 사물이 생겨나면서 그것을 지칭하는 말이 생기는 것은 어떤 한 개인에 의한 변화로 시작되어 정도성을 거치는 것이 아니다. 이러한 변화는 국어사에서 새로운 어휘 자료로서 정리해 주면 될 것이다. 그러나 기존 어휘의 용법에 변화가 생기는 경우, 발음상 변화가 생기는 경우, 표현 방식에 변화가 생기는 경우에는 위와 같은 정도성의 단계를 거치게 된다.

언어 변화는 그 변화하는 내용에 따라 국어사적인 가치가 다소 다르다. 가령 시대별로 새로 생겨난 사물로 인해 새 말이 생겼다면 그것은 단순하게 수단적인 도구로서의 변화라고 생각하면 된다. 어휘 목록에 새 단어를 더 추가하면 된다. 그런데 새 단어가 생김으로써 의미 체계에 변화를 주는 경우가 된다면 그것은 단순하게 목록을 추가하는 것 이상의 가치를 지니게 된다. 다른 단어의 의미 변화까지도 가져오게 되기 때문이다. 예를 들어, '아빠'라는 단어가 새로 생겨나면서, '아버지'는 '자기를 낳은 어머니의 남편'이라는 원래의 일반적인 의미에 '점잖은 어감을 띠는 말'이라는 내포적 의미가 추가된다. 개화기 시대 서양에서 양산(洋傘)이 들어오면서, 종래의 기름종이로 만들어 쓰던 고유한 우산은 점차 자취를 감추게 된다. 그러면서 우산(雨傘)과 양산(陽傘)이라는 두 개의 개념이 생겨나는데, 이로써, 중세국어 시기부터 있어 온 '우산'의 지칭 범위가 축소되는 결과를 가져온다. 곧, 서양의 우산이 들어오기 전에는 비를 막거나 볕을 가릴 때 쓰던 것 모두를 '우산'이라 하였지만, 이제 우산은 비가 올 때 쓰는 것만을 가리키게 된 것이다.

그런가 하면, 한 어휘 범주의 용법이 변하되, 범주적 성격의 변화가 관련되는 것이라면 그 변화의 의미는 더욱 커진다. 중세국어 시기에는 여성과 남성을 구분하지 않고 지칭하던 대명사가 개화기 시대에 오면서 변화하여 성을 구분하는 것으로 바뀌었는데, 이것은 단순한 수단적 변화의 가치를 넘어서는 것이 된다. 그리고 대명사라는 문법 범주의 변화가 되므로 체계상의 변화로 간주된다. 또한 사람들의 의식 속에 여성과 남성에 대한 다름을 구분해야 하는 인식을 만들어주는 의의를 지니게 된다.

문장 속에서 모든 등장인물에 대해 존대법을 생각해야 하던 과거 경어법이 많이 바뀌어 이제는 과거보다는 축소된 범위만 높이는 체계로 바뀌어 간 것, 또는 된소리로 바뀌어간 많은 언어 발음 등의 변화는 언중의 심리 내지는 사회적 현상의 어떤 양상과 관련하여 해석해 봐야 할 중요한 가치를 갖게 된다.

이러한 언어 변화의 성격 및 가치는 과연 그 변화가 무엇을 의미하는가 하는 관점에서 조명함으로써 제대로 밝힐 수 있게 될 것이다. 단순히 '언어가 이렇게 변화했다'라고 하는 언어내적인 기술을 넘어서서 인간 의식 속의 변화를 함께 고찰함으로써 우리는 비로소 언어가 생명력을 가진 존재임을 확인하게 될 것이다. 우리는 "언어는 생명력이 있어서 끊임없이 생성, 변화, 소멸하고 있다."고 얘기할 수 있다. 물론 이 말은 의인적 표현이며, 엄밀히 따지면 사실은 아니다. 언어는 다만 변화하는 것이며, 사실은 사람들의 생명력에 의한 운용일 뿐이다. 그러나 언어라는 것은 수단적으로만 사용되는 단순한 것 이상으로 큰 가치를 갖기 때문에, 언어의 생명력이라는 개념을 생각하게 되는 것이다.

고대나 중세기의 언어 연구가들은 언어가 변화해 가는 것이란 사실을 잘 인식하지 못했었다. 그만큼 언어의 변화는 감지하기 어려운 문제이다. 같은 시대에서는 다만 뭔가 좀 다르게 쓰이는 경우도 있는 우연한 변화들이 감지될 것이다. 그러나 시대가 다른 문헌들을 비교해 보면 언어가 변한다는 사실은 잘 드러난다. 국어의 경우 20세기 초의 자료만 살펴보아도 말이 현재와 참 많이 달랐다는 것을 알 수 있다. 다음의 예문을 비교해 보자.

(1) ... 혹 有拾得寬還ᄒ시면 厚謝ᄒ겟삽내다 <대한민보 1909.11.3>

  (현대역: 혹 (물건을) 주워서 관대히 돌려주시면 후히 사례하겠습니다.)

(2) 이인 끈은 ᄶ너진 안는게 희망이올시다 <대한민보 1909.11.4>

  (현대역: 이어진 끈이 끊어지지 않는 게 희망입니다.)

(3) 세 시간 동안 싸호다가 고만 도젹을 놋쳐 바리엇다 <매일신보 1920.2.29>

  (현대역: 세 시간 동안 싸우다가 그만 도적을 놓쳐 버렸다.)


위 신문기사 문장들에서 현대어와는 차이가 있는 표현을 엿볼 수 있다. 1900년 초엽 자료인데도 현대 국어에서는 쓰지 않는 표현들이 꽤 들어 있다. 중세 국어로 거슬러 올라가면 더 많은 차이가 나타난다.


(4) 비야미 가칠 므러 즘겟가재 연ᄌ니 <용비어천가 (1445)>

  (현대역: 뱀이 까치를 물어 큰 나무 가지에 얹으니)

(5) 孔子ㅣ ᄀᆞ로샤더 弟子ㅣ 드러는 곧 효도ᄒ고 나는 곧 공슌ᄒ며 삼가고 믿비ᄒ며 모든 사롬을 넙이 ᄉ랑호더 仁ᄒ니를 親히 홀디니 行홈애 남은 힘이 잇거든 곧 뻐 글을 빅홀디니라 (孔子ㅣ 日 弟子ㅣ 入則孝ᄒ고 出卽弟ᄒ며 謹而信ᄒ며 汎愛衆호더 而親仁이니 有餘力이어든 則以學文이니라) <소학언해 1.14.b>

  (현대역: 공자가 이르시기를, "제자는 들어와서는 효도하고 나가서는 공손하며 삼가고 믿음이 가게 하며 모든 사람을 널리 사랑하되, 어진 이를 친하게 지낼지니 그렇게 행하고도 남은 힘이 있으면 글을 배울 것이다."라고 하였다.)


위 (4) 문장에는 현대 국어에서는 쓰이지 않는 단어도 들어 있고, (5) 문장은 문장 구조 자체가 현대어와는 상당히 다르게 이루어져 있다. 이렇게 문헌 비교를 통해 보면 언어가 변화했다는 사실을 인식하게 된다. 단

어, 종결어미, 문장구조 등 모든 부분에서 현대어와는 현격한 차이가 있
었다. 그러므로 언어는 변화한다고 하는 기본 주제를 세울 수 있게 되는
것이다.

## ▌2. 언어 변화에 대한 학문적 바탕

언어에 대한 고대인의 관찰, 언어와 사물과의 관계에 대해 서술한 플라
톤과 아리스토텔레스 시기(기원전 4-5세기)에는 언어 변화에 대한 개념이
없었다. 그런데 기원 전 4세기 경 인도문법가 파아니니(Pànini)가 저술한
산스크리트어 문법, 기원 전 2세기 경 아리스타르쿠스가 분석한 호머 시
자료, 디오니시오스 트락스(Dionysios)가 저술한 그리스어 문법서, 기원전 1
세기 바로(Varro)가 저술한 라틴어 문법서 등이 문헌 자료가 되어, 기원 후
2세기경부터 이들에 대한 연구가 행해진다. 그러면서 당시의 언어들에
대한 어원과 기원을 추적하는 연구가 행해지게 되면서, 18세기에 라이프
니츠(Leibniz), 헤르더(Herder), 존스(Jones)에 의해 언어 간의 계통, 언어 기원
에 관한 논문이 쓰여지게 된다. 19세기에도 이러한 역사 언어학이 행해지
는데, 19세기 말 소쉬르(Ferdinard de Saussure)에 의해 발표된 "인구어 원시
모음 체계 연구"라는 논문은 구조적인 연구 방법에 의해 음운을 재구한
훌륭한 업적으로 인정되었다.

20세기 초, 스위스의 언어학자 소쉬르(Ferdinand de Saussure, 1857~1913)
사후에 세상에 발표된 「일반 언어학 강의」(1916)는 언어 연구 방법에서
공시언어학과 통시언어학은 구분이 된다는 뚜렷한 획을 그음으로써 언어
연구의 바른 방향을 제시하였다. 소쉬르는 한 시간대에 머물러 있는 언어
의 모습과 체계를 공시태(共時態)라 하고, 여러 시간대를 거치면서 변화하
는 모습을 통시태(通時態)라 하면서, 역사적으로는 항상 개개인의 발화 행

위가 선행해 파롤(parole)이 랑그(langue)를 변혁한다고 하였다.

　때와 곳과 사회 집단에 따라 정해진 하나의 언어 체계를 때에 따르는 변화를 고려하지 않고 한 때에 머물러 있는 언어 상태를 연구하는 언어학을 소쉬르는 정태언어학(linguistique statique), 또는 공시언어학(linguistique synchronique)이라 하였다. 한 언어 체계 안에서는 모든 요소들이 서로 긴밀히 얽매여 있는데, 이 모습을 공시태(synchronie)라 한다. 공시언어학은 언어의 공시태를 연구 대상으로 하는 언어학이다. 공시언어학의 대상은 무수하다. 언어의 정태적 연구는 때와 곳과 사회집단을 가리지 않는다. 어느 나라의 언어, 어떤 지방의 말이라도 때를 일정하게만 하면 된다. 때와 곳이 서로 만나는 점이 공시언어학의 연구대상이 되는데, 때는 시간대마다 무수히 있으므로, 공시언어학의 연구 대상은 무수히 많다.

　이와는 달리, 때에 따라 변화하는 말의 모습을 연구하는 방법을 진화언어학(進化言語學, linuistique evolutive), 또는 통시언어학(通時言語學, linguistique diachronique)이라 한다. 말의 변화해 가는 모습을 통시태(diachronie)라 한다. 통시언어학은 언어의 통시태를 연구 대상으로 하는 언어학이다.

　공시언어학은 공존하면서 체계를 형성하는 여러 말들을 연결하는 논리적 심리적 관계를 한 집단 의식이 지각하는 대로 다루고, 통시언어학은 한 집단 의식이 지각하는 것이 아니고, 서로 체계를 형성함이 없이, 차례로 갈음되는, 뒤이어 일어나는 여러 말들을 연결하는 관계를 연구한다.

　한편, 한국어, 프랑스어처럼 한 사회의 언어를 랑그라고 한다. 랑그는 개인 행위를 규제하는 조건, 규칙의 총체가 되는 가치체계이다. 파롤은 개인이 랑그의 규칙에 따라 스스로 의사(意思)를 나타내기 위한 구체적 언어행위이다. 언어의 변화는 어떤 시대에 언중의 파롤 행위에 의한 변화에서부터 시작되며 그것이 언중의 동의를 얻으면서 랑그의 변화가 된다는 것이다.

　언어의 변화는 시간의 흐름을 전제로 한다. 한 시간대의 공시태 내부에

서의 언어 동요가 다음 시간대에서는 언어 변화로 나타난다. 시간의 흐름
을 전제로 한 변화를 우리는 특히 "변천(變遷)"이라는 말로 구분한다. 그
런 점에서 언어의 통시적인 변화는 엄밀히 말해서 언어 변천이라는 말이
적당하다. 이에 비해 공시적인 동요, 또는 변화는 언어 변이(變異)라 한다.
변천과 변이를 합한 개념이 변화이다. 그러나 흔히 언어의 변천과 언어의
변화를 굳이 구분하지 않고, 함께 쓰기도 한다. 이와 함께 생각해 볼 개념
으로 '변동(變動)'이 있다. 어떤 원리에 의해 한 형식이 다른 형식으로 바
뀌어 실현되는 것을 언어 변동이라고 하는데, 다르게 쓴다는 의미가 아니
라 규칙에 의해 기저의 형식과는 다른 표면 형식을 드러낸다는 뜻이다.
그러므로 우리가 여기서 말하는 변화의 개념과는 다소 다른 점이 있다.
가령 '음운 변동 규칙'이라 하면, 비음화나 유음화와 같이 필연적으로 변
하게 되는 규칙을 말한다.

국어의 변화에 대한 연구는, 1950년대부터 시작되었다. 그 이전 개화기
시대에 외국인 학자에 의한 연구, 조선조 시대의 연구들도 있었으나 국어
학적으로 성과를 얻은 연구는 별로 없다. 1950, 60년대 국어사의 초기 연
구는 주로 중세국어의 문자와 음가, 형태적 특징을 밝히는 것에 집중되었
다. 이후 차츰 시기적으로 근대 국어까지, 그리고 언어 단위 면에서 문장
까지 연구가 진행되면서 명실공히 국어사 연구가 궤도에 오르게 되었다.


## ▌3. 언어 변화의 기본 생태

언어 변화가 일어날 수 있는 언어의 가장 기본적인 본질은 언어의 유
동성(流動性)이다. 언어의 유동성은 세 가지 측면에서 찾아볼 수 있다. 먼
저, 언어는 음성과 뜻이 결합하여 이루어진 이원적(二元的) 기호 체계로서,
음성과 뜻의 관계는 자의적(恣意的)이라는 것이다. 언어의 자의성은 곧 사

람의 운용에 의해 뜻이나 음성을 다른 것으로 바꾸면 다른 것으로 바뀔 수 있는 유동성이 존재한다는 것이다(그러나 언어는 사회성을 지니는 것이므로 함부로 마구 바뀌는 것은 아니다). 또 하나는 언어의 이원성의 요소인 음성과 의미는 각각 그 경계가 유동적일 수 있다는 점이다. 특히 모음의 음가는 사람마다 조금씩 다르게 발음될 수 있는 유동적인 것이다. 그리고 의미도 사람마다 달리 인식될 수 있으며 얼마든지 그 경계를 넓히거나 좁힐 수 있는 유동적인 것이다. 마지막으로 언어의 유동성의 또 한 측면은 언어 형식이 되는 낱말의 구성은 형태소들끼리 자유롭게 결합될 수 있는 가능성을 가지고 있다는 점이다. 특히 한국어는 배의성(配意性)이 강한 언어이다. 배의성이란 뜻을 가진 음절들이 만나면서 단어를 형성할 수 있는 성질을 말한다. 이러한 언어의 유동성 때문에 언어는 변화할 수 있다. 그러면 '언어 변화'는 어떤 모습을 하고 있는지 살펴보기로 한다.

언어 변화는 그 내용이 어떻고 그 가치가 어떻든 간에 기본적으로 다음과 같은 기본 생태(生態)를 지닌다. 언어 변화에는 다음과 같은 세 가지 사실이 기본적으로 숨어 있다고 할 수 있다. 첫째, 언어는 그 시대 사람들의 최선의 의사소통 체계이므로 '변화'는 필수적이라는 점이다. 일찍이 프랑스의 다르매스떼르(A.Damesteter, 1932)는 말이 균형 상태를 유지하는 것은 상반된 두 가지 힘이 작용하기 때문이라 하였다. 두 가지 힘이란 현상을 유지하려는 보존력(保存力)과 새로운 방향으로 밀고 나아가려는 개신력(改新力)이라고 했다. 보존력은 기존의 언어 체계를 고정된 의사소통 체계로 사용되게 하는 데에 필수적인 요인이다. 그러나 개신력 또한 한 시대의 의사소통 체계로서 구실하게 하는 데에 필수적인 요인이 된다. 무릇 언어란 사용하는 사람들이 지시하고 표현해야 하는 내용을 기호화한 것이므로, 세월이 흐르면서 발전해 온 문물, 문화, 의식 등의 변화를 담기에 걸맞은 의사소통 체계가 되기 위해서 언어가 새롭게 바뀌어야 하는 것은 불가피한 것이었다. 언어가 그 시대의 최선의 의사소통 수단이 되기 위해서는 늘 보완해야 하고 개선해야 하는 여지를 안고 있는 것이다.

둘째, 언어는 사람들이 쓰던 물건을 다음 세대로 고스란히 물려주는 그런 종류가 아니라, 인간의 사고력에 의해 채택되고 운용되는 것으로 동기와 질서가 있는 원리적인 것이라 할 수 있다. 언어의 대물림은 유아의 언어 습득으로 이루어진다. 어른의 언어를 어린이가 배워 쓰는 과정에서 어른 말에 들어 있는 언어의 동요 현상이 어린이의 언어에 반영되면서 변화의 정도가 높아져 갈 것이다. 윗대의 동요 현상이 아랫대로 반영되어 언어 변화 현상을 일으킬 때는 대부분 어떤 원리적인 것이 작용하는 것들이다. 위에서 언급한 개신력과 보존력의 사이에서 그래도 개신력이 우세할 때 언어 변화가 일어나게 되는데, 이는 수동적으로 인간이 어쩔 수 없이 따라가는 것이 아니라 인간의 사고력에 의해 채택되고 운용된 결과가 된다. 그리고 그 변화는 사회성을 획득해야 하는 것으로, 일단 변화가 일어난 것은 사회성을 획득할 만큼 원리적인 것이 있는 것이라고 보아야 한다.[1]

셋째, 언어의 변화에 의해 언어는 결국 현대성에 다가왔다는 점이다. 언어사 연구 분야에서는 언어에는 발전의 개념이 없다는 명제를 연구자의 기본 정신과 같은 것으로 얘기한다. 그러므로 언어 변화의 기본 생태 세 번째 것으로 꼽는 현대성 문제는 어불성설이 될 것이다. 그러나 이것은 관점의 차이라고 생각한다. 언어의 발전이 없다고 하는 견지에서 보려 한다면, 인간 사회의 발전 역시 부정되어야 할 것이다. 왜냐하면, 인간 사회의 제도, 문물, 기술은 사람들의 요구만큼 변하여 왔기 때문이다. 현대인이 보기에 과거의 것은 보잘것없지만 옛 사람은 그 시대를 잘 살았을

---

1) 언어의 변화가 아무렇게나 변덕스럽게 일어나는 것이 아니라 일정하고 정의 내리기가 가능한 조건을 지키면서 일어난다는 점을 보여준 학자는 덴마크의 훼르너(Karl Verner, 1875)였다. 그는 주도면밀한 이론적인 고려와 역사적인 증거에 기반을 둔 연구에서 이러한 확신을 하게 되었다. 그리고 이 견해를 받아들일 것을 인정하며 그 기본원칙을 추구한 학자들은 소장 문법학자들이었다 (Waterman, John T.,1986).

것이기 때문이다. 현대성은 발전의 개념일 수도 있고 아닐 수도 있는데, 어쨌든 역사적으로 시대성을 반영하는 시간 개념이 되는 것은 틀림없다. 또한 언어의 현대성은 언어 변화의 결론이라는 점도  틀림없다. 그렇다면, 무엇이 언어의 현대성인가 하는 문제야말로 언어의 변화를 논의하는 이 책에서 중요하게 다루어야 할 문제가 된다.

## ▌ 4. 언어 변화의 이유

언어 변화의 종류가 음운, 형태, 의미, 통사, 문체 등 여러 가지인 만큼 그 원인이나 이유도 여러 가지로 설명되어야 할 것이다. 그리고 언어 현상 자체의 직접적인 이유가 각기 있고, 심층적으로는 왜 그러한 현상이 일어나게 되었는지에 대한 인간 심리적인 원인이 있을 것이다. 그러므로 언어 변화의 이유에 대한 것은 앞으로 이 책의 여러 주제들을 고찰하면서 각기 심층적으로 설명할 필요가 있다. 여기서는 이를 전체적으로 개괄하는 정도로 언급하기로 한다.

앞에서 우리는 말이 변하는 것은 필연적이며, 동기와 질서가 있는 원리적인 것이라는 점을 언급했다. 또한 변화가 필연적이라 함은 언어가 그 시대의 최선의 의사소통 체계가 되어야 하기 때문이라고 지적했다. 그러면, "왜 최선의 의사소통 체계가 되지 못하여 변화를 하게 되는 것인가?" 하는 점이 언어 변화의 일차적인 동기, 또는 원인이 될 수 있을 것이다. 그렇다면, 이는 언어의 원인이 아닌 것이다. 사람들의 생각하는 방식이 변화하면서, 생각의 표상인 언어도 그 모습을 바꾸어 가게 되는 것이다. 곧 변화된 사회 속에서 다시 최선의 의사소통이 되기 위한 탈바꿈이 일어나는 것이다.

본질적으로 말이란 것은 사람들의 의사소통을 위해 마련된 하나의 자의적인 체계이므로, 늘 변화할 수 있는 성질, 곧 가변성(可變性)을 가지고 있다. 또한 한 시대의 말은 고정적인 것이 못 되며 항상 유동적인 소지를 안고 있다. 앞 절에서도 언급했지만, 말소리 발음도 그러하고, 어떤 뜻으로 그 말을 쓰는가 하는 기준도 가변성을 안고 있으며 형태적 결합 가능성은 언제나 열려 있다. 또한 사람마다 즐겨 쓰는 개별 문체에 따라 표현의 방식도 다를 수 있는 가변성을 안고 있다. 그러므로 언어는, 사람들이 기존의 현상을 그대로 유지하려는 노력에 의해 고정이 되면서도, 한편으로는 늘 바뀔 수 있는 환경에 노출되어 있는 것이다. 늘 바뀔 수 있는 환경, 그것이 곧 언어 변화의 본질적인 바탕이 될 것이다. 이 바탕 위에서 언어 사용자의 심리적인 변화가 겹치면서 언어의 변화는 일어나게 된다. 이를 몇 가지로 나누어 정리해보기로 한다.

첫째, 발음과 관련된 문제이다. 사람들이 발음하는 소리 그 자체가 원래 불완전하다. 특히 모음은 더 유동적이라, 쉽게 변화할 수 있는 환경이 된다. 그러한 발음의 유동성과 함께, 사람들이 발음을 편하게 하려는 심리가 작용하여 말의 변화가 일어난다. 세상이 바뀌면서 사람들의 의식도 바뀐다. 이를테면 옛날에 비해 현대인들은 쉬운 것을 더 많이 추구한다. 어느 시대는 안 그랬겠느냐는 생각을 할 수도 있지만, 윤리적인 전통이 강한 시대의 의식에는 쉽고 편리함을 추구하기보다는 기존의 것을 지키고, 어렵더라도 참는 것이 미덕이라고 생각했다. 그런데 현대로 올수록 문물이 늘어나면서 보고 들어야 할 것이 많아졌으므로, 매우 바쁘게 움직이지 않으면 안 되는 세상이 되었다. 빨리 하기 위해서는 쉽게 해야 하는 것이다. 그러므로 쉬운 발음의 추구는 현대로 올수록 더 강하게 나타날 수 있는 현상이 된다. 실제로 우리말의 변천사를 보면, 애써 발음해야 가능하던 소리를 쉽게 발음하면서 음운 변화를 일으킨 경우가 많다. 음운 변화가 일어나면서, 어떤 경우에는 체계의 변화에까지 영향을 미치게 된다. 체계가 변화하면 거기에 따라 일련의 단어에서 변화가 일어나게 된다.

둘째, 언어 체계상의 문제가 있다. 기존의 발음 체계, 어휘 체계, 통사 체계 등에서 혼동을 일으킬 소지가 있는 것에 대하여 사람들은 불편하지 않게 하기 위해 방법을 생각해 낸다. 새 문물이 생겨나고 그에 따른 새 말이 생겨나면 사람들은 그 새말을 전체 어휘 구조 속에 자리 잡아 앉히는 것까지를 생각한다. 그렇게 하지 않으면 의사소통에 불편하게 되기 때문이다. 이는 비단 어휘에서만 아니라 발음에서도 그러했다. 발음이란 발음 기관의 구조적인 자리로부터 발성되는 것인데, 여기에도 역시 서로 간의 관계성을 가지게 된다. 음의 추이(推移, shift) 같은 개념은 구조적인 작용에 의한 것이었다.

셋째, 언어 특성상의 문제가 있다. 국어가 갖는 배의성(配意性)은 단어의 형성을 비교적 용이하게 하는 특성을 지니고 있다. 따라서 변화도 그만큼 쉽게 일어나게 된다. 배의성을 갖는다는 자체는 그만큼 서로 분리되고 결합될 수 있는 융통성이 많다는 것이 되기 때문이다. 우리말에서는 단어와 단어가 만나 새말을 이루기도 하고, 접두사나 접미사와 단어가 만나 새말을 이루기도 하는 예가 많다. 그러므로 그렇게 만나는 방법에 변화가 올 수도 있고, 무엇이 만나는가 하는 것에서 변화가 있을 수도 있는 것이다.

넷째, 언어가 지시하는 대상의 변화는 계속 일어난다는 점이다. 사회가 변화하면 지시해야 할 대상도 변화한다. 거기에 적당한 말이 생겨나고, 소멸된 대상에 대한 언어는 사라지고 하는 과정을 거치게 되는 것이다. 사회가 변하므로 언어도 변해야 하는 것은 언어가 의사소통의 도구이므로 필수적인 것이 된다. 수렵이나 농경이 의식주 생활의 전부였던 시대와 다양한 취미와 문화 생활을 즐기는 시대의 문물은 매우 다를 수밖에 없는 것이다. 그리고 그 늘어난 문물을 표현하기 위해 현대의 어휘수는 증가되어 가는 것이다.

다섯째, 시대적 의식이 훨씬 더 명료한 것을 추구하는 지적 인식이 발달되어 왔다는 점 또한 언어를 변화시킨 원인이 된다. 발음이건, 어휘건 그것이 분명하지 않은 요소들을 포함하고 있을 때 우리는 그것을 분명히 변별하기 위한 방법을 고안하여 사용하기 시작한다. 이러한 이유로 인해 언어는 변화해 왔다. 이는 현대로 올수록 분석 정신이 강하게 발달된 정신의 역사에 그 바탕을 두고 있다.

여섯째, 위의 모든 원인들은 인간의 인식적 특성으로부터 생겨날 수 있는 것이다. 인간의 정신은 매우 자유로운 것을 특징으로 한다. 자유롭다는 것은 정해진 대로만 행동하고 생각하는 제한된 동물이 아니라는 말이며, 지능이 높다는 말이다. 언어의 변화를 일으키는 기본적 인식 양태는 유형에 대한 인식(認識) 능력과 유추(類推, analogy) 능력에 있다고 생각한다. 인간은 기본적으로 유형, 즉 그 생김새, 성격 등에 대한 인식 능력을 갖고 있다. 그것이 추상적인 것이든 구체적인 것이든 추상과 구상을 교차하면서까지 유형 인식 능력을 갖는다. 유추란 인간이 경험한 어떤 사물에 대한 인식을 다른 사물에 대해서도 적용하는 것을 말한다. 인간은 유추의 능력에 의해 새로운 상황에 대해 이미 경험했던 것으로 반응을 하곤 한다. 그 두 대상 간의 유사성을 인식하고 있기 때문이다. 인간의 사고 특성인 은유적 사고, 환유적 사고 등은 모두 유추할 수 있는 인간의 능력에 연유된다. 유추란 인간의 자의적인 해석으로 잘못된 인식에 의해 언어 변화도 물론 이에 해당된다.

일곱째, 말의 특성은 그 시대 문화의 특성과 다분히 관련을 가지고 있다. 가령 신문 언어에도 문화가 있는데, 그 시대의 신문 정신이 무엇인가에 따라 구현되는 문체가 있었던 것이다. 소설 문장, 광고 문장 등 모든 특정 장르뿐만 아니라 일상 언어 표현에서도 그러하다. 시대의 문화적 변화에 따라 거기에 알맞은 문장 이미지, 문체 등이 등장하게 된다.

이상과 같은 이유로 언어는 변화한다. 이상에서 지적한 변화 원인들은 음운, 단어, 문장, 문체 등 언어의 여러 층위와 다각적으로 관련되는 것이다. 앞으로 개별 주제들을 다루면서 구체적인 예와 함께 다시 설명될 것이다.

## 생각샘

01. 다음에 제시된 언어 변화 현상은 국어의 공시태에 해당하는가? 통시태에 해당하는가?

(1) 조선조 초기 한국말의 홑홀소리(단모음)는 일곱이었다.

(2) /ᅌ/ 음소는 18세기 무렵에 없어졌다.

(3) ㅐ, ㅔ, ㅚ 따위 글자는 조선 초기에는 겹홀소리(중모음)로 적은 것이었다.

(4) /ㅐ, ㅔ, ㅚ/ 따위 겹홀소리는 19세기에 홑홀소리로 바뀌었다.

(5) 지금 국어의 홑홀소리는 열 개이다.

(6) 지금 국어의 음절 끝소리(종성)가 될 수 있는 닿소리는 /ㄱ, ㄷ, ㅂ, ㅇ, ㄴ, ㅁ, ㄹ/ 의 일곱뿐이다.

(7) 조선 초기 국어에는 / ㅄ, ㅶ /과 같은 닿소리떼가 말 첫머리에 올 수 있었다.

(8) 말 첫머리의 닿소리떼는 대개 된소리가 되었다.

(9) 지금 국어에서는 말 첫머리에 둘 이상의 닿소리가 올 수 없다.

02. 다음 문장은 개화기 시대의 문장이다. 현대어와 비교하여, 어떤 차이가 있는지 다각적으로 살펴 보시오.

우리신문이 한문은 아니쓰고 다만 국문으로만 쓰는 거슨 샹하귀쳔이 다 보게 홈이라 쏘 국문을 이러케 귀졀을 쪠여 쓴즉 아모라도 이 신문 보기가 쉽고 신문 속에 잇는 말을 자세이 알어 보게 홈이라 각국에셔는 사롬들이 남녀 무론 ᄒ고 본국 국문을 몬저 비와 능통ᄒ 후에야 외국 글을 비 오는 법인디 죠션셔는 죠션 국문은 아니 비오드리도 한문 만 공부 ᄒ는 까닭에 국문을 잘 아는 사롬이 드물미라 죠 션 국문ᄒ고 한문 ᄒ고 비교ᄒ여 보면 죠션 국문이 한문

보다 얼마가 나혼 거시 무어신고 ㅎ니 첫지는 비회가 쉬혼
이 됴혼 글이요 둘지는 이 글이 죠션글이니 죠션 인민 들
이 알어서 빅스을 한문 디신 국문으로 써야 샹ㅎ 귀쳔이
모도 보고 알오보기가 쉬홀터이라 한문만 늘써 버릇ㅎ고
국문은 폐흔 까닭에 국문만 쓴 글을 죠션 인민이 도로혀
잘 아러보지 못ㅎ고 한문을 잘 알아보니 그게 엇지 한심치
아니ㅎ리요 쏘 국문을 알아보기가 어려운 건 다름이 아니
라 첫지는 말마디을 쎼이지 아니ㅎ고 그져 줄줄 니려 쓰는
까닭에 글즈가 우희부터는지 아리 부터는지 몰나셔 멋번
일거 본 후에야 글즈가 어디 부터는지 비로소 알고 일그니
국문으로 쓴 편지 흔 쟝을 보자ㅎ면 한문으로 쓴 것보다
더듸 보고 쏘 그나마 국문을 자조 아니 쓴는고로 셔툴어셔
잘못봄이라 《독립신문》

※ 이 책의 뒤에 [부록]으로 생각샘 풀이를 실었습니다. 반드시 문제를 먼저
  푸시고 풀이를 참고하시면서 국어사에 대한 지식을 다져 보시기 바랍니다.

## History of Korean for Foreigners (외국인을 위한 국어사)

※ 우리 학생들이 외국인에게 한국어의 역사에 대해 단편적으로나마 설명해 줄
   수 있으면 좋겠다는 취지에서 이 영문을 실었습니다. 우리의 언어를 소중히
   여기고 자랑스럽게 외국인에게 소개해 보고 싶은 의욕을 가져 보시기 바랍니
   다. 영문의 한국어 해설은 이 책의 뒤에 [부록]으로 실었습니다.

## Chapter 1. Overview of History of Korean

Language changes throughout the time. It is hard to perceive such change in present; however, by comparing the present language with that in few generations later, one will easily see that language indeed changes much. The use of new word for new product in society is an example of language's historical change. Sometimes, the change in pronunciation results in the change of its form. Also, creation of new word sometimes changes the meaning of the existing word. The method of writing a journal now is drastically different from that of the early 19th century. Although language is always mobile and transformable due to its nature of individual usage, basic form exists because the change cannot exceed the boundary of social norm. However, if the disturbance in the state of language in one era spreads despite of efforts to keep the social norm, the change in language may occur in next generation. In this textbook, such diachrony is discussed. Moreover, since diachrony reflects the change in human concept, psychological transformation in the change of Korean will be discussed.

# 제 2 장
# 언어의 변천을 왜,
# 어떻게 연구하는가?

"오늘의 모습은 어제의 변화를 포함한 것,
어제의 역사를 더듬어 오늘의 정체성을 확인한다."

이 장에서는 우리가 언어의 변천에 대한 연구를 해야 하는 필요성에 대해 역설한다. 무슨 일이든 목표와 동기가 뚜렷해야 하며, 그렇게 함으로써 일의 과정에 힘을 싣게 된다. 언어 변천을 연구해야 하는 이유에 대해 먼저 언급하고, 그러한 연구를 어떻게 하는 것인지 그 방법에 대해 개괄해 본다. 그리고 국어사에 이루어져 온 국어 변천에 대한 전통적인 연구 방법에 대한 소개를 간략히 한다.

## 1. 언어 변천 연구의 이유

언어 변천에 대한 연구가 왜 필요한 것인가 하는 점을 논의함으로써 이 과목, 곧 국어사의 의의를 생각해 보기로 한다. 국어사는 국어가 아득한 옛날부터 오늘에 이르기까지 변천(變遷)해 온 역사를 체계적으로 서술하는 학문이다. 바꾸어 말하면 국어를 대상으로 하는 통시언어학으로서, 역사적인 시간의 흐름에 따라 진화되고 변화, 발전하는 우리말의 양상을 대상으로 연구한 체계적 서술이다. 이러한 연구를 왜 해야 하는 걸까?

첫째, 가장 기본적인 이유는 언어의 본질을 밝히는 데에 언어의 역사를 규명하는 일이 필수적이기 때문이다. 물론 공시대의 언어 연구만으로도 우리는 언어의 가치가 얼마나 큰가 하는 점을 알 수 있다. 그러나 언어의 변천 역사를 구체적으로 살펴봄으로써 우리는 비로소 언어가 인간의 삶과 얼마나 가까운 존재인가에 대해 더욱 실감할 수 있게 된다. 그리고 우리가 현재 불편 없이 사용하여 소홀히 생각하기 쉬운 국어의 진면목을 다시금 생각하게 될 것이다. 나아가 우리말은 그냥 아무렇게나 써도 좋은 수단적인 것이 아니라 우리가 아끼고 지켜야 할 보물단지라는 것도 깨닫게 될 것이다.

둘째, 한편으로 이것이 의미 있는 학문이기 때문이다. 국어의 변천을 고찰하고 이를 체계적으로 설명함으로써 학문하는 방법을 익히는 것, 이점은 아주 중요한 의의가 된다. 학문하는 방법을 익히는 일은 분석적 사고, 체계적 사고, 논리적 사고, 창의적 사고의 향상을 위해 매우 필요한 일이 된다. 학문이란 대상의 자초지종에 대한 면밀한 이해에 도달하는 과정을 밟아 가는 것이다. 국어사는 실존적 대상을 연구의 관점에 따라 어떻게 다르게 설명하는가에 대한 예들도 보여줄 것이다. 그리고 과거의 언어 사실을 추정할 때 어떻게 하는 것이 과학적인 것인가, 또는 현상에 대해서 어떻게 해석을 하는가 하는 방법들도 보여줄 것이다. 그리고 국어사 방법론에 입각한 연구의 사례들도 잘 보여줄 것이다. 이러한 일련의 과정들은 모두 학문하는 방법을 익히는 일과 관련이 된다.

셋째, 국어의 충실하고 올바른 설명을 위해서는 역사적인 고려를 하지 않을 수 없기 때문에 국어사를 연구하는 것이다. 헤르만 파울(Herman Paul)이 언어학에서 역사적인 것이 아닌 것은 과학적이 아니라고 언급한 것은

언어 연구에서 역사적 관점이 매우 중요하다는 것을 단적으로 표현한 것
이다. 국어사에서, 한 언어의 사실일지라도 정태의 관점에서 보느냐, 진
화의 관점에서 보느냐, 다시 말하면 역사적인 고려를 하느냐 하지 않느냐
에 따라서, 그 설명 방법이 달라지는 일이 있다. 예를 들어, '낚시'라는
단어의 구조를 공시적으로 분석하면 "낚+시"가 된다. 그런데 '시'의 정
체를 설명하기 어렵다. 이를 통시적으로 분석하면 이는 '낫+이'에서부터
온 말이며 표기의 변천에 의해 현재 형태가 되었다고 설명된다. 곧 현재
의 언어는 공시적으로만 설명되기 어려운 점을 통시적인 연구에서 발견
하는 경우가 많다. 공시적인 현상만 가지고 설명할 때 왜곡될 수 있는 것
을 통시적인 현상 연구를 통해 바로 잡을 수 있다.

넷째, 언어 변화의 연구는 언어의 현재 상태의 본질을 규명하는 데에
기여한다는 점이다. 우리가 현재의 현상에 대한 정체성을 규명하기 위하
여 과거의 역사를 되짚어 보는 것은 현재의 상태는 과거 무수한 역사의
여러 복합적인 요인과 결과가 반영된 것이기 때문이다. 그러므로 언어의
변화 현상을 연구하는 것은 언어의 정체성(正體性)을 규명하는 데에 필요
한 작업이 된다. 언어가 어떻게 생겨나고, 언제, 왜, 어떻게 변하였는지를
연구함으로써 인간에게 언어란 어떤 존재이며, 현재 우리가 쓰는 언어의
본질이 무엇인지를 더욱 절실하게 이해하게 된다. 아울러 언어의 역사는
인간의 의식의 역사와 맥을 같이 하고 있다는 점을 확인하게 될 것이다.

다섯째, 인간이 본향을 그리워하는 본능에 충실한 학문이 바로 국어사
라는 점이다. 알렉스 헤일리의 소설 "뿌리"에서, 가족의 역사를 더듬어
올라가는 귀소적 본능이 독자의 심금을 울렸다. 이는 비단 특정한 한 예
가 아니다. 우리는 어디서 시작되었을까? 우리가 매일 사용하고 있는 언
어는 어디에서 온 것일까? 인간이 지닌 본능적인 뿌리 의식에 의해 그 궁
금증은 누구에게나 존재한다. 이러한 본능적 호기심을 충족시켜 줄 학문
이 국어사이다.

여섯째, 과거의 말을 현대 시대에 사용해야 할 일들이 있다는 점이다. 우리는 드라마나 영화를 통해 과거의 일들을 재현하면서 국어의 옛 모습에 대해 궁금해한다. 과연 사극(史劇)의 대사가 과거의 말을 재현해 내는 건가? 복장, 사회상, 생활용품 등에 대해서는 전문적인 고구(考究)를 통해 재현하면서 언어에는 소홀한 것이 현실이다. 물론 언어를 과거의 것 그대로 썼다가는 의사소통이 되지 않을 터이니 재현하여 구성하는 것도 무리는 될 것이다. 그러나 어떤 기준에 의해 과거의 언어를 구사한다면, 훨씬 더 현실감 있는 구성이 될 것이다. 지역의 특성을 드러내는 것 중 가장 효과적인 것이 방언이듯이, 옛 시대의 일들을 재현하는 데에 가장 효과적인 것 역시 옛날 말이 될 것이다. 전문적인 연구를 통해 접근해 볼 필요가 있다.

## 2. 언어 변화의 기술과 설명

소쉬르는 "언어 변화는 이론적으로 설명할 수 없다. 이론이 되려면 예측 가능해야 한다."고 하였다. 이는 언어 변화의 이론이 이론다운 이론으로 성립하기 위한 요건에 대해 언급한 것으로, 과학적 지식의 기본 요건이기도 하다. 언어학이란 학문은 하나의 과학이다. 그러므로 언어 변화의 연구 역시 과학적인 학문의 성격을 지니기 위해서는 결과나 미래를 예측할 수 있는 것이어야 한다는 것이다. 단순히 과거 현상을 고찰하는 데서만 그친다면, 그것은 아무런 의미가 없게 된다.

사실, 이제까지 언어변천을 기술한 국어의 역사는 변화 현상에 대해 분석하여 기술하는 정도로 이루어져 왔다. 기술(記述)이란 나타난 언어 현상의 특질을 있는 그대로 드러내는 것이 된다. 그러나 진정한 학문적 내용이 되기 위해서는 설명(說明)이 되어야 한다. 현상의 분석이 진정한 설명의 차원으로 승화되기 위해서는 현상에 대한 원인의 규명이 병행되어야 한다. 그리고 원인다운 원인이 되기 위해서는 그것이 예외성을 띠는 단편적인 내용이 되어서는 안 되고, 여러 현상을 함께 포함하여 일련의 공통된 이치가 되어야 한다. 언어 변화의 개개의 사실들을 각각의 잡다한 변화로서가 아니라 법칙적인 통일성을 지닌 것으로 파악하기 위해서는 변화의 근본 원인의 탐구가 행해져야만 하는 것이다. 그러나 이제까지 언어 변화 현상에 대한 기본 공리를 찾아낸다는 것은 어렵다는 생각이 일반적이었다. 특히 기존의 국어사 교재에서는 이러한 설명의 제시를 못했다는 한계점이 있었다.

그러면 이러한 한계를 극복할 방안은 무엇인가? 과연 언어 변화 현상을 예측 가능한 이론의 틀 속에서 모두 설명해 낼 수 있을까? 최근에 언어사를 이론적 토대 위에 제시할 만한 것으로, "문법화(grammaticalization) 이론"이 등장하여, 이론으로서의 면모를 갖춘 설명 방식의 가능성을 제시하고 있다. 이 이론은 언어 변화의 전체를 다 설명하는 것은 아니지만, 문법 형태소와 일부 어휘의 변화를 이 틀 안에서 이론적으로 포괄할 수 있다. 그런데 최근 역문법화 예를 제시하는 연구가 나와서 이 이론의 가치는 앞으로 많은 연구를 거치면서 규명될 것이라고 생각된다. 언어 변화를 다루는 가장 일반적인 설명으로 유추(analogy) 이론을 제시하기도 한다. 음운변화와 형태변화들은 많은 예가 이 틀 안에서 설명된다. 또 다른 언어 변화 이론으로서 제시되는 것이 유형론적 이론이다. 이는 여러 언어들에서 나타나는 시상 관련 표지들의 보편성이 있음을 전제로 하는 것이다. 국어학에서는 선어말어미들의 통합 순서 변화의 방향성을 이 이론으로 설명하기도 한다.

권재일(2004)에서, 언어 변화가 왜 일어나는가를 설명하는 서로 다른 몇 관점을 다음과 같이 정리하였는데, 이러한 관점에 의한 국어사 기술과 설명이 이루어져야 할 것으로 본다. 먼저 권재일(2004)의 내용을 소개한다.

첫째, 변형생성문법 이론의 관점이다. 어린이는 어른의 언어를 듣고 그들의 문법을 발전시켜 그들과 같은 언어 능력에 도달하게 된다. 그러나 어린이의 언어 능력은 어른의 문법뿐만 아니라 어른의 문법에서 일어난 개신까지 반영하게 되는데, 이 과정에서 언어 변화가 일어난다고 본다. 어린이의 언어습득이 언어 변화의 주된 동기가 된다고 보고 있다. 다시 말하여 변형생성문법 이론은 언어 변화를 규칙과 원리의 변화로 보며, 이는 곧 언어 능력의 변화로 보는 것이다.

둘째, 사회언어학 이론의 관점이다. 언어 변화의 주체가 개별적이라는 변형생성문법의 견해에 반대하고, 변화를 일으키는 언어는 집단의 언어라고 한다. 언어의 개신이 사회 어느 한 집단에서 먼저 일어나서 그것이 일정한 사회적 조건에서 이웃 집단으로 전파되어 언어가 변화한다고 보는 것이다. 가장 먼저 변화를 이끌어 내는 것은 개인이고, 이것이 사회 집단에서 수용되었을 때 언어 변화가 일어난다고 설명한다. 이때 개인에게 변화가 일어나는 것은 화자와 청자를 전제로 한 의사소통의 상황이고, 변화를 일으키는 동기는 경제성과 단순성을 극대화하고, 효율성과 정보성을 최대화하려는 욕구 때문이라고 한다.

셋째, 담화·화용론 이론의 관점이다. 의사소통에서 나타나는 화자와 청자 사이의 관계가 언어 변화의 동기가 된다고 본다. 화자는 이미 알고 있는 개념들을 토대로 해서 새로운 개념을 이해하려는 청자의 시도에 부합하기 위해서 표현력을 높이려고 노력한다. 따라서 관용화하거나 표현을 축소시키는 생략 현상들을 통해 경제성을 추구하기도 하고, 구체적인 개념을 통하여 추상적인 개념을 전달하는 비유나 주관화 등을 통하여 청자에게 정보성을 더 증진시킨다. 청자는 화자의 의도를 추론하는데 화자의 의도에 부합하지 않을 경우 언어 변화가 일어난다고 설명한다.

넷째, 언어유형론의 관점이다. 언어유형론을 통해 언어 변화의 일반화를 추구하는 것이다. 함의적 보편성에 입각한 Greenberg(1966)의 언어유형

론 이론으로 언어 변화를 설명한다. 예를 들어 어떤 언어의 어순이 SOV
형에서 SVO형으로 변화했다면, 명사에 대한 수식어의 위치, 본동사와 조
동사의 위치, 비교급과 기준형의 위치도 변화할 것이고, 후치사 대신 전
치사가 발달할 것으로 해석하는 것이다.

위와 같은 언어 변화의 이유를 설명하는 몇 관점은 바로, 우리가 언어
변화를 기술하고 설명해야 할 몇 이론적 틀의 모습을 제시해 준다. 곧,
우리가 앞으로 살펴 볼 언어 변화의 여러 현상들에 대해 위와 같은 변형
생성문법 이론의 관점, 사회언어학 이론의 관점, 담화-화용론 이론의 관
점, 언어유형론의 관점에서의 설명을 시도해 보아야 한다는 것이다. 모든
관점들이 동시에 다 적용될 수 있는 것은 아니다. 변화의 성격에 따라 더
잘 설명될 수 있는 관점이 있을 것이다. 그리고 위에서 언급한 문법화,
유추 등의 발달 원리도 함께 고려하면서, 최선의 국어사 연구가 이루어질
수 있을 것이다.

## ▌ 3. 국어 변천 연구 방법

앞선 연구자들은 국어사를 연구하면서 "통시언어학의 연구에 있어서
모든 수단과 방법을 다하여 그 말의 역사를 밝히려 하지 않으면 안 된다."
고 하였다. 이는 국어의 통시태에 대한 연구가 그만큼 어려운 일이라는
것을 암시해 주는 말이다. 국어사에서 지적되어 온 국어 변천 연구 방법
은 크게 두 가지 조망 방법, 곧 전망적 방법(展望的 方法, prospective method)
과 회고적 방법(回顧的 方法, retrospective method)으로 제시된다.

전망적 방법은 역대 언어가 기록된 문서에 의거하여 이를 관찰하고 조
사하여 언어의 변천 과정을 밝히는 것이다. 이 방법은 세종 25년(1443) 한

글 창제를 기점으로 현재에 이르는 연구에 적용된다. 문헌을 대상으로 연구할 때 다음과 같은 점을 주의해야 한다.

첫째, 문헌이 출간된 지방, 만든 이의 출신지 등을 고려함으로써 문헌의 성격을 잘 파악해야 한다. 그렇게 함으로써 그 문헌의 언어가 어느 지역의 것인지를 알 수 있게 되고 지역적 언어 사실을 전체의 것으로 간주하지 않게 된다. 예를 들어 두시언해 초간본(성종)은 서울 지역에서 만들어졌다. 이에 비해 두시언해 중간본(인조)은 남쪽지방 사람의 번역이다. 그러므로 시간적인 차이와 번역자의 언어 차이가 고려될 필요가 있는 것이다.[2]

둘째, 문자 표기와 실제 음가와는 그 시기가 일치하지 않는다는 점을 고려해야 한다. 예를 들어 문자 표기에서 [ㆍ]는 없어졌으나 음가는 지역에 따라 남아 있을 수 있는 것이다. 반대로 지역에 따라 [ㆍ] 음가는 이미 없어졌는데도 언어 표기의 보수성에 의해 문자가 계속 남아 있을 수도 있는 것이다. 이는 특별히 음운의 변천을 연구할 때 주의를 요하는 사항이다.

셋째, 또한 그 문헌이 어떤 장르인가를 고려하는 것도 매우 중요한 국어 사실에 대한 이해를 제공한다. 예를 들어 중세 국어의 대부분의 문헌은 한문을 번역한 번역체였다. 그러므로 이 자료들을 통해 한국어 사실을 고려할 때에는 번역체의 영향 관계를 생각해야만 한다. 그것을 간과함으

---

2) 전망적 방법에 이용될 수 있는 국어사의 문헌 자료
   · 후기 중세 한국어 – 훈민정음(1443), 용비어천가(1447), 석보상절(1449), 월인천강지곡(1449), 관음경언해(1485), 구급방언해(1466), 금강경언해(1464), 내훈(1475), 능엄경언해(1462), 두시언해(1481), 삼강행실도(1481), 월인석보(1459), 번역소학(1517), 속삼강행실도(1514), 이륜행실도(1518), 훈몽자회(1527), 논어언해(1588), 소학언해(1586), 노걸대언해(1670), 첩해신어(1676), 내훈중간본(1656), 박통사언해중간본(1677) 등.
   · 근대 한국어 – 몽어노걸대(1714), 동몽선습언해(1674-1720), 청구영언(1728), 오륜행실도(1797), 일동장유가(1764), 해동가요(1763), 요한복음(1332), 신약전서(1887), 한불자전(1880), 한영자전(1890) 등.
   · 현대 한국어(특히 20세기 초) – 신문 잡지 자료 등.

로써 실제의 국어 사실 규명을 놓치게 될 수 있다.

넷째, 문헌에서 찾아 볼 수 있는 언어 자료들은 당시의 언어 모습을 어느 정도 보여주는 것인가 하는 점을 고려해 보아야 한다. 현재 우리가 국어사 연구에 사용할 자료는 문헌 자료밖에 없지만, 그러한 한계를 안은 연구라는 것을 인정해야 한다는 점이다. 연구의 결과가 전적으로 완성적인 것이라는 점은 누구도 단언할 수 없다.

전망적 방법의 연구에는 다음과 같은 문헌 자료들이 고찰된다.

- 15세기 : 삼강행실도(1431), 용비어천가(1445), 석보상절 <권4,6,16,23,24>(1447), 월인석보 <서, 권1,7,9,10,17,19>(1459), 훈민정음언해(1450년경), 능엄경언해(1462), 금강경언해(1464), 선종영가집언해(1464), 두시언해(1481)

- 16세기 : 번역노걸대 <상,하>(1517), 번역박통사 <상>(1517), 번역소학<6~10>(1517), 이륜행실도(1518), 훈몽자회(1527), 법어록언해(송광사판)(1578), 소학언해 (1587), 맹자언해(1590), 선가귀감언해(1590 경), 산성일기(16세기) , 홍길동전(16세기 말), 옛날편지(1571~1598), 순천김씨간찰(16세기), 내훈(16세기)

- 17세기 : 두시언해(중간본)(1632), 계축일기(1660), 첩해신어(1627), 옛날편지(1623~1700), 박통사언해 <하>(1670 경), 노걸대언해(17세기 중엽), 구운몽(17세기 말~18세기 초), 동몽선습언해(1700 경), 인현왕후전(1700 경)

- 18세기 : 오륜전비언해(1721), 청구영언(1728), 해동가요(1763), 일동장유가(1764), 삼역총해(1774), 오륜행실도(1797)

- 19세기 : 한중록(1805), 안릉일기(1812 이후), 추사 편지(1818~1842), 심청전(19세기 말), 춘향전(19세기 말), 심상소학(1896), 의유당관북유람일기(1892), 예수성교전서(1887), 소학독본(1895), 국민소학독본(1895), 심상소학(1896), 독립신문(1896~1897), 편지(1801~1899)

- 20세기 : 유년필독(1907), 국어와 국문의 필요(1907), 편지(1901~1907), 노동야학독본(1908), 국어와 국문의 독립론(1908), 몽학필독(20세기초), 신소설, 희곡(20

세기 중엽), 독립신문(1896~1899), 제국신문(1898~1902), 신학월보(1902), 萬歲
報(1906~1907), 大韓民報(1909~1910), 中親睦會報(1910), 어문법서의 서문
(1900년대, 1910년대), 學之光(1919), 화기 교과서(20세기 초), 매일신보(1910~
1940), 동아일보(1920~1940), 선일보(1920~1940), 滿鮮日報(1939), 新女性
(1923~1934, 월간 여성잡지), 女性(1936~1940, 월간 여성잡지), 백범일지(國土
院版 간행본, 1926, 1947), 思想界(1950년대 분, 월간 종합교양잡지)

- 21세기 : 신문, 잡지의 언어 (2003, 2004), 소설 언어(2001~2004), 인터넷 상의
  토론 언어 (2004)

회고적 방법은 역으로 시간의 흐름을 거슬러 올라가는 방법이다. 어느
한 시대의 주어진 언어 사실에서 한 가지 형태를 알고 있을 때 그 형태를
가져오게 한, 그 전 시대의 형태는 무엇인가를 찾는 것이다. 이 방법은
한글 창제 이전의 시기로 거슬러 올라가는 연구에 적용된다. 회고적 방법
으로 연구를 할 때에는 재구적(再構reconstructive method) 방법(한 언어 안의
내적 재구, 친족 언어 간의 비교에 의한 재구), 문헌에 의한 추정 연구,
방언 및 지명학적 연구 방법이 요구된다.

내적 재구의 방법이란, 예를 들어 중세국어에서 '뿔기'를 보고 그 전시
대의 표기는 '보돌기'로 추정하여 '보돌기>뿔기>뜰기'로 그 변화 과정
을 잡아보는 것이다. 현대국어에서 모음으로 시작되는 어미 앞에서는 낫
(鎌), 낮(晝), 낯(面), 낟(穀), 낱(個)의 끝 자음들이 제대로 나타나지만, 휴지
앞에서는 한결같이 [t]로 나타나 동음어가 되고 마는 사실이 주목된다. 이
는 어느 전 시대에서는 이들의 끝 자음이 휴지 앞에서도 각기 제대로 나
타났었는데 이들이 하나로 합류되었음을 암시하고 있다. (음절말 자음의 내
파화(內破化)가 고대국어에서는 아직 일어나지 않았음이 확인된다.)

비교에 의한 재구란 동계제어(同系諸語, 語族)와의 비교를 통해 공통된
요소를 찾아 원형을 재구하고 그 분화된 과정을 추측하며, 조어(祖語)의

재구형도 찾는 것을 말한다. 문헌에 의한 추정 연구는 전망적 방법에서 필수적으로 요구되는 이 방법은 회고적 방법에서도 필요하다. 가령 <삼국사기>, <삼국유사>, <계림유사> 같은 자료들은 비록 그 표기가 한자이나 고대국어와 전기중세국어의 언어 사실을 추정하는 데에 아주 중요하다.[3)]

방언 및 지명학적 연구 방법도 회고적 방법에 아주 유용하다. 국어사 연구는 방언 연구에 힘을 입기도 하고 방언 연구에 자료를 더하기도 한다. 방언은 우리말 발달사 자료의 산 보고(寶庫)이기 때문이다. 예를 들어 방언 '비사리, 시동, 시덕'은 중세국어 표기인 '뽀리, 똥, 떡' 등이 어두자음군임을 증명한다. 평안 방언 "생키지 말고 비야드라우" 같은 표현에는 중세국어의 "비왇다"가 그대로 남아 있는 잔재가 된다. 방언은 지역적인 보수성이 강하여 옛 모습을 많이 보존하고 있기 때문에 문헌에서 보여주는 결함을 보충해 줄 뿐만 아니라 기록에서 예상되는 결과를 현실적으로 보여주는 자료가 될 수 있다.

회고적 방법을 사용하여 언어 변화를 연구할 때 주의해야 할 점은 그것이 낭만적인 사색이 되어서는 안 된다는 점이다. 연구자의 상상력이 발휘된 국어학 기술이 행해지는 것은 금물이다.

국어의 역사를 다룰 때 역사적인 시대 구분이 필요하다. 그러나 현재로서 이 시대 구분은 정치사적 시대 구분과 대동소이하다. 현재 나온 국어사

---

3) 회고적 방법에 이용될 수 있는 문헌 자료
  · 고대 한국어 - 광개토대왕릉비, 진흥왕척경비문, 경주임신서기석 등의 금석문 / 삼국사기(1145) 지리지의 지명, 왕명, 인명, 관직명 / 삼국유사(1275)의 향찰로 표기된 향가 14수와 인명 자료.
  · 전기 중세 한국어 - 계림유사(鷄林類事 1103-1104, 고려 송나라 서장관 손목이 고려어 356 어휘를 차자로 표기한 자료), 향약구급방 (鄕藥救急方 1250, 119항목 한약제 식물명이 차자표기됨), 구역인왕경 (舊譯仁王經 1346, 구결이 처음 등장하는 불경), 대명률직해 (大明律直解 1395, 명률을 이두로 번역한 것), 조선관역어 (朝鮮館譯語 1403-1424, 고려말기어 600여 어휘를 차자표기로 기록한 자료), 향약채취월령 (鄕藥採取月令 1431, 한약재 149종 차자표기), 향약집성방 (鄕藥集成方 1433, 148종의 한약재 차자 표기).

교재에서는 대부분 시대 구분에 의한 국어사를 서술하고 있다. 그러나 이 책에서는 주제별로 변천의 과정을 살펴보는 방식으로 서술해 보고자 한다. 그러므로 국어사적인 의의가 뚜렷한 시대 구분의 논의는 더 이상 하지 않기로 하고, 그것이 필요할 때에는 이익섭 외(1997)의 것을 따르기로 한다.

    &lt;국어사의 시대구분 (이익섭 외, 1997)&gt;

    국어사의 시대구분은 그것을 하나의 발전적 전체로서 파악하여 체계적 서술을 위해 필요한 것으로, 시대 구분의 기준은 언어발달 그 자체에 두어야 한다. 작은 폭의 변화가 쌓여서 어떤 시기가 되어 그 변화의 모습이 두드러질 때, 그 시기가 바로 변화의 시기가 됨은 자명하지만, 언어의 역사가 그렇게 확연히 선을 긋듯 경계를 보여주지는 않는다. 이 책에서는 이익섭/이상억/채완(1997)의 시대 구분에 따르기로 한다. 한국어가 문자에 의해 기록되기 시작한 것은 삼국시대부터였다. 이 시기부터 현대 한국어까지의 국어사의 시대구분은 대개 다음과 같이 네 시기로 나눈다.

1) 고대 한국어(古代韓國語) – 삼국시대부터 통일신라가 패망할 때까지의 약 1000년 동안의 한국어. 고구려(37BC-668 AD)와 백제(18BC-660AD)의 언어 및 신라 (57BC-935AD)의 언어가 고대 한국어를 대표한다.

2) 중세 한국어(中世韓國語) – 고려시대(918-1392)부터 임진왜란(1952) 사이의 언어 즉 10세기초부터 16세기말까지의 언어. 중세 한국어는 다시 고려 왕조에서 조선 왕조로 바뀌던 시기를 전후하여 전기 중세 한국어와 후기 중세 한국어로 나눈다.

3) 근대 한국어(近代韓國語) – 임진왜란 이후부터 현대 한국어가 성립하기 이전까지의 한국어. 즉 17세기 초부터 19세기 말까지의 한국어.

4) 현대 한국어(現代韓國語) – 정확히 언제부터를 현대 한국어의 시기로 잡을지에 대해서는 깊이 논의되지 않은 상태에 있다. 대체로 20세기 초를 그 경계로 잡으면 무난할 것이다.

## 생각샘

**01.** 국어의 옛 모습은 어땠을까? 다음 문장을 보면서 다각적으로 생각해 보자.

나랏말ᄊᆞ미 듕귁에 달아 문쯩와로 서르 ᄉᆞᄆᆞᆺ디 아니ᄒᆞᆯᄊᆡ 이런 젼ᄎᆞ로 어린 ᄇᆡᆼ셩이 니르고져 홂배 이셔도 ᄆᆞᄎᆞᆷ내 제 ᄠᅳ들 시러펴디 몯ᄒᆞᇙ 노미 하니라 내 이ᄅᆞᆯ 윙ᄒᆞ야 어엿비 너겨 새로 스믈여듧 쫑ᄅᆞᆯ 밍ᄀᆞ노니 사ᄅᆞᆷ마다 ᄒᆡᅇᅧ 수ᄫᅵ 니겨 날로 ᄡᅮ메 뼌한킈 ᄒᆞ고져 ᄒᆞᇙᄯᆞᄅᆞ미니라 — 셰죵엉졩훈민졍흠 "서문" (한자와 방점 제외)

**02.** 옛말로 재현해 보자.

아들이 그 아내를 아주 마땅히 여기더라도 어버이가 기뻐하지 않으시면 내 보내고, 아들이 그의 아내가 마땅치 않더라도 부모님이 "이 사람은 나를 잘 섬긴다."라고 말씀하시면, 결혼식을 하여 …

※ 이 책의 뒤에 [부록]으로 생각샘 풀이를 실었습니다. 반드시 문제를 먼저 푸시고 풀이를 참고하시면서 국어사에 대한 지식을 다져 보시기 바랍니다.

## History of Korean for Foreigners (외국인을 위한 국어사)

※ 우리 학생들이 외국인에게 한국어의 역사에 대해 단편적으로나마 설명해 줄
수 있으면 좋겠다는 취지에서 이 영문을 실었습니다. 우리의 언어를 소중히
여기고 자랑스럽게 외국인에게 소개해 보고 싶은 의욕을 가져 보시기 바랍니
다. 영문의 한국어 해설은 이 책의 뒤에 [부록]으로 실었습니다.

## Chapter 2. Motive and Method of Research in History of Korean

Contemporary Korean includes its change in the past. Therefore, its present identity can be verified by searching its history. By studying the transformation of Korean, one can truly feel how Korean language is close to daily lives of Koreans. The value of Korean, which can be easily neglected because of the fact that everyone is using without any difficulty, is newly realized. In addition, people will realize that Korean is not a tool that can be carelessly used, but a treasure box that needs to be embraced and protected. It is very fascinating to conduct research on a question of 'Where did all these expressions we use daily come from?' with immense curiosity. Both prospective and retrospective methods can be used for the research. The former is to investigate the transformation of language based on the literature with old language. The later is to rebuild the past form of Korean by the presumption based on the literature and the comparison among languages in the same family in order to conduct research on Korean before the invention of Hangul.

🤔💭

제 3 장
# 국어의 뿌리는 어디에?

"기원이란 모든 기원론이 그러하듯이
기원의 모호성을 증명할 뿐이다"

이 장에서는 국어의 기원 문제에 대해 정리해 보기로 한다. 이 주제는
일반 국어 변천의 문제와는 연구의 성격이 확연히 다른 것이 된다. 회고적
방법에 의해서 연구가 가능한 것으로, 계통 언어 간의 비교언어학적 연구
를 필요로 한다. 여기에서는 이제까지 학계에서 중요하게 논의된 것들을
정리함으로써 이 주제의 대략적인 성격을 파악하는 데서 만족하기로 한다.


## ▌ 1. 뿌리에 대한 단상

과연 국어[4]의 뿌리는 무엇일까? 우리 민족은 어디서부터 시작되었고

---

4) 국어의 개념 - 국어란 다름 아닌 우리말이다. 우리말이란 우리 한국 사람이 다
  함께 쓰고 있는 말, 곧 한국어이다. 크게 문제가 되는 것은 아니나, 여기서 동
  일 대상에 대한 서로 다른 명칭인 국어, 우리말, 한국어의 개념적 차이를 생각
  할 수 있다. 먼저 '국어'라 함은 엄밀히 말하자면 국가에서 공용어로 지정한

우리 민족어는 어떤 경로를 거쳐 어느 시기에 지금과 같은 것이 되었을까? 아득한 옛 시절에 대한 추정이 과연 가능하기나 한 걸까? 사람들이 자신의 인종의 계보가 무엇인가 하는 문제와 함께, 세계 수많은 언어들 중 어떤 것들과 특별한 관련이 있었으며 언어들이 어떻게 분산해 왔는가에 대해 궁금해 하는 것은 본능적인 호기심에 해당한다 할 것이다.

　사람들의 믿음 속에 존재했던 언어의 기원에 대한 애기는 성경과 구전 신화들 속에서 나온다. 이런 류의 가정은 세계의 언어가 하나에서 비롯되었다는 추정이 들어 있다. 성경의 창세기 11장에는 언어가 태초에 하나였는데, 사람들이 언어를 사용하여 의논하여 행하면 못 이룰 일이 없겠다고 생각한 하나님께서 이를 갈라지게 했다는 기록이 있다.[5] 그런가 하면 구

---

　공식 언어라는 뜻이다. 한국이라는 국가에서 국어는 구체적으로 한국어이다. 한국어란 영어, 일어, 독일어, 불어, 중국어 등과 같은 개별 언어의 하나로, 부르는 대상이 누구인지에 따라서 달라지는 일이 없는 절대적이고 구체적인 개념이다. 이에 비해 국어나 우리말은 부르는 사람에 따라 영어도 될 수 있고, 일본어도 될 수 있다. 한국 사람이 "우리말"이라고 하면 그것은 언제나 동일 대상을 칭할 수 있다. 단일 민족이 단일 국가를 구성해서 단일 언어를 사용하는 경우이기 때문이다. 그러나 여러 민족이 단일 국가를 구성하여 여러 개의 언어가 국어라는 말로 공용되는 경우에는 동일 대상을 칭할 수 없다. 또한 '국어'는 특이한 정치 상황에서는 그 대상이 달라질 수 있다. 우리가 잠시 일제 치하에 놓였을 때 국어는 한국어가 아닌 일본어였다. 이렇게 국어, 한국어, 우리말이라는 명칭 사이에는 개념상의 차이가 있다. 그러나 일반적으로 한국 사람이 일컫는 국어, 우리말, 한국어는 동일 대상을 지칭하기 때문에 세 용어를 그다지 구별하지 않게 되는 것이다.

5)　바벨탑 이야기 - 온 세상이 한 가지 말을 쓰고 있었다. 물론 낱말도 같았다. 사람들은 동쪽에서 옮아오다가 시날 지방 한 들판에 이르러 거기 자리를 잡고는 의논하였다. "어서 벽돌을 빚어 불에 단단히 구어 내자." 이리하여 사람들은 돌 대신에 벽돌을 쓰고, 흙 대신에 역청을 쓰게 되었다. 또 사람들은 의논하였다. "어서 도시를 세우고 그 가운데 꼭대기가 하늘에 닿게 탑을 쌓아 우리 이름을 날려 사방으로 흩어지지 않도록 하자." 야훼께서 땅에 내려 오시어 사람들이 이렇게 세운 도시와 탑을 보시고 생각하셨다. "사람들이 한 종족이라 말이 같아서 안 되겠구나. 이것은 사람들이 하려는 일의 시작에 지나지 않겠지. 앞으로 하려고만 하면 못할 일이 없겠구나. 당장 땅에 내려가서 사람들이 쓰는 말을 뒤섞어 놓아 서로 알아듣지 못하게 해야겠다." 야훼께서는 사람들을 거기에서 온 땅으로 흩으셨다. 그리하여 사람들은 도시를 세우던 일을 그만 두었다. 야훼께서 온 세상의 말을 거기에서 뒤섞어 놓아 사람들을 온 땅에 흩으셨다고 해서 그 도시의 이름을 바벨이라고 불렀다.<창세기 11장 1절~9절>

약성서 창세기 2장에는 하나님께서 만물을 창조하시고 아담이 어떻게 이름 짓는가를 보시고 그 명명이 그대로 그것의 이름이 되게 하였다는 기록이 있다. 이는 아담이 언어를 탄생시켰다는 뜻은 아니며 하나님의 언어가 기존에 있었고, 아담은 다만 만물의 이름을 붙인 것이라는 것으로 해석이 된다. 이에 대해 독일인 목사였으며 과학적인 언어학을 유도하는 데에 업적이 있는 폰 헤르더(1744~1803)는 언어가 하나님의 직접적인 선물이라는 당대의 믿음을 거부했다. 헤르더는 언어는 하나님께서 부여한 능력, 곧 감성을 노출할 능력을 지닌 유일한 인간이 인간의 가장 깊숙한 본성으로부터의 필요에 의해 발전시킨 것이라고 했다. 곧 언어 충동(speech-impulse) 그 자체는 하나님께 받은 것이지만 바로 그 시점에서 인간이 자신의 언어적 운명을 개척해 나간 것이라고 인정했다는 것이다.[6]

그런가 하면, 이집트, 인도, 바벨로니아 등 각 지역에서는 그들 민족의 특정 신이 언어를 창안했다는 신화가 있어 자신들만의 언어가 특별하게 만들어졌다는 생각들을 보여준다.[7] 성이나 신화 속에서 보여 주는 언어의 기원은 주로 그 원시 언어가 인류 최초의 언어일 것이라는 믿음을 가지고 있다.

언어의 기원을 비교언어학적으로 추정하려 한 노력들은 성전이나 신화속의 생각과는 달리 원시언어란 어떤 어족 중에서 가장 오래 된 선조들의 언어라는 생각을 가지고 있다. 세계의 언어들에 대한 계통수론이 바로 이

---

6) 박영배 역(1986:29) 참고.
7) 이집트 신화에서는 토스(Thoth) 신이 언어를 창안하였다 하였고, 인도 신화에서는 우주를 창조한 브라마(Brahma) 신의 부인 사라스바티(Sarasvati)가 언어를 창안하였다 하였으며, 바빌로니아 신화에서는 나부(Nabu) 신이 언어를 창안하였다고 하였다. 역사가 해로도토스(Herodotos, 기원전 5세기)의 기록에는 이집트 왕 프사메티코스(Psammetichos)가 세계의 언어 중 가장 오래된 것이 어떤 것인지 결정하고자 했던 일화가 있다. 왕은 새로 태어난 두 아기를 말할 수 있을 때까지 따로 떼어 놓아, 흉내를 내야 할 말의 모형이 없는 상태에서 무슨 말을 가장 먼저 하는지를 실험하였다. 이들은 우연히도 프리지아어의 '빵'을 뜻하는 단어를 발성했고, 궁정 내 사람들은 인류 최초의 언어는 프리지아어라고 믿었다는 것이다.

러한 생각 속에서 연구된 업적들이라 할 수 있다. 그 분류가 사실에 맞게 된 것인지는 확신할 수 없지만 현대 세계의 언어들은 비교언어학적인 연구를 통해 계통적 분류가 되어 있다.

이상과 같은 신화적 믿음이나 계통적인 연구와는 달리, 언어의 기원을 고고인류학적으로 밝히고자 한 연구도 있었다. 이 연구에서는, 인류가 50만 년 전, 호모 에렉투스에서 호모 사피엔스로 되는 시기에 언어를 사용할 수 있게 되었을 것이라는 추정을 하고 있다. 이는 인간이라는 종족이 언어를 사용하기 위해 필수적인 두뇌 용량과 음성 기관의 생김새라는 두 필요조건이 구비되는 시기를 밝힌 연구였다.

최근 게놈 프로젝트에 의해 유전인자를 분석한 결과, 우리 민족과 가장 가까운 유전인자를 지닌 종족은 몽골족이라고 판명되었다. 우리 민족과 몽골족은 염색체의 차이가 7.8개인데, 이 수치는 다른 어떤 종족보다도 작은 것이라고 한다. 염색인자 1개가 달라지기까지 3000년의 세월이 걸린다는 것을 생각하면, 2만 2천 400년 전 (3000×7.8=22400)에 우리 민족이 몽골족과는 다른 길을 걷게 되었다는 것을 의미한다. 언어의 50만년 역사에서 훨씬 아래로 내려온 시기이다. 그럼에도 불구하고 3만년이라는 시간은 언어가 거의 새롭게 태어날 수도 있는 시간이 아닐까? 과연 민족어의 기원을 추적하는 연구들이 가능하기나 한 걸까?

## ▌ 2. 학문적 계통론의 역사

세계 여러 언어의 계통을 연구하는 학문 분야를 계통론(系統論)이라고 한다. 어떤 학문이든 그것이 학문다운 모습으로 탄생하기 전 단계의 미숙하지만 목적이 있는 지(知)의 행위들이 있는 것처럼 계통론 역시 언어학자들의 분석적인 고증에 의한 계통론이 탄생하기 이전에 비전문적인 연구들이 있었다. 비전문적인 연구의 특징은 확실한 자료의 분석이 없는 단계에서 상상에 의한 추정들이 행해졌다. 가령 고대에 라틴어 작가들은 한 단어가 어떤 일정한 의미를 지니고 있는 이유를 연구함에 그 상상력을 마음껏 발휘했다고 한다. 예로, '여우(*vulpés*)'를 '날다(*voló*)'와 '발(*pés*)'의 결합으로 보고 "나는 것과 같이 빠른 발"이라는 의미의 복합어로 설명한 것이다(성 이시도르(570-639년 경)의 어원 사전). 이러한 설명들은 황당무계한 추측과 이상야릇한 유도들이 많았다고 한다.

문헌의 문자 기록에 의해서만 그 존재를 알 수 있는 과거의 언어들을 자료 조사에 의해 유사성을 밝히면서 그 언어들은 다시 그 이전의 가설적인 초기 언어로부터 같은 혈통이었다는 생각을 처음으로 한 사람은 영국인 윌리엄 존스 경(1746-1794)이었다고 한다(John T. Waterman, 1970 참고). 존스는 산스크리트어의 분석을 통해 다른 언어들과의 유사성에 대한 추정을 했는데, 이 업적은 그 이전에 팽배했던 신학적 보수성을 극복하게 되는 계기가 된다. 학자들은 언어라는 것이 끊임없이 유동하는 상태에 있어서 생성 발달되는 것이며 따라서 역사를 지니고 있다는 점, 그리고 언어의 생성 발달이 역사적 관점에 의해서 연구될 수 있다는 점을 이해하게 되는 계기가 된다. 이로써 1800년부터는 언어학(linguistics)이라는 것, 곧 과학적인 연구로서의 언어학이라는 것에 대해 말할 수 있게 되었다는 것이다.

이후 덴마크인 라스크(Rasmus Kristian Rask, 1787~1832)가 한림원에 제출한 논문 "고대 노르웨이어, 즉 아이슬랜드어의 기원에 관한 고찰"에서 그는 언어간의 친족성 연구에 대한 체계적인 방법론을 논의하였다. 당시 덴마크 한림원에서는 논문 경시대회에서 현상 논문의 주제로 다음과 같은 것을 걸었는데, 이는 언어 연구의 지침을 타당하게 밝힌 것으로 생각된다. 즉 "타당한 실례를 들어가며 역사에 근거한 비평으로 고대 스칸디나비아어가 무슨 근원에서 가장 확실하게 파생될 수 있는가를 고찰・예증하고 고대로부터 중세기를 거치는 동안 이 언어가 지닌 특성 및 스칸디나비어와 게르만어 방언과의 관계를 서술하며 이들 언어에 나타나는 모든 파생 및 비교 관계가 이루어지는 기본 원리를 정확히 결정하라"는 것이었다. 이에 대해 라스크는 파생 및 비교 관계가 이루어지는 기본 원리에 대한 것을 공식화하는 수준으로 연구를 하였는데, 이는 현대 비교언어학의 창시자로서의 가치를 갖는 것으로 평가된다(박영배 역(1986), 34~36 참고). 그는 언어 사이의 차용 관계에 있는 단어들은 친족성을 증명하는 예들이 아니며, 외적인 영향으로 인해 그 구조가 좀처럼 바뀌지 않는 문법상의 일치(곧 굴절 체계와 전체 구조의 유사성), 그리고 음성 사이의 상호 교환 규칙을 이끌어 낼 수가 있으면 이들은 친족성을 결정하는 증거가 된다고 했다.

라스크의 훌륭한 업적을 그대로 이어받아 세상에 각광을 받은 이가 야콥 그림(Jacob Grimm, 1785~1863)이며, 비교언어학에서 그림의 법칙은 게르만 제어, 그리고 비 게르만어이면서도 게르만어와 동계 관계에 있는 언어 사이의 음성 대응에 관한 규칙성에 대한 것으로, 음 변화의 기저 원리와 패턴을 매우 통찰력 있게 설명하는 것이었다. 그리고 이것이 이후 학자들에 의해 하나의 모델이 되어 음 변화와 음 유형의 기저 원리를 찾는 응용으로 이어져 많은 업적으로 이어졌다.

계통론에서는 언어적 유사성이 있거나 역사적, 인류학적으로 관계가 있다고 가정되는 대상 민족의 언어들을 서로 비교하여 친족관계의 유무를 찾아내 보려 하는 연구를 행한다. 계통론을 위하여 학자들은 동계제어(同系諸語)를 분류하고, 이와의 비교를 통해 공통된 요소를 찾아 원형을 재구(再構)하고 그 분화된 과정을 추측하며, 조어(祖語)의 재구형도 찾는 연구를 한다. 그리고 그렇게 하여 같은 계통의 언어라고 생각되는 것들을 묶어서 어족(語族)이라고 한다. 어족의 맨 앞 시대에는 공통조어(共通祖語)가 자리 잡고 있다. 친족관계와 공통 조어를 추정하기 위해 문헌을 통해 추정되는 고어형을 서로 비교하여 어형이나 문법형태소 사이에서 대응하는 것이 있는지 살핀다. 어휘는 차용되거나 대체되기 쉽기 때문에 어휘비교는 신중을 기해야 한다. 차용에 대해 보수성이 강한 기초어휘를 중심으로 비교하는 것이 좋다. 여러 대응하는 어형들의 비교를 통해 음운대응규칙이 발견될 수도 있다.

한국어의 계통 문제는 19세기 말엽 유럽의 역사비교언어학자들에 의하여 제기되었다. 한국어의 계통으로 가장 먼저 거론된 어족설이 우랄 알타이어족설로, 이를 최초로 주장한 사람은 스트라렌베르그(Strahlenberg, 1730)라고 할 수 있다. 로니(Rosny, 1864)는 최초로 한국어와 우랄알타이제어에 유형적인 유사성을 제시하여 한국어를 계통적으로 다루었다. 달레(Dallet, 1874)와 로스(Ross, 1878)도 한국어의 계통문제를 다루었고, 뽈리바노프(Polivanov, 1927)는 한국어가 알타이제어와 친근성이 있다고 주장하면서 음운과 형태면에서의 유사성을 논증하였다. 이후 람스테트와 포페에 의해 한국어는 알타이어족설이라는 학설이 자리를 잡아갔고, 국내 학자로는 이기문 교수가 <국어사 개설>(1961)에서 한국어가 알타이어족에 속한다는 것을 제시하였다. 이 후 학계에는 한국어의 계통은 알타이어라는 것이 정설처럼 되었고, 이것은 학교 교육의 한 내용이 되었다. 한국어의 계통론에 관련된 몇 학설들을 소개하기로 한다.


## ▌ 3. 국어 계통론의 여러 학설들

국어의 계통에 관한 연구는 지난 1세기에 걸쳐 진행되었지만 아직 공인되는 학설이 없는 실정이다. 친족관계를 밝히는 근거로 제시된 언어 예들이 턱없이 부족했기 때문에 연구에 많은 어려움이 있다. 산스크리트어 문헌 자료가 있는 인구어의 계통론과는 비교도 안 되는 상황이다. 그 동

안 국어 계통론에 관한 학설로 우랄-알타이어족설, 알타이어족설, 국어−
일본어 동계설, 동북아시아어족설 등이 나왔다. 이 중 "우랄"은 한국어의
계통이 아닌 것으로 판명이 난 상태이며, 국어−일본어 동계설은 한국어
의 기원에 대한 얘기가 아니다. 현재, 알타이어족설과 동북아시아어족설
이 학계에서 연구 중인 학설이다. 알타이어족에 비해 동북아시아어족이
역사적으로 후기이며 따라서 훨씬 더 친족 관계를 증명할 자료가 많다는
점에서 관심을 가지고 연구해야 할 학설이라고 생각된다. 여기서는 이러
한 학설들에 대하여 차례로 살펴보기로 한다. 이 학설들은 학자들의 한국
어의 뿌리를 찾기 위한 기나긴 노력의 여정이었다는 것을 생각하면서 숙
연하게 접해 보면 좋겠다.

### 3.1. 우랄−알타이어족설

이 어족은 인도유럽어족 외에 또 다른 어족이 있다는 것에 주목함으로
써 제시된 설이다. 그러나 곧 우랄 어족과 알타이어족은 분리하여 얘기해
야 한다는 견해가 나와서 현재 한국어의 계통으로 가장 정밀하게 연구된
학설은 알타이어족설이 되었다. 알타이어족설에서 얘기하는 공통특질론
은 우랄−알타이어족설에서 제시된 것들이다.

우랄−알타이어족이라 함은 우랄 산맥을 사이에 두고 동과 서로 분포
해 있는 우랄 제어(諸語)와 알타이 제어를 합친 어족의 총칭이다.[8] 즉 핀
−우그르 어파(語派)와 사모예드 어파로 형성된 우랄 어족과 튀르크어, 몽
고어, 퉁그스어를 합친 알타이어족의 총칭이다. 이 어족은 에스토니아의
언어학자 FJ 비데만이 1838년 이 어족들이 언어적으로 친족 관계가 있음
을 주장했는데 이 때 제시한 공통점은 다음과 같은 것이었다:

---

8) 우랄 산맥(Ural Mts) − 소련 중부, 동유럽 평원과 서시베리아 저지 사이에 있
   는 산맥. 남북 방향으로 뻗어 있고, 북쪽은 카라해 연안에서 남쪽은 카자흐 공
   화국까지 2,500Km 이상의 길이이다

(1) 모음조화가 있다. (2) 문법상의 성(性)이 없다. (3) 관사가 없다. (4) 어형의 변화는 접미사의 교착으로 일어난다. (5) 명사에는 소유 어미가 붙는다. (6) 동사에 파생형이 많다. (7) 후치사가 쓰인다. (8) 수식어는 피수식어 앞에 놓인다. (9) 수사 다음에는 단수 명사가 온다. (10) 형용사와 비교할 때 '—에게서,' '—한테서'가 쓰인다. (11) '가지다' 대신에 '누구 누구에게 무엇 무엇이 있다'가 쓰인다. (12) 특별한 부정동사(否定動詞)가 있다. (13) 의문문에는 의문사가 쓰인다. (14) 접속사 대신에 동사에서 파생한 명사나 동사에서 파생한 부사가 쓰이는 일이 많다.

이 학설은 핀란드의 언어학자 M.A.카스트렌의 지지를 받았다. 그러나 계통적으로 형태면에서 유사한 점은 있으나, 우랄 어족과 알타이어족 사이에는 기본적인 어휘의 음운 대응을 확인할 수 없으므로 이 두 어족을 통합하는 것은 무리이다. 우랄 어족에 속하는 언어로 핀란드어, 에스토니아어, 우그리아어, 헝가리어, 사모예드어 등 많은 언어가 있다.

## 3.2. 알타이어족설

알타이어족 설은 핀란드 언어학자 G.J 람스테드가 우랄—알타이어족에서 우랄 어족과 알타이 어족을 분리할 것을 주창하고, 터키어, 몽고어, 퉁구스어, 한국어를 비교, 연구하여 그것들이 공통 조어(祖語)에서 분화되어 나왔다고 결론을 내린 학설이다.[9] 이 설은 소련의 블라디미르초프, 포페, 바스카코프, 그니크, 핀란드의 알트, 미국의 멘게스 등에 의하여 계승되어 음운론, 형태론 면에서 많은 성과를 올렸다. 포페는 알타이 제언어의 계통 관계는 인도유럽어 제언어 사이의 그것에 비해 소원한 것이라고 보았다. 그러나 알타이 제언어의 언어구조는 서로 유사한 점이 많고, 러

---

9) 알타이 산맥 (Altai Mts) — 몽고 고원 서부를 북서에서 남동 방향으로 뻗은 산맥. 몽고 고원의 서부를 경계, 중가리아 분지의 북부 경계를 이루고 북서부는 서시베리아 저지에 접한다. 소련, 몽고, 중국에 걸쳐 약 2,000Km에 달하며, 소비에트알타이, 몽고알타이, 고비알타이 산맥으로 구성되어 있다.

시아어, 이란 제어, 중국어 등과 같은 인접해 있는 수많은 언어와 두드러
진 대조를 나타내기 때문에 이들이 공통 조어에서 분화해 나온 같은 계통
의 언어라는 설이 일찍부터 주장되어 온 것이다.

　알타이 제언어의 구조상의 공통특질 중 주요한 것을 들어보면 다음과
같다.

> (1) 단어의 음운구조는 비교적 간단해서 단어의 첫머리에 자음군(子音群)이 오는
> 일이 없다. (2) r로 시작되는 단어가 없다. r로 시작되는 외국어의 단어를 차용할
> 때는 l이나 n으로 바꾼 형태로 받아들이는 것이 보통이다. (3) 모음조화 현상이 있
> 다. 모음이 강모음과 약모음 두 계열로 나뉘어 대립되며, 하나의 단어의 내부에서
> 는 어느 한쪽 계열의 모음만이 나타난다. (4) 단어의 형태는 2음절 이상인 것이
> 많다. (5) 단어의 형태적 구조는 이른바 교착어(膠着語)인데, 관사나 전치사 같은
> 형식은 없으며 접미사의 연결에 의해서 새로운 단어를 구성한다. 곡용이나 활용의
> 문법현상은 접미사에 의해서 표시되며 뒤에 붙는 부속어나 후치사의 연결에 의해
> 서 여러 가지 문법 기능과 의미상의 구별을 나타낸다. (6) 명사는 문법적인 성(性)
> 의 구별이 없으나, 복수접사, 격어미가 붙어 곡용하고, 소유나 소속을 뜻하는 어미
> 가 붙는다. (7) 형용사는 명사에 준하여 곡용할 수 있다. (8) 동사의 활용체계는 복
> 잡하고 수많은 활용형이 있다. (9) 관계대명사는 없다. 접속사도 충분히 발달해 있
> 지 않다. (10) 수식어는 피수식어 앞에 놓인다. (11) 목적어나 보어는 그것을 지배
> 하는 동사에 선행한다. (12) 주어는 다른 성분보다 앞에 놓이고 서술어는 맨 마지
> 막에 놓여 문장을 끝맺으나, 서술어 하나만으로도 문장이 될 수 있다.

　람스테트와 포페 등의 한국어계통에 관한 학설은 1950년대 후반부터
주로 이기문 교수에 의하여 국내 학계에 소개되었다. 한국어와 알타이어
족의 공통 특질을 다음과 같이 제시하였다.

(1) 모음조화가 있다. (2) 어두의 자음 조직이 제약을 받는다. (3) 교착성을 가진다. (4) 부동사(副動詞)가 중요한 역할을 한다. (5) 모음교체 및 자음교체가 없다. (6) 관계 대명사 및 접속사가 없다. (7) 국어와 알타이 제어와의 대응 관계를 보이면 다음과 같다.

① 알타이조어 여격어미 (與格語尾) −*a / −*e − − − − 국어 처격어미 −애 / −에

② 알타이조어 향격어미 (向格語尾) −*ru / −*ru − − − − 국어 −로

③ 알타이조어 연격어미 (沿格語尾) −*li − − − − 국어 이리, 그리, 저리

④ 동사의 활용체계에서 동명사형 어미 −*r, −*m, −*n 등은 광범위한 일치를 보인다.

(8) 어휘의 비교는 음운대응규칙이 확정되지 않았으므로 유동적이긴 하지만, 현저한 일치를 보인다.

① 국어와 퉁구스제어의 일치[10]

예) 중세국어 발(足), 골디어 palgan, 에벤키어 halgan

중세국어 히(태양), 만주어 sun, 솔롱어 sigun

중세국어 나랗(國), 만주어 na, 골디어 na

② 국어와 몽골어와의 일치[11]

---

10) 만주−퉁구스어군 (Manchu − Tungus) − 퉁구스어 중에서 역사적 문헌이 있는 것은 만주어뿐이다. 16세기 말부터 몽고문자로 만주어를 표기하게 됨으로써 많은 문헌을 남겼다. 다른 퉁구스어는 최근에 와서야 활발하게 연구되기 시작했다. 여진족은 만주족의 선조로 생각되고도 있는데 그들이 고안한 문자. 즉 여진 문자에 의한 비문이 우리나라에도 있다. 퉁구스어의 방언은 다음과 같은 것이 있다: 북방어군−에벤키어, 에벤어, 네기달어, 솔론어. 남부어군−만주어, 나나이어, 울차어, 오로키어, 우데해어, 어로치어

11) 몽골어군(Mongol) − 몽고어는 문어와 구어 사이에 큰 차이가 있는데 문어는 고대 몽고어의 특징을 유지하고 있다. 13−16세기 중기 몽고어 시대에는 비교적 많은 자료가 있다(원조비사(元祖祕史)). 현대 몽고어에는 다음과 같은 방언이 있다: 몽그오르어 Monguor (중국의 간수(甘肅)서부), 다그르어 Dagur (만주의 다그르 지방), 모골어 Mogol (아프가니스탄 일부), 도이라트어 Doriat (몽고 서북부 및 내륙 아시아 일부), 칼묵어 Kalmuck (불가강변), 동부몽고어 (내,외몽고−칼카방언, 울란 쌈 방언, 우르두스 방언, 차카르 방언, 카르친 방언), 부리아트어

예) 중세국어  날(日), 몽골어 naran (太陽)

중세국어  나(1인칭대명사), 몽골어 *na

중세국어  오-(來), 가-(去), 몽골어 oru-(入), rar-(出)

③ 국어와 토이기어의 일치[12]

예) 중세국어 온(百),  고대토이기어 on(十)


알타이어족의 음운에 대하여 람스테트는 이른바 람스테트 법칙을 발견하였다. 알타이조어의 어두 *p 음은 국어와 퉁구스 제어에 p음으로 남고, 만주어에서는 h, f 음으로 약화되고, 몽골어, 터키어에서는 탈락하는 것으로 나타난다는 것이다.

이상과 같이 알타이어족설을 수립하기 위한 많은 노력이 있었지만, 한국어를 알타이제어에 속한다고 본 것은 유형적인 유사성과 몇 가지 표면상의 유사성에 입각한 것으로, 알타이제어와 한국어의 친근 관계는 아직도 설득력 있는 증명을 체계적으로 제시하지 못하고 있다. 더욱이 수사(數詞)의 일치는 매우 드물므로, 아마 알타이제어는 분열 이후 수사에 있어서 적지 않은 변화를 입은 것인지 알 도리가 없다. 또한 알타이제어와 국어 사이의 차이점이 있으니, 즉 알타이제어의 명사 동사의 최소형은 어간이어서 명사어간이 그대로 주격형이고 동사어간이 그대로 명령형인데 반해, 국어에는 주격어미와 명령형어미가 꼭 붙는다는 점이다. 이 차이점은

---

Burjat.

12) 튀르그어군(Türk) ― 더 정확히는 추바시-튀르크어(Chuvash-Turkic)라고 부른다. 지금의 발음으로 터어키에 해당한다. 이 어군은 알타이제어 중 가장 넓은 지역에서 사용되고 있다. 추바시어는 소련의 볼가강 유역에서 사용되고 있으며 다른 튀르크어는 대체로 현재의 터키공화국을 위시해서 북방 코카사스, 볼가강 유역, 중앙아시아, 중국 투르케스탄, 이란 북방, 아프가니스탄 북방, 알타이산맥 부근, 동부 시베리아의 북방 등에서 사용되고 있다. 튀르크어는 8세기 경의 비문에 의해서 알타이제어 중 가장 오래된 문헌을 보여주고 있다. 그러나 튀르크어의 역사를 체계적으로 기술하기는 쉽지 않다. 11-14세기 중기튀르크어 시기에 아리비아어와 이란어로부터 많은 차용어를 받아들인다.

공통조어에서 분열된 뒤 서로 다른 변화를 겪은 결과로 알타이제어들 사이의 친족관계보다 알타이제어와 국어 사이의 친족 관계가 더 소원함을 보이는 한 예라고 설명되고 있다.

### 3.3. 반알타이어족설

벤징(Benzing. J., 1953, 1959)과 리게티(Ligeti L., 1960.), 클로슨(Clauson. G., 1959), 되르퍼(Doerfer.G., 1963) 꼬뜨비치(1962), 세보르찬(1978) 꼬츠무신 등의 학자들은 알타이어족설이 불합리하다는 반알타이어족설을 내세웠다.

벤징은 알타이어족설을 부인하는 이유로 알타이제어 사이에는 공통된 수사가 없음을 지적했고, 또한 알타이어족설을 주장하는 학자들이 친근성을 제시하기 위하여 든 보기가 의심스럽거나 어원 해석을 잘못했다는 점을 들고 있다. 리게티도 알타이어족설의 가설은 가능성은 있지만, 아직 과학적으로 증명되지 않은 가설이므로 비교언어학적 방법에 의하여 좀더 연구되어야 할 것으로 보았다.

반알타이어족설의 강경한 입장을 취하는 클로슨은 알타이제어에는 수사와 같은 공통된 기초어휘가 없으며, 터키어와 몽골어의 공통된 낱말들은 대부분이 터키어에서 몽골어로 차용된 것으로 보고 있다.

되르퍼도 터키어와 몽골어의 공통된 어휘는 터키로부터 몽골에 유입된 것으로 보고 있다. 그리고 동사의 활용에서 공통된 것이 없음을 강조하면서 이 사실을 반알타이어족설의 유력한 증거로 제시하고 있다. 되르퍼 (1963)는 명사의 곡용과 동사 활용의 굴곡체계를 제시하면서 반알타이어족설의 근거로 제시한 바 있다.

김방한 교수는 "알타이 제어(諸語)의 언어 구조는 현저하게 유사하지만, 어휘 면에서 차용어를 제외하면 공통된 요소가 없거나, 혹 있다고 해도 극히 소수이다. 알타이 제어는 역사적으로 대단히 밀접한 접촉을 갖고 서로 강한 영향을 미친 결과 언어 구조가 유사해지고 차용에 의해서 서로 공통된 요소를 가지게 되었다고 본다."라고 말한다.

　김방한 교수는 알타이어족설과 반알타이어족설에 대하여 "친근관계가 있다고 보는 학자가 있고 친근관계가 없다고 보는 학자가 있고 지금 설(說)이 팽팽히 맞서 있어요. 저는 <한국어의 계통>이라는 책을 쓸 때에 친근관계에 있다는 입장에서 썼는데, 그렇지만 친근관계가 있다고 단정하기는 힘이 듭니다. 그런데 만약 친근관계가 있다면, 터어키어, 몽골어, 만주퉁구스어 세 언어 중에서 한국어가 어느 것하고 제일 가까운 친근관계가 있느냐 하는 문제가 생기지요."라고 말했다.

　학자들이 주장하는 반알타이어족설을 요약하면, 다음과 같이 말할 수 있다.

> 1) 알타이제어에는 기초어휘인 신체어나 친족어가 유사한 것이 거의 없고, 대명사 일부가 유사하고 수사가 거의 다르다. 2) 음운대응의 규칙성이 정확하지 못하다. 3) 알타이제어의 언어 구조는 매우 유사하지만 차용어를 제외하면 공통된 요소가 매우 적다. 4) 문법요소의 일부 유사성으로는 알타이제어의 친근성을 증명하기에 충분치 않으며 문법 요소도 일부 차용될 수 있다. 5) 역사적으로 밀접한 접촉을 가졌고 서로 강력한 영향력을 끼친 결과, 언어구조가 유사해졌고 차용어로 인하여 공통요소가 생겼다.

　알타이어족설을 반대하는 학자들은 또 한 이유로, 지형상의 요건을 들고 있다. '알타이(Altai)'란 알타이산맥에서 나온 말인데, 몽골의 서남부에 위치한 해발 4,000m나 되는 높고 험준한 산맥이다. 이러한 산을 중심으로 인류가 문명을 발전시켰다고는 도저히 생각할 수가 없고, 이러한 험준한 산은 문화를 갈라놓는 경계가 되므로 적합치가 않다. 인류 문화를 생성, 발전시켜 주는 곳은, 주로 물이 있는 호수나 강, 바닷가 등이다. 그러므로 이제까지 국어학계에 가장 정설처럼 생각되어 온 알타이어족설은 이제 다시 재고되어야 한다.

### 3.4. 동북아시아어족설

이 학설은 알타이어족설에서 한국어가 차지하는 위치가 너무나 소원함을 고려하면서, 현재로서 밝힐 수 있는 가장 신빙성 있는 새로운 학설로서 주장하며 등장한 것이다. 현재 한국에서는 최기호 교수 등 몇몇 학자에 의하여 이 학설이 연구되고 있다.

몽골, 만주, 한국은 역사적으로나 지역적으로 같은 공통점을 공유하고 있었다. 만주 하일라르 초원 지대와 홍안령 산맥과 흑룡강 부근에서 같은 역사를 공유하며 살아온 것이 밝혀졌다. 인종적으로도 몽골반점이 있고, 체형인류학적 형질이 유사하게 나타나며, 고고학 유물이 유사하고, 민속학적 풍속도 매우 유사하게 나타난다. 따라서 이들은 언어도 같은 계통의 언어에서 갈라졌을 것으로 보고 "동북아시아어족(North‒East Asian Family)"이라는 가설을 세우고 이들 몽골어, 만주어, 한국어를 집중적으로 연구할 것을 주장한 것이다.

다음과 같은 몇 가지를 이 주장의 근거로 제시하고 있다.

> (1) 몽골어와 한국어에서는 눈(nidun), 코(qabar), 귀(ciki), 입(ama), 혀(kele), 갈비뼈(quruɣun, qabirgar), 궁둥이(goŋ, goŋdulai), 가락(quruɣun), 얼굴(tar), 볼(buldegen) 등 신체어가 다수 음과 형태상으로 유사성을 보인다. (2) 명사의 곡용과 동사류의 활용 부분에서도 그러하고(토씨 "으로"), 문장구성 순서나 토씨 용법도 같은 것이 많다. (3) 문헌자료 위서(魏書)와 북사(北史)와 신당서(新唐書)에는 우리 예맥 부여의 언어와 몽골의 실위(室韋)의 언어가 같다고 기록하고 있다.

몽골어는 고려시대에 많이 차용되어 사용되었다. 말이름, 관직이름, 군대용어, 매이름, 음식이름, 의복이름 등이 많고, 사람이름이나 땅이름에도 몽골어 유입이 많이 나타나고 있다(가라말, 악다말, 아질개말, 조랑말, 얼룩말,

보라매, 송골매, 수친, 나친, 잠치(안내인), 호니치(양치기), 바오달(병영), 사돈(친척), 수라, 허벅(제주도 물허벅) 등). 그러나 이러한 차용어는 계통을 밝히는 자료는 아니라고 지적하였다.

동북아시아어족설은 결국 몽골어, 만주어와의 관련성을 주목한 것인데, 최근 유전인자 측정에 의해 우리 민족이 가장 유전적으로 가까운 종족은 몽골민족이라는 것이 밝혀짐으로써 이 어족설을 좀더 연구해야 하는 필요성을 증대시켰다고 생각된다. 그러나 유전적으로 계산하면, 이미 3만년 전에는 두 종족으로 갈리었다는 것이 된다. 과연 문헌 자료도 미비한 상태에서 3만년의 세월을 어떻게 추정할 수 있을까? 그나마 몽골어족이 이러할진대, 그 훨씬 전의 시기라 생각할 수 있는 알타이어족은 또 어떠할까?

### 3.5. 한국어 일본어 동계설

일본어를 한국어와 비교하기 시작한 것은 1717년 新井白石의 연구에서 비롯되었으며, 이후 계속 연구되었으나 음운조직이나 문법적, 어휘적 유사성이 거듭 강조되었을 뿐 본격적인 음운대응규칙에 의거한 음소나 문법형태소의 비교연구는 이루어지지 않았다.[13] 강길운(1988)의 연구에서 한국어와 일본어의 문법 비교가 본격적으로 이루어져, 한국어와 일본어는 동계라고 단정하였다. 문법구조와 형태소가 많이 닮았는데 기초어휘에서는 대응되는 것이 없는 점으로 미루어, 원시 한민족과 원시 일본인은 동일인종은 아닌데, 후세에 내려오면서 한반도의 인종이 일본으로 건너가 일본 토착민의 문법을 밀어낸 것으로 본다. 한, 일은 본시 민족이 다르고 일본족은 매우 보수적이기 때문에 친족어휘, 신체어 등의 기초어휘는

---

13) 일본어는 알타이제어, 한국어와 친근관계가 있다는 설, 남방의 말라이, 폴리네시아어와 친근관계가 있다는 설, 혹은 양 언어의 혼합이라는 설이 있으나 정설이 없다.

그대로 그들 것을 고수했다고 보는 것이다.

한편 고대 고구려어와 고대 일본어의 수사의 비교가 新村出(1916)에 이루어진 적이 있었다. 즉 <삼국사기>(지리지)에서 추출한 고구려 어휘 가운데 '3, 5, 7, 10'을 나타내는 수사가 고대 일본어의 수사와 일치함을 들어 일본어와 고구려어의 상호관계를 매우 긴밀한 것으로 보았다.

<예> *mir(密) ― mi (3), *úc(于次) ― itu (5), *nanƏn(難隱) ― nana (7),
*tƏk ― tôwo (10)

## 3.6. 한국어와 길약어 동계설

길약어(Gilyak)는 러시아의 아무르강 입구와 그 대안인 사할린섬의 북부 일부에 사는 4천여 명의 길약인 들 중 약 반 수 가량이 사용하는 언어이다. 강길운(1988)에서 우리말과 이 길약어의 문법과 어휘가 무척 닮아 있고 신체와 풍습도 흡사한 점을 주목하며 동계설을 제안하였다. 한민족은 한반도에 유입된 사람들이 대종(大宗)이 아니고 본시부터 여기 살고 있던 사람들이 길약어와 같은 계통의 말을 썼던 것으로 보는 것이다. 비교 어휘는 다음과 같은 것들이 있다.

아낙(anax), 어미(amak), ―군(kun), 아가리(ŋaŋgr), 입(iv), 아바구(irvai), 걸음(kelma),
곤하다(koni―), 허파(havaf), 어느(ena), 우리(uric), 나(nax), 아래(ari), 바다(wada), 갈
(칼)(kar), 길―(長)(kyl), 가―(行)(ka), 종결형어미 ―(n)t.

이 어휘들이 차용이 아닐 가능성이 있지만 차용 관계에 있을 수도 있어 분명하지 않다. 앞으로 더욱 많은 연구가 이루어져야 할 것이다.

## 4. 한반도 내 국어의 형성 과정

우리 민족이 과거에 어떤 피가 섞인 어떤 종족이었는지, 확실한 추정을 하기에는 많은 어려움이 있으나 어쨌든 우리 민족은 이 곳 한반도에 정착을 했다. 학자들은 거대한 한 민족이 한꺼번에 밀려 들어와 정착했을 것이라고는 추정하지 않는다. 왜냐하면, 한반도의 사회적 사정은 부족별로 나뉘어 군집을 이루고 있었다고 추정되기 때문이다. 언어 사정이 어땠을까 하는 점은 명백하게 알 도리가 없다. 문헌에 의하면 언어들이 비슷하다, 다르다는 기록이 있으나, 이 개념 자체가 상대적인 것이므로 과연 계통이 다른 차이였을지, 아니면 방언적인 차이였을지 단정 짓기가 어렵다.

대륙으로부터 어떤 계통과 과정을 거쳤든지 간에 우리 직계 선조들은 지금의 이 땅 한반도에 정착을 한다. 그 옛날, 한반도의 언어는 어떤 사정이었을까? 우리가 쓰고 있는 한국어는 언제, 무엇이 근간이 되어 형성되었을까? 앞 장에서 살폈듯이, 한국어의 계통론이 쉽지 않은 과제인 것과 마찬가지로 한국어의 형성 또한 쉽게 밝혀질 수 있는 성질의 것이 아닌 듯하다. 여기서는 다만, 그간 학자들에 의하여 논의되어 온 학설들을 정리하여 소개함으로써 그 요점과 문제점을 짚어보기로 한다.

### 4.1. 신라어 근간설

신라어 근간설은 한국어가 남방계(한계)와 북방계(부여계)로 계통을 달리하여 갈라져 있고, 신라어가 한국어 형성의 근간이 되었다는 이기문 교수의 학설이다.

### 1) 선사시대의 한국어

한반도의 한국어는 서력 기원 전후에는 적어도 북방군(北方群 – 부여계)과 남방군(南方群 – 한계)의 양군으로 갈려져 있었으며, 이 양군은 복잡하

게 재분화된 것으로 보았다. 북방군의 언어들은 만주와 한반도 북부에 분
포되었고, 부여어, 고구려어, 옥저어, 예어 등이 이에 속하였다. 남방군의
언어들은 한반도의 남반부에 분포되었으며 마한, 변한, 진한의 언어가 이
에 속하였다. 중국의 고대 사적(史籍)의 기록 <삼국지>의 위지 동이전(三
國志 魏志 東夷傳)에 의하면, "고구려어는 동쪽 오랑캐의 옛말이다. 부여의
별종으로 언어와 모든 일이 부여와 많이 같으나 그 성격과 기질, 의복은
달랐다. / 옥저는 그 언어가 고구려어와 대체로 같으나 때때로 조금 다르
다. / 예는 그 노인들이 옛날부터 스스로 말하기를 고구려와 같은 종족이
라고 하였다. 언어와 법속이 대체로 고구려와 같고 의복에 다름이 있다."
라 하였다. 이 기록은 부여, 고구려, 옥저, 예의 언어들은 서로 같은 계통
의 언어들로서 북방군의 부여계에 속하는 것으로 보았다.

　남방군의 언어에 대한 삼국지 위지 동이전의 기록을 보면, 진한, 변한,
마한의 언어에 대한 기사가 혼선을 보이기는 하지만, 대체로 진한과 변한
의 언어는 유사하고 마한의 언어는 이들과는 상당한 차이를 보이는 것으
로 이해된다. 그러나 이것은 이들 언어의 유사와 차이 가운데 어느 쪽에
비중을 두었느냐에 따른 것으로 보인다.

　한반도의 남반부에 거주했던 부족사회는 후에 백제, 가야, 신라로 삼분
되었다. 마한 지역은 백제가, 변한 지역은 가야가, 진한 지역은 신라가 차
지한 것으로 알려졌다. 이 가운데 가야의 언어는 그 시대의 신라어와 다
른 언어로, 가야의 지명은 고구려의 지명에서 발견되는 요소가 있어서 가
야어가 오히려 부여계의 언어일 가능성이 있다는 의견이 제기되기도 하
였다. 백제의 언어에 대하여 양서 백제전(梁書 百濟傳)에는 "백제는 언어와
복장이 대략 고구려와 같다."고 하였고, 주서 이역전(周書 異域傳)의 백제
조에는 "왕의 성은 부여씨이며 '어라하'라고 불렀다. 백성들은 '건길지'
라고 하였는데 모두 왕을 뜻한다."라는 기록이 있어 부여계인 고구려의
유민들은 백제의 지배족으로서 이들의 언어가 백성의 언어와 달랐음을

알 수 있다.

### 2) 고대 한국어 (삼국시대-통일신라, 약 1000년)

역사 이후 삼국시대에는 북방군인 고구려어와 남방군인 백제어, 신라어가 한반도에서 사용되다가 후에 신라어에 통합되었다. 그러나 통일신라 이후에는 한반도에서는 고구려어와 백제어가 여전히 독자적으로 사용되었으며 고려의 건국으로 새로운 공용어가 정립될 때까지 상당 기간 동안 한반도의 언어 상황은 복잡한 양상을 보였던 것 같다. 신라, 고구려, 백제의 세 언어는 신라어와 백제어가 서로 방언적 관계를 갖는 정도로 유사하였고 고구려어는 어느 정도 달랐던 것으로 생각된다.

7세기 후반에는 백제와 고구려가 멸망하고 신라가 삼국을 통일하여 신라의 판도가 백제, 고구려의 고토로 확대되었다. 이에 대하여 이기문(1972)에서는 "이로써 신라어 중심의 한반도의 언어적 통일이 가능하게 된 것이다. 이런 의미에서 통일신라의 성립은 국어 형성의 역사상 최대의 사건이라고 해서 조금도 지나침이 없을 것이다."라고 하여 신라의 삼국통일로 한반도에서 언어의 통일이 이룩되었고, 신라어는 한반도의 유일한 공용어로서 위치를 갖게 되었다고 보았다. 신라의 통일시대가 2세기에 걸쳐서 계속되었으므로 백제는 물론이고 고구려의 고토에서도 신라어가 통용되었으며 지역 방언으로 잔존하였던 백제어도 신라어의 영향을 받아 동화되어갔을 것이다.

### 3) 중세한국어의 성립

중세한국어는 고려가 건국한 다음에 언어 중심지가 한반도의 동남부에 치우친 경주로부터 한강 이북의 개성으로 옮겨진 다음에 이루어진 한국어를 말한다. 고려의 수도였던 개성은 본래 부여계에 속하였던 고구려의 고토로서 통일신라시대에는 서북에 있는 하나의 변방에 불과하였다. 고려의 건국에 관련된 제반 사실을 살펴보면 이곳 주민들은 고구려의 전통을 이어받은 것이 분명하고 실제로 오늘날 남아 있는 자료에 의하면 고려 초기의 언어에는 고구려어의 요소가 남아있는 흔적이 있다고 한다. 그러나 신라어를 공용어로 사용하던 2세기 동안 신라어에 많이 동화되어 있는 상태였을 것이다. 그러므로 중세 국어의 성립은 신라어를 기반으로 하면서 고구려어의 저층을 가지고 있을 것으로 가정할 수 있다. 이렇게 형성된 고려의 언어는 중앙어로 확립되어 오늘날까지 면면히 이어진 것이다.

## 4.2. 백제어 근간설

북한의 김병제, 김영황, 홍기문, 류렬, 김수경 교수 등은 한국어 형성에서 이기문 교수의 신라어 근간설을 비판하면서, 한국어는 고구려어가 근간으로 형성되었다는 가설을 내세웠다. 최기호 교수는 신라어 근간설을 비판하면서, 백제어 근간설을 주장한다. 신라어 근간설에 대한 비판의 요지와 백제어 근간설 주장의 요지를 살펴보기로 한다(최기호 외. 2000. 인용):

> 지금 우리가 쓰고 있는 현대 국어는 서울을 중심으로 하는 경기 방언이다. 이 지역의 언어는 역사적으로 볼 때 조선과 고려까지 거슬러 올라가서 삼국시대와 맞닿게 된다. 통일신라는 이 지역을 251년 동안 다스렸으며, 그 이전에는 고구려가 193년 동안 통치한 지역이 되는 것이다. 한편 백제는 한강유역에서 493년 동안 도읍하고 있었다.
>
> 조선시대의 한성(서울)이나 고려시대의 개경(개성)에서 쓰이던 언어는 모두 경기도 방언인데, 여기에 가장 큰 영향을 끼친 언어는 과연 신라, 고구려, 백제 삼국 중에서 어느 나라였을까?
>
> 아무런 검증도 없이 그저 신라가 삼국을 통일했으니까, 우리 국어 형성의 근간은 신라어라고 말할 수 있을까? 신라가 삼국을 통일했다고 과연 경주 지방의 방언

이 경기 지방을 중심으로 하는 한국어까지 통일했다고 생각할 수 있을까? 이기문 (1972)에서처럼 경주 방언이 고구려 옛 땅의 언어까지 지배하여 이른바 '라티움 (Latium)' 현상이 일어났다고 볼 수 있는가?

역사는 승리자의 기록이라고도 한다. 신라가 삼국을 통일했기 때문에 패자였던 고구려나 백제의 문화가 왜곡되어 있는 부분도 많이 있다. 우리 국어 형성에서 신라어 근간설이 바로 그러한 사례이다.

역사적으로 삼국시대 이전에는 백제어와 연결되는 마한어가 이 지역을 지배했다고 볼 수 있는데, 마한이 708년 간을 다스렸으므로 백제계의 언어가 1,201년 동안 한강 유역의 경기 방언을 지배한 셈이 되는 것이다.

그러므로, 백제어가 한국어 형성에서 끼친 영향은 지대하다고 생각하며, 한국어 형성 과정에서 백제어가 근간이었다는 '백제어 근간설'을 주창하는 것이다. 단지, 역사적인 통치 기간이 길었던 요인 이외에도, 국어의 음운 체계나 성조체계, 방언 분포의 상태에서도 명백히 밝혀지고 있기 때문이다.

## 4.3. 단일 언어 근간설

위에서 한국어의 형성에 관한 두 학설을 소개하였다. 문제는, 우리의 정치적 역사 속에서 언어의 역사가 어떻게 이루어졌겠는가 하는 문제이다. 고대 국어 시기 한반도의 언어 사정이 국가별로 어느 정도 이질적이었을까? 하는 점이 문제의 관건이 된다. 만일에 이질적인 것이 아니라 방언의 차이였다면, 굳이 어떤 왕조의 언어가 근간이 되었다고 하는 주장은 그리 필요 없는 것이 된다.

이러한 견해를 주장하는 이는 김형주 교수이다. 김형주(1996)에서 삼국사기 지리지 등에 있는 옛 지명과 인명의 비교를 통해 고구려, 백제, 신라 삼국의 언어는 이질적이지 않았음을 밝힌다. 지명어에서 삼국이 공통으로 쓴 지명이 대부분이며, 인명에서도 차이보다는 공통점이 더 많은 것을 통계 냄으로써, 삼국의 언어 차이라는 것은 단지 방언적 차이에 불과하다고 결론지었다. 특히 지명의 경우는 언어 기층이 영향을 주는 것이므로 지명상의 공통성이 크다는 사실은 고대 시기에도 단일 언어를 사용하고 있었음을 말해 주는 것이라고 하였다.

이렇게 본다면, 고대 국가 시기 특정 언어가 다른 언어를 바꿔면서 한반도의 언어 통일이 형성되어 갔다고 하는 주장은 무너지게 된다. 현재 한국의 언어 사정과도 같이 방언적인 차이가 정치적인 중심지의 이동으로 이리저리 융합되는 과정을 거쳤을 것이다. 그러므로 결국은 한국의 언어는 몇 개의 고대 국가가 성립되어 있었지만, 단일한 언어 민족이었다고 보아야 하는 것이다.

이상과 같은 한반도 언어 사정에 대한 세 학설은 앞으로 더욱 심층적인 연구를 통해 결론에 도달할 수 있을 것이다.

## 생각샘

**01.** 한국어의 기원에 대한 학설이 더욱 확고해지기 위해서는 어떤 연구들이 더 이루어져야 하는지에 대해 생각해 보시오.

**02.** 다음에 제시된 것은 15세기의 언어 자료이다. 현대어에는 어떻게 변했는지 살펴보시오.
[이조어 사전, 고어 사전 참고하기]

(1) 가비얍다  (2) 쓴츠다  (3) ᄒᆞᄫᅡ  (4) 졋다  (5) 좁다
(6) 어리다   (7) 마치   (8) 녀토다  (9) 곡셕  (10) 취ᄒᆞ다

**03.** 옛말을 살려서 이름 짓기를 한 사례를 찾아보시오.

※ 이 책의 뒤에 [부록]으로 생각샘 풀이를 실었습니다. 반드시 문제를 먼저 푸시고 풀이를 참고하시면서 국어사에 대한 지식을 다져 보시기 바랍니다.

## History of Korean for Foreigners (외국인을 위한 국어사)

※ 우리 학생들이 외국인에게 한국어의 역사에 대해 단편적으로나마 설명해 줄 수 있으면 좋겠다는 취지에서 이 영문을 실었습니다. 우리의 언어를 소중히 여기고 자랑스럽게 외국인에게 소개해 보고 싶은 의욕을 가져 보시기 바랍니다. 영문의 한국어 해설은 이 책의 뒤에 [부록]으로 실었습니다.

## Chapter 3. The Origin of Korean

How did humans first start using language? And what was early Korean like? These two questions come from our curiosity about our origin. There are many hypotheses regarding the time, motive, and form of the first human language, but every hypothesis is just an assumption that cannot be proven scientifically. The Genome Project revealed that the closest race to Koreans in terms of genetics is Mongolian. According to the calculation of genetic transformation, it is assumed that Koreans were separated from Mongolians around 22,400 years ago. With such scientific analysis on the history of our race and the comparison between languages, one can presume that Korean was in the same linguistic family as Mongolian very long ago. However, before the result of the Genome Project, the academia assumed that Korean is one of the Altaic languages. Since the Altaic languages include Mongolian, the Altaic languages theory may be the theory regarding the form of Korean before the separation with Mongolian. The Northeast Asia languages theory, which arose from the criticism that the Altaic languages theory does not fully support the linguistic family relationships among the languages, is the theory that claims such relationship among Korean, Mongolian, and Manchu. Race, physiological anthropology, archeology, and folklore all support such claim.

Despite the ambiguity in the origin of the Korean race, Koreans settled in Korean peninsula. Early society is presumed to be an assembly of different tribes. Therefore, the earlier form of the Korean language is assumed to be not uniform. Although the literature contains some record on whether these languages were similar or different, it is hard to conclude that the difference is systemic or dialectic since this concept itself is objective. Historically, these groups of tribes become Goguryeo, Baekje, and Silla, which then became unified Silla in the 7th century. Later, the dynasty changed to Goryeo and Chosun, but there was no separation. It is assumed that the unification of language was slowly achieved with such political transformation.

# 제 4 장
# 말소리도 변했을까?

"사람들 말소리란 모방과 유행,
사람들은 입안 구조의 무한한 가능성에 대한
창조적 발음을 꿈꾸지 않는다."

원초적인 질문을 던져 본다. 한국 사람들 말소리가 변했을까? 그런데
말소리가 변했다는 개념이 잘 들어오지 않는다. 옛날 사람들이 혀를 더
꼬부리기라도 했다든지, 옛날 사람들이 더 부드러운 발음을 했다든지 하
는 따위가 있다면, 말소리가 변했다는 것을 금방 이해할 수 있을 것이다.
영어 화자들의 발음이 한국어 화자들의 발음과 다르다고 생각하는 것은
그 발음의 이미지가 상당히 다르기 때문인데, 이것은 기본적으로 몇 개의
차이나는 발음들을 사용하고 안 하는 차이에 달려 있다. 그러면, 우리 옛
말은 어떠했을까? 사람이 말을 할 때 음성기관을 이용하여 입 밖으로 내
는 소리를 말소리라고 한다. 말소리에는 사람들이 실제로 내는 소리가 있
고, 심리 속에서 인식하는 소리가 있다. 실제로 실현되는 개개인의 말소
리는 엄밀히 따져보면 그 소리값 (발음 나는 위치 등)이 조금씩 다르다. 그
러나 우리는 그 작은 차이들을 무시하며 그냥 한 소리로서 인식한다. 전
자를 음성(音聲)이라 하고, 후자를 음운(音韻) 또는 음소(音素)라고 한다. 곧

음운이나 음소는 여러 변이음 관계에 있는 음성들을 합하여 한 소리로 인식하는 개념이 된다.

우리가 역사 속에서 쉽게 인식할 수 있는 말소리의 변화는 결국은 음운의 변화가 될 것이다. 음운의 변화 사실을 추정해 낼 수 있는 것은 온전히 문자의 덕이다. 우리 문자는 음소 문자이며, 따라서 문자 표기의 역사에 의해 음운의 역사를 추정할 수 있다. 가령, 훈민정음 창제시에 제정되었던 'ㆅ'이 1480년 경 이후 문헌에는 나타나지 않고 'ㅋ, ㅅ, ㅎ'으로 바뀌어 나타난다. 이러한 사실을 통해 우리는 'ㆅ'의 음가인 거센 후음이 우리 말소리에서 사라졌다고 추정할 수 있다. 음운의 소멸은 그 전 단계로서 음성의 소멸 단계를 거칠 것이다. 가령 'ㆍ'는 문자로서 1933년 새로 한글맞춤법 규정이 제정되면서 이 문자의 사용을 폐지하면서 사라졌다. 그러나 이 음가는 이미 그 훨씬 이전에 사라졌다고 추정한다. 많은 어례에서 'ㆍ' 표기가 사라지기 시작한 역사는 오래 되었기 때문이다. 곧 음성은 이미 사라졌으나 우리의 인식 속에서 이 음운이 사라진 것은 그 나중이 되는 것이다. 그러나 이 'ㆍ' 음가는 아직도 제주방언 같은 데에 남아 있다. 문자 표기의 역사와 음운 표기의 역사가 정확히 일치할 수는 없음을 말해 주는 것이다. 그러나 한국의 경우 문자 자체가 음소문자로서 손색이 없는 덕택에 음운의 역사를 추정하기가 한결 용이한 상황이다. 역사적인 음운 변화는 새로 음가가 생기거나, 소실되는 개별 음소의 생사 문제, 이로써 이루어지는 음가의 체계 문제, 음절구조를 이루는 초중종성(初中終聲) 제약의 변화, 음절 성분음 연결 제약의 변화, 음절 결합규칙의 변화로 나누어 살펴볼 수 있다.

# 1. 음가의 탄생과 소멸

## 1.1. 자음의 변화

훈민정음이 창제되었을 때, 우리말의 자음으로 사용된 글자는 다음과 같은 것들이 있었다.

(1) 홑자음 : ㄱ, ㄴ, ㄷ, ㄹ, ㅁ, ㅂ, ㅅ, ㆁ, ㅈ, ㅊ, ㅋ, ㅌ, ㅍ, ㅎ, ㅇ, ㅿ, (ㅸ, ㆆ)

(2) 각자병서 : ㅆ, ㆅ, ㄲ, ㄸ, ㅃ, ㅉ
('ㄲ, ㄸ, ㅃ, ㅉ'는 한자어에 표기되면 유성음 표기였음. 이밖에 'ㆀ, ㅥ' 이 있었는데, 이들은 단독 음운의 음가로 인정되지 않음.)

(3) 합용병서 : ㅳ, ㅄ, ㅶ, ㅷ, ㅺ, ㅼ, ㅽ, ㅾ, ㅴ, ㅵ

위에 제시된 자음 중 'ㅿ, ㆅ'는 중세국어 시기에 소실되면서 음가도 역시 소실된다. 'ㅿ'은 훈민정음에 불청불탁(不淸不濁)의 반치음(半齒音)으로 분류되어 있어, 유성 치음 [z] 음가를 가졌던 것으로 추정된다(예: 한ᅀᅮᆷ, ᅀᆞᆺ애, 설ᅀᅥᆯ). 'ㅿ' 자는 표기상 16세기 말까지 근근히 유지되다가 17세기에 완전히 없어진다(임진왜란 이전에 소멸된 것으로 봄).

<예1> 지ᅀᅳᆯ졔 (16c) – 악올 지어 (17c)

ᄆᆞᅀᆞᆷ (16c) – ᄆᆞᄉᆞᆷ (17c)

'ㆅ'은 훈민정음에 '전탁(全濁)'으로 명기되어 있으므로, 'ㅎ'음의 엉긴 소리, 곧 된소리인 [x] 음가를 가지는 것으로 보인다(예: ᄡᅡᅘᅧ다, ᅘᅧᆯ물). 이 표기는 대체로 1460년경에는 동요가 심하다가 1480년경에는 소멸되어

'ㅎ'으로 바뀌어 표기되지만, 17세기 문헌에 'ㅺ' 표기로 되살아난다. 그리고 17세기 후반에 'ㅋ'에 합류된다(예: 혀(15c) ― 쪄(17c) ― 켜(17c후반)).

'ㅸ' 글자는 훈민정음의 기본 글자에 소속되지 않고, 연서(連書) 규정을 따로 두어 제정되었던 것이다(예: 셔볼, 글발, 술ᄫᅵ니). 이 음가는 유성 양순 마찰음 [β]였을 거라고 추정된다.[14] 기능상으로 따로 독자적인 음운이 되었던 것은 아니고 다만 발음 환경이 유성음이 되는 경우 그 변이음을 표기했던 것으로 생각된다(그러므로 단독의 음가로는 간주하지 않는다). 이 글자는 훈민정음 창제 후 15년 동안만 사용되고 사라진다(예: 셔볼>셔울, 어드ᄫᅩᆫ>어드운, 글발>글왈, 술ᄫᅵ니>술오니).

훈민정음 초성자로 'ㆆ'이 하나 더 있었는데, 이 글자는 한자음의 동국정운식 초성 표기(예: '便뼌安한'), 또는 '사이 ㅅ'과 같은 기능의 표기(예: '快ㆆ字')에 쓰였고, 우리 말 표기에는 관형형 어미 'ㄹ' 뒤의 표기(예: '몯홇 노미')에만 쓰였으므로, 우리말 음가를 가지고 있는 것은 아니었다.[15]

홑자음 중 'ㆁ'이 [ŋ] 음가를 갖는데, 현대국어에서는 이 글자의 모양은 'ㅇ'으로 바뀐다.[16] 이 음가는 중세국어 시기에는 초성에서도 나타났다(예: 바올). 현대국어에는 초성 음가로 올 수 없다. 초성에 사용되는 예가 16세기에는 종성에만 국한되어 쓰였고 'ㅇ'자와 혼동을 보인다. 17세기에 간혹 'ㆁ' 용례가 보이긴 하나 'ㅇ'자와 합류되었다고 할 수 있게 된다.

<예2> 이ᅌᅡ (15c) ― 잉아 (16c) ― 잉아 (17c)

　　　　숤바오 ― 방올령 ― 방올

'ㅇ'은 현대국어에서 초성에 쓰일 때에는 아무런 음가가 없다. 'ㅇ'은

---

14) 양순마찰음의 음가를 가졌다고 추정되는 'ㅸ' 글자는 '순경음 비읍'이라고 부른다.
15) 훈민정음에 초성자로 제정된 'ㆆ' 글자는 '여린 히읗'이라고 부른다.
16) [ŋ] 음가를 갖는 'ㆁ'는 '된이응'이라고 부른다.

훈민정음에 '후음(喉音, 목구멍 소리)이며 불청불탁(不淸不濁)음'으로 분류되어 있다. 불청불탁음은 현대적 개념으로는 유성음(有聲音)에 해당된다. 이 기술을 존중하면, 이것이 모음으로 시작하는 빈자리를 채워주는 단순 기능을 갖는 것이 아니라 어떤 음가가 있었던 것으로 추정된다. 이기문 (1972), 김형주(1996) 등에서는 어두음이 모음임을 나타내거나(예: 아히), 두 모음으로 이루어진 단어가 각기 다른 모음으로 읽힘을 나타내거나(예: 두 어), 첫음절과 다음 음절이 연철되지 않고 각기 따로 발음되어야 함(예: 알어늘, 알오)을 나타내는 기능을 가진 것으로 보았다. 특히 중세국어에는 이 어나는 소리는 연철을 하여 표기했으므로(예: '노미'), 발음상 분철임을 나타내야 할 필요가 있었다. 이러한 몇 기능을 가졌다는 것은 결국 'ㅇ'는 모음 소리를 그대로 유지하게 하는 기능에 해당하는 것이고, 음가로는 모음 음가에 가장 흡사한 후음의 불청불탁으로 규정되었음직하다. 현대 음운론적 관점에서 본다면 이 음가는 다음에 오는 모음의 것이지 'ㅇ'의 음가는 아닌 것으로 간주해야 할 것이다. '알어늘'과 같은 'ㄹㅇ' 표기는 16세기말 동사의 활용형에서 'ㄲ'로 나타나고, 17세기 문헌에는 명사에도 'ㄲ' 로 나타난다(예: 놀애 - 놀내 - 놀래, 몰애 - 몰래). 그러다가 18세기에 'ㄹ'형으로 일반화된다(예: 노래, 모래).

각자병서로 구성된 'ㅆ, ㆅ, ㄲ, ㄸ, ㅃ, ㅉ'은 동국정운식 한자음 표기에 사용될 때에는 유성음을 나타내었다(예: 脣쓘, 合햅, 蚪꿈, 談땀, 凡뻠, 情쪙). 그러나 우리말 표기에서는 다음과 같이 사용되었다. 이들은 된소리였다고 추정된다.

<예3> 'ㅆ' : 쓰다(書), 쏘다(射), 싸호다(爭), 말쏨(語), 엄쏘리, 볼쎠(旣), 홀씨

　　　　'ㆅ' : 혀다(引, 點火, 鋸, 抽絲), 혈물, 째혀다

　　　　'ㄲ' : 홀 껏과, 아ᅀᆞ볼까

　　　　'ㄸ' : 볼 띠니, 이실 똘

'ㅃ' : 몯 홀 빼라, 殺ᄂᆞᆫ 곡뒤 뒤 뼈 ᄇᆞᄐᆞᆫ 고기

'ㅉ' : 홀 쩌긔, 눈ᄍᆞᅀᅡ, 일쯕, 조쫍더니, 연쫍고

이밖에 'ㆀ'과 'ᄔ'은 '믜ᅇᅬ, 쥐ᅇᅧ, 다ᄔᆞ니라, 디ᄔᆞᆫ'과 같이 사용된 것인데 이들은 경음 표기라고 볼 수는 없다. 'ㆀ'는 모두 'ㅣ'모음이나 반모음 'y'로 끝나는 피동, 사동 어간의 활용형에 사용된 것이다. 발음상으로는 특별한 음가를 가진 것으로 볼 수 없고, 다만 '이, y' 모음의 변이음 정도로 생각할 수 있다. 그리고 'ᄔ'은 어간의 말음이 'ㅎ'으로 끝나는 경우에 사용되었다(예: 닿다, 닣다). 음성학적으로 'ㄴ'의 경음은 있을 수 없는데, 앞의 'ㅎ' 소리가 'ㄷ'으로 중화되고, 이 소리가 다음 소리 'ㄴ'에 중화되었음을 표기하는 것으로 생각할 수 있다(예: '다ᄔᆞ니라'는 '단ᄂᆞ니라' 소리임을 표기). 그러므로 이 음가 역시 단독의 음운으로는 간주되지 않는다.

합용병서는 고대국어 시기에 어중 모음이 탈락되면서 형성된 것으로 보는데, 그렇다면 그 음가는 각기 발음되었을 거라고 추정된다. 그러나 중세국어시기에는 대체로 'ㅂ계' 합용병서는 두 글자가 모두 발음된 자음군이었고, 'ㅅ계'는 'ᄮ'을 제외하고는 된소리였을 것이라고 본다(16세기). 'ᄮ'은 두 음가를 다 실현하는 자음군이었을 것이다. 그리고 'ᄢ ᄣ' 같은 'ㅄ계'는 'ㅂ' 소리와 된소리의 합용이었을 거라고 추정된다.

<예4> ㅂ계 : 'ㅳ' : ᄠᅥᆯ다(拂), ᄠᅳᆮ(志), ᄠᅴ(垢),

'ㅄ' : ᄡᆞᆯ(米), ᄡᅵ(種), ᄡᆞ다(包), ᄡᅳ다(用, 苦)

'ㅶ' : ᄧᆞᆨ(雙), ᄧᅩᆨ(片), ᄧᆞ다(織), ᄧᅵ(蒸)

'ㅷ' : ᄩᅳ다(開通), ᄩᅥᆯ다(拂), ᄩᅳᆮ다(摘), ᄩᅮᆨᄩᅮ기(* ᄩᅮᆨᄩᅮ기 소리 나(爆聲)

ㅅ계 : 'ㅺ' : ᄭᅯᆼ(雉), ᄭᅳ스다(掣), ᄭᅥ리다(忌), ᄭᅮ다(夢)

'ᄮ' : ᄮᅡ히

'ㅼ' : ᄯᆞᆯ(女息), ᄯᅡᇂ다, 으ᄯᅳᆷ

'ㅽ' : ᄲᅧ(骨), ᄲᅳᆯ(角), ᄲᆞᄅᆞ다, 어엿ᄲᅵ,

ㅄ계 'ㅴ' : ᄢᅵ니(時), ᄢᅳᆷ,ᄢᅵᆷ(틈), ᄢᅮᆯ(蜜), ᄢᅮ다(借)

'ㅵ' : ᄣᅢ(時), ᄣᅵ르다(刺), ᄣᆞ리다(破)

겹자음 소리는 과거의 우리말에 어두자음군이 허용되었음을 말해 주는 자료이다. 현대 국어에는 초성에 자음이 두 개 이상 오지 못한다. 그러나 훈민정음 창제 당시에 2자, 3자 합용병서자가 만들어졌고, 이는 당시에 그대로 겹자음 소리였다고 생각된다. 이는 앞 시대에 각기 제 음가를 가졌던 것이 어중 모음이 탈락되면서 형성된 것으로, 앞 시대의 음운 의식이 발휘되어 표기의 원칙만을 갖춘 의고적 표기 형태였다고 생각된다. 16세기에 접어들면서 경음화되기 시작하여 17세기 말에는 모두 경음화로 완성되었다(김형주, 1996, 118쪽).

훈민정음 창제 당시에 국어 된소리에 해당하는 것은 없었던 것을 알 수 있다. 현대 국어 된소리 표기인 'ㄲ, ㄸ, ㅃ, ㅉ' 은 중세국어 시기에는 된소리 표기가 아니라 한자음의 유성음 표기였다. 실제로 중세국어에는 된소리가 아직 없었던 것으로 추정된다. 된소리는 16세기에 나타나기 시작한 것으로 추정된다. 이 시기에 'ㅺ, ㅽ, ㅼ'과 'ㅆ, ㆅ'은 된소리가 된 것으로 추정된다(예: ᄭᅳᅀᅳ다, ᄱᅮ짖다, 싸홀다, ᄲᅡᅘᅧ다).

## 1.2. 모음의 변화

중세국어의 15세기 홑모음은 11개 정도였다.

(1) 홑모음 : ㆍ, ㅡ, ㅣ, ㅗ, ㅏ, ㅜ, ㅓ, ㅛ, ㅑ, ㅠ, ㅕ

단모음에서 현대국어와 차이나는 것은 'ㆍ'이다.[17] 'ㆍ'의 소실은 국어사에서 오랜 역사를 두고 진행되어 온다. 'ᆞ'는 'ㅏ'와 'ㅗ'의 간음(間音) [Λ]이다. 'ᆞ'는 애초에 불완전한 음이었기에, 1단계 소실은 15세기에 이미 싹터서 16세기에 완성되는데, 제2음절 이하에서 일어났다(예: ᄀᆞᄅ치다>ᄀᆞ르치다, ᄒᆞ물며>ᄒᆞ믈며). 18세기 후반에는 어두음절에서 제2단계 소실이 일어난다(예: ᄒᆞᆰ>흙, ᄉᆞ매>소매). 'ᆞ' 음가의 1단계 소실로 제1음절의 이중모음 'ᆡ'가 'ㅐ'로 변했는데, 그 얼마 뒤에 18세기 말엽에는 이 음가 역시 차츰 소실되어 가며 단모음화를 이룬다. 그러나 'ᆞ'의 표기적 보수성은 오랫동안 지속되었다. 1933년 한글맞춤법의 제정에서 'ᆞ' 음가 표기를 폐지함으로써 완전히 사라지게 되었으니, 20세기 초까지도 글자의 잔해가 남아있었던 셈이 된다.

훈민정음 창제 당시, 겹모음은 다음과 같았다.

(2) 겹모음 : ᆡ, ᅴ, ᅬ, ㅐ, ㅟ, ㅔ, ㅒ, ㅖ, ㅘ, ㅝ, ㅙ, ㅞ (2자 합용)
이 겹모음은 모두 이중 모음 음가를 지니는 것이었다. 현대 국어에서 'ㅐ, ㅔ, (ㅚ, ㅟ)'는 단모음 음가, 곧 [ai]와 [ə i]를 지닌다. 곧 '부톄'라고 표기된 것은 '부텨이'라고 읽혀졌던 것이다. 그러므로 중세국어 시기에는 [ɛ], [e] 음가는 존재하지 않았다. 이 음가는 18세기 말엽 단모음이 되어, 'ㅐ'[ai] 와 'ㅔ'[ə i]는 각각 [æ][e]로 변하였다.

모음 글자로는 삼중 합용도 제정되었으나(예: ᆒ, ᆐ, ᆄ 등), 이는 한자음을 정밀하게 읽기 위한 목적이 있었다. 국어를 위한 모음은 아니었으므로, 말소리의 역사에서 고려하지 않는다.

---

**17)** 'ᆞ' 글자는 '아래아'라고 부른다.

## 2. 음절 구조 제약의 변화

우리말의 한 음절은 초성, 중성, 종성으로 이루어져 있다. 이 중에서, 중성이 꼭 들어가야 음절이 성립된다. 중성은 성대를 진동시켜 말소리를 내는 구실을 하기 때문이다. 초성이나 종성은 들어가도 되고 안 들어가도 된다.

### 2.1. 초성 제약의 변화

현대 국어의 음절 구조 제약은 어두 초성에 'ㄹ'이 오기 어렵다는 것인데, 외래어의 영향으로 크게 약화되었다(예: 러시아, 로봇, 리본, 라면 등). 이 제약은 중세국어 시기에도 마찬가지였다.

우리말의 음운사에서 가장 두드러진 변화 중 하나는 고대국어부터 중세국어시기까지는 어두자음군(語頭子音群)이 올 수 있었다는 점이다. 앞의 자료(1.1)에 어두자음군의 예를 들었다. 고대 국어 어떤 시기에 원래 두 음절이었던 것이 어중모음이 탈락하면서 어두에 두 자음이 올 수 있었던 것으로 추정된다. 'ㅴ, ㅵ'의 'ㅺ,ㅼ'은 된소리였다.

<예5> ᄠᅳᆮ, ᄠᅳ다, ᄧᅱ다, ᄡᆞᆯ, ᄡᅵ, ᄧᅡᆨ, ᄧᆞ다, ᄩᆞ다, ᄩᅳ다, ᄞᅳᆯ, ᄞᅮᆯ, ᄣᅢ, ᄣᅵ르다

어두합용병서의 혼란상은 다음과 같다.

(1) 語頭合用並書의 혼란

15세기 'ㅺ, ㅼ, ㅽ' 'ㅳ,ㅄ,ㅶ,ㅷ' 'ㅴ,ㅵ' → 17세기 'ㅴ,ㅵ'이 소멸되고, 'ㅲ'이 'ㅴ'의 새로운 異體로 등장한다. 또, 'ᄻ'도 나타난다.

<예6> ᄢᅧ뎌 – ᄞᅧ디니라, 화롤 ᄻᅧ

(2) 어두자음군은 중세 'ㅳ,ㅄ,ㅶ,ㅷ'과 'ㅵ,ㅴ'이 17세기에 혼동되어 'ㅵ,ㅺ,ㅲ'이 나타난다. ㅄ 계, ㅅ 계, ㅂ 계가 구별되지 않는다. 즉 17세기에는 된소리가 된다.

## 2.2. 종성 제약의 변화

현대 국어에서는 종성을 구성할 수 있는 자음은 ㄱ,ㄴ,ㄷ,ㄹ,ㅁ,ㅂ,ㅇ 의 7자음이다. 중세 국어 시기에는 'ㄷ' 받침 소리와 'ㅅ' 받침 소리가 구분되었던 것으로 보인다. 곧 음절말 자음 대립은 'ㄱ,ㆁ,ㄷ,ㄴ,ㅂ,ㅁ,ㅅ, ㄹ' 8자음이었고, 이밖에 'ㅿ'이 있었다. 'ㅅ'과 'ㄷ'의 대립이 특이하다. 현대국어에는 음절말에서 'ㅅ'과 'ㄷ'은 모두 'ㄷ' 소리가 되어 대립되지 않는다. 그러나 중세국어 시기에는 소리나는 대로 적는 풍토 속에서 반드시 음절말 'ㅅ'과 'ㄷ'을 구분하여 적었다(김성규, 1996. 참고).

<예7> 갇(笠), 긷(柱), 곧(如), 묟(兄)

갓(妻), 깃(巢), 굿(邊), 못(最)

여기서, 소리나는 대로 적는 풍토라 함은, 중세 시기 문헌 중 <용비어천가>와 <월인천강지곡>을 제외한 다른 문헌에서는 종성 받침은 소리나는 대로 8자로 적도록 규정한 훈민정음의 표기 규약을 말한다.

그런데 15세기에 'ㅿ'이 종성으로 쓰인 예가 많았다. 훈민정음 종성해에서는 '엿의 갗'을 '엿의 갗'으로 쓰는 방법을 제시하고 있다. 그러나 문헌에는 '겿위', '앗이', '엿이', '웃보다' 같은 종성 표기가 나타난다(용비어천가, 월인천강지곡 외의 문헌에서). 이는 당시에 'ㅿ'은 모음과 모음 사이, 모음와 'ㅸ' 사이 같은 유성음화되는 환경에서 유성음 받침 소리로 실현되었음을 말해 준다.

그런데 15세기와 16세기의 교체기에 'ㅿ'이 없어졌고, 다른 편으로

'ㅅ'과 'ㄷ'이 중화된 결과 7자음 체계에 도달하게 되었다. 15세기 문헌의 '잇ᄂᆞ니, 이틋날, 뭇뭇ᄒᆞ다, 낫나치' 등이 16세기 초엽의 문헌에 '인ᄂᆞ니, 니튼날, 뭔뭇ᄒᆞ다, 난나치' 등으로 나타나기도 하는 바, 이들은 음절말의 'ㅅ'이 [t]로 발음되게 된 결과, 'ㄴ' 앞에서 역행 동화로 'ㄴ'이 되었음을 분명히 보여준다.

종성의 'ㅅ'과 'ㄷ'의 구별이 없어지고 자의적 선택을 보이다가 18세기부터 'ㄷ'이 점차 없어지고 'ㅅ'만으로 통일되었다. 현대국어에서와 같이 이 당시에도 받침 소리는 'ㄷ'으로 보는 것이 온당하지만, 당시에는 'ㅅ' 표기를 채택했던 것이다. 예를 들면 다음과 같다.

<예8> 굳고 – 굿거늘, 묻고 – 뭇디, 맏 – 맛, 몯 – 못

이상과 같은 예는 음운론적 지식과 맞춤법에 대한 합리적 판단이 탄탄하지 못했던 당시의 상황을 짐작하게 한다.

## 3. 음절성분 연결 제약의 변화

음절성분들이 연결될 때도 분절음끼리의 연결에 제약이 있다. 현대국어에서 초성과 중성이 연결될 때 일어나는 제약, 곧 초중성 연결 제약으로 다음과 같은 것이 있다.

(1) 양순음 초성과 단순모음 'ㅡ' 는 연결되기 어렵다. 즉 '브, 쁘, 프, 므'로 시작하는 음절은 없다.
(2) 파찰음 초성과 j계 이중모음은 연결되기 어렵다. 즉 '쟈, 져, 죠, 쥬, 쟤, 졔, 쨔, 쪄, 쬬, 쮸, 쨰, 쪠, 챠, 쳐, 쵸, 츄, 챼, 쳬'로 시작하는 음

절은 없다.

(3) 어두음절의 초성이 ㄴ인 경우에 '이'나 j계 이중모음이 중성으로 오기 어렵다. 즉 '냐, 녀, 뇨, 뉴, 녜, 냬, 니'로 시작하는 음절은 어두에 오기 어렵다.

(예외: /냐ː옹, 뉴ː쓰, 니은, 니켈/)

이 중 첫 번째 제약은 중세 국어시기에 허용되던 것이었다. 중세국어 자료에는 '믈, 블, 플' 같은 단어가 쓰였다. 그러다가 순음 'ㅁ, ㅂ, ㅍ, ㅃ' 아래의 모음 'ㅡ'의 순음화가 일어난다. 이는 발음하기 어려운 것을 회피하게 된 결과이다. 이 변화로 중세어 이래있었던 '므, 브, 프, 쁘'와 '무, 부, 푸, 뿌'의 대립이 국어에서 없어지게 된다.

<예9> 중세어 믈(水)－물(群) 등.

위의 예를 보면, 중세 국어 시기에서는 '믈'과 '물'이 구분되어 쓰였음을 알 수 있다. 그러다가 '믈'이 원순모음화가 되면서 '물'로 바뀌게 되자, 원래 그 형태였던 '물'은 동음이의어를 피하기 위해 '무리'로 바뀌게 되었다.

## 4. 음절 결합 규칙 변화

음절 결합 규칙이란 음절과 음절이 만날 때 서로 영향을 주어 음가가 바뀌는 것을 말한다. 역사적으로 음절 결합 규칙의 변화로 보아야 할 것은 발음을 편리하게 하는 쪽으로 바뀐 동화 작용(同化作用)으로서, 구개음화, 전설모음화를 들 수 있다. 또한, 비슷한 발음을 다르게 하여 형태를 변별시키려는 노력인 이화 작용(異化作用)이 있다. 경음화, 격음화 현상 같은 것은 기본적으로 동화현상이지만, 동화 환경이 아닌 곳에서도 일어난 것은 발음의 강화 심리와 관련된다.

전설모음화는 'ㅡ' 모음이 전설 자음에 이끌려 전설모음인 'ㅣ' 모음으로 바뀌는 것이다.

<예10> 스구볼 > 시골, (개가) 즞다>짖다, 아춤> 아침

구개음화(口蓋音化)는 구개음이 아닌 자음이 뒤에 오는 i나 j의 영향을 받아 구개음으로 바뀌는 현상이다. 이것은 엄밀히 보면, 음절 성분 연결 제약에 해당한다. 그러나 모든 경우에 이런 제약이 일어나는 것이(곧 형태소나 낱말 내부에서는 일어나지 않는다) 아니라 문법 형태소를 만날 때 일어나므로, 음절 결합 규칙으로 다룬다. 구개음화의 대표적인 예는 'ㄷ-구개음화'이지만, 이밖에도 'ㄱ-구개음화', 'ㅎ-구개음화'도 있다. 이들 구개음화는 모두 통시적으로 진행이 된 현상들이다. 이 중 'ㄷ-구개음화'는 구개음화 현상에 의해 표기 자체가 바뀐 경우도 있고, 표기를 원형태로 그냥 두어 공시적인 음운현상으로 처리하는 경우도 있다. 'ㄱ-구개음화'와 'ㅎ-구개음화'는 통시적으로 일어난 언어현상이며, 이 음운 현상에 의해 바뀐 음운으로 표기를 삼고 있다. 이 두 구개음화는 현재 방언에서 일어나기도 한다. 통시적으로 구개음화는 17세기 후반 또는 18세기 동안 일어났다고 추측된다.

<예11> ㄷ-구개음화 : 됴타>좋다, 티다>치다, 역뎡>역정, 겨뎡>격정, 엇디>어찌, 뎜(店)>점, 뎝시>접시, 부텨>부처, 힝뎍>행적, 디혜>지혜, 듕인(衆人)>중인, 듕(中)>중, 뎨자> 제자, ─디라>─지라, ─디>─지

ㄱ - 구개음화 (ㄱ>ㅈ): 길경이>질경이

ㅎ - 구개음화 (ㅎ>ㅅ : 넓은 의미의 구개음화로 봄) : 힘힘흔>심심
한, 힘>심, 혈물>썰물

 이 밖에 방언에 구개음화가 일어난 예로, '질(길), 지름(기름), 찌다(끼다), 심(힘), 성(형), 수지(휴지)' 등이 있다. 방언에 아직 구개음화가 일어나지 않은 예로는 '됴심, 됴용하다, 뎡말, 연뎌살다, 뎡월, 티부' 등이 있는데, 주로 평안도 방언에 해당한다.

 어두의 i, y에 선행한 'ㄴ'탈락현상도 역시 구개음화와 관련된 현상이다.

<예12> 님금 >임금

 구개음화를 벗어난 '견디다, 마디, 디디다, 어디, 느티나무' 등의 어례는 구개음화가 일어나는 당시 '견듸다. 마듸, 드듸다, 어듸, 느틔나무'처럼 '이' 모음 환경이 아니었던 것이다.

 변별을 뚜렷하게 하기 위한 이화작용은 다음과 같은 예들이 있다.

<예13> 아ᅀᆞ > 아ᅌᆞ > 아우, 여ᅀᅳ > 여으 > 여우
   ('ㅿ'의 탈락은 문자 소실로 인한 것)
   ᄒᆞᄫᆞᅀᅡ > ᄒᆞ오와 / 호자 > 혼자

 경음화는 매우 여러 경우에 발생하는 음운현상이라서 단지 몇 환경을 제시하는 것으로 설명되기 어렵다. 기본적으로, 경음화는 앞음의 미파화 (未破化)와 동시에 성문 폐쇄가 일어나면 인두강의 내부 압축기류가 생겨나 후두근육의 긴장이 일어나고, 동시에 뒤에 오는 장애음을 경음화시키

게 되는 음운현상을 말한다. 그러나 현대인의 강한 어조의 경향에 의해 이러한 음운적 여건이 아닌 경우에도 경음화가 발생한다. 통시적으로 경음화 현상은 현대로 오면서 점점 넓은 범위에서 진행되어 오는 현상이다.

<예14> 곳 > 꽃, 가치 > 까치, 곳고리 > 꾀꼬리, 불휘 > 뿌리

격음화 현상도 역시 표현을 강하게 하기 위해 진행되어 온 현상이다.

<예15> 내혀다 > 내키다, 바회 > 바퀴, 할하– > 할타–

중세국어 시기에 평음 'ㅂ,ㄷ,ㅈ,ㄱ'과 유기음 'ㅍ,ㅌ,ㅊ,ㅋ'의 양계열의 존재가 있으나 실제로 유기음 어휘 예는 적었다. 후대로 오면서 발달된 것이라 할 수 있다.

<예16> 풀(臂)(15c), 칼, 코 (16c후반)

이상에서 살핀 말소리 변화 과정은 주로 음가를 중심으로 하여 음가와 관련성을 갖는 것들에 해당된다. 문자를 중심으로 하는 정서법 문제를 살피기 위해서는 다른 사항들을 더 보아야 한다. 문자 체계로 보면, 임진란 이전과 이후의 문헌들 사이에 확연히 차이점이 드러난다. 16세기 후반의 일부 문헌에 이미 방점을 찍지 않은 경향을 보이며 17세기에 일반화된다. 정서법 상으로, 모음간의 'ㄾ'과 'ㄽ'이 혼용되는 표기도 보인다('홀너(流), 블너(呼)'). 그런가 하면, 모음간의 된소리 또는 유기음을 표기하는데, '깃써, 무릎피, 곤출, 곳츨, 블녘크' 와 같은 표기가 나타난다.

## 생각샘

01. 다음 중세어 문헌의 표기들을 보고, 현대 국어로 오면서 어떤 변화가 있었는지 기술해 보시오.

ㄱ. 모다 닐오디 숨利弗이 <u>이긔여다</u> 《석보상절. 6.31》

ㄴ. 薄拘羅尊者ㅣ 淸白ᄒ샤 ᄒ 돈도 아니 <u>바ᄃ시ᄂ다</u> ᄒ더라 《석보상절. 6.16》

ㄷ. 婆羅門이 보고 깃거 이 각시ᅀᅡ 내 얻니논 ᄆᅀᆞ매 <u>맛도다</u> ᄒ야 그 ᄯᆯ ᄃ려 무로디 그딋 아바니미 잇ᄂ닛가 대답 호디 <u>잇ᄂ이다</u> 婆羅門이 닐오디 내 보아져 <u>ᄒᄂ다</u> 술 ᄫᅡ쎠 《석보상절. 6.14》

ㄹ. 내 비환 디 반히 <u>남즉ᄒ다</u> 《번역노걸대, 상.6》

ㅁ. 미햇 새 놀애 <u>브르ᄂ다</u> 《금강경삼가해, 3.14》

ㅂ. 네 닐오미 올타 《번역노걸대, 상.11》

ㅅ. 내 …… 부텨 조쫀와 머릴 <u>갓고이다</u> 《능엄경언해, 1.42》

02. 현대국어에서도 계속 소리의 변화가 진행되고 있다고 생각하는가? 그 예는 무엇인가?

※ 이 책의 뒤에 [부록]으로 생각샘 풀이를 실었습니다. 반드시 문제를 먼저 푸시고 풀이를 참고하시면서 국어사에 대한 지식을 다져 보시기 바랍니다.

## History of Korean for Foreigners (외국인을 위한 국어사)

※ 우리 학생들이 외국인에게 한국어의 역사에 대해 단편적으로나마 설명해 줄 수 있으면 좋겠다는 취지에서 이 영문을 실었습니다. 우리의 언어를 소중히 여기고 자랑스럽게 외국인에게 소개해 보고 싶은 의욕을 가져 보시기 바랍니다. 영문의 한국어 해설은 이 책의 뒤에 [부록]으로 실었습니다.

## Chapter 4. Historical Transformation of the Korean voice sound

Since there is no records of old tongue, the research of the historical transformation in voice sound can only be conducted based on recorded old letters. The change of the voice sound of Korean can be assumed from the history of Hangul because Korean letters were synchronically invented with the explanation about its system. Especially, since Hangul is a phonemic writing, of which the character directly expresses the sound, the investigation of the history of the sound of Korean is easier. However, the presumption of the change of the tone through the letters must be cautioned due to the conservatism of language. The sound might disappear, even though the letters were used; the disappearance could also be regional.

In the medieval Korean era, initial consonants included 'ㆁ(ŋ)' and double consonants. There existed the middle sound between '아(a)' and '오(o)' in single vowels, but it disappeared in contemporary Korean through gradual banishment. In the medieval Korean era, 'ㄷ(t)' and 'ㅅ(s)' tones were distinguished in final consonants, but they were neutralized into 'ㄷ(t)' tone in contemporary Korean. Tone such as '믈(mɨl)), 블(pɨl), 플(pʰɨl),' which is the combination of a bilabial and a consonant '으(ɨ),' was used in the medieval Korean era, but gradually banished through changing to rounded vowel. Historically, rules such as changing to front vowel, palatalization, and plosivization were applied to more examples.

# 제 5 장
# 단어는 어떻게 변했나?

"그 속엔 우리의 향기로운 목숨이 살아 움직입니다.
그 속엔 낯익은 실마리가 풀리면서 감겨 있어요 — 만해 한용운"

어휘 면에서는 고유어의 소멸과 한자어의 확산, 새 개념의 생성, 조어법의 발전 과정 등을 연구하는 것이 국어사의 과제라고 할 수 있다. 어떤 경향을 지니며 그러한 변화가 진행되었는가 하는 점을 살펴봄으로써 현대국어로 오는 특징을 짚어 볼 수 있다. 그리고 어휘 변화에서는 문법화 과정도 나타나는데, 이는 인간의 인지 구조를 반영하는 것이라 하겠다. 여기서는 어휘 변천의 일반적인 경향에 대하여 대략 살펴보고, 단어 형태의 변화, 그리고 단어 의미의 변화에 대하여 살펴보기로 한다.

## 1. 어휘 변천의 경향

어휘 창고의 없어지고 쌓이는 변화에 대해서는 감히 언급하기 어려우므로 여기서는 몇 조각만 들어 경향들에 대해 살펴보기로 한다. 현대 사회가 점차 바쁘게 움직이며 복잡해짐을 실감해서 그런지 우리말의 변천 경향에 대하여 피상적으로 생각해 본다면, 고압적이며 거세거나 거친 쪽으로 방향을 잡고 있는 듯하다. 우리말 중 '부리나케, 열불나게' 같은 말은 중세 국어에는 없었다. 이 말은 '불'에 다른 말이 합성되어 생겨난 말들이다. '불'은 타는 불길은 걷잡을 수 없이 빠르고, 고압적인 것이라서 이에서 '부리나케, 열불나게'가 생성되었다. 급히 서두르는 모습을 뜻하는 '부랴부랴'도 "불이야, 불이야"에서 온 말이다. 여기에 덧보태어 "열받는다, 열딱지 난다."가 또 쓰인다. 그런데, 불에 대한 원초적인 미학 의식도 가능하지 않았을까? 이를테면 "꽃불스런, 불잔잔히" 등. 그러나 이런 말로의 형성은 일어나지 않았다.

우리말에 "얼간이"는 어떤가? 이런 말도 옛날에는 없었는데, "정신"을 뜻하는 "얼"에 "가다"의 관형형 "간"이 붙고 여기에 사람을 뜻하는 "이"가 붙었으니 그 뜻은 얼빠진 사람 곧 바보라는 뜻이다. '얼간이'의 어원을 소금에 잘 절이지 않고 대충 절여 간을 한 것을 뜻한다고 풀이하기도 한다. 그러나 정신이 얼뜬 사람이라는 뜻의 '얼뜨기', 정신이 흐리멍덩하다는 뜻의 '얼떨떨하다', '얼떨김에' 같은 말을 보면, '얼간이'도 '정신'과 관련된 것이 아닐까 싶다. 그런데 '얼든이'라는 말의 생성은 일어나지 않았다. 또는 '얼찬김에' 같은 말도 생성될 가능성이 있었을 텐데 이 일은 일어나지 않았다. 이는 우리가 사람을 지시하는 말에 주로 남을 얕보는 쪽의 말이 많이 생긴 점과 무관하지 않을 것이다.

음성의 변화에서는 눈에 띄는 경향이 결국은 단어의 변화와 연결된다. 경음화와 격음화가 그것이다. 지금 쓰는 "뻔하다"는 옛말에 "번하다"였다. 이것은 환하다는 뜻이었는데, 경음화가 일어나고 그 뜻도 바뀌게 되었다. 뜻의 바뀜 없이 경음화와 격음화가 일어난 말은 무척 많다. "칼, 코, 찌르다" 등은 옛말에 "갈, 고, 지르다"였다. "갈로 고를 지르다"처럼 될 터이니 옛말에서는 내용이 비정한 것이라도 음상은 부드러웠을 것이다.

"불무질, 불상ᄒ다, 불휘, 붓그립다"가 "풀무질, 불쌍하다, 뿌리, 부끄럽다"가 되었다. 현대어로 오면서 이러한 음의 강화는 계속 진행되고 있다. "고가도로, 과대표, 소주, 새 차, 생방송, 과자, 작은 형"을 "고까도로, 꽈대표, 쏘주, 쌔 차, 쌩방송, 꽈자, 짜근 형"으로 발음한다. 물론 언어 규범적으로는 규제하고 있으나 언중들의 언어 심리는 자꾸 표현이 강한 것을 선호하는 쪽으로 기우는 것이 사실인 듯하다.

늘어나는 말도 많았지만 반면에 없어지는 말들도 많다. "물속걸음(水泳), 물구븨(灣), 볼골(모습), 슬픒업시, 애긋브다" 등은 소멸되어 버렸다. 언어는 정신의 아름다운 보존일진대, 이러한 아름다운 우리말들이 사라지는 것은 밖에서 밀려들어와 귀에 익은 편한 말을 선호하는 안일함 때문일 것이다. 그동안 주체성에 대한 인식이 희박한 상태에서 밀려들어오는 외래어들을 안일하게 받아들인 결과 현대 국어는 서구어가 판을 치고, 많은 수의 우리 고유어가 한자어에 의해 사라지게 되었다. '쌍무지개'가 '濟션 므지게'를 몰아내고, '비교하다'가 '가줄비다'를, '강렬하다'가 '거븟지다'를, '합승하다'는 '어울ᄐ다'를 내몰았다. '세상'이 '누리'를 몰아내고, '강'과 '산'이 '가람'과 '뫼'를 몰아냈다.

# ▌ 2. 단어 형태의 변화 양상

단어 형태의 변화는 우선 단어를 만드는 방법상의 문제와 단어 외형상의 문제로 나누어 살피기로 한다.

## 2.1. 조어법의 변화

우리말에서 단어를 만드는 방법은 합성법과 파생법 두 가지가 있다. 어근, 어간, 단어 같은 실질형태소들끼리 결합시켜서 합성어를 만드는 방법을 합성법이라 하고, 실질형태소에 접미사 같은 형식형태소를 결합시켜 파생어를 만드는 방법을 파생법이라 한다. 중세국어 자료에 많은 합성어와 파생어들이 나온다. 예나 지금이나 기존의 단어들을 합해 새 단어를 만드는 생산적인 방식을 사용했음을 알 수 있다. 그리고 그 방식에도 큰 변화는 없었다고 보인다. 다만 다음과 같은 몇 가지 차이점을 지적할 수 있다.

(1) 동사 형성 합성법에서 중세국어에서는 어간과 어간, 또는 어근과 어근이 결합하는 비통사적 합성법이 사용되었다는 점이다.

&lt;예1&gt; 나솟다, 눌뮈다, 딕먹다, 빌먹다, 섯버믈다, 나들다, 죽살다, 여위ᄆᆞᄅ다, 듣보다, 됴쿶다, 비리누리다, 질긔궂다, 거느리치다, 검궂다,

이러한 비통사적 합성법은 현대국어에서는 잘 사용되지 않는다. 그런데 '먹거리' 같은 조어가 되어 하나의 명사로 쓰이게 되면서, 과거의 방식이 부활되기도 한다.

(2) 명사 형성 합성법에서 관형격 조사 '의'와 사이시옷이 명사 사이에 들어가 합성어를 만드는 방식이 사용되었다.

&lt;예2&gt; 둘기알, 둘기똥, 버리집, 고기부레, 믌새, 솘바당, 믌거픔, 믌고기/믓고기, 밠가락, 집앉사람, 봀ᄇᆞ롬, 저욼대

관형격 조사 '의'가 들어가는 파생법은 현대어에도 간혹 사용된다(예:도둑놈의갈고리, 범의귀). 현대국어에서는 사이시옷은 앞 말에 받침이 없을 때만 표기해 주므로 위의 예와 같이 표기하지 않는다. 이는 합성법의 변화

라기보다는 표기방식의 변화로 보아야 할 것이다.

(3) 파생법에서는 접미사가 현대국어와는 다른 것이 쓰였다.

<예3> 니르받다, 기우리혀다, 도르혀다, 드위혀다

(4) 파생법에서 생산적이지는 않으나 형용사에 접미사 '－이'를 붙여서
동사를 파생하거나 동사에 '－이'를 붙여 사동이나 타동의 뜻을 더
하는 방법이 있다. 현대국어 같으면 '－게 하－'라는 문법적 표현을
쓸 것이다.

<예4> 더러ᄫᅵ다/더러이다, 어두이다, 놀래다, 닐위이다, ᄲᅡ지이다, 외오이다

'더러이다'는 '더럽히다'라는 타동사의 뜻과 '더럽혀지다'라는 피동의
뜻으로 쓰였다. '놀래다'는 '놀라게 하다'의 뜻인데, 이 음은 당시에 이중
모음으로 [놀라이다]로 발음되었을 것이다. 'ᄲᅡ지이다'는 '빠뜨리다'라는
타동의 뜻이 있다. '외오이다'는 '벗어나게 하다'라는 사동의 뜻이 있다.

## 2.2. 단어 외형상의 변화

앞의 4장에서 음운의 변천을 살펴면서 언급한 부분도 있지만, 기본적으
로 음운의 변동 현상 때문에 일어나는 단어 형태의 변화가 있다. 이 예들
을 간단히 제시하고, 단어 형태의 음절 변화의 경우도 살펴보기로 한다.

### 1) 음운의 변화에 의한 단어 형태의 변화

이에 해당하는 것으로는 구개음화, 원순음화, 단모음화, 경음화, 비음
화, 전설모음화, 음성모음화, 역구개음화와 같은 음운 현상에 의한 것이

있다. 이 예들을 들어 보기로 한다.

&lt;예5&gt; 구개음화: 딜그릇&gt;질그릇, 딘ᄒ다&gt;진하다, 디킈다&gt;지키다, 디니다&gt;
지니다

원순음화: 거픔&gt;거품, 논드렁&gt;논두렁, 블다&gt;불다, 믈&gt;물, 블&gt;불,
플&gt;풀

단모음화: 보죠개&gt;보조개, 봉션화&gt;봉선화, 셩급ᄒ다&gt;성급하다, 셩나
다&gt;성나다

경음화: 골독이&gt;꼴뚜기, 곳갈&gt;고깔, 곳고리&gt;꾀꼬리, 곳, 곶&gt;꽃, 곳곳
이&gt;꼿꼿이, 구지람&gt;꾸지람

격음화: 숫둡&gt;손톱, 바회&gt;바퀴

비음화: 뽑내다&gt;뽐내다, (손찌&gt;솜씨, 싯나모&gt;신나무, 잠개&gt;쟁기, 품
기다&gt;풍기다)

전설모음화: 거즛말&gt;거짓말, 승겁다&gt;싱겁다, 슻다&gt;씻다

움라우트: 고롭다&gt;괴롭다, 굼벙이&gt;굼뱅이, 안준방이&gt;앉은뱅이

역움라우트: 쇠나기&gt;소나기, 스싀로&gt;스스로, 시름곕다&gt;시름겹다, 외
히려&gt;오히려

음성모음화: 개고리&gt;개구리, 거복&gt;거북, 견조다&gt;견주다, 계오&gt;겨우,
-고려&gt;-구려, 쏭나모&gt;뽕나무

역구개음화: 질경이&gt;길경이

이화 현상: 거붑&gt;거북, 쇠붑&gt;쇠북, 브섭&gt;부엌, 종용&gt;조용

강화 현상: 새볘&gt;새벽, 브스름&gt;부스럼, 더디다&gt;던지다, ᄀ초다&gt;감추
다, 가ᄅ비&gt;가랑비

도치: 시혹&gt;혹시

## 2) 단어 길이 줄어들기

중세국어에서 현대국어로 오면서 음절수가 줄어든 예들이 있다.

> <예6> 가야미>개미, 거우루>거울, 비얌>뱀, 보비ᄅ외다>보배롭다, 소옴>
> 솜, 슬ᄏ지>실컷, 장구버러지>장구벌레

## 3) 단어 길이 늘어나기

중세국어에서 현대국어로 오면서 음절수가 늘어난 예들이 있다.

> <예7> 갗>가죽, 별ㅎ>벼랑, 슫다>스치다, 물>무리, 엇>어ᅀᅵ>어버이, 올
> 창>올챙이, 풀>파리, 다ᄃᆞ다>다다르다

이밖에 '애슬피>애달프게, 알피다>아프게 쏘다, 의심둡다, 의심젓
다>의심스럽다, 저숩다>절하옵다' 같은 예는 엄밀히 분석하면 직접적으
로 바뀐 예라기보다는 표현방식이 달라지면서 결과적으로는 낱말의 길이
가 길어진 예들이다.

## ▌ 3. 단어 의미의 변화 양상

단어의 의미도 많은 변화를 겪는다. 사람들의 인식의 변화에 의해 단어
의 뜻도 바뀌게 된다. 의미 변천의 몇 경우를 들어보고, 의미 변화의 양상
을 살펴보기로 한다.

### 3.1. 의미 변화의 요인

#### 1) 언어적 원인

두 낱말이 함께 쓰이다가 한쪽 의미가 다른 쪽에 영향을 받게 되어 마침내 어느 한 부분이 전체의 의미를 갖게 된다.

<예8> 아침(아침밥), 머리(머리털), 꽁초(담배 꽁초), 교회(예수교회)

#### 2) 역사적 원인

사물이나 관념이 시간의 흐름에 따라 바뀌게 됨으로써 언어 의미의 변화가 일어난다.

<예9> '솔' (본래 소나무 솔잎으로 만들어졌으나 요즘은 그 재료가 짐승의 털이나 인조섬유로 대체됨. 솔잎 묶은 것> 때나 먼지를 없앨 때, 김에 참기름을 바를 때 쓰는 기구, 옷솔, 김솔)
원자 (더 이상 쪼갤 수 없는 물질의 최소단위라는 의미가 과학의 발전에 의해 소멸됨)
동무 (북한에서 특정하게 사용되면서 일상적인 '친구'의 의미를 상실함)

#### 3) 사회적 원인

언어가 서로 다른 사회 계층에서 쓰임으로써 의미가 확대되거나 축소되는 경우이다.

<예10> 복음, 부활(특수화), 포석, 안타(일반화)

### 4) 심리적 원인

인간의 인지 능력으로 낱말의 쓰임을 확장시킴으로써 의미가 달라진다. 인접성 인지 능력(환유)에 의한 것과 수사법상의 환유에 의한 것, 그리고 유사성의 인지 능력에 의한 것이 있다.

<예11> 지치다(설사하다>피곤하다)

간호사 : 백의의 천사, 장성 : 별

<예12> 밝다(색→표정→분위기→눈 · 귀→사리)

짧다(공간→시간→추상)

<예12>는 유사성의 인지 능력에 의한 은유적인 의미 확장의 예이다. '밝다'라는 것이 색상, 표정, 분위기, 눈이나 귀, 사리에 사용될 수 있다. 이러한 은유적인 확장은 공시적으로 일어나고 있지만 그 의미의 획득은 통시적으로 이루어졌을 것으로 생각한다.

### 3.2. 의미 변화의 양상

### 1) 의미 폭의 변화

의미 폭의 관점에서 보면, 의미의 확대(extension) 또는 일반화(generalization)와 의미의 축소(narrowing) 또는 특수화(specialization)의 경우가 있다.

<예13> 의미의 확대: 겨레(친척>민족), 온(백>전체)

의미의 축소: 얼굴(형체>낯). 사랑하다(思,憶>愛)

## 2) 의미 가치의 변화

의미 가치의 관점에서 보면, 의미의 향상(amelioration)과 의미의 타락(degeneration)의 경우가 있다.

<예14> 의미의 향상: knight(하인→기사), 배우(광대→스타)

의미의 타락: villain(농부→농노, 악한), 겨집(여자→ 여성비칭)

이러한 언어의 변화를 긴 세월을 놓고 보면, 언어 변천의 전반적인 경향과 함께 그 속에는 인간 의식의 변천 경향이 반영되어 있음을 발견할 수 있다. 일차적으로 언어 변화는 그 시대의 문물이나 사회, 정치 구조의 변화 등 물리적인 것에 대한 대응어의 생성에 그 원인이 있겠지만, 한편으로는 현대 사회로 오면서 변화한 우리들 인식의 변천에 따른 언어의 변화도 짚어 볼 수 있다.

## ▌ 4. 문법화 현상

단어의 변화에 대한 또 한 가지 주제로서 문법화(文法化, grammaticalization)에 대해 정리해 보기로 한다. 문법화는 '어휘의 의미를 가진 자립의 형태소가 의미가 확장되면서 자립성을 상실하여 문법기능을 하는 것'으로, 또는 '문법기능을 하는 꼴의 일부로 되는 것'으로 정의할 수 있다. 또는, 주로 어휘적 기능을 하던 것이 문법적인 기능을 하거나 문법적 기능을 하는 형태의 일부로 되는 것, 또 덜 문법적인 기능을 하던 것이 더 문법적인 기능을 하는 것으로 바뀌는 현상으로 설명할 수도 있다. 이 문법화 관점이 우리말의 단어 기능의 변화에 대해 많은 설명력을 제공한다.

국어에는 문법적 기능을 하고 있지만 자립어휘소 (lexical word)와 유연관
계가 느껴지는 형태들을 많이 찾을 수 있다. 예를 들면 어미나 조사의 기
능을 하고 있지만, 어휘의미도 어느 정도 지니고 있는 것들이 있다. 일반
적으로 어휘의미와 문법의미 사이에 늘 역동적인 움직임이 존재하는데,
모든 언어적인 요소는 '어휘의미'와 '문법의미'를 어느 정도 함께 가졌다
고 할 수 있다. 어휘의미를 주로 가진 것은 자립적으로 쓰이는 어휘소이
며, 문법의미를 주로 가진 것은 어미·조사·접미사 등과 같은 문법소이
다. 그런데 이 어휘의미를 가진 형태소와 문법의미를 가진 형태소는 항상
분명한 경계를 짓고 있는 것이 아니라, 어휘의미를 가진 것이 어느 정도
문법의미도 지닐 수 있으며, 문법의미를 가진 것도 어느 정도의 어휘의미
를 가질 수 있다.

다음 문장의 예들은 어휘적 의미(ㄱ)에서부터 문법적 의미(ㅁ)로 진행된
추이를 보여준다(안주호, 1997).

(1) ㄱ. 문장 한 가지 <u>보고</u> 앞으로 논문을 쓸지 못쓸지 알 수 있다.

ㄴ. 그는 우리아버지 <u>보고</u> 나를 입사시켜 주었다.

ㄷ. 지현이는 나<u>보고</u> 손짓했다.

ㄹ. 범석이는 나<u>보고</u> 바보라고 했다.

ㅁ. 선생님께서는 나<u>보고</u> 그를 도와주라고 부탁했다.


(2) ㄱ. <u>법</u>을 준수해야 한다.

ㄴ. 남자용 여자용에 따라 짓는 <u>법</u>이 다르다.

ㄷ. 유독 내가 바윗돌에 깔려 죽으란 <u>법</u>이 어디 있담.

ㄹ. 계집에게 미치면 곰보딱지도 절세미인으로 보이는 <u>법</u>이랍니다.

ㅁ. 아무래도 이익이 실쾌한 쪽으로만 마음이 기울 수밖에 없을 <u>법</u>했다.

(3) ㄱ. 학교 가는 길은 어느 길이죠?

　　ㄴ. 이 문제를 해결할 수 있는 길을 찾아보았다.

　　ㄷ. 지갑을 찾을 길이 없었다.

　　ㄹ. 지금 나가는 길이에요.

　　ㅁ. 그를 기다리던 길이었다.


　문법화에 의한 의미 확장의 설명은 이론적 틀을 제공하는 설명 방식으로서, 많은 연구가 진행되고 있다. '터, 모양, 님' 같은 단어도 위와 같은 은유적 추이를 가진 예들이다. 특히 문법화 이론은 외국의 많은 언어학자들이 이를 적용한 연구를 진행하고 있다는 점에서 보편적인 언어 이론으로 인식되고 있다.


## 생각샘

**01.** 사라진 토박이말 중, 살려 써도 좋은 말들을 소개해 보시오.

**02.** '너들거리다, 촐랑대다, 까불다, 주름잡다'의 어원을 조사하고, 이 단어들의 의미 확장의 공통점을 생각해 보시오.


　※ 이 책의 뒤에 [부록]으로 생각샘 풀이를 실었습니다. 반드시 문제를 먼저 푸시고 풀이를 참고하시면서 국어사에 대한 지식을 다져 보시기 바랍니다.

## ▌ History of Korean for Foreigners (외국인을 위한 국어사)

※ 우리 학생들이 외국인에게 한국어의 역사에 대해 단편적으로나마 설명해 줄
수 있으면 좋겠다는 취지에서 이 영문을 실었습니다. 우리의 언어를 소중히
여기고 자랑스럽게 외국인에게 소개해 보고 싶은 의욕을 가져 보시기 바랍니
다. 영문의 한국어 해설은 이 책의 뒤에 [부록]으로 실었습니다.

## Chapter 5. Historical Transformation of the Korean word

The historical modification of word occurred as phonemic phenomena such as palatalization, changing to rounded vowel, changing to mono vowels, plosive consonant, nasal consonant, front vowel etc., which are the changes in tone, were applied. Also, in terms of the lexicon, many original Korean words disappeared because of Chinese in old Korean, Japanese in modern Korean, and Western language in contemporary Korean. The historical change existed even in the system of creating a compound word. Only two roots or stems could be combined into a word (ex: 죽살다(cukʰ-sal-da)), determinative postposition '의(ii)' was included to form the word (ex:돌기알 (tal-gɛ-al)). There exist cases where the meaning of the word changed historically, which consisted of the change in the indicant or the boundary of indication. Grammaticalization denotes the phenomenon where a word with lexical function changes into that with grammatical function. Grammaticalization is very common linguistic phenomenon that is studied to be happened in many foreign languages.

# 제 6 장
# 대명사 범주의 변천은 무엇을 뜻하는가?

> "한 시대의 언어질서 속에서 마치 분자 같은 말들이 약동한다.
> 약동은 변화를, 변화는 또 하나의 질서를 낳는다."

문헌 자료를 통하여, 국어 대명사의 어떤 형태가 언제부터 쓰였고 각 대명사의 특성(인칭, 대우법, 문체와 관련되는 특성)이 어떻게 변천하고 있는지를 중점적으로 다루어보면 국어 대명사의 통시태가 드러난다. 대명사란 어떤 명사나 명사구가 문맥이나 상황에 따라 이미 알려졌을 경우에 그것을 되풀이하지 않고 간편하게 가리키는 말이다. 또한 어떻게 간편하게 가리킬 수 있는 것이 되는가 하는 점에 중점을 두어 대명사의 요건을 말한다면, 상황지시성이나 대용성이 작용하는 특성을 지니는 범주라고 정의할 수 있다.

위의 정의는 대명사의 일반적인 성격인데, 특별하게 한국어 대명사가 갖는 특성이 또 있다. 그것은 인칭별 대명사가 각 인칭을 전담하지 못한다는 것이다. 그 이유로는, 우선 각 대명사가 독특하게 가지는 대우법 특질, 단순한 대명사적 지시성 외의 화용적 특성, 또는 문체상의 제한을 들 수 있다. 그밖에, 대명사에 국한되는 문제는 아니지만 국어에서의 빈번한 성분 생략(주어, 목적어 등)을 들 수 있다. 또한, 국어 3인칭 대명사 중 지시 대명사는 주로 지시사 통합형이 쓰이고 있어서 전형적인 지시대명사가 체계적으로 이루어져 있지 않다는 점이 있다.[18] 따라서 현대 국어의 대명 사로는, 구어체에 쓰이는 전형적인 3인칭 대명사가 없다. 그러다보니 지 시사 통합형 중 어떤 것은 3인칭 대명사로 보고, 어떤 것은 명사구로 보 는 등 혼선도 있다.[19]

이런 현대의 사실이 과거에는 어땠을까 하는 점이 주목된다. 이러한 국 어 대명사의 특성 때문에 대명사의 어휘사 연구는 형태, 문법적 특성의 연구 외에 의미, 화용적 특성 연구도 수반되어야 하고, 대명사뿐 아니라 대치형태까지를 다루어야 하는 과제를 안게 되는데, 이러한 연구는 문어 체적인 문헌자료만 가지고는 참 어려운 일이기도 하다. 이런 점을 감안하 면서, 대명사 범주에 대해 시대별 개관을 한 후, 1인칭 대명사, 2인칭 대 명사, 3인칭 대명사, 재귀칭 대명사, 부정칭 대명사의 통시태에 대해 살펴 보기로 한다.


## ▌ 1. 국어 대명사 역사의 개관

문헌자료가 확실하지 않은 후기중세국어 이전 시기의 대명사는 대략 다음과 같았을 것으로 추정된다.

---

18) 3인칭 대명사와 지시대명사의 관계에 대한 것은 김미형 (1995:26)에서 논의한 바 있음. 대명사의 가장 기본적인 요건이 지시성과 관련된 성격이므로, 인칭 구분을 우선으로 하고, 그 하위 유형으로 지시대명사를 둔다.
19) 지시사 통합형이란 '이 어른, 그 양반, 저 사람'과 같은 구성을 말한다. 우리말 에서는 이러한 형태들이 3인칭 대명사로 사용되는데, 엄밀히 보아 단일의 대명 사는 아니므로, 김미형(1995:111)에서는 3인칭 준대명사라고 명명하고 있다.

<표 1> 고대 및 전기 중세국어의 대명사

| 1인칭 대명사 | 나 (吾, 奴台), 우리 (吾里) |
|---|---|
| 2인칭 대명사 | 너 (汝, 你) |
| 3인칭 대명사 | 이 (此, 伊), 그 (然), 뎌 (彼, 伊) |
| 재귀칭 대명사 | 저 (自, 矣) |
| 부정칭 대명사 | 누 (鑺) |

　후기 중세국어 이전 시기에는 자료의 미비로 충분한 논의가 불가능하긴 하지만, 대체로 1인칭 대명사 "나", 복수형태 "우리"가 확인된다. 2인칭 대명사로는 "너"가 있으며, 3인칭 대명사로는 "이", "그", "뎌" 재귀칭 "저"와 부정칭의 "누" 정도를 확인할 수 있다. 그러나 문헌자료에서는 모두 한자 차자표기로 된 것이거나 구전되어 나중에 정착된 자료들이므로, 이 차자표기의 음이 과연 그것이었겠는가, 또는 구전 중에 후대의 반영은 없었겠는가 하는 의문을 가질 수 있는 시기이다. 이 점에 대해서는 다음 3절에서 좀더 구체적으로 살펴보기로 한다. 또한 이 시기는 자료의 불충분으로 인해 다음 시기 (후기 중세국어)에 드러나는 더 많은 종류의 대명사를 확인할 수 없다. 그러나 확인할 수 없다고 하여 안 쓰였다고는 할 수 없을 것이다. 그러므로 이 시기는 그나마 확인되는 자료들을 제시하는 정도로 정리하는 데서 그치기로 한다.

　다음은 문헌 자료에 의해 연구가 가능한 후기 중세국어의 대명사 목록이다.

&lt;표 2&gt; 후기 중세국어의 대명사

| 1인칭 대명사 | 나, 우리 / 우리들ㅎ/ 우리둘ㅎ |
| --- | --- |
| 2인칭 대명사 | 너, 네, 그듸(＊구어체에도 쓰임), 너희 / 너희둘 / 너희네, 그듸내 / 그듸네, |
| 3인칭 대명사 | 이, 그, 뎌 (＊모두 단독으로 사람, 사물, 개념을 지시하는 대명사로 쓰임, 상황지시적, 대용적 두 용법 다 있음) |
| 재귀칭 대명사 | 저, 즈갸, 自己, 즈긔, 저희, 당신 |
| 부정칭 대명사 | 누구, 누, 므엇, 므스 (므슥, 므슴), 므섯, 므스것,　　아모 |

후기 중세국어의 대명사로는 1인칭 대명사 "나", 복수형태 "우리", "우리들"이 있었다.[20] 2인칭 대명사로 "너"와 "그듸", 복수형태 "그듸내", "너희", "너희들", "너희네"가 있었다. 3인칭 대명사로, "이", "그", "뎌"가 나온다. 이 시기에 현대국어의 3인칭 준대명사 형태도 나온다. "이 사람, 이 놈들" 같은 예가 있는데, 현대국어처럼 빈번하지는 않다. 이 논문에서는 전형적인 대명사만을 다루기로 하므로, 이런 것들은 표에서 제외했다. 재귀칭 대명사로는 "저"와 "즈갸"가 있었고, 한자어로 생각되는 "자기", "즈긔", "당신" 이 나온다.

위의 표를 참고하면, 1인칭 대명사로 현대국어에 쓰이는 "저"가 없었다는 점이 큰 차이점으로 나타난다. 이 차이는 단지 한 어휘가 안 쓰였다는 사실 외에도 1인칭 대명사의 대우체계가 현대국어와는 달랐을 것이라는 점도 암시한다. 실제로 후기중세국어의 "나"는 현대국어라면 "저"가 쓰일 자리에도 사용되었다. 그러나 자신을 아주 낮추어야 할 경우에는 대명사를 쓰지 않고 대치형태로 명사인 "쇼인, 소자" 등을 사용했다. 그리고 같은 형태의 대명사라도 현대국어와는 용법이 달랐던 것으로, "그듸"

---

20) 접미사 '들'이 붙는 복수형태는 후기중세국어 시기에 이미 있었음을 보이기 위해 표에 제시하였다. 그러나 모든 대명사에 붙어 복수를 나타내는 접미사이므로, 다음 시기의 표에서부터는 '－들'의 형태는 제외시키기로 한다.

와 "이, 그, 뎌"가 있다. 이 예들은 현대국어와 비교했을 때, 표의 괄호 속 설명과 같은 차이점을 지닌다. 곧 현대국어에서 "그대"는 문어체적인 표현에만 쓰이는데, 후기중세국어의 "그듸"는 일상적인 2인칭 대명사로 사용되었던 것이다. 또한 같은 어휘이지만, 표기상의 차이가 있거나 형태가 변한 것들도 있다 (예: ㅈ걍, ㅈ긔. ㅁ스, ㅁ슥, ㅁ슴, ㅁ엇, ㅁ섯, ㅁ스것, 아모). 이것은 문자의 변천, 음운의 변천, 형태적인 변천을 겪으며 현대국어의 "자기", "무슨", "무엇", "아무"가 된다. 이 중 "ㅁ스"는 후기 중세국어에서 대명사로도 쓰이고 관형사로도 쓰여, 현대국어에서 관형사로만 쓰이는 점과 차이가 있었다.

다음은 근대국어의 대명사 목록이다.

<표 3> 근대국어의 대명사

| 1인칭 대명사 | 나, 우리, 저 |
|---|---|
| 2인칭 대명사 | 너, 너희, 그듸, 당신, 자네 |
| 3인칭 대명사 | 이, 그, 뎌 |
| 재귀칭 대명사 | 저, 당신, ㅈ걍, ㅈ긔, 自己 |
| 부정칭 대명사 | 누구, ㅁ엇, 아모(아무) |

근대국어를 보면, 1인칭에 "나", "저", 2인칭에 "너", "너희", "그듸", "당신", "자네", 3인칭에 "이, 그, 뎌"가 나타난다. 재귀칭에 "당신", "ㅈ걍", "ㅈ긔", "저", 한자로 표기된 "自己"가 쓰였다. 후기중세국어에는 없던 1인칭 대명사 "저"가 등장한다. 이 시기에 관한 논의는 다음 3장에서 하는데, 19세기 말엽으로 추정된다. 2인칭 대명사로 "자네"가 등장하고, 부정칭 대명사가 "누구"와 "ㅁ엇", "아무"로 형태가 통일되면서 현대국어와 가까워진다. 3인칭 대명사 "이, 그, 뎌"는 여전히 단독으로 사람과 사

물의 지시로 사용된다. 그러나 근대국어 끝무렵에는 점차로 지시사 통합
형의 형태 (예: 이 여자, 그 녀석, 이 어른 등)가 많이 등장하는 변화를 보인다.
다음은 현대국어의 대명사 목록이다.

<표 4> 현대국어의 대명사

| 1인칭 대명사 | 나, 우리, 저, 저희 |
|---|---|
| 2인칭 대명사 | 너, 그대, 당신, 임자, 자네 |
| 3인칭 대명사 | 이, 그, 저<br>( * 사람 지시로는 "그"만 사용하게 됨) |
| 재귀칭 대명사 | 자기, 당신, 저, 저희 |
| 부정칭 대명사 | 누구, 무엇, 아무, 아무것 |

현대국어의 대명사는, 1인칭 "나", "저", 2인칭 "너", "그대", "당신",
"임자", "자네"가 그대로 사용되는데, 이 중 "그대"는 문어체로 제한되어
쓰이는 변화를 겪는다. 3인칭 대명사로 현대국어 초기에는 "이, 그, 뎌"가
단독으로 쓰이기도 했으나, 얼마 안 가서 상당한 변천을 하게 된다. 이
형태들이 뒤에 사람이나 사물을 나타내는 명사와 결합하여 지시관형사의
기능을 하게 된다. "그"만이 단독으로 사람을 지시하는 대명사 구실을 하
며, 그것도 문어체로 제한되는 변천을 보인다. "이"와 "저"는 일이나 상황
을 가리킬 때 단독으로 사용되는 대명사로 제한된다.
이상 시기별로 대명사를 개략적으로 소개하였다. 다음 장에서는 각 인
칭별 대명사의 변천에 대해 자료를 보면서 그 통시태를 고찰하기로 한다.

## ▎ 2. 국어대명사 역사의 인칭별 고찰

앞 1절에서 개괄한 시대별 정리를 바탕으로 하면서 이번에는 각 인칭별 대명사의 변천을 살펴보기로 한다.

### 2.1 1인칭 대명사의 통시태

국어 1인칭 대명사의 통시적 목록은 다음과 같다.

<표 5> 1인칭 대명사의 변천

| 고대 및 전기 중세국어 | 나 (吾, 奴台),<br>우리 (吾里) |
|---|---|
| 후기 중세국어 | 나, 우리 |
| 근대국어 | 나(예사말), 저(겸사말, 19세기말부터)<br>우리 |
| 현대국어 | 나(예사말), 저(겸사말), 우리, 저희 |

1인칭 대명사의 역사는 대우법의 체계가 명확해지며, 이에 해당하는 어휘가 등장하는 변천으로 특징지워진다. 다음 (1)-(4)는 고대 및 전기중세국어의 예이다.

 (1) 稱我曰 能奴台 <계림유사>[21]

<계림유사>는 고려의 언어가 기록된 자료로, 어례를 제시하는 방법이 "…왈(曰)"로 되어 있어 대명사와 관련되는 자료가 어떤 것인지는 쉽게

---

[21] 여기서 인용한 계림유사는 강신항(1980)에서 제시한 順治板設郛本이다. 이본 자료를 비교하기 위해서는 진태하(1974)를 참고하였다.

파악된다. 위의 예에서 "稱我"는 "나를 가리켜"로 해석하여 1인칭으로 보
아도 좋을 듯하며, "奴台"는 "내"로 읽혔을 것으로 추정된다.[22]

다음 자료는 국어 1인칭 대명사로 추정되는 예로, 신라가요 및 보현십
원가의 차자표기 "吾"와 고려가요 "나(내)"의 예이다.[23]

    (2) ㄱ. 吾隱去內如辭叱都 (나는 가ᄂ다 말ㅅ도) <제망매가>

       ㄴ. 吾肹 不喻慚肹 伊賜等 (나를 안디 붓그리샤ᄃᆞᆫ) <헌화가>

       ㄷ. 吾衣願盡尸日置仁伊而也 (내이 願 다올 날도 이시리마리여)

          <총결무진가>

       ㄹ. 二于萬隱吾羅 (두볼 ᄀᆞ만 내라) <도천수관음가>

    (3) ㄱ. 어긔야 내 가논디 졈그롤셰라 <정읍사>

       ㄴ. 조롱곳 누로기미와 잡ᄉ와니 내 엇디 ᄒᆞ리잇고 <청산별곡>

신라가요와 보현십원가의 "吾"는 많은 학자들이 이견 없이 "나"로 해
독하고 있다. 고려가요는 조선조에 들어와 당시의 언어로 윤색된 측면도
있겠으나, 1인칭 대명사로 "나"가 쓰이고 있었음을 말해 준다.

1인칭 대명사의 복수 형태로는 다음의 예가 보인다.

    (4) 落句 吾里心音水淸等 (아야 우리 ᄆᆞᄉᆞᆷ믈 몰가든)<청불주세가>

---

22) "能"은 <廣韻>(송대의 한자음)에 "奴登切", "奴來切", "奴代切"로 되어있다.
"奴台"의 "奴"는 "乃都切", "台"는 "土來切"이다. 그러므로 "能"은 진태하
(1974:384)와 강신항(1980:63)에서 지적한 것처럼 "내"로 읽을 수 있다. 이는 후
기중세국어에서 "나"의 소유격 형태에 해당한다. 더 자세한 설명은 김미형
(1995:35) 참고

23) 신라가요와 <보현십원가>는 기본적으로 해독상의 여러 문제가 있겠으나, 학
자들의 여러 해독에서 별 이견이 없는 것을 주로 제시한다. 김완진(1980)의 주
석을 따르며, 이견이 많을 경우 밝혀두었다.

(4)의 "吾里"는 이 노래의 내용으로 보아 1인칭 복수라고 할 만하다. 이 것을 "우리"로 해독하는 것은 다음 시기의 국어로 미루어 추정하는 것이 다. "吾里"의 한자 뜻이 1인칭 복수의 기원을 알리는 자료인 듯하나, 이는 단지 "우리"를 표기하다보니 그렇게 된 것이라고 생각하기로 한다.[24] 그 밖에 <모죽지랑가>의 "哭屋尸以"에 대해 양주동(1965), 홍기문(1956)에서 "우리"로 해독하고 있는데, 이에 대해 小倉進平(1929), 지헌영(1947), 김준 영(1964), 서재극(1975), 김완진(1980)에서는 "울음, 우롤" 등으로 해독하고 있어서, 대명사 표기로 간주하지 않았다.

다음은 후기중세국어의 1인칭 대명사를 살펴본다. 이 시기에는 1인칭 대명사로 "나", 복수형으로 "우리"의 형태만이 쓰였다. 유창돈(1971:274) 에서는 "신분의 차등에 관계없이 '나'가 쓰인 것이 15세기 당대의 언어현 실이었다"고 지적하고 있다. 이기문(1978:328)에서는 후기중세국어 1인칭 대명사는 "나" 하나이며 예사말과 겸사말로도 쓰였으므로, 현대국어의 "나"가 겸사말과 대립됨으로서 느껴지는 자존(自尊)의 느낌 같은 것을 주 는 점과 사정이 달랐다고 언급하고 있다.[25]

문헌자료에 의하면, 후기중세국어에는 1인칭대명사 단수로 "나" 하나 만이 쓰였음을 확인할 수 있다.

    (5) ㄱ. 吾 나오, 我 나아, 予 나여, 俺 나암, 咱 나자 <훈몽자회 하.24a>

       ㄴ. 我는 내라 <월인석보 서.4b>

---

**24)** 조승복(1986)에서는 <前漢書>, <後漢書>의 "右渠", <魏志>(韓條)의 "右渠", <魏志>(扶餘條)의 "位居, 牛加"를 자료로 하여 고대 국어음 "u·kʌ, wi·kʌ"를 재구하고 "u"는 "우물, 웃집"의 "우"와 같이 "inside"의 뜻을 가지며 이 "우"에 "이리, 저리"에서와 같이 방향의 뜻을 지니는 "이"가 첨가하여 "우리"가 된 것 으로 본다.

**25)** 여기서 겸사말(謙辭-)은 자기를 낮춤으로써 상대방을 높이는 말을 뜻한다(<표 준국어대사전>, <금성판 국어대사전>). 겸양어(謙讓語)라고도 할 수 있으나. 예사말(例事-)의 '말'과 짝을 이루기 위해 "겸사말"을 택한다.

　ㄷ. 나논 부텻 스랑ㅎ시논 앚이라 <능엄경언해 1.86a>

　ㄹ. 내 이롤 爲ㅎ야 어엿비 너겨 새로 스믈 여듧字롤 밍가노니

<훈민정음언해 2b-3a>

그런데 현대어라면 겸사말 "저"가 쓰일 법한 자리에도 "나"가 쓰였다.

(6) ㄱ. 그저긔 釋提 桓因이 부텨끠 술보디 내 이제 부텨끠 半身舍利롤 청ㅎ숩
　　노이다 <석보상절 23.7a>

　ㄴ. 그쯰　阿難이 부텻긔 술보디 ᄂᆞ미 당다이 내그에 무로디
　　<석보상절 23.30a>

(6.ㄱ,ㄴ)은 화자가 겸사말을 써야 하는 경우가 되는데 "나"가 쓰이고 있다. 이는 후기중세국어의 1인칭대명사 "나"는 예사말로도 겸사말로도 쓰였다는 얘기가 된다. 그런데 1인칭대명사 "나"가 단지 예사말과 겸사말로도 쓰였다고 기술하는 것이 과연 타당한지는 문제가 된다. 다만 중세국어의 대명사 체계만을 놓고 보면, 그런 존비의 개념이 없는 상태이므로 예사말, 겸사말의 분화가 아직 안 일어난 것으로 기술하는 편이 옳을 듯하다.

　위 (6)의 예처럼 말하는 이가 듣는 이보다 신분이 상대적으로 낮은 경우에 "나"를 쓰기는 하지만, 극히 신분이 낮은 경우, 예를 들어 노비나 하인 등이 주인에게 말할 경우, 또는 신분의 높낮이가 절대적으로 지켜져야 하는 경우 (예를 들어 왕실)에도 과연 자신을 "나"라고 지칭할 수 있었을까 하는 점을 함께 생각할 필요가 있다. 이런 경우 만일 다른 표현이 있었다면, 이 역시 "나"의 대우법 특질을 한정시키는 것이 될 것이다.

(7) 이는 내 아비동싱 누의와 어믜동싱 오라비게 난 형이오 …

<u>小人</u>은 아비 누의게 나니오 <번역노걸대 상.15b~16a>

(8) a: 형님 네 언제 길 나실고

　　 b: 이 돐 스므날 길나리이다

　　 a: <u>쇼신</u>도 割付와 關字옷 가지면 몰토리이다 <번역박통사 상.8b>

(9) a: 쥬신 형님하 <u>쇼신</u>이 또 흔 마리이시니 닐엄즉 홀가

　　 b: 므슴 이리 잇는고 네 니르라

　　 a: 이 느즌 바미 내 진실로 비곫패라 <번역노걸대 상.52b>

(7)에서 밑줄 그은 두 표현은 동일한 상황에서 화자가 자신을 가리키는 말이다. "나"로도 쓰이고 "小人"으로도 쓰이고 있다. 이 부분의 원문은 모두 "소인"으로 되어 있는데, 이를 "나"로도 번역하고 그대로 "小人"으로도 번역한 것이다. (8)는 형님격인 사람과의 대화인데 전후 문장에 반말을 사용하기도 한 것으로 보아 거의 동등 관계인 듯하다. 그런 상황에서 화자가 자신을 가리켜 "쇼인"을 쓰고 있다. 현대국어로 생각하기에는 "소인"은 자신을 아주 낮추어 표현하는 말 같은데 위 예문을 보면 꼭 그런 것은 아님을 알 수 있다. (9)에서도 동일 화자가 동일 청자에게 자신을 가리켜 "나"라고도 하고, "쇼인"이라고도 하였다. 이러한 예들은 1인칭 범주에서 대명사 "나"와 대우법상의 차이를 보이는 "소인"이라는 낱말이 있긴 했으나 별 차이를 보이지 않고 넘나들고 있었음을 말해준다. 그런데 이 자료가 번역문체이므로 원문에서 구별없이 쓴 "我"나 "小人"을 국어 번역에서도 역시 구분없이 쓰게 되었을 가능성도 배제할 수는 없다.

하인이나 노비 등의 언어가 기록된 자료가 현재 없는 형편이므로 검증할 수는 없지만 신분상 아주 낮추어야 하는 인물도 "나"를 썼을까 하는 의문은 여전히 있다. 그런 점에서 김용숙(1987:109-113)의 연구가 주목된

다. 궁중어에서는 왕이 왕대비나 세자, 세자빈에게 "나"라고 하지만 왕세
자가 왕비에게, 재상이 왕에게, 후궁이 왕에게, 세자빈이 왕비에게, 옹주
가 세자빈에게 "나"라고 하는 법은 없었다는 것이다. 대신 "소인, 소신"을
쓴다고 한다. 김용숙(1987)의 연구의 주된 자료는 근대국어의 것(실록, 계축
일기, 인현왕후전, 한중록)이지만, 후기중세국어에도 해당될 것으로 본다. 후
기중세국어에서는 1인칭 겸사말 "저"가 안 쓰였다는 점에 비추어 "나"의
예사말, 겸사말의 분화가 아직 안 일어난 것으로 볼 수 있지만, 절대적인
신분의 높낮이를 지켜야 하는 상황에서는 "나"의 사용이 제한을 받았을
것이라고 본다.

후기중세국어의 "우리, 우리들ㅎ"도 역시 예사말과 겸사말의 구분이
없었다.


(10) ㄱ. <u>우리둘히</u> 어리 迷惑ᄒᆞ야 毒藥올 그르머구니 願ᄒᆞᆫ돈 救療ᄒᆞ샤 목수믈
다시 주쇼셔 <월석 17.17b>

ㄴ. 彌勒이 … 부텻긔 술ᄫᆞ샤되 世尊하 願ᄒᆞᆫ돈 니ᄅᆞ쇼셔 <u>우리둘히</u> 부텻마
롤 信受ᄒᆞᅀᆞᄫᅩ리이다 <월석 17.2b−3a>


(10)은 청자가 화자보다 높은 경우인데 "우리"를 쓰고 있다. 현대국어
라면 "저희"를 쓸 상황이다. 후기중세국어의 "우리"는 "나"와 마찬가지로
예사말로도 겸사말로도 쓰였음을 알 수 있다.

"나"의 대우법상의 자질이 달라지는 것은 "저"가 1인칭 낮춤말 또는
겸사말로도 쓰이게 된 사실과 관련된다. 재귀칭으로만 쓰이던 "저"가 어
느 시기부터인가 1인칭으로도 쓰이게 됨으로써 "나"의 대우법상의 위상
이 달라지게 된다. 그러면 "저"가 1인칭으로 쓰이게 된 시기는 언제이며
그렇게 된 배경은 어떤 것일까?

문헌자료를 조사해본 바에 의하면 "저"가 1인칭으로도 쓰이게 되는 시

기는 19세기 말엽으로 추정된다. <독립신문>, 4권(1898), 120쪽에 "저"가 1인칭 겸사말로 쓰인 예가 나타나 있다.

> (11) 그 하인이 도라와 골ᄋ디 일인의 가가에 가셔 죠흔 것을 보자 ᄒ디 일본 장ᄉ가 귤 흔 궤를 뜯어 그 잇는 것을 뵈여 갑을 빗쓰게 말흔 고로 졔가 대답ᄒ기를 넘어 빗싼 못 사겟다 ᄒ고 떠나 가랴고 흔디 그 일본 사름이 붓잡고 옷을 찌즈며 줌억으로 따리며 사가고 돈 너라고 무셥게 말ᄒ니 졔가 겁을 니셔 그 갑을 주고 사 왓나이다 ᄒ니 <독립신문 4.120(1898)>

(11)에 나타난 "저"는 하인이 주인에게 말할 경우에 그 자신을 직접 가리키고 있으므로 1인칭 낮춤의 대명사로 쓰였음이 확실하다.

다음의 자료 (편지, 보 32)에 나타난 "저"도 1인칭 겸사말로 쓰이고 있다.

> (12) …익고 익고 아바야 <u>겨의</u> 무삼 죄가 이리 지즁턴고 … 조물도 야속야속 무삼 운수가 이라덧 망창 <u>겨의</u> 녹고 타는 심수을 푸디 아니시고… 이십 청춘이 당홀 마리닛가 모즐고 독흔 <u>겨의</u> 잔명 영구이 ᄉ라먹고… ᄌ익흔 신 우리 구고님 하힋 갓ᄉ오신 은졍 죽어 빅골인들 잇ᄉ오릿가 불효흔 <u>겨의</u> 죄을 엇디 다 형언홀ᅭ… 쓸곳 업산 <u>겨의</u> 잔명 디의를 쯧ᄉ오니 아바 아바 그리 아옵쇼셔 <편지(19세기말엽)>

위 자료는 심재덕 부인 김씨가 부군이 죽은 후 자결하고자 할 때 친당 부모에게 쓴 고결장이라고 하며, 연대는 고종대 (1863 – 1907) 초기라 하므로 19세기 말엽으로 보아도 좋을 듯하다.

그러므로 "저"가 1인칭으로도 쓰이게 되면서 1인칭대명사에 예사말과 겸사말이 분화되는 시기는 19세기 말엽(1800년대 끝무렵)으로 추정된다.

"저"는 본시 재귀칭의 낮춤말이었다. 존대해야 할 상대방에게 자신을 낮추는 한 방법으로 자신을 직접 지칭하지 않고 하나의 개체처럼 간접 지칭하는 방식으로 1인칭화 했을 것이고, 이때 대우자질은 겸사말이 되는 것이다. 당시 자신을 특별히 낮추는 말로 "소인, 소신"이 있었는데, 이는 주로 하인 등이 쓰는 비하어였으므로, 일반 상하관계에서는 쓰이기 어려운 점이 있었다. 그러한 연유로 1인칭 겸사말이 필요했을 것이다.

이 시기의 사전과 문법서에서는 1인칭 대명사에 대하여 어떻게 기술하고 있는지 살펴보기로 한다.

> (13) <한불ㅈ뎐>(1880) : 저 He She that
>
> <한영대자전>(1897) : 저 He; her,
>
> 제 His; her, <u>My</u>, as used by servant etc.
>
> 제가 He; she, I  See 내가
>
> (14) <선영문법>Underwood(1915) : The first Person : 나, 내 or 내가, 또 ㅈ긔,
>
> 제가, 쇼인 등도 쓰인다. ㅈ긔 'one's self' 제가 <u>'this one'</u> 쇼인 'the little man'

1880년에 간행된 <한불ㅈ뎐>에는 "저"가 1인칭으로 쓰인다는 풀이가 없다. 이는 이 무렵에는 "저"가 널리 쓰이지 않았다는 것을 시사한다. 그런데 1897년에 간행된 <한영대자전>(J.s. Gale)에는 "저"가 낮춤으로 쓰인다는 풀이가 있다. "제"에 대하여 "하인 등이 사용하는 my"라 하고, "제가"에 대하여는 "내가"라고 풀이하고 있다. 이 풀이는 당시에 "저"가 1인칭 겸사말로 쓰였음을 말해주는 자료라 할 수 있다. 문법서로는 언더우드(1915)에 최초로 1인칭대명사 "저"가 언급되고 있다. 현실 언어의 포착이 문법서에서 다소 늦은 것이라고 하겠다.

그러면 원래 재귀칭대명사로 쓰이던 것이 어떻게 1인칭 낮춤의 뜻으로도 쓰이게 되었을까? 첫째로 "저"는 본시 재귀칭 대명사 중에서도 낮춤말

이었다는 점에서 그 실마리를 찾을 수 있다. 재귀칭 대명사는 주로 제3의 대상을 두루 가리키는 말로서 특정한 대상자를 염두에 두지 않는 것이 상례이다. "저"도 이러한 낮춤의 재귀칭 대명사인데, 그 중에서도 그 비하성이 강하다고 할 수 있다. 오늘날에도 "그 사람 지가 무얼 안다고 그래"와 같은 표현에서 "지"("저"의 변이형태)는 그 선행사를 특별히 비하하기 위해서 쓰이고 있는 것이다. 둘째로, 재귀칭대명사는 어느 인칭이나 되짚어 가리키는 기능이 있으므로 다른 인칭으로도 전이될 수 있는 요인을 본래 가지고 있었다. 존대해야 할 상대방에게 자신을 낮추는 한 방법으로 자신을 직접 지칭하지 않고 자신을 마치 지위가 낮은 개체처럼 간접 지칭하는 데 사용할 수 있었다고 추정된다. 이런 지칭 방식이 상용되는 과정에서 "저"가 1인칭으로 되는 현상이 굳어졌다고 짐작된다. 셋째로, 당시 자신을 특별히 낮추어 가리키는 말로서 "소인" 등이 주로 하인 등이 쓰는 비하어였다는 사실을 생각할 수 있다. 이 용어가 지나치게 낮은 지칭이기 때문에 일반 상하 관계에서는 쓰이기 어려운 점이 있어서 "저"를 빌려쓰게 된 것이라 추정된다. 후기중세국어 당시에는 비하성이 그리 크게 느껴지지 않은 상태였을 수도 있으나 개화기 이후에는 이 단어의 낮은 신분성이 더 크게 느껴졌을 것이고, 실제로 사회적인 신분 계층의 차이가 점점 옅어져 "소인" 등의 사용이 사라져 갔을 것이다. 그런 과정에서 1인칭 겸사말 "저"이 사용이 널리 퍼지게 되었을 것으로 본다.

19세기 말의 자료에는 존대해야 할 상대방에게 자신을 지칭하는 1인칭 대명사로 "나"와 "저"가 혼용되지만, 20세기 초의 <신소설>자료에 오면 존대해야 할 상대방에게 대하여 자신을 지칭하여 "나"로 쓰는 법이 없다. "저"나 "쇤네" 등을 쓴다.

정리하면, 1인칭 대명사는 후기중세국어의 대우법 구분이 없는 "나"가 근대국어의 끝 무렵까지 계속되었다. 예사말과 겸사말의 구분이 아직 안 일어난 것이나 1인칭 범주에 그런 구분이 전혀 없었던 것은 아니었다. 극히 낮추어야 하는 신분 관계에서는 "나"를 쓰지 못했다. 재귀칭 대명사 "저"가 1인칭 겸사말로도 쓰이게 되는 시기는 1890년대로 추정된다. 대상을 낮추는 한 방법으로 마치 동떨어진 낮은 개체처럼 지칭하는 재귀칭 "저"가 1인칭으로도 쓰일 수 있었던 것이다. 점차 겸사말 "저"의 쓰임이 잦아지면서, 20세기 초에는 1인칭 겸사말의 위치를 확고히 한다.

## 2.2. 2인칭 대명사의 통시태

국어 2인칭대명사의 통시적 목록은 다음과 같다.

<표 6> 2인칭 대명사의 변천

| 고대 및 전기 중세국어 | 너 (汝, 你) |
|---|---|
| 후기 중세국어 | 너(예사말), 그듸 (예사높임, 구어체에도 쓰임), 그듸내 / 그더네, 너희 / 너희돌 / 너희네 |
| 근대국어 | 너, 그듸, 당신 (18세기말~19세기초) (예사높임), 자네 (17세기중엽) |
| 현대국어 | 너(예사말), 당신(예사높임), 임자(예사높임), 그대 (문어체) |

위 표에 제시된 것과 같이 2인칭 대명사의 역사는 대우법의 체계가 분화되면서, 이에 해당하는 어휘가 등장하는 변천으로 특징 지워진다.

<계림유사>의 한 어례가 고대국어의 2인칭대명사의 존재를 말해 준다.

(15) 問你汝誰何日 鑼箇 <계림유사>

　　[진태하(1974:386) 問汝日你鑼誰何日鑼箇]

자료 (15)를 그대로 해석하자면 "가까운데 있는 너(상대방)에게 누구냐고 묻는 말 '누고'"라고 풀이될 수 있다. 그런데 이본인 남격명초본에 "問汝你誰何曰 矮箇"라고 되어 있고, 이에 진태하(1974:386)에서 "問汝曰你, 誰何曰 箇"의 두 항으로 보고 있다. 이를 따른다면 (15)의 "你"는 2인칭대명사 자료가 되는 것이다.

고려가요에는 2인칭대명사로 "너"가 쓰였다.

(16) ㄱ. 네 가시 아즐가 네 가시 럼난 디 몰라셔 <서경별곡>

ㄴ. 널라와 시름한 나도 <서경별곡>

(16)의 용례처럼 고려가요에서는 2인칭대명사로는 "너"만 존재한다. 자료의 부족 탓일 수 있으나 후기중세국어에 있는 "그듸" 같은 예는 나오지 않는다. 이기문(1978:330)에서는 후기중세국어에 나타나는 "그듸, 그딋"(월인석보.1)이라는 색다른 표기를 두고 15세기 이전에 '그디'였던 단계가 있었을 것이라는 추정을 한 바 있다.

후기중세국어 자료에는 2인칭대명사로 "너"와 "그듸"가 나온다.

(17) 你 너니, 恁 너님, 汝 너여, 爾 너이 <훈몽자회 하>

(18) ㄱ. 내 큰 스승니미 ᄒᆞ마 涅槃ᄒᆞ시니 어느 ᄆᆞᄉᆞ모로 바블 머그료 모든 比丘ㅣ 닐오ᄃᆡ 네 스승이 누고 <석보상절 23.41b>

ㄴ. 네 半身舍利ᄅᆞᆯ 請ᄒᆞ미 몯ᄒᆞ리니 이제 너를 올ᄒᆞᆫ녁 웃니ᄅᆞᆯ 주노니 天上애 가져다가 塔 일어 供養ᄒᆞ라 네 福德이 그지 업스리라
<석보상절 23.7b>

(19) ㄱ. 王이 大愛道ᄅᆞᆯ 블러 니ᄅᆞ샤ᄃᆡ … 그듸 가아 아라 듣게 니르라
<석보상절 6.6b>

ㄴ. 古德ㅣ 니ᄅᆞ샤ᄃᆡ 오직 그듸 눈 正호ᄆᆞᆯ 貴히 너길디언뎡 그듸 行履ᄒᆞᆯ

고든 貴히 너기디 아니ᄒ노라 <선가귀감언해 상.26a>

2인칭대명사로는 예사말 "너"와 예사높임말 "그듸"가 쓰였다.[26] 그런데 <훈몽자회>에는 "너"의 예만 제시되어 있다. (17)의 "你, 汝, 爾"는 중국어에서 화자와 청자의 높낮이가 같고 절친하거나 청자가 아래인 경우에 쓸 수 있고, 윗사람에게는 쓸 수 없는 대명사이다. "恁"은 북쪽 방언으로 아주 높임말로 쓰는 대명사이다(<중문대사전> 참고). 그러므로 <훈몽자회>에 "恁"을 단지 "너"라고 번역한 것은 국어의 대우법상의 특질을 고려하지 않은 것으로 보인다. (18.ㄱ)은 "가섭"과 "비구들" 간의 대화로서 화자와 청자의 높낮이는 동등하다. (18.ㄴ)은 "부처"가 그 제자 "석제환인"에게 하는 말이므로 아랫사람에게 말하는 경우이다. 이 두 경우에 쓰인 "너"는 모두 예사말이라 할 수 있다. (19.ㄱ)은 왕이 왕비인 대애도에게 하는 말이고 (19.ㄴ)은 스님인 바라문이 대신의 딸에게 하는 말이다. "그듸"는 청자가 화자보다 높은 신분은 아니지만, 상대방을 대접하여 높여주는 말로서, "예사높임말"이라 할 만하다. "그듸"는 현대국어와는 다르게 일반적인 대명사로 쓰였던 것 같다.

현대국어에서 쓰이는 2인칭대명사 "자네, 당신, 임자"는 이 시기에 나타나지 않는다. "자내"는 "스스로"라는 뜻을 지닌 부사로 쓰이고 있었고, "당신"은 16세기 문헌에 보이나 재귀칭대명사로 쓰인 것이었다.

---

26) 2인칭 대명사 "너"를 낮춤말로 보지 않고 예사말로 본다. 최현배(1937:277)에서는 "너"를 아주 낮춤으로 보고, 박지홍(1981:70)에서는 안높힘으로 보았다. 고영근(1989:359~398)에서는 "너"를 "이애, 이년, 이 자식"과 함께 해라체로 본다. 그러나 필자는 1인칭 대명사 "나"를 예사말로 본 것처럼 2인칭 대명사 "너"도 예사말로 보아야 한다고 생각한다. "낮춤말"이라고 하는 것은 그 지시대상을 평상보다 더 낮추어 일컫는 말이고, "예사말"이라고 하는 것은 존대도 아니고 낮춤도 아닌 평어이다(서정수, 1984:27). "너"는 윗사람이 아랫사람에게도 쓰지만, 동등관계에서도 쓰는 말로 그냥 높이지 않는다는 뜻을 가진 것이지 낮춘다는 뜻을 가지는 것은 아니다.

근대국어 시기에도 "그듸"는 일반적인 2인칭 예사높임말로 사용되고
있다.

(20) ㄱ. 그대 병을 지내오시고 요소이야 져기 쇼셩이 되오신가 보오나
　　　 <추사 편지 제18신>

　　 ㄴ. 쥬인 티답이 그듸가 이전에는 놀고도 잘 살더니 지금은 엇지 못 소는지
　　　 요 <독립신문 3.21>

근대국어 시기에 문제가 되는 것은 16세기 말엽에 재귀칭 대명사로 등
장한 "당신"이 언제 어떻게 2인칭대명사로 쓰이게 되었는가 하는 점이다.
유창돈(1980:269)에서 2인칭대명사 "당신"이 쓰인 예로 <가곡원류>(1876)
의 시조를 들고 있는데 이 시조는 <청구영언>(육당본, 1732)에도 나온다.

(21) 남흐여 片紙 傳치 말고 當身이 졔 오되여 <청구영언>(육당본,1732)

(21)에 쓰인 "당신"은 명령문의 주어라는 점에서 2인칭으로 간주된다.
인용한 자료인 <청구영언>은 그 간행연대가 1732년으로 되어있지만, 이
후 시기의 김조순(1765~1831)의 시조가 들어 있어서 다소 문제가 있다. 원
본이라 보이는 진본(오씨본)(1728)에는 위 시조가 수록되어 있지 않다. 한편
이한진이 1815년에 정리한 경산본이 있는데 이는 육당본을 초략한 것으
로 보인다. 그렇다면 육당본은 김조순의 시조가 실려 있어 간행 연대에
다소 문제가 있으나 적어도 1815년 이전에는 나와 있었을 것이라는 추정
이 가능하다. 따라서 (21) 자료는 적어도 1815년 이전 자료로 볼 수 있다.
곧 "당신"의 2인칭 쓰임은 이 무렵부터 시작되었다고 볼 수 있는 것이다.

(22) 니쳔 딕의셔 요소이 더 쾌복(快復)흐야 지내오시고 회갑이 머지 아니흐야

겨오시니 경축ᄒ온 듯 잇써 아니라도 <u>당신</u> 신셰 미령ᄒ오신디 더고나 흐튼 일을 당ᄒ올스록 심회 더옥 뎡치 못ᄒ오시랴 <추사 편지, 17신, 1841>

(23) ㄱ. 외국사ᄅᆷ 말이 내가 ᄀᆞᆯᄋ쳐 주어도 <u>당신</u>이 능히 힝ᄒ지 못홀 줄을 내가 아ᄂᆞᆫ고로 말을 아리 ᄒ노라 <독립신문 3.9>

ㄴ. <u>當身</u> 소리는 참 ᄋ롭다온지라 아무커ᄂ ᄒ번 소리롤 들닙시스고 ᄒ니 <심상소학 권1. 29과>

(22)는 추사 김정희가 유배 중에 있을 때 아내에게 보낸 편지 중 일부이다. 그 내용은 병중에 있는 아내를 걱정하면서 한편으로는 종손의 입장에서 본가의 일을 걱정하는 것이다. 여기서 "당신"은 아내를 지칭하므로 2인칭이며 예사높임의 뜻이 있다고 본다. 다른 편지에서는 아내를 지칭하는 데에 "그대"라고 하거나 처소지칭어로 "계셔"를 쓰고 있다. "당신"이 2인칭대명사로 쓰인 예는 19세기 말의 자료에서 많이 나타나기 시작한다. (23.ㄱ.ㄴ)에 쓰인 "당신"은 2인칭이다. "너"라고 지시하는 것보다 높이는 뜻이 있다.

이상의 자료로 미루어 보아 "당신"은 18세기 말 내지는 19세기 초에 2인칭으로도 쓰이기 시작했으며, 대우법 자질은 예사높임이었다고 할 수 있다. 2인칭의 상대방을 가리키는 데에 직접 지칭하지 않고 재귀칭 존대말 "당신"을 사용하는 것은 하나의 우회적인 방법이었다고 생각된다. 곧 원래 "당신"이 갖고 있던 재귀적인 뜻 "바로 자신"이라고 하는 자질이 상대방에게도 사용될 수 있었고, 이런 용법이 잦아지면서 새롭게 2인칭 대명사로 사용되게 되는 변화를 겪은 것이다. 당시에 예사높임의 "그대"가 쓰이고 있었으므로, 예사높임말의 필요성이 절실했다고는 볼 수 없는데도 그러한 변천이 진행된 것은 흥미로운 일이다.[27] 어떻든 이러한 "당신"

---

27) 물론 화용상의 어떤 차이가 있었고, 그것으로 인해 더욱 적절한 2인칭 대명사가 필요했을지도 모른다. 그러나 문헌자료만 가지고서 "그대"의 화용상의 특질

의 2인칭 전이를 전후하여 "그대"가 일반적인 2인칭대명사의 자리를 잃고 마는 현상이 일어나게 된다.

재귀칭 "당신"이 아주 높임말이었는데, 2인칭의 "당신"은 예사높임말로 격하된 이유는 무엇일까? 이는 "當身"이라는 한자에서 연유된 것이 아닐까 한다. "當"이라는 한자는 "마주 대함"이라는 뜻이 있는데 이 뜻이 재귀적인 가리킴으로 쓰일 때는 드러나지 않다가 (재귀칭으로 쓰일 때는 "해당한다" 정도의 뜻으로 생각됨), 2인칭으로 쓰이면 상대방에게 대립적인 어감을 주게 되는 말로 받아들여지는 느낌을 준다. 따라서 "당신"은 2인칭대명사로 기능의 전이가 일어나면서 동시에 그 대우등급이 하락한 것이라고 생각된다.

근대국어에서 새로 등장하는 2인칭 대명사로 "당신" 이외에 "자네"가 있다. 후기 중세국어에서 "자네"는 2인칭 대명사로 쓰이지 않았고 다만 "스스로, 몸소"와 같은 부사어로 쓰이거나, "자기", "자기의"라는 뜻의 대명사 또는 관형사로 쓰였다. 이 두 경우 모두 재귀적인 뜻을 지니는 공통점이 있다. 유창돈(1971:269)에서는 "자네"는 17세기 중엽부터 "너"의 높임말로 나타나기 시작한다고 지적한다.

> (24) ㄱ. 자내 올 제 브더 일나 과쳔 뎜심ᄒ고 <편지(1649-59)>
>
> ㄴ. 자내도 게 잇다가 졸리면 이내 소글 거시니 <편지 보5>
>
> ㄷ. 조쥭니쥭 白楊箸로 지거 자내 자소 나는 매 서로 勸ᄒᆞᆯ만뎡
>   <청구(진본) 182>
>
> ㄹ. ᄌᆞ닉 비상하거든 셰극 국은을 보답게 상감을 보도하여 <편지 205>

(24 ㄱ, ㄴ)은 효종 즉위 연간(1649~59)의 편지이다. (24. ㄱ)은 申冕이 그

---

이나 정밀한 어감 등을 고려하기는 힘들다.

의 부인에게 쓴 편지이고, (24.ㄴ)은 申冕이 그의 며느리에게 쓴 편지이다. 이 때 "너"라고 하지 않고 "자네"라고 한 것은 "너"에 비해 상대적으로 높이는 뜻이 있다. 며느리에게 "자네"라고 하는 것은 현대국어에서는 좀 이상하게 느껴지는데, 며느리를 대접하여 점잖게 이르는 말로 이해된다. (24.ㄷ)은 시조자료인데 여기에 쓰인 "자네"는 2인칭이라 할 만하다. (24.ㄹ)은 순원왕후가 동녕위 김현근에게 쓴 편지로 19세기 중엽 자료이다. 여기서 인용하지는 않지만 <계축일기>나 <첩해신어>에는 "자네"가 아주 많이 쓰이고 있다. 그러한 예들을 보면 "자네"는 청자가 성인 이상이라든지 하여 "너" 대신 쓰는 말 정도인 것으로 간주된다. 대우등급 상으로는 "당신"이나 "그대"보다는 낮고 "너"보다는 높은 중간 위치에 놓이는 말이다.

"자네"가 원래 재귀적인 뜻을 지니고 있다가 2인칭 대명사로 쓰이게 되는 점은 역시 재귀칭이 다른 인칭으로도 전이될 수 있는 요인을 안고 있었던 점에 기인하는 것으로 본다. 이 시기에 "자네"가 원래 지니고 있던 "스스로" 또는 "자기(의)"라는 뜻은 소멸된 것으로 추정된다.

근대국어에서는 "그디"가 일반적인 2인칭 대명사로 구어체로 쓰였다. 그런데 20세기 초의 자료인 <신소설>에는 2인칭 대명사로 "그대"는 거의 안 쓰인다. "자네", "임자"가 쓰이거나 대명사 이외의 형태 "댁"이 쓰이고 있다. 그밖에 당시의 교과서 자료에 용례가 있기는 하나 점차 쓰이지 않게 되는 현상을 보인다. 따라서 "그대"가 구어체의 일반적인 2인칭 대명사로 쓰인 시기는 그 상한선을 19세기 말 내지는 20세기 초로 잡을 수 있겠다. 이후 20세기 초부터는 일반적으로 쓰이지 않고, 문어체적으로 혹은 연극 대사 등의 고풍스러운 어감을 주는 말로 쓰이게 된다.

"그대"가 이러한 변천을 하게 되는 연유를 생각해 보기로 한다. 정확히 추정할 수는 없지만 "당신", "자네"의 출현을 그 한 이유로 칠 만하다고 본다. "그대"는 훨씬 오래전부터 쓰이던 2인칭대명사다. 이에 비해 "당신", "자네"는 적어도 몇 세기 후에 등장하는 2인칭 대명사다. 이 둘의 대우법 상의 특질이 모두 "너"보다 위라는 점에서 흡사하다. 이런 경우 언중은 새로운 말이 주는 참신한 맛 때문에 상대적으로 더 오랜 말에 대해서는 고어스러운 인상을 받는다. 이러한 논리는 현대의 언어적 사실로 미루어 짐작할 수 있다고 본다. 요즈음 약 4,50대 이후의 세대들은 "자네, 임자, 당신" 등 근대국어를 거치면서 일반적으로 쓰인 2인칭 대명사를 별로 안 쓴다. 이들이 4,50대가 되어 이들 말을 자연스럽게 쓸 것인지 하는 점은 의문스럽다. 나이가 들어간다고 하여 기성 세대의 언어를 닮는 것이 아니라 새로운 기성 세대의 언어로 변화가 일어난다고 보는 쪽이 옳을 것이다. 그러므로 아마 30년후 쯤에는 "자네" 등은 고풍스러운 말이 되고 가까운 시기에 등장한 2인칭의 "자기"나 혹은 그외형태가 일반화될 가능성도 없지 않다.

이렇게 본다면, "그대"가 2인칭 대명사로서의 구어체적인 일반성을 잃게 되는 연유는 새로 등장하여 일반화된 다른 2인칭 대명사, 자네, 임자 등의 영향 때문이라 할 수 있다.

근대국어 자료에서 2인칭으로서의 "당신"이 쓰인 예는 그리 많지 않았는데 현대국어 자료에서는 상당히 나타난다.

> (25) ㄱ. 당신네 여러분 중에 <노동야학독본 447>
>
>    ㄴ. 그러면 당신네 자녀도 또 당신네 갓티 로동으로 생애를 ᄒ라 흐실 터이오 <노동야학독본 454>

위의 자료 <노동야학독본>에는 2인칭 복수로 "당신네"가 많이 쓰이고 있다.

한편 2인칭대명사로 "임자"가 쓰인다.

(26) 그러면 <u>임쟈</u>가 진졍으로 쌔지는 것을 구ᄒᆞ얏스면 어됫 사롬인지 그것을
말솜ᄒᆞ란 잇기 <번안소설 東客寒梅>

(26)의 "임자"는 주인의 뜻으로서가 아니라 상대방을 지칭하는 2인칭
대명사로 쓰인 것이다. "임자"가 언제부터 2인칭대명사로 쓰이게 되는 것
인지 확실하지는 않으나 근대국어 자료에서는 발견되지 않던 것으로 보
아 현대국어 초기에 2인칭 대명사로 쓰이게 되는 것이 아닌가 한다. 근대
국어 자료에서는 주인의 뜻을 지니는 명사 "임자"가 보인다 (예: 갑업슨 靑
風이요 임자업슨 明月이라<청구영언>(육당본)).

정리하면, 2인칭대명사는 후기 중세국어에서 예사말 "너"와 예사높임
의 "그대"가 쓰였다. 17세기 중엽부터 "자네"가 쓰이게 되고, 18세기 말
내지는 19세기 초에 "당신"이 쓰이게 되고 20세기 초에 "임자"가 쓰이게
된다. 한편 새로 쓰이게 된 말에 밀려 "그대"는 20세기 초에 오면 문어체
에서나 쓰이는 말로 제한된다. 2인칭대명사는 현대로 오면서 대우 관계
를 정밀하게 변별하는 형태가 많이 생긴 반면 일반적으로 쓰이던 것이
제한되는 변천을 보인다.

## 2.3. 3인칭 대명사의 통시태

국어 3인칭대명사의 통시적 모습은 다음과 같다.

<표 7> 3인칭 대명사의 변천

| 고대 및 전기 중세국어 | 이 (此, 伊), 그 (然), 뎌 (彼, 伊) |
|---|---|
| 후기 중세국어 | 이, 그, 뎌 (단독으로 사람, 사물, 개념을 지시하는 대명사로 쓰임) |
| 근대국어 | 이, 그, 뎌 |
| 현대국어 | 이, 그, 뎌(>저) (사람 지시로는 "그"만 사용하게 됨, 또는 복수형으로만.) |

후기중세국어 이전 시기의 3인칭 대명사는 차자표기 형태 此, 伊, 然, 彼, 伊 등이 다음 시기의 "이", "그", "뎌"에 해당하는 것으로 생각된다.

> (27) ㄱ. 此肹喰惡支治良羅 (이를 치악 다스릴러라) <안민가>
>
> ㄴ. 今日此矣散花唱良 (오늘 이에 散花 블러) <도솔가>
>
> ㄷ. 此如趣可伊羅行根 (이곧 녀겨 뎌라 녀곤)<수희공덕가>
>
> ㄹ. 此地肹  捨遺只於冬是去於丁 (이 ᄯᅡᄒᆞᆯ ᄇᆞ리곡 어드리 가눌뎌)<안민가>
>
> ㅁ. 此良夫作沙毛叱等耶 (이렁 ᄆᆞᆯ 지ᅀᅡ못ᄃᆞ야) <예경제불가>

(27)의 "此"는 "이"의 석독 표기이다. (27.ㄱ)은 사물을 지시하는 대명사, (27.ㄴ)은 장소를 지시하는 대명사, (27.ㄷ)은 일이나 상황을 지시하는 대명사, (27.ㄹ)은 지시적인 관형사, (27.ㅁ)의 "此良"은 "이리, 이렇게"의 뜻으로 "此"는 부사를 형성하는 어근으로 기능하고 있다.[28] 곧 고대국어의 "이"는 대명사, 관형사, 부사 형성 어근의 기능이 있었음을 알 수 있다. 그리고 사물, 장소, 일, 개념 등을 지시하고 있었다고 간주된다.[29]

> (28) ㄱ. 然叱皆好尸卜不里 (그럿 모ᄃᆞᆫ 홀 디녀리) <상수불학가>
>
> ㄴ. 皆佛體置然叱爲賜隱伊留兮 (모ᄃᆞᆫ 부톄도 그럿ᄒᆞ시니로여)
>
> <상수불학가>

(28)의 "然"에 대해 대부분의 해독에서는 "그-"의 석독표기로 보고 있

---

28) "此良"에 대해 小倉進平(1929)에서는 "이러히"로, 홍기문(1956)에서는 "이러"로, 양주동(1965)에서는 "이에"로 보고 있다.

29) "이"와 관련된 다른 차자표기로 "逸"(逸烏川理叱磧惡希, 찬기파랑가)이 있지만 이것을 대명사 "이"로 보는 견해는 양주동(1965)뿐이고 그 외 학자들은 고유명사 표기로 보고 있다.

다.[30] 이는 적어도 전기중세국어에 지시사 "그"의 형태가 있었다는 얘기가 된다. 그런데 "그"의 형태가 대명사로 쓰인 용례는 신라가요나 <보현십원가>에서 찾지 못하였다.

차자표기 "伊"는 "이"로 해독하기도 하고, "뎌"로 해독하기도 한다.

> (29) ㄱ. 此如趣可伊羅行根 (이곧 녀겨 뎌라 녀곤) <총결무진가>
>
> ㄴ. 後句伊羅擬可行等 (아야 뎌라 비겨 녀든) <수희공덕가>
>
> ㄷ. 伊知皆矣爲米 (뎌 알기 드뵈매) <청불주세가>
>
> ㄹ. 伊於衣派最勝供也 (뎌를 니바 最勝供이여) <광수공양가>

(29)의 예문에 대해 김완진(1980)에서 "伊"를 "뎌"로 보고 있다.[31] 다른 학자들은 모두 "이"로 본다. 해독이 무엇이 옳은지는 여기서 더 이상의 논의는 불가능하며, 다만 이 지시대명사는 사물, 사실, 개념을 지시하고 있다는 정도를 알 수 있다.

> (30) ㄱ. 此矣彼矣浮良落尸葉如 (이에 뎌에 뜨러딜 닙곧) <제망매가>
>
> ㄴ. 彼仍反應 (뎌 지즐논) <청전법륜가>

(30)에서 "彼"는 "뎌"의 석독 표기로 본다. (30.ㄱ)의 "彼"를 지시적인 뜻이 있는 "뎌"의 석독 표기로 보는 데는 학자들간에 이견은 없다. 다만 홍기문(1956)에서는 "彼矣"에 대해 "뎌리"로 해석하고 있다. (30.ㄴ)을 小

---

30) 小倉進平(1929)에서는 "然"을 "쏘"의 석독 표기로 본다.

31) 김완진(1980)에서 "伊"를 "뎌"로 보는 이유에 대해, 첫째는 "伊"를 언제나 "이"로 읽으면 "뎌"와의 대립에서 "이"만 쓰이고 "뎌"는 거의 쓰이지 않는 불균형을 초래한다는 점, 둘째는 <상수불학가>의 "塵伊去米"는 "드트리가매"로들 읽고 있으나 "드트리"는 마땅히 "드틀뎌"로 읽어야 한다는 점을 들고 있다. 小倉進平(1929)에서는 (29.ㄱ) 같은 경우는 "닐어"라고 해독하여 대명사로 간주하지 않는다.

倉進平(1929)에서는 "뎌를 지즈샨"으로 해독하고 있다.

고려가요에는 대명사 "그"가 많이 나온다.


> (31) ㄱ. 긔 잔디 ㄱ티 덤거츠니 업다 <쌍화점>
>
> ㄴ. 위 試場ㅅ景 긔 엇더ᄒ니잇고 <한림별곡>
>
> ㄷ. 궁에사 山ㅅ굿벗겻더신돈 <나례가>


(31.ㄱ)은 3인칭의 사람을, (31.ㄴ)의 "긔"는 문맥상 "試場ㅅ景"을 지시하는 3인칭 대명사라고 할 수 있다. (31.ㄷ)은 처소를 지시하는 3인칭 대명사 "그"에 조성자음 "ㆁ"이 삽입된 형태이다(박병채, 1984:343 참고).

요컨대, 고대 및 전기중세국어에 "이, 그, 뎌"가 쓰이고 있었음을 추측할 수 있다. 자료가 충분하지는 않지만, "이, 그, 뎌"는 대명사로도, 관형사로도, 형용사나 부사를 형성하는 어근으로 쓰였다고 생각된다. 이 중 사람을 가리키는 대명사로 쓰인 것인 고려가요에서 "그"의 예만을 찾을 수 있었다.

후기중세국어의 3인칭 대명사로 역시 "이, 그, 뎌"가 사용되었다. 이들은 모두 화자, 청자, 청자 외의 사람 (제3의 사람)을 지칭하기도 했고, 제3의 사물을 지시하기도 했다. 이들은 모두 지시대명사이면서 3인칭 대명사로도 기능했다.[32]

다음은 "이"가 제3의 사람을 지시하는 경우이다.

---

[32] 이숭녕(1961:162~166)과 최범훈(1987:101~102)에서는 3인칭 대명사로 "뎌"를, 지시대명사로 '이, 그, 뎌'를 들고 있다. 고영근(1988:68~69)과 안병희/이광호(1990:153~155)에서는 지시대명사로 "이, 그, 뎌"를 들고 있으며, 유창돈(1971:269~270)에서는 3인칭 대명사로 "이, 그, 뎌"를 들고 있다. 이러한 견해 차이는 3인칭 대명사, 지시대명사의 개념에 대한 인식의 차이에서 비롯된다. 이 논문에서는 앞에서도 언급했지만, "이, 그, 뎌"를 모두 3인칭 대명사로 보고, 그 하위범주로 "이, 그, 뎌"가 지시대명사적인 성격을 지니는 것으로 간주한다.

(32) ㄱ. <u>이</u>는 부텻 侍奉이러시니 <석보상절 24.40b>

　　　ㄴ. <u>이</u>는 셩이 金개니 이는 내 아븨 동싱 누의와 어믜 동싱 오라븨게 난

　　　　　형이오<번역노걸 상 15.b>

　　　ㄷ. <u>이</u>는 내 늘근 버디오 <이륜행실도 48a>


　(32.ㄱ)의 "이"는 阿難이라고 하는 부처 제자의 탑을 보면서 말하는 상황에서 "此人"을 번역한 부분이다. 여기서 "이"는 "아난"을 지칭한다. (32.ㄴ)은 상인이 동행 세 명과 함께 숙박할 곳을 찾아 집주인에게 한 사람씩 소개하는 상황이다. 여기에 쓰인 "이"는 지시대상을 보면서 지칭하는 경우이다. (32.ㄷ)은 지시대상 앞에서 독백처럼 하는 말로 이 때의 "이"는 앞에 있는 사람을 가리킨다.

　다음은 "이"가 제3의 사물, 개념을 지칭하는 경우이다.


　　(33) ㄱ. <u>이</u>는 阿難ㅅ塔이니이다. <석보상절 24.40a>

　　　　ㄴ. 二禪 三禪으로셔 初禪에 드르시니 <u>이</u>는 逆入이니

　　　　　　<석보상절 23.14b>

　　　　ㄷ. <u>일</u>란 네 구틔여 니르디 말라 <번역박통사 상.17a>


　(33.ㄱ)의 "이"는 발화상황에 있는 탑을 보면서 지칭하는 경우이다. (33.ㄴ)의 "이"는 문장의 앞 부분에 나온 개념, 곧 "二禪, 三禪으로 初禪에 드는 일"을 지칭한다. (33.ㄷ)의 "이(이+ㄹ란)"는 상대방이 한 말에 대하여 "그 사실"을 지칭한다.

　다음은 "그"가 제3의 사람을 지칭하는 경우이다.


　　(34) ㄱ. <u>그</u>쁴 常不禪 菩薩은 엇뎨 다른 사르미리오 내 모미 그라

　　　　　　<월인석보 17.90a~b>

ㄴ. 天女ㅣ 對答호딩 閻浮提ㅅ內예 부텻 아ᅀᆞ 難陀ㅣ 出家ᄒᆞ욘 因緣으로

쟝차 이에 와 우리 天子ㅣ 두외리라 難陀ㅣ 닐오딩 내 그로니 이에

살아지라 <월인석보 7.11b~12a>

ㄷ. 先生이며 얼운둘히 드려 말ᄉᆞᆷᄒᆞ려 아니ᄒᆞ면 그 드려 말ᄉᆞᆷ ᄒᆞᄂᆞ니 ᄂᆞ다

하등엣 사ᄅᆞ미라 <번소 6.11b>

ㄹ. 아ᄎᆞ미 지븨 손 오나ᄂᆞᆯ 그를 디졉ᄒᆞ야 보내오 ᄀᆞ장오라

<번역박통사 상.64a~b>

 

(34)의 "그"들은 앞 문맥에 등장한 사람을 지칭한다. "그"는 주로 발화
상황에서 그 지시대상을 보면서 지칭할 때 쓰이기보다는 앞에 나온 것을
받는 대용적인 용법으로 쓰인 듯하다.[33]

다음은 "그"가 제3의 사물을 지시하는 경우이다.

(35) ㄱ. 一切 信心의 施혼 부텻 거스란 글로 부텻 샹과 부텻 옷과롤 밍ᄀᆞᆯ오

<석보상절 23.3a~b>

ㄴ. 다ᄆᆞᆫ 져린 외옷 잇다 … 그도 됴타 가져 오라 <번역노걸대 상.41a>

ㄷ. 네 ᄯᅡ해 가 져그나 니쳔 잇ᄂᆞ녀 긔사 잇ᄂᆞ니라 <번역노걸대 상.13a>

ㄹ. 열두량 은곳 아니면 그를 사디 못ᄒᆞ리로다 <번역박통사 상.14b~15a>

 

(35.ㄱ~ㄷ)은 앞에 나온 사물을 지시한다. (35.ㄹ)은 비단을 흥정하는
상황에서 물건을 보면서 하는 말이다. "그"는 주로 대용적으로 쓰이지만,
상황지시적으로도 쓰였음을 알 수 있다.

다음은 "뎌"가 제3의 사람을 지시하는 경우이다.

---

**33)** 이기문(1987:332)에서는 (34.ㄴ)의 "그"를 3인칭 대명사로 본 유창돈(1971)의 견
해는 잘못된 것이라는 점을 지적하고 그것이 지시대명사로 사용된 것이라고
했다. 그러나 이러한 견해 차이는 앞에서도 지적했듯이 3인칭 대명사와 지시대
명사의 개념에 관한 인식의 차이에서 온 것이다.

(36) ㄱ. 王이 무로디 뎨 엇던 功德을 뒷더신고 <석보상절 24.37b>

ㄴ. 뎌는 어믜 오라븨게 나니이다 <번역노걸대 상.16a>

ㄷ. 이 덤에 모시 뵈 풀 高麗人 나그내 李개 잇ᄂ녀 네 뎌롤 ᄎ자 므슴

ᄒ다 <번역노걸대 하.1a>


(36.ㄱ)의 "뎌"는 舍利佛 탑을 보면서 "사리불"을 지시한다. (36.ㄴ)의 "뎌"는 발화상황에 있는 사람을 지칭한다. (36.ㄷ)의 "뎌"는 앞에 나온 사람을 받아 지칭하는 경우이다. 현대국어라면, 이런 경우 "그"를 쓸 터인데, "뎌"로써 앞 말을 다시 받고 있다.

다음은 "뎌"가 제3의 사물을 지시하는 경우이다.


(37) ㄱ. 이러ᄒ면 뎌롤 이 됴ᄒᆫ 은을 주고 사려니와 <번역노걸대 하.61b>

ㄴ. 다시 뎌이 옮교미 ᄃ외야 <능엄경언해 1.19b>

ㄷ. 與ᄂᆫ 이와 뎌와 ᄒᆞᄂᆫ 겨체 쓰ᄂᆫ 字ㅣ라 <훈민정음언해 1b>


(37.ㄱ)의 "뎌"는 발화상황에 있는 물건을 보면서 지시하는 경우이다. (37.ㄴ)의 "뎌"는 앞서 나온 말을 받고 있다. 대용적인 용법이다. (37.ㄷ)의 "뎌"는 앞서 나온 것을 받는 것이 아니고 발화상황에 있는 것을 지시하는 것도 아니다. 구체적 지시 없이 "이 것"에 대립하는 "저 것"이란 뜻으로 쓰고 있다

이상의 예들을 보면 후기중세국어에서, 3인칭대명사로 "이, 그, 뎌"가 단독으로 제3의 사람이나 사물을 지시하는 데 사용되었다. 더 잘 쓰이고 덜 쓰이는 차이는 있겠지만 "이, 그, 뎌"는 모두 발화 상황에서 지칭 대상을 보면서 가리키는 경우(위치지시의 상황지시성)에나 앞 문맥에 나온 것을 가리키는 경우(대용성)에 두루 쓰였다. 현대국어에서는 지시사 "저"로 이루어지는 말(예, 저이, 저것 등)은 상황지시적으로만 쓰이고 대용적으로는

쓰이지 않으므로, 차이나는 점이라고 하겠다.

　근대국어에서도 3인칭 대명사로 "이, 그, 뎌"가 쓰였는데, 자료가 많아서인지, 후기 중세국어에 비해 이들 형태가 3인칭 대명사로 쓰이는 일이 더욱 일반화되는 듯하다. 이러한 현상은 19세기 말까지 지속된다.

> (38) ㄱ. <u>이</u>는 이 됴혼 官人이로다 <오륜전비언해 2.41b>
>
> 　　 ㄴ. 小子의 姓은 伍ㅣ오 일홈은 倫全이로 <u>이</u>는 이 나의 둘재 아이니 일홈은 倫備오 <u>이</u>는 이 나의 셋재 아이니 姓은 安이로 일홈은 克和라 <오륜전 2.32b>
>
> 　　 ㄷ. <u>이</u>롤 쳐치ᄒ디 아니면 <한중록 266>
>
> 　　 ㄹ. 김상헌씨 관화은 본군 본관찰부로 졍ᄒ면 나라 일흠 샥을 엇지 안 주리요 <u>이</u>는 그 전 치민관이라 몽미ᄒᆫ 빅셩과 다르니 <독립 1.122>
>
> 　　 ㅁ. 츈쳔부 관찰ᄉ 리지곤이가 빅셩들의게 말ᄒ기를 … ᄒ다니 <u>이</u>는 새로운 학부대신 신긔션의 뎨ᄌ요 의병의 친고라 <독립 1.125>

　(38)의 예들은 "이"가 단독으로 사람을 지시하는 경우이다. 현대어 같으면 "이이, 이 사람" 등의 표현이 쓰일텐데 "이"가 단독으로 3인칭 대명사 구실을 하고 있다. 또한 상황지시적인 용법 (38.ㄱ)으로도 쓰이고, 대용적인 용법(38.ㄴ~ㅁ)으로도 쓰이고 있음을 알 수 있다. 현대국어의 "이"가 사람을 지시하는 경우라면, 복수 형태 "이들"로만 사용되지 단독으로 사람을 지시하지 못한다.

> (39) ㄱ. <u>그</u>는 油斷홀 일은 업ᄉ오리 <첩해신어 1.9b>
>
> 　　 ㄴ. 제 힝실 용티 못ᄒ 줄는 모르고 나히 만토록 고초히 디내니 <u>그</u>도 사롬이라 불상타 <계축 177>
>
> 　　 ㄷ. <u>그</u>의 디병환으로 <한중록 212>

ㄹ. 윤참정이 굴아더 그가 내 일가인더 <독립신문 4.179>

(39)의 "그"는 모두 사람을 지칭하고 있다. (39.ㄱ,ㄴ,ㄹ)은 구어체에서 쓰인 "그"인데, 현대국어에서는 구어체로 "그"가 쓰이지 않은 사실과 차이가 있다.

> (40) ㄱ. 흔 醉흔 놈이로다 믈톤 官人도 醉漢을 避흔다 흐니 아직 뎌롤 回避흐쟈 <오륜전비언해 1.10b>
>
> ㄴ. 뎌롤 저퍼 무슴흐리오 뎨 내 흔 주먹 흔 다리에 져피리라
> <오륜전비언해 1.11a>
>
> ㄷ. 믈으라 뎌의 집의 도로혀 엇던 사룸이 잇느뇨 老母ㅣ 잇느니이다 뎌의 母親을 블러와야 곳 일뎡 그런 줄을 보리라 뎨 시방 밥을 보내야 門 밧긔 잇느이다 뎌롤 블러 나아오라 <오륜전비언해 1.57b~58a>
>
> ㄹ. 어디 士와 貞烈흔 겨지비 家門이로소니 뎌의 遺風올 그더 니엣도다
> <두시언해(중간본) 1,57b>
>
> ㅁ. 경춘이는 더옥 샹궁을 보아도 꿀어뵈고 고개롤 츄들어 말을 아니코 밧긔 소리롤 내디 아니매 뉘 뎌롤 의심흐리오 <계축일기 118>
>
> ㅂ. 룡천 둔취흔 젹병이 불과 천여명이오 부션봉 홍가의 용력은 뎨에서 밋지 못흐고 령듀셩에 잇는 장슈 셰사룸도 다 뎌의 하슈라 흐눈지라 밍장으로 죽뢰흐니 <안룡일기 432>

(40)의 "뎌"는 모두 제3의 사람을 지시하고 있다. (40.ㄱ,ㄴ)은 발화상황에서 제3의 사람을 보면서 지칭하는 상황지시적 용법이다. (40.ㄷ)의 앞의 두 "뎌"는 발화상황의 사람을 가리키며, 뒤의 두 "뎌"는 앞 문맥에서 나온 사람을 받아 언급한다. 특히 (40.ㄷ.ㅁ)의 "뎌"는 여성을 지시한다. 국어에는 원래 여성 3인칭 대명사가 없다고 본 견해도 있었는데, 이는 옳

지 않음을 알 수 있다.

다음은 "이, 그, 뎌"가 제3의 사물, 일 등을 지시하는 경우이다.

> (41) ㄱ. <u>이</u>는 무슴 비온고 <첩해신어 5.1a>
>
> ㄴ. 항복ᄒ기ᄅᆞᆯ 권ᄒᆞ거ᄂᆞᆯ 권쉬 <u>이</u>에 칼을 쎄혀 츰ᄌᆞ롤 팔에 삭이고 굴오디
> <u>이</u>ᄂᆞᆫ 내 뜻이라 <안릉 374>
>
> ㄷ. <u>그</u>는 미리 부쳐야 쎠의 미쳐 입지 <추사편지 12신>
>
> ㄹ. 나 잇ᄂᆞᆫ 곳은 부텨 곳이오 <u>그</u>ᄂᆞᆫ 신션 곳이니 <계축일기 163>
>
> ㅁ. 만일 청국이 덕국과 아라샤들 교슈와 여슌구를 츠지ᄒᆞ게 할 것 ᄀᆞᆺ ᄒᆞ면
> 영국에서도 <u>그</u>와 ᄀᆞᆺ혼 토디를 웅거ᄒᆞ겠노라고 <독립신문 3.3>
>
> ㅂ. 내 낫낫이 <u>뎌</u>롤 審錄ᄒ오리라 <오륜전 2.4a>
>
> ㅅ. 만일 일노 인연ᄒᆞ야 그 흉도들이 작난을 ᄒᆞ면 <u>뎌</u>롤 엇디 홀고 민망ᄒ
> 오이다 <한중록 331>

(41.ㄱ)의 "이"는 상황지시적으로 앞의 사물을 보면서 지시하며, (41.
ㄴ)의 "이"는 대용적으로 앞의 일을 받아 지시하고 있다. (41.ㄷ)의 "그"
는 상황지시적으로 제3의 사물을 지시하며, (41.ㄹ)의 "그"는 제3의 장소
를 지시하며, (41.ㅁ)의 "그"는 앞에서 한 번 나온 일을 받아 지시하고 있
다. (41.ㅂ,ㅅ)의 "뎌"는 대용적으로 제3의 일을 지시하고 있다.

위의 예들에서 보는 것과 같이 근대국어에서도 후기 중세국어와 마찬
가지로 3인칭 대명사로는 "이, 그, 뎌"가 단독으로 쓰였으며, 상황지시적
으로도 대용적으로도 쓰였다. 이러한 현상은 19세기 말까지도 지속된다.
그러나 한편으로 19세기말 무렵부터는 눈에 띄게 "이, 그, 뎌"에 "사람,
것" 등의 명사를 붙인 지시사 통합형이 사용되는 경향이 나타난다. 그리
고 현대국어로 넘어오는 시기에 "이, 그, 뎌" 중 특히 "그"가 3인칭 대명
사로서의 지위를 굳히는 경향을 보인다.

다음은 현대국어 초기의 "그"의 용례이다.

(42) ㄱ. 그러면 안진 사람은 므삼 일을 ᄒᆞᆫ오 그는 마암으로 ᄒᆞ지오 <노동야
학 447>

ㄴ. 그 로구가 참자식을 공물로 인뎡ᄒᆞᆫ는 사롬이니 그는 싱산도 잘ᄒᆞ고
교육도 잘ᄒᆞ고 영광도 대단ᄒᆞᆫ오이다 <신소설 ᄌᆞ유종 27>

ㄷ. 영영 이러타 소식이 업스니 그의 잘못이지 우리 잘못이란 말이오
<신소설 화세계 16>

ㄹ. 데일 샹칙은 김씨녀ᄌᆞ를 맛낫스면 그롤 식여 고발ᄒᆞᆫ겟는더 너가 그
의 코도 못 보앗스니 어디셔 맛나기로 아는 수가 잇나
<신소설 화세계 139>

ㅁ. 일젼에 졔 이셩을 아오가 뜻밧게 왓습기에 반가온 가온더 ᄯᅩ 의심이
나셔 그 온 곡졀을 뭇ᄌᆞ와 보온즉 그도 팔자가 긔구ᄒᆞ여 과부 살림 ᄒᆞ
더니 <신소설 명월뎡 13>

(42)의 "그"는 단독으로 제3의 사람을 지시하는데, 이 중 (42. ㄴ,ㄹ,ㅁ)
은 그 대상이 여자이다. 20세기 초의 자료들에는 "이, 그, 뎌" 중 특히 유
독 "그"가 3인칭 사람 대명사로서의 지위가 확고해져 감을 알 수 있다.
다음의 예들은 현대국어 초기의 "뎌"의 예인데, 재귀칭적인 뜻과 3인
칭적인 뜻이 교묘하게 혼합되고 있음을 보여준다.

(43) ㄱ. 부모 ᄌᆞ식 사이에 원슈 치부는 못ᄒᆞᆯ 터니요 뎌도 생각이 있지
<신소설 화세계>

ㄴ. 사람이 배호지 아닌 ᄒᆞᆫ 즉 뎌(彼)의 정당ᄒᆞᆫ 권리를 몰으는지라
<몽학필독 488>

ㄷ. 슯흐다 이는 락엽을 더흐여 탄식ᄒ는 바이어니와 이 세상에 신셰가 뎌
　　와 갓혼자 몃몃인고 <신소셜 화세계>

(43)의 "뎌"는 제3의 사람을 가리키고 있지만, (43.ㄱ)과 (43.ㄴ)은 재귀
적인 뜻도 있다. (43.ㄴ)에서는 괄호 속 한자로 보아 재귀칭이 아닌 3인칭
이라고 생각되긴 하지만, 재귀칭과 혼용될 소지가 다분히 있다. 이 당시
의 재귀칭 대명사는 "저"였으나, 음운 변천상 구개음화 관계로 인해 두
형태를 혼동할 소지도 있었던 것이다.[34] 하지만, 이 당시의 3인칭 대명사
는 "뎌" 형태로 쓰였고, 재귀칭 대명사와 1인칭 대명사 겸사말은 "저" 형
태로 쓰였다.

현대국어 초기로 오면서, "이, 그, 뎌" 대신에 "이 사람, 이 여자" 등의
지시사 통합형이 더 많이 사용되는 것은 "이, 그, 뎌"가 단독으로 사람,
사물 대명사로 구실하기에는 그 표현이 미약하다는 심리가 반영된 것이
아닌가 한다. 또한 3인칭 대명사의 변천 요인으로는 외국어의 영향을 생
각할 수 있다. 현대국어 초기에 외국문학을 접하면서, 영어의 "he, she, it"
에 대한 충실한 대응어를 생각하게 되었을 것이다. 이 경우, 성별의 구별,
사람, 사물을 구별하여 표현하고자 하는 심리가 작용되게 마련이다. 그
한 방법은 지시사에 "여자, 남자, 사람, 것" 등 명사를 더하여 지시사 통
합형으로 지칭하는 것이다. 신소설 자료에 보면, 지시사 통합형이 더 많
이 쓰이고 있다.

"이, 그, 뎌" 중에서 "그"의 명맥이 가장 길었으며, 지시사 통합형으로
대치되는 경향을 보이는 중 소설 (이광수 소설 등)에서 "그"를 3인칭 대명
사로 애용하게 되면서, "그"는 문어체적인 특성을 지니게 되는 변천을 겪

---

34) 3인칭 대명사 "이, 그, 뎌" 중 왜 유독 "그"가 3인칭 대명사로 남는 것인지에
　　대하여 이기문(1978:333)에서는 원칭의 "뎌"가 더 적합할 것 같으나 재귀칭 대
　　명사로도 또 1인칭 대명사로도 사용된 "저"와 동음인 사실에서 그것을 기피하
　　게 된 것이 아닌가 하고 지적하고 있다.

는다. 그리고 소설에서 여성 3인칭 대명사로는 "그녀"를 사용하는 것이
일반화된다.[35]

## 2.4. 재귀칭 대명사의 통시태

국어 재귀칭 대명사의 통시적 모습은 다음과 같다.

<표 8> 재귀칭 대명사의 변천

| 고대 및 전기 중세국어 | 저 (自) / (矣, 矣徒) |
|---|---|
| 후기 중세국어 | 저, ᄌᆞ갸, 自己, ᄌᆞ긔 / 당신 (아주 높임) ("저"는 동물, 사물 지시에도 쓰임) |
| 근대국어 | 당신 (아주높임) / ᄌᆞ갸, ᄌᆞ긔 / 自己 / 저 |
| 현대국어 | 당신 (아주높임) / 자기, 저 (예사말) |

고대 및 전기 중세국어 시기의 재귀칭 대명사로는 신라가요에 다음과
같은 자료가 있다.

(44) 自矣心米 (제의 ᄆᆞᅀᆞ미) <우적가>

(44)의 "自"는 "제"의 음독 표기로 본다. "제"는 문맥상 "자기"라는 뜻
의 재귀칭으로 해석된다.

한편 신라가요에 쓰인 "矣徒"를 재귀칭 대명사로 보아야 할지, 1인칭
대명사로 보아야 할지가 문제가 된다.

---

35) 여성 3인칭 대명사에 대한 사정은 <해외문학>창간호(1927), <현대문학>(1965)
에서 찾아볼 수 있다. 당시에 이미 "그네, 그녀"가 사용되고 있었고, 국어학자
들이 "그미, 그이"등을 제안하고 있다 (김미형, 1995: 89 참고).

(45) 哀反多矣徒良 (셔럽다 의내여) <풍요>(양주동,1965)

(45)의 "矣徒"는 음독과 석독의 "의내"로 읽혀지고 있다. 이 어사에 대해 이기문(1972:75)에서는 자칭의 대명사(곧, 1인칭)로 보았으며, 홍순탁(1969)에서는 반사대명사로 보았고, 김완진(1980:109)과 서재극(1975)에서는 "무리"로 해독하여 명사로 보고 있는 등 이견이 있다. 이 해독을 명사로 볼 수도 있다고 본다. 그러나 만일 대명사로 본다면, 이것이 1인칭인지, 재귀칭인지가 문제가 된다. 이 해석을 위해 <풍요>의 전체 내용을 보기로 한다.

(46) 오다 오다 오다
　　오다 셔럽다라 의내여
　　셔럽다 의내여
　　功德 닷フ라 오다

(46)을 보면, "오다"라는 동사의 방향 지시성으로 보아 1인칭 화자 자신의 노래라기보다는 화자 아닌 다른 인물에 대한 노래로 보는 것이 더 적절하다. 만일 화자 자신의 노래라면, "가다"라는 표현이 와야 한다. 그런 점에서 1인칭 해석보다는 재귀칭 해석이 더 어울린다. 그런데 재귀칭으로 볼 때, 이 문장이 영탄조라는 것이 좀 안어울린다. "의내"가 3인칭이라면 영탄조 표현이 이상하지 않은데, 재귀칭으로서, "서럽다, 자기들이여" 처럼 되니 좀 이상해진다. 그러나 "矣"를 3인칭 대명사로 보려는 견해는 없었다. 따라서 "의내"를 재귀칭의 뜻으로 해석하여, "서럽다, (그들)자신이여" 정도의 뜻으로서 볼 수 있지 않을까 한다.

"矣"는 이두문에 나타나고 있다. 여기에도 여러 이견이 있는데, 남풍현(1974)의 해독을 인용해 둔다.

(46) ㄱ. 出納乙據矣父禮賓卿梁宅椿亦中 (출납을 거호더 나의 생부 예빈경양택
춘에게)

ㄴ. 所生奴巾三矣身以矣亦中仰使內如乎在乙 (소생노 건삼의 몸으로 나에
게 우러러 부리라고 하온)

ㄷ. 矣發願修補爲 (내가 발원 수포하여)

이상 <전남 승주군 송광사 소장 노비문서>

(46)의 "矣"에 대해서 남풍현(1974)에서는 1인칭으로 해석하고 있다. 이
와는 달리 홍순탁(1976)에서는 이 "矣"를 재귀칭으로 해석한다. 이 노비문
서는 수선사의 주인인 乃老가 낸 소지에 대하여 노비를 허용하는 문서로
"矣"가 지시하는 대상인 乃奴가 1인칭이 될 수 가 없다는 것이다. 이 노
비 문서를 쓴 이가 노비를 부릴 주인이라면 여기서 "矣"는 1인칭이 되고,
주인이 아니라 관청이라면 "矣"는 주인을 되짚어 가리키는 재귀칭이 된
다. 그런데 문체로 보아 화자 자신이 직접 자신을 지시하는 것이 아니라
다른 어떤 이가 그 글의 주제에 대해 지시하는 것이라고 보이므로 재귀칭
으로 해석된다고 생각한다. 박은용(1966)에서는 1인칭 "저"라고 보는데,
이 당시에 1인칭 "저"의 용법은 아직 없었던 것으로 보아 타당하지 않다.
재귀칭의 "저"로 보아야 할 것이다. 또한 "矣"의 음운에 대하여 "의"라고
보는 견해도 있으나, 후기 중세 국어에 "의"과 관련되는어떠한 대명사도
등장하지 않으므로 그 타당성을 인정하기가 어렵다. 요컨대 "矣"에 대해
"재귀칭 대명사 저"로 해석해 두기로 한다.

후기중세 국어의 재귀칭 대명사로는 "저"와 "ᄌᆞ갸"가 있었고 16세기
끝무렵에 "당신"이 등장한다.[36] "저"와 "ᄌᆞ갸"는 대우법상의 특질로 대

---

36) 안병희(1963)에서 종래의 "ᄌᆞ갸"를 현대국어 "自己"에 해당하는 고어로서만 인
식해 온 점을 비판하고, "ᄌᆞ갸"는 예사말 "저"와 대립되는 높임말임을 밝혔다.
이후 여러 중세국어 문법서에서는 이 견해를 따르고 있다. 최범훈(1987:101)에
서는 통칭대명사로서 "저"와 "ᄌᆞ갸"를 들고 "ᄌᆞ갸"는 한자어 "自家"에서 온 말

립되었다.

(47) ㄱ. 뎌 노믄 불셩신엣 거시라 … 간듸마다 눔 헐쓰리고 제 몸 쟈랑ᄒ며
　　　　<번역박통사 상.25a>

　　　ㄴ. 衆生둘히 …제 모미 누분 자히셔 보더 <월인석보 9.49b〜50a>

　　　ㄷ. 그 새 거우루엣 제 그르멜 보고 <석보상절 24.20a>

　　　ㄹ. 이 네 輪王ㅣ 흔 밤낫 ᄉᆔ예 ᄌᆞ걔 다ᄉ리시논 ᄯᅡ홀 다 도ᄅᆞ샤 十善으
　　　　로 敎化ᄒ시ᄂᆞ니 <월인석보 1.25a−b>

　　　ㅁ. 太子ㅣ 道理 일우샤 ᄌᆞ걔 慈悲호라 ᄒ시ᄂᆞ니 <석보 6.5a>

　(47, ㄱ.ㄴ.ㄷ)의 "저"는 남이 아닌 바로 그 자신이라는 뜻을 지니며, 대
우법상 낮추거나 예사로 쓴 말임을 알 수 있다. (47, ㄹ.ㅁ)은 "ᄌᆞ걔"가
지시하는 선행사가 "왕"과 "태자"로 "ᄌᆞ걔"는 높임말임을 알 수 있다.
"ᄌᆞ걔"로 지시되는 대상은 석가, 석가의 어머니, 왕, 왕비, 태자, 또는 정
진 중에 있는 보살 등으로 높이는 뜻이 있었다. 특히 궁중에서 왕비나 공
주를 지시하는 말로도 사용되었는데, 후기중세국어의 자료로는 이런 경
우도 모두 재귀적인 뜻은 있었다고 간주된다.
　"당신"은 16세가 말엽의 문헌에서 나타나기 시작한다.

(48) 萬石君 당신과 아돌 네히 녹이 각각 이천셕식이모로 만셕군이라 ᄒ니라
　　　　<소학언해 6.77a>

　(48)은 萬石君이란 단어를 해석하는 부분이다. 이 문장 바로 뒤에는 그

---

　　로 높임말인데, 16세기 이후에 페어가 되었음을 지적하고 있다. 고영근(1987:68)
　　에서는 재귀칭 대명사로 "저"와 "ᄌᆞ걔"를 들고 "ᄌᆞ걔"는 현대국어의 재귀대명
　　사 "당신"과 비슷한 높임말이라는 점을 지적하고 있다.

사람에 대한 일화가 나온다. "당신"은 만석군을 지시하며, 이 때의 기능
은 재귀칭 대명사라 할 수 있다. 또한 만석군에 관한 이야기의 내용으로
보아 존경할 만한 인물로서, 배우는 이에게 교훈을 주고자 하는 부분으로
판단되므로 그를 지칭하는 "당신"은 아주 높임으로 해석될 만하다. 이후
17세기 자료에는 "당신"의 용례가 많이 나온다.

　후기 중세국어 끝 무렵에 등장하는 재귀칭 아주 높임 "당신"은 재귀칭
대명사의 대우법 체계에 변동을 줄 법한데 실제로 그런 예가 보인다.

> (49) ㄱ. 모로미 ᄆᆞᅀᆞ몰 뷔워 <u>즈갸</u> 비취워 一念綠ᄒᆞ야 니로매 남 업슨들 信ᄒᆞᆯ디
> 　　　이다 <선가귀감언해 상.23b>
>
> 　　ㄴ. 오직 <u>즈갸</u> 無心ᄒᆞ면 法界와 ᄀᆞᆮ트리니 이 곧 最要ᄒᆞᆫ 程節ㅣ라
> 　　　<선가귀감언해 하.61b>
>
> 　　ㄷ. 우희 法語ᄂᆞᆫ 사ᄅᆞ미 믈 마슈매 ᄎᆞ며 더우믈 <u>제</u> 아ᄃᆞᆺᄒᆞ니
> 　　　<선가귀감언해 상.22a>

　(49)의 용례는 16세기 말엽 자료로서, 재귀칭 대명사로 "저"와 "즈갸"
를 모두 예사말로 쓴 것이다. 그 지시대상은 모두 중생이다. 이러한 사실
은 적어도 16세기 말엽에 재귀칭 높임의 "당신"이 사용되면서, 이전의 재
귀칭 높임이었던 "즈갸"가 예사말로 변천하는 모습을 보여준다.

　한편, 16세기 말 자료에 "自己", "즈긔"의 예가 나온다.

> (50) ㄱ. 各各 모로미 술펴 혜아려 媷嬰로써 <u>自己</u>롤 소기디 마롤디어다
> 　　　<선가귀감언해 상.22a>
>
> 　　ㄴ. 비록 그러나 어늬 너의 <u>自즈긔</u>오 <u>自즈긔</u>ᄂᆞᆫ ᄆᆞᅀᆞ미라
> 　　　<법어록 몽산화상법어약록 48b>

(50)에서와 같이 "自己"와 "ᄌ긔"가 나오는데 이는 한자어 "自己"가 쓰이지 시작했음을 뜻한다. "ᄌ긔"는 한자어를 국어로 표기한 것이라 여겨진다. 둘다 예사말로 간주된다. "당신"이 재귀칭 높임말로 등장하면서 예사말로 격하되는 "ᄌ갸"를 대신하여 "自己"가 쓰이게 된 것으로 추정할 수 있다. 그리고 "ᄌ갸"는 일상어에서는 폐어가 되고, 궁중어에서는 여전히 높임의 말로 사용된다. 그리고 근대국어 자료에서 "ᄌ갸"는 꼭 재귀칭으로뿐만 아니라, 호칭이나 2인칭으로도 사용되며 공주나 옹주, 후궁에 대해 지시할 때 사용하는 말이 된다.

그밖에 재귀적인 뜻을 지니는 것으로 "자내"가 있었는데, 대명사는 아니고 부사와 관형적으로 쓰였다. 이 "자내"가 근대국어에 가면, 2인칭 대명사로 사용되게 되는 것이다.

(51) ㄱ. 부텨를 宮掖에 請ᄒᆞ᜴와 자내 如來를 마쫍고 (自迎如來)
　　　　　<능엄 1.31a>

　　 ㄴ. 戴嬀ㅣ 桓公을 나하늘 莊姜ㅣ 뻐 자내 ᄌ식을 삼ᄋ니라 (莊姜以爲己子) <소학언해 4.47b>

재귀칭 대명사는 후기 중세국어 시기의 끝무렵(16세기 말)에 이미 현대국어와 같은 체계로 형성되었다고 정리할 수 있다. 이후 재귀칭 대명사는 다른 인칭으로도 쓰이게 되는데 "저"의 1인칭화(19세기 말), "당신"의 2인칭화(19세기 초)가 그것이다. 2인칭으로 쓰이게 되는 "자내"도 원래 재귀적인 뜻을 지닌 말임을 생각하면(자네의 2인칭화는 17세기 중엽), 국어 대명사의 전반적인 변천은 새로운 말이 생겨나는 과정이 아니라 기존해 있는 말의 용법이 전이되거나 확대되는 과정으로 이해할 수 있다.

## 2.5. 부정칭 대명사의 통시태

국어 부정칭 대명사의 통시적 모습은 다음과 같다.[37)]

<표 9> 부정칭 대명사의 변천

| 고대 및 전기 중세국어 | 누 (鑮) |
|---|---|
| 후기 중세국어 | 누, 므스 (므슥, 므슴), 므섯, 므스것, 아모 |
| 근대국어 | 누구, 므엇, 아모(아무) |
| 현대국어 | 누구, 무엇, 아무, 아무 것 |

부정칭 대명사는 후기중세국어에 이미 현대에서 사용되는 단어들이 사용되었으며, 이후 그 형태가 정비되어 가는 변천을 보이는 것으로 정리된다. 고대국어의 한 예는 다음과 같다.

(15) 問你汝誰何日 鑮箇 <계림유사>

[진태하(1974:386) 問汝日你 誰何日鑮箇]

(15)의 예는 2인칭 대명사의 설명을 위해 앞에서 예를 들었던 것이다. 이 자료는 "가까운 데 있는 너(상대방)에게 누구냐고 묻는 말 '누고'"라고

---

37) 현대국어의 부정칭 대명사로는 사람을 지시하는 "아무, 누구, 누"와 사물을 지시하는 "무엇, 아무 것"이 있다. 이들 형태는 부정사 또는 미정사로 지칭되어 왔고, 이 중 의문사로도 쓰일수 있는 "누구, 무엇"을 제외하고는 "아무"만이 전형적인 부정사라는 논의도 있어왔다. 역사적으로 보면 부정칭 대명사 "누구, 무엇"은 원래 부정칭으로보다는 의문사로 쓰였다. 그러다가 의문에만 쓰이지 않고 부정칭의 구실을 하기에 이른다. "부정칭 대명사"는 인칭의 범주에 들지 않고 비인칭의 범주에 속하며, "지시대상을 특정한 것으로 한정하지 않는다"는 개념을 지닌다. 이 부정칭 대명사의 상세한 논의에 대하여는 김미형 (1995:241~248)에서 논의한 바 있다.

풀이되므로, "鏤"는 부정칭 대명사 "누"의 존재를 말해준다.

다음은 후기중세국어와 근대국어의 부정칭 대명사 용례들이다.[38]

> (52) ㄱ. 눌 더브러 무러아 ᄒᆞ리며 뉘사 能히 對答ᄒᆞ려뇨 ᄒᆞ시고
>
> &lt;석보상절 13.15&gt;
>
> ㄴ. 七代之王을 뉘 ᄀᆞ리잇가 &lt;용비어천가 3.13&gt;
>
> ㄷ. 마ᅀᆞ매 심히 ᄉᆞ랑ᄒᆞᄂᆞ닌 누고 &lt;두시언해 16.39&gt;

(52)는 "누"의 용례이다. 모두 의문사로 쓰이고 있다.

> (53) ㄱ. 누고오 무르신대 張 禹ㅣ이다 ᄒᆞ야ᄂᆞᆯ &lt;삼강행실도 충.7&gt;
>
> ㄴ. 이 벗은 누고고 &lt;노걸대언해 하.5&gt;

(53)은 "누고"의 용례이다. "누고"와 "누구" 두 형태가 다 사용되었다.

> (54) 누구ᄂᆞᆫ 어믜 오라븨게 난 ᄌᆞ식 누구ᄂᆞᆫ 아븨 누의게 난 ᄌᆞ식고
>
> &lt;번역노걸대 상.16&gt;

(54)는 누구의 예이다. 역시 사람을 지시하는 부정칭이다.

> (55) ㄱ. 行홈애 무서슬 몬져 ᄒᆞ링잇고 &lt;소학언해 6.123&gt;
>
> ㄴ. 므서시 사롬 ᄀᆞ톰이시리오 &lt;맹자언해 13.4&gt;
>
> ㄷ. 므서스로 이 모몰 시스려뇨 &lt;삼강행실도 열.20&gt;
>
> ㄹ. 나그내 너는 ᄯᅩ 姓이 므섯고 &lt;노걸대언해 상.40&gt;

---

38) 부정칭 대명사의 용례들은 한글학회(1992)가 펴낸 &lt;우리말큰사전&gt;의 4권, 옛 말과 이두 편에서 인용하였다.

(55)는 "므슷"의 예이다. 이 예가 "므엇", "무엇"으로 형태가 바뀌게 된다.

(56) ㄱ. 太子ㅣ 우스며 닐오디 내 <u>므스거시</u> 不足ㅎ료 <석보상절 6:24>

　　　ㄴ. 셩이 <u>므스것</u>고 <번역노걸대 상:15>

　　　ㄷ. <u>므스거시</u> 어려우료 <번역소학 9:53>

　　　ㄹ. 길훈 꿈이 <u>므스것</u>고 <시경언해 11:8>

(56)은 "므스것"의 예이다. 이 형태는 근대국어에 오면 사라지고 대신 "므엇"으로 사용되게 된다.

(57) ㄱ. 阿難이 묻ᄌᆞᄫᅩ디 아홉 橫死ᄂᆞᆫ <u>므스기</u>잇고 <석보상절 9:35>

　　　ㄴ. 아래 가신 八婇女도 니거니 <u>므스기</u> 썰보리잇고 <월인석보 8:93>

　　　ㄷ. <u>므스그</u>로 ᄆᆞ슴 사마 내 주머니 비춰요몰 甞ㅎᄂᆞ다
　　　　　<능엄경언해 1:84>

(57)은 "므슥"의 예이다. 이 형태도 역시 근대국어에 오면, "므엇"으로 사용되게 된다. 현대국어에는 방언의 형태 "므스기"로 남아 있다.

(58) ㄱ. 俱夷 ᄯᅩ 묻ᄌᆞᄫᆞ샤디 부텻긔 받ᄌᆞᄫᅡ <u>므슴</u> ᄒᆞ려 ᄒᆞ시ᄂᆞ니
　　　　　<월인석보 1:10>

　　　ㄴ. 일로 혜여 보건덴 <u>므슴</u> 慈悲 겨시거뇨 ᄒᆞ고 <석보상절 6:6>

　　　ㄷ. 信을 因ᄒᆞ야 이롤 갔간 ᄒᆞ노니 나ᄆᆞ닐 다시 <u>므슴</u> 펴리오
　　　　　<선종영가집 하 128>

(58)은 "므슴"의 예이다. "므슴, 므슴"은 이후 "므엇"으로 사용되게 된다.

(59) ㄱ. 鴨江앳 將軍氣를 <u>아모</u> 爲ᄒ다 ᄒ시니 <용비어천가 5.47>

　　 ㄴ. 귓것 브려 뎌의 목수믈 긋긔 ᄒ거든 <u>아뫼</u>나 이 藥師 瑠璃光 여래ㅅ

　　　　 일후믈 듣ᄌᆞᇦ면 모딘 이리 害티 못ᄒ며 <석보상절 9.17>

　　 ㄷ. <u>아못것</u>도 至極ᄒᆞᆫ 거시 精이라 <월인석보, 어제월인석보 서.18>

　　 ㄹ. 디답호되 溫侯ㅣ 창 잡고 앗가 여긔 와 잇더니 <u>아무듸</u> 간 줄을 몰래라

　　　　 <삼역총해 1.20>

(59)는 "아모"의 예이다. "아모"는 "아모듸"와 같이 관형적으로 사용되었다. 사람 지시에만 사용된 것으로 보이고, 사물 지시에 "아못것"의 형태도 보인다. 이 형태가 근대국어에 오면 (60.ㄹ)처럼 "아무" 형태로도 쓰이기 시작한다.

# 3. 국어 대명사 범주의 변천 의의

이상에서 국어 대명사의 어휘사를 전체적으로 살펴보기 위해 시기별로 대명사의 변천 모습을 표로 정리하고, 각 인칭별로 대명사의 통시태를 고찰해 보았다. 그 내용을 정리해 보면 다음과 같다 :

1) 1인칭 대명사는 근대국어까지도 "나" 하나만이 쓰였다. 예사말과겸사말의 구분이 안 일어난 것이나 1인칭 범주에 그러한 구분이 전혀 없던 것은 아니다. 극히 낮추어야 하는 신분 관계에서는 "나"를 쓰지 못하고, "소인"과 같은 명사를 썼다. 재귀칭 대명사 "저"가 1인칭 겸사말로도 쓰이게 되는 시기는 1890년대로 추정된다. 이 때쯤 "나"와 "저"가 혼용되다가 20세기 초에 오면 겸사말로서는 "저"를 쓰는 것이 고정된다. 대상을 낮추는 한 방법으로 마치 동떨어진 낮은 개체처럼 지시하는 재귀칭 "저"가 1인칭으로도 쓰일 수 있었던 것이다.

2) 2인칭 대명사는 후기 중세국어에서 예사말 "너"와 예사높임말 "그대"가 쓰였다. 17세기 중엽부터 "자네"가 쓰이게 되고, 19세기 초에는 "당신"이 쓰이게 되고, 20세기 초에는 "임자"가 쓰이게 된다. 한편 새로 쓰이게 된 말에 밀려 "그대"는 20세기 초에 문어체로 쓰이는 말로 제한된다. 2인칭 대명사는 현대로 오면서 대우 관계를 정밀하게 변별하는 형태가 많이 생긴 반면, 일반적으로 쓰이던 것이 제한되는 변천을 보인다.

3) 3인칭 대명사로 근대국어까지도 "이, 그, 뎌"가 많이 쓰였다. 19세기 말 내지 20세기 초에 오면, "이, 뎌"보다 주로 "그"가 더 많이 사용된다. 한편, 단독으로 사람이나 사물을 지칭하는 대명사 구실을 하던 것이 현대로 오면서 지시사 통합형(이 사람, 그이, 이것 등)으로써 더 많이 쓰이게 된다. 20세기 초에 "이, 그, 뎌"가 단독으로 3인칭 대명사 구실을 하는 현상이 거의 없어진다. 그러다가 소설에 3인칭 대명사로서 "그"를 다시 쓰게 되고 이 변천 과정에서 "그"는 문어체적인 말로 제한된다. 현대국어에서 구어체의 3인칭 대명사로는 지시사 통합형이 쓰인다. 3인칭 대명사의 이러한 형성 과정은 지시대상을 더욱 구체적으로 표현하기 위한 노력에 기인한다. 3인칭을 단지 지시적으로만 지시하기에는 표현이 부족한 언중의 심리가 작용했을 것이다.

4) 3인칭대명사 형성의 요인과 1,2인칭 대명사의 대우법상의 분화는 국어 대명사의 특성을 단적으로 드러내는 것이라 보인다. 국어 의 대명사는 전형적으로 인칭 구분만을 담당하거나 대신 쓰임의 기능만을 담당하는 것이 아니라 화자, 청자, 지시 대상의 연령이나 신분 관계에 따르는 대우법과 관련된 특징적인 자질까지를 부여하는 범주인 것이다. 이러한 특성 때문에 구체적인 상황에 적합한 대명사가 없을 수도 있는 제약도 있다.

5) 재귀칭 대명사는 15세기에는 "ㅈ갸"와 "저"가 각각 높임말과 예사말로 쓰였다. 16세기 말에 "당신"이 재귀칭의 높임말로 등장하면서, "ㅈ갸"는 예사말로 변한다. 그러나 유독 궁중어 "ㅈ갸"는 계속 높임말로 쓰

였다. 궁중어 "즈가"를 제외하면 재귀칭 대명사는 이미 16세기 말엽에 현대국어와 같은 체계가 형성되었다고 할 수 있다. 이후 재귀칭 대명사는 다른 인칭으로도 쓰이게 되는데, "저"의 1인칭화, "당신"의 2인칭화가 그 것이다. 2인칭 대명사로 쓰이게 되는 "자네"도 원래 재귀적인 뜻을 지닌 말임을 생각하면 국어 대명사의 전반적인 변천은 새로운 말이 생겨나는 과정이 아니라 기존의 말이 용법상 전이를 일으키거나 확대되는 과정으로 이해할 수 있다.

6) 부정칭 대명사는 후기중세국어에 이미 현대국어의 부정칭 대명사와 관련되는 용례들이 등장한다. 이후 형태적인 변천을 겪으며 그 형태들이 정리되면서 현대국어의 부정칭 대명사 "누구, 무엇, 아무, 아무것"이 된 다.

우리말 대명사의 어휘별 변천은 결국은 범주적 변천의 성격을 띠게 되는 것이다. 대명사란 다른 어휘와는 달리 문법 범주로서 구실한다.

## 생각샘

01. 현대 한국어 대명사의 쓰임에 대해 정리해 보시오.

02. 앞으로 일어날 우리말 대명사의 변화에 대하여 예측해 보시오.

※ 이 책의 뒤에 [부록]으로 생각샘 풀이를 실었습니다. 반드시 문제를 먼저 푸시고 풀이를 참고하시면서 국어사에 대한 지식을 다져 보시기 바랍니다.

## History of Korean for Foreigners (외국인을 위한 국어사)

※ 우리 학생들이 외국인에게 한국어의 역사에 대해 단편적으로나마 설명해 줄
수 있으면 좋겠다는 취지에서 이 영문을 실었습니다. 우리의 언어를 소중히
여기고 자랑스럽게 외국인에게 소개해 보고 싶은 의욕을 가져 보시기 바랍니
다. 영문의 한국어 해설은 이 책의 뒤에 [부록]으로 실었습니다.

## Chapter 6. Historical Transformation of Korean Pronoun

In the medieval Korean era, the first person '나(na),' the second person '너(nə),' and the third person '이(i), 그(ki), 뎌(tjə),' were used as pronoun. Through steady change, the first person '나(na) and 저(cə) ,'the second person '너(nə)' and '당신(taŋsin),' and the combination of '이/그/뎌' as the third person indicator are used in contemporary Korean. '저' and '당신' were only used as reflexive pronoun in medieval Korean. In the first person, a reflexive pronoun '저' for stooping came in use instead of noun such as '소인(so-in), 쇤네(sɸn-ne)' for the same purpose. In the second person, as '당신' was used to show respect, originally used '그대(kitæ)' was changed into literary style. '당신' was originally a reflexive pronoun for showing respect, but it is now also used as the second person pronoun. '이 / 그 / 뎌' were used as the third person pronoun in medieval Korean; these are now used as '이 사람(i-sa-ram), 그 여자(ki-jə-za)' with the addition of '사람(sa-ram), 여자(jə-za), 남자(nam-za) etc.,' which specifically indicate human. The categorical transformation of Korean pronoun is consisted of that the honorific rule is diversified, and that the indicant is more specifically expressed.

# 제 7 장
# 문법이 변했을까?

"문법은 언어의 질서이다.
문법의 변화는 정신구조적 변화이다"

　서정수(1996)에서, "무릇 우리말의 문법은 우리말의 짜임새를 이루는 기본 틀이요 거푸집이다. 낱말이나 발음도 중요하지만 비교적 자주 바뀔 뿐 아니라 한자어나 딴 나라말의 영향을 많이 받는다. 그러나 문법의 기본 뿌리와 줄기는 좀처럼 바뀌지 않고 고유한 특성을 그대로 지니고 있다. 몇 천 년 동안이나 한자어의 영향을 받으면서도 우리말의 문법은 그대로 이어지고 있다. 따라서 이런 문법을 바탕으로 해서 방언, 옛말, 북쪽이나 해외 동포가 쓰는 말도 우리는 그리 어렵지 않게 이해할 수 있고 서로 의사소통 할 수 있게 된다." 라고 하였다.

　과연 한 언어권의 문법은 문물의 변화에 따라 바로바로 변화하는 어휘의 변화와 같은 변화를 하지 않는다. 전체로 보아 기본적인 국어 문법, 예를 들어 '주어-목적어-술어' 등으로 이루어지는 문장 구성이라든가, 문장의 내포절과 관형절 구성이 존재한다든가 하는 점들은 예나 지금이나 변화가 없다. 곧 문장을 짜는 구조적인 기본 틀의 변화는 그리 쉽게 일어나지 않는 것이라고 할 수 있다.

그러나 한국어는 문법 기능을 조사나 어미와 같은 첨가적 요소가 하고 있으므로, 이러한 첨가적 요소의 변화에 따라 문법 변화를 언급하게 된다. 가령 국어의 존대법, 시제법, 사동법 등은 문장 구조적으로만 형성되는 것이 아니라, 각기 그 범주를 표현하는 문법 형태소에 의해 이루어졌다. 그러므로 이러한 문법 형태소가 변화한다는 것은 곧 문법 범주의 변화를 뜻하는 것이 된다.

또한, 예나 지금이나 동일한 문법적 구성이 존재했으나, 어떤 것을 더 즐겨 사용하는가 하는 선호도의 차이가 있었다고 본다. 그러므로, 기본 틀로서의 문법 범주 변화보다 실제 쓰임에서 드러나는 문법 변화는 훨씬 더 많아지게 된다.

문법 변화 중에서 큰 비중을 차지하는 문장 종결법, 사동법, 피동법, 인칭법, 시제법과 높임법에 대해 살펴보기로 한다.

## ▌1. 문장 종결법의 변화

이 책의 10장부터 12장에 걸쳐서 한국어 문장의 역사를 살피면서 다시 보게 되겠지만, 국어 문장 종결법에 많은 변화가 있었다. 문장 종결법은 표현하려는 명제 내용에 대한 화자의 태도를 드러내는 문법 범주이다. 서술, 의문, 명령 같은 것이 있다. 서술법으로는 중세국어 시기부터 '-다'와 '-라'가 사용되었다. 현대 국어에서는 '-라'는 '더라' 같은 형식으로 구어체에서 사용되는 것인데, 중세국어 시기에는 문어체 서술에도 '-라'가 많이 사용되었다. 이에 대해 '-다'와 '-라'는 결합되는 선어말어미와의 관련성에 의한 변이형으로 기술하는데, 이는 잘못된 것이다. 이 두 형태는 기능이 서로 달랐다. 이 점에 대해서는 11장을 참고하기 바란다.

의문문 종결어미도 많은 변화가 있었다. 중세국어 시기에 의문법 종결어미로 '-다, -가, -고, -냐, -노'가 있었다. 이 중 현대국어와 다른 것으로, '-다'는 주어가 2인칭으로 등장하는 판정의문문과 설명의문문에 쓰였다.

(1) ㄱ. 나그내 네 더우니 머글다 추니 머글다 <번역노걸대. 상63>

ㄴ. 큰 형님 네 이 羊을 폴다 <번역노걸대. 하21>

ㄷ. 큰 형님 네 어드러로셔브터 온다 <번역노걸대. 상1>

ㄹ. 네 高麗ㅅ 따히셔 므슴 쳔을 가져 온다 <번역노걸대. 하2>

이 '-다' 의문문 어미는 17세기 문헌인 <노걸대언해>와 18세기 문헌인 <몽어노걸대>와 <청어노걸대>에도 활발히 나타난다. 안병희(1965), 이현희(1982) 등에서는 '-다' 의문법 어미가 의도법의 상실, 서술법 어미와의 혼란 등을 이유로 16세기 초부터 그 기능을 상실하기 시작했다고 했다. 그러나 <노걸대> 류 문헌에서는 문헌의 보수성으로 인해 '-다' 의문문이 여전히 나타난다. 그러면서 한편으로는 '-다' 의문법 어미가 '-냐'나 '-뇨'로 바뀐 예문도 적지 않게 나타난다(김성란. 2004:183 참고).

(2) ㄱ. 형아 네 이 羊을 풀고져 ᄒᆞᄂᆞ냐 <청어노걸대. 6.7>

ㄴ. 前後에 언메나 오래 머물러뇨 <노걸대언해. 상13>

ㄷ. 길희 몃날 行홀녀노뇨 <몽어노걸대. 1.20>

ㄹ. 갑시 언머뇨 <청어노걸대. 6.17>

명령문의 종결어미는 중세국어에서부터 '-라'형이 쓰인 점은 현대국어와 다를 바가 없다. 이밖에 '쇼셔, 고라' 같은 형태가 사용되었는데, '쇼셔'는 현대국어에는 '소서'라는 존칭의 명령형 어미로 사용되지만 의고적인 것이 되었고, '고라'는 안 쓰이게 되었다.

## ▍2. 사동, 피동법의 변화

사동법은 사동접미사(이, 히, 리, 기, 우, 구, 추)가 붙음으로써 이루어지는 방식과 '-게 하다'는 통사적 구성으로 이루어지는 방식이 있다. 중세국어 시기에는 통사적 구성 방식이 쓰이기도 했으나 주로 접미사에 의한 사동법이 사용되었다. 그러나 현대국어로 오면서 통사적 구성이 더 많이 쓰이게 되는 변화를 겪는다.

> (3) ㄱ. 녀토시고 쏘 기피시니 <용비어천가 20>
>
> → 얕게 하시고 또 깊게 하시니
>
> ㄴ. 한 비롤 아니 그치샤 <용비어천가 68>
>
> → 큰 비를 그치지 않게 하여

중세 국어시기에 피동법도 역시 피동접미사(이, 히, 기 등)에 의해 실현되었다. 그리고 '-어 지다'로 쓰이는 통사적 파생 방법도 사용되었다. 그러나 후대로 오면서, 접미사에 의한 파생적 피동법은 점차 제약을 보이며, 통사적 피동법이 보편화되기에 이른다(권재일, 1998 참고).

> (4) ㄱ. 모딘 즁싱 믈여 橫死홀 씨오 <석보상절 9.37> (믈이다: 파생적 피동)
>
> ㄴ. 東門이 도로 다티고 <월인석보 23.80> (닫히다: 파생적 피동)
>
> ㄷ. 못 우묵흔더 돔기놋다 <두시언해 초간 6.42> (담기다: 파생적 피동)
>
> ㄹ. 사는 밧 집이 허려며 <소학언해 6.30> (허려다: 통사적 피동)
>
> ㅁ. 뫼히여 돌히여 다 노가디여 <석보상절 6.30> (녹아디다: 통사적 피동)

17세기와 18세기의 자료에, 피동형태가 변화되는 예들이 나타난다. 가령 '들이다>들리다', '걸이다>걸리다', '볼이다>밟히다' 같은 예들이다. 그리고 파생적 피동법이 제한을 보인다. 가령 15세기 국어에 '꺼리이다, 닝위다, 달애이다, 마초이다, 보내이다, 브리이다, 븟이다, 브리이다, 언티이다, 일쿨이다, 지이다(倚)' 같은 예들은 현대국어에서는 피동형태가 구성되지 않는 것들이다. 이들은 '-어 지다'라는 통사적 구성으로 피동법을 만들 수 있다. 결국 파생적 피동방식이 점차 제한적으로 변화되어 갔음을 알 수 있다.

## ▌ 3. 인칭법의 변화

인칭이란 말하는 상황에서 화자와 청자, 그리고 제삼자임을 드러내는 문법 범주를 말한다. 1인칭은 화자이며, 2인칭은 청자이며, 3인칭은 제삼자이다. 우리 언어에서는 이러한 인칭의 개념을 사용하여 대명사를 간편하게 사용한다. 중세 국어시기에는 유독 문장의 주어가 1인칭임을 드러내는 문법 방식이 있었다. 이를 인칭법이라고 한다. 문장의 주어가 1인칭이 될 때에는 서술어에 '-오'나 '-우'를 표현했다.[39]

> (5) ㄱ. 나는 논 後로 놈 더브러 드토둘 아니호노이다 <석보상절 11.34>
>
> ㄴ. 이 모돈 大衆이 … 쁘들 아디 몯호느이다 <능엄경언해 2.55>

(5.ㄱ)은 주어가 1인칭인 문장인데, 여기에 '호노이다'가 쓰였다. 이 형

---

39) '-오/우'는 삽입모음의 성격을 지닌다. 이 형태는 명사형을 만들거나 관형형을 만들 때에도 사용되는데, 이 때에는 인칭과는 상관이 없는 것이므로 인칭법이라고 할 수 없을 것이다.

태는 '후(서술어 어간 + ᄂ(현재시제) + 오 (인칭법 어미)'의 구성이다. 반면에 (5.ㄴ)에는 주어가 3인칭이며 인칭법 어미는 사용되지 않았다.

인칭법 어미 '오/우'가 '－더라' 형태에 결합되면 '－다라'가 되었다.

(6) 내 지븨 이싫저긔 受苦이 만타라 <월인석보 10.23>

이러한 인칭법은 16세기에 동요되면서 17세기가 되면 몇 예를 제외하고는 사라진다.<권재일, 1998 참고>.

## ▌4. 시제법의 변화

시제법은 문장의 내용이 어느 시간에 나타난 것인지를 표현하는 문법 범주이다. 말하는 시간보다 진술하는 사건의 내용이 앞서 있으면 과거 시제로, 현재의 범주에 들면 현재시제로, 앞으로 일어날 일이면 미래 시제로 표현이 된다. 이러한 개념이 시간적인 선후의 개념이라면, 그 시간대에 계속 이어지는 건지, 완결이 된 건지 하는 상태에 대한 표현을 시제법에 포함하기도 한다. 이것은 엄밀히 말하면 양상(aspect)의 범주가 되지만, 한국어에서는 주로 시간적 선후 개념과 양상의 개념을 함께 포괄하는 표현을 사용한다. 따라서 한국어의 시제 범주는 주로 시상(時相, tense－aspect)의 성격을 띤다.

기본적으로, 중세국어에 시상을 표현하는 선어말어미로는, 시간적으로 보아 현재, 과거, 미래가 있었다. 그리고 이들 형태들은 양상의 뜻을 함께 지녔다.

중세 국어에는 다음과 같은 완결 지속을 나타내는 형태가 있었다.

(7) 현재 시제 : 선어말 어미 '-ᄂ'

    과거 시제 : 선어말 어미 '-더-' (과거의 회상)

                      통사적 구성 '-어 잇/이시-' (과거의 완결 지속)

    미래 시제 : 선어말 어미 '-으리-'


예문을 보이면 다음과 같다.


(8) ㄱ. 이 地獄에 들릴씨 므를 글혀 기드리ᄂ니라 <월인석보 7.13>

    ㄴ. 여래 六年 苦行ᄒ더신 싸히니이다 <석보상절 24.36>

    ㄷ. ᄯᅩ 菩薩이 便安히 좀좀ᄒ야 잇거든 <석보상절 13.21>

    ㄹ. 三千世界時常 불가불아 이시며 <월인석보 2.25>

    ㅁ. 이 後 닐웨예 城 밧 훤훈 싸해 가 沙門과 ᄒ야 지조 겻구오리라

        <석보상절 6.27>


현대국어의 시제법과 크게 차이나는 점은 과거 시제 '-았-'과 미래 시제 '-겠-'이 없었다는 점, 그리고 현대 시제 '-는'과 형태가 달랐다는 점이다. '-았-'은 중세국어의 통사적 구성 방식이었던 과거 완결 지속 형태 '-어 잇/이시-'가 축약되면서 생긴 형태라고 본다. '-리-'는 근대국어 시기에 새롭게 '-게 하엿-'이 등장하면서, 쓰임이 약해지게 된다. '-게 하엿'은 이후 '-게엿- > -겟- > -겠-'의 형태로 된다. 그리고 '-는'은 중세국어의 '-ᄂ-' 형태가 변화한 것이다.


(9) ㄱ. ᄃᆞ기 소리 서르 들여 훈 ᄀᆞ새 닛엣고 <월인석보 1.46>

    ㄴ. 빈눈 고기 낛눈 그르시 ᄃᆞ외얏고 <금강경삼가해 3.60>


위의 예에서처럼 '-어 잇/어시-' 형태(8.ㄷ.ㄹ), (9.ㄱ)과 같이 축약한

형태인 '－엣' 형태, 그리고 (9.ㄴ)과 같은 '－앗' 형태들이 공존하다가, 점차적으로 현대 국어의 '－었' 형태로 바뀌어 온다. 이 변화는 19세기에 완성된다.

'－리－'와 '－겠－'의 교체는 18세기 후반에 이루어진다.


(10) ㄱ. 저러ᄒ고 이시니 ᄀ득ᄒᄂ더 울긔 ᄒ겟다 ᄒ시고 <한듕록 172>

ㄴ. 요란ᄒ니 못 ᄒ겟다 ᄒ시고 <한듕록 400>


현대국어 시제법의 '－었－'과 '－겠－'은 어휘적 의미를 갖는 통사적 구성으로부터 문법화한 결과라고 할 수 있다.

현재 시제의 '－는－'은 권재일(1998)에 의하면, 용언 'ᄒ다'가 먼저 '하ᄂ다>한다'의 변화를 보이자 다른 형태들도 유추하여 '먹ᄂ다>먹는다'의 변화를 보이게 된 것으로 설명하고 있다. 그리고 'ㆍ' 표기가 없어지면서 '－는－'이 되었다는 것이다.


# 5. 높임법의 변화

높임법의 변화에 대해서는 김정수(1984)의 내용을 옮겨와 정리하기로 한다.

## 5.1. 중세국어의 객체높임법 (謙讓法)

객체높임법은 화자가 주체 이외의 인물에 대해 관련된 동작이나 상태를 표현할 때 높이는 방식이다. 겸양법의 선어말어미는 다른 선어말어미에 가장 앞서 어간에 연결되는 특성을 가지고 있는데, 어간말음의 음운조건에 따라 '－ᅀᆸ－, －ᄉᆸ－, －ᄌᆸ－, －ᅀᆞᇦ－, －ᄉᆞᇦ－, －ᄌᆞᇦ－'으로 교체한다.

(11) ㄱ. 그쁴 阿那律이 如來를 棺애 녀쏩고 忉利天에 올아 가 (석보 23:27)

ㄴ. 그쁴 大臣이 이 藥 밍ᄀᆞ라 大王끠 받ᄌᆞᄫᆞᆫ대 (월석 21:218)

ㄷ. 곧 如來와 ᄀᆞᆺ줍ᄂᆞ니라 (능엄 2:45)

ㄹ. 세상에 豪傑이 範圍예 몯 나ᅀᆞᄫᆞᆯᄊᆡ (용비어천가 64)

ㅁ. 엇뎨 부톄라 ᄒᆞᄂᆞ닛가 (석보 6:16)

객체높임법에는 특정 동사의 어휘적 대립에 의한 것도 있다. 이 예로는 '숣다. 엳줍다, 뵈다, 뫼시다, 드리다' 등이 있다.

## 5.2. 중세국어의 주체높임법 (尊敬法)

주체높임법은 화자가 주체의 동작, 상태를 표현할 때 높이는 방식이다. 존경법 선어말어미는 'ㅡ시ㅡ'이며, 후속형태가 'ㅡ아ㅡ, ㅡ오ㅡ'이면 '(ᄋᆞ/으)샤'로 교체된다. 이 선어말어미의 배열은 겸양법어미 'ㅡ숩ㅡ'이나 시상법어미 'ㅡ거ㅡ, ㅡ더ㅡ'에 후행하나 다음 어미보다는 선행한다 ('ᄒᆞ거시니, ᄒᆞ숩더시니, ᄒᆞ샤, ᄒᆞ샴' 등이다. 그러나 시상법의 'ㅡ거ㅡ, 'ㅡ더ㅡ'와의 배열이 뒤바뀌는 현상이 일어난다(15세기 시작, 근대국어에 와서 굳어짐, 'ㅡ시거ㅡ, ㅡ시더ㅡ') 'ㅡ샤ㅡ'가 소멸된 예는 16세기의  <二輪行實圖> 등에 이미 나타난다.

(12) ㄱ. 우리 父母ㅣ 듣디 아니ᄒᆞ샨 고든 (석보 6:7)

ㄴ. 大愛道ㅣ 善흔 ᄠᅳ디 하시며 (월석 10:19)

ㄷ. 海東六龍이 ᄂᆞᄅᆞ샤 일마다 天福이시니 (용비어천가, 1)

ㄹ. 님굼이 … 공예를 블러 보셔 그 아ᄋᆞᆷ들와 화동ᄒᆞᄂᆞᆫ 일 무르신대 … 父母ㅣ … 깃거ᄒᆞ셔든 다시 諫홀디니라 (소학언해, 21)

특정동사의 어휘적 대립에 의한 것도 있는데 '잇다 : 겨시다, 먹다 : 좌

시다'가 그 예이다. 현대국어에 나타나는 주체높임의 격조사 '－께서, －
계옵서'는 15세기 국어에는 존재하지 않았다. 이들은 17세기에 형성되어
현대국어에 이르렀다.

### 5.3. 중세국어의 청자높임 (恭遜法)

청자높임법은 화자가 청자에게 말할 때 청자를 높이는 방식이다. 공
손법 선어말어미는 '－이－, －잇－'이다. 이 어미는 오직 종결어미
앞에만 나타나며, 설명법, 의문법, 명령법, 청유법의 특이한 교체형이
있다. 이 공손법 선어말어미는 근대국어에서 완전히 탈락하였다(－이－
> －이－). 공손법은 현대국어에서 문어체의 편지나 공문서에 다직도
"하나이다. 하리이다" 등과 같이 쓰이며, 구어체에서 '－ㅂ니다, －ㅂ
니까, －(으)십시오'가 쓰인다. 그런데 이 구어체의 공손법은 기능을 상
실한 겸양법어미로써 보강된 형태 '－옵닝이다, －옵니이까'가 변화한
것이다. 이 형태는 근대국어에서 형성되었다.

(13) 설명법: 甚히 크이다 世尊아 (금강경언해, 61)

　　　　太子ㅣ 出家 ᄒ시면 子孫이 그츠리이다

　　의문법: 이 ᄯᅳ디 엇더ᄒ니잇고 (능엄경언해, 59)

　　　　일후믈 므슴미라 ᄒ리잇가 몯 ᄒ리잇가 (능엄경언해, 73)

　　명령법: 이 ᄯᅳ들 닛디 마ᄅ쇼셔 (용비어천가, 110)

　　　　님금하 아ᄅ쇼셔 (용비어천가, 125)

　　청유법: 淨土애 ᄒ단디 가 나사이다 (월인석보, 8:100)

(14) 너기옵닝이다, ᄒ옵ᄂ이다, 잇습ᄂ이다, 됴화습ᄂ이다 (첩해신어)

## 5.4. 높임법의 현대화 과정

17세기에 객체높임어미 '-습-'의 기능이 약화되면서 이것이 '-으시-'에 결합하여 주체를 더욱 높이는 표현으로 사용된다. 또 한편으로는 청자높임법을 강화하는 데에 사용되게 된다. 원래 객체높임은 객체의 영역이 넓어서 한 범주를 실현하기에 적당하지 않은 데다가, 또 객체의 영역도 넓어 목적어, 부사어, 등에 걸쳐 있어 객체라는 개념을 정의하기가 매우 어렵게 되었다. 이런 까닭으로 17세기 이후에는 점차 '-습-'의 기능이 불분명하게 되어, 주체 높임법을 실현하는 데에도 나타나고, 청자높임법을 실현하는 데에도 나타나게 되었다. 즉 객체의 개념이 모호해지면서 '-습-'은 본래 기능을 잃고, 그 흔적을 다른 높임법으로 넘겨주게 되었다.

> (15) 그 후의 영경대왕 업스오시니 삼년을 죽만 머그니라
>
>    (동국속삼강, 효자3:82)

> (16) 하 졋소이 너기ᄋᆞ와 다 먹습ᄂᆞ이다 (첩해신어 1:11)

주체높임법은 큰 변화 없이 현대국어에 이르렀다. 15세기 국어와 같은 선어말어미로 높임법을 실현하는 유일한 경우이다. 따라서 현대국어에서 주체높임법은 '-으시-'와 '-∅-'의 대립으로 '높임'과 '높이지 않음'을 실현한다. 다만, '-으샤-'는 소멸된다.

청자높임법 '-이-, -잇-'은 16세기 문헌에서부터 '-이-'로 나타나기 시작하다가 불안정해지면서, 17세기에는 '-습-'이 청자높임법에 쓰이게 된다(위 예문 (14)).

'-습-'의 다양한 변이형들이 주로 청자높임법을 실현하는 기능으로

변화한 것은 청자높임법이 높임법의 다른 어떤 것보다 현실성이 강한 데서 비롯된 것이라 하겠다. 청자와 객체가 동일인일 경우에 이러한 변화가 시작되었을 것으로 본다.

18세기 이후에 청자높임법은 '–습니다, –으오, –네, –다'와 같은 등급 체계가 형성되어, 현대국어에 이르렀다.

한편, 청자높임을 실현하던 높임의 호격조사 '–하'는 18세기 초부터 소멸되기 시작하여 현대국어에는 나타나지 않는다.

19세기에 이르러 '–어'로 끝난 문장이 두루 나타나게 되었다 (18세기 '–지'). 이와 함께 '–어요'가 등장한다.

## 생각샘

01. 중세국어의 문장종결법, 인칭법, 시제법, 높임법을 사용하여 사극의 대사를 다시 구성해 보시오.

02. "너와 나 사이에 존재의 벽, 인간은 왜 이것을 무시하지 않았을까?" 앞으로 우리말의 높임법이 어떻게 변화해 나갈지에 대하여 예측해 보시오.

※ 이 책의 뒤에 [부록]으로 생각샘 풀이를 실었습니다. 반드시 문제를 먼저 푸시고 풀이를 참고하시면서 국어사에 대한 지식을 다져 보시기 바랍니다.

## History of Korean for Foreigners (외국인을 위한 국어사)

※ 우리 학생들이 외국인에게 한국어의 역사에 대해 단편적으로나마 설명해 줄 수 있으면 좋겠다는 취지에서 이 영문을 실었습니다. 우리의 언어를 소중히 여기고 자랑스럽게 외국인에게 소개해 보고 싶은 의욕을 가져 보시기 바랍니다. 영문의 한국어 해설은 이 책의 뒤에 [부록]으로 실었습니다.

## Chapter 7. Historical Transformation of Korean Grammar

Grammar is a basic outline that shapes the language, thus, such outline does not change as often as word. However, many historically grammatical changes occurred since grammatical components of Korean were achieved by not only syntactic composition, but also form of an agglutinative language. The types of Korean sentences are usually categorized by their close endings. Although the close ending of a declarative sentence is not newly changed in contemporary Korean, a preferred close ending in medieval Korean was '-라(ra)' form rather than '-다(ta)' form. An interrogative sentence in Korean is not formed by the inversion of word order in a sentence, but by a close ending. '-다' form, which was used in an interrogative sentence in medieval Korean, is no longer used in an interrogative sentence in contemporary Korean. '-가(ka), -고(ko), -냐(nja), -노(no)' forms were used otherwise, and they are still used in an interrogative sentence in contemporary Korean. However, '-고'

has an archaic nuance, and '-노' is only used in dialects. '-라, -쇼셔(sjo-sə), -고라(ko-ra)' were used as the close endings for an imperative sentence. Among these, '-쇼셔' is used as '소셔 (so-sə)' in contemporary Korean and has an archaic nuance. '-고 라' is no longer used in contemporary Korean.

The methods of causativization and passivization were usually done by a suffix in medieval Korean, but in contemporary Korean, they are also done by syntactic methods such as '-게 하다(ke-ha-da)' and '-어지다(ə-zi-da)' Also, many words in passive form with an addition of passive suffix are no longer used. In the medieval Korean era, insertion vowels '오/우(o/u)' was added to a predicate to show that a speaker is in the first person. However, such method is also no longer used.

Considerable amount of changes occurred in the system of tenses in Korean which shows time and condition. In the medieval Korean era, the past tense '-았-(at˜) ,' the future tense '-겠-(ket˜)' and the present tense '-는-(nin),' which are used in contemporary Korean, were not used. Historically, '-았-' was formed as a past perfect continuous form '-어 잇/이시-(ə-it˜/isi),' which was a syntactic composition method in medieval Korean, was compressed. The use of '-리-(ri)' became weak as '-게 하엿 -(ke-ha-jət˜)' newly came in use in modern Korean. '-게 하엿' later becomes a form of '-게엿 -〉 -겟- -〉 -겠-.' '는' is a modification of '-ㄴ-' in medieval Korean. The honorific rule also went through a substantial change. The honorific rule is usually used to show respect for the subject of action or the audience. In the medieval

Korean era, the honorific rule for other objects (object, comparison, location) existed. However, such rule is no longer used in contemporary Korean; only few lexical expressions for honoring the object (ex: 여쭈다(jə-zʹ-da), 뵙다(pɸpˋ-ta), 드리다 (ti-ri-da), 모시다(mo-si-da)) are used. The honorific form for the subject of an action has always been '-사-(si)' (ex: 하시다 (ha-si-da)). '-이-(ɦi), -잇-(ɦitˋ)' were used in the honorific rule for the audience. The confusion from '-숩-(sapˋ),' originally used for honoring the object, appearing in honoring both the subject and the audience started in the 17th century, and was finally settled as '습(sɨpˋ)' for honoring the audience. After the 18th century, the system of rating such as '-습니다(sɨpˋ-ni-da), -으오-(ɨ-o), -네(ne), -다(ta)' was formed and reached contemporary Korean.

# 제 8 장
# 한국인 문자 생활의 역사

"연필로 끄적이는 것은 인간의 본능이다.
그것은 출렁이는 마음의 표현 욕구이다"

" '숲'을 모국어로 발음하면 입안에서 맑고 서늘한 바람이 인다. 자음 'ㅅ'의 날카로움과 'ㅍ'의 서늘함이 목젖의 안쪽을 통과해 나오는 'ㅜ' 모음의 깊이와 부딪쳐서 일어나는 마음의 바람이다. 'ㅅ'과 'ㅍ'은 바람의 잠재태다. 이것이 모음에 실리면 숲 속에서는 바람이 일어나는데, 이때 'ㅅ'의 날카로움은 부드러워지고 'ㅍ'의 서늘함은 'ㅜ'모음 쪽으로 끌리면서 깊은 울림을 울린다." 『김훈 에세이 자전거 여행』에서 쓴 한 구절이다. 한글의 매력이 그대로 드러난다.

우리 민족은 위대한 임금 세종대왕의 덕택에 풍요로운 문자 생활을 누리고 있다. 글자 모양과 소리의 인상이 잘 어우러지는 으뜸 문자이다.

훈민정음이 창제되기 이전, 우리 민족의 문자 생활은 한자에 의하여 이루어졌다. 그리고 정 우리말을 소리 그대로 표기하고자 하는 방법들을 궁색하나마 찾아 써온 역사가 있다.

## ▌ 1. 훈민정음 이전 문자 생활

우리 민족의 국어 문자 생활의 역사는 구체적으로 드러나기는 삼국시 대부터이다. 그런데 사실 여부를 알 수는 없지만, 그 훨씬 이전에 민족 고유의 문자가 있어서 사람의 역사를 전달하고 사실을 기록했다는 단편 적인 기록들이 있다. 아마도 한자(漢字)이거나 한자를 차용(借用)한 차자표 기(借字表記)일 것이라고 추정된다. 이후 한국민은 한자를 받아들여 뜻을 문자로 전하는 수단으로 삼았다. 한자의 유입은 적어도 위만조선(B.C.194 년)과 한사군이 설치된 시기(B.C.108년)에 있었고 이후 삼국시대, 통일신라 시대에 강력한 문자생활의 중심이 된다. 그러나 우리말의 소리와는 아무 런 관련이 없는 외국 문자인 한자의 사용에만 기대지 않으려는 노력이 있었는데, 곧 차자 표기가 그것이다. 차자 표기의 역사적 의미는 자못 크 다. 왜냐하면 중국말과는 다른 우리말에 대한 자각이었고, 그 말을 표기 하는 수단을 마련하려는 노력은 당시 문화 생활의 중심이 된 한자의 지배 를 벗어나 우리 방식으로 우리 것을 표기하려는 자각이었기 때문이다.

한자를 완전히 떠나서 새로운 기호 형태로서 마련된 표기 수단은 아니 었지만 이른바 고유명사 표기, 서기체 표기, 이두(吏讀), 향찰(鄕札), 구결(口 訣)은 국어에 대해 뚜렷하게 인식하지 않고서는 고안될 수 없었던 표기 방식이었다. 고유명사 표기는 한자에 어느 정도 익숙해진 우리 선조들이 고유어의 음성 형태를 성실히 실현시켜 자국어를 표기해보려는 강한 욕 망의 결과였다. 국어의 음성 형태를 음절단위로 분절하게 되고 중국어와 국어 간의 음운 체계 상의 차이를 파악하게 되는 방법이 싹트기 시작했다 는 점에 큰 의의가 있다. 서기체 표기는 우리 문장을 표기하기 위해 국어 (신라어) 어순으로 한자를 배열했던 표기이다. 우리 선조들이 중국어와는 다른 국어 구문에 대해 의식한 결과이다. 이두는 한자를 국어의 문장 구 성법에 따라 배열하고 여기에 형식적인 형태소인 토씨와 어미를 한자를 빌려 표기한 우리말 문장 표기법이다. 우리말에서, 의미부와는 다른 문법 형태소에 대한 인식이 뚜렷이 나타나는 표기 방식이다. 향찰은 한자의 음과 뜻을 빌려 국어 문장을 전면적으로 표기하려 했던 표기법이다. 통일된 표기 방안에까지는 이르지 못했지만, 우리말의 소리와 순서를 그대로 표기해 보려한 노력이었다.

---

## [참고자료: 차자표기(借字表記) 시대]

### <1> 한자(漢字)·한문(漢文)의 수입

한자가 우리나라에 수입된 시기와 경로는 분명하지 않다. 그러나 지리적으로 중국과 접촉하고 있었고 일찍부터 정치적 접촉이 잦았던 사실에 비추어, 중국과의 교류와 함께 한자도 수입되었으리라고 생각된다. 중국과의 접촉이 역사에 비교적 구체적으로 나타나는 것은 기자조선(箕子朝鮮) 시대부터이다. 그 후 위만조선(衛滿朝鮮), 한사군(漢四郡: 낙랑, 진번, 현토, 임둔)의 설치로 접촉이 이어지는데, 이 동안 이 지방의 지배자인 중국인들을 통해서 어느 정도 문자가 수용되었는지는 분명하지 않으나 한자의 사용에 전혀 무관하지는 않았을 것이다.

그 후 맥족(貊族)이 고구려를 세우고 일부 맥족이 남하하여 백제를 세우고, 한족(韓族)이 신라를 세우는데 이 시기에는 정치적 접촉의 정도로 보아 한자의 사용도 꽤 많았을 것이다.

기록상에 나타나는 한자의 사용은 삼국건국 이후의 일이다. 고구려에는 국초부터 한자를 사용하여 역사책을 지어 <유기(留記)>라 하여 100권이 저술되었다 하며, 영양왕(600년) 때 이문진이 이를 요약하여 <신집(新集)> 5권을 만들었다고 한다. 그러나 현재 전해지지는 않는다. 교육에서 한자와 한문을 가르쳤다 하며, 장수왕(長壽王) 때 세운 광개토왕 비문은 고구려인의 한자

실력이 상당했음을 말해준다.

백제도 맥족이 세웠으므로, 일찍이 한문을 사용했던 것으로 보인다. 근초고왕(近肖古王), 근구수왕(近仇首王) 때는 아직기(阿直岐), 왕인(王人) 등이 한자를 일본에 전했고, 박사 고흥(高興)으로 하여금 서기(書記)를 편찬하게 한 바 있다. 신라는 지리적 조건으로 고구려, 백제에 비해 좀 늦게 한자가 사용되었던 것으로 생각된다. 점차 사용이 성해지면서 경덕왕 때는 지명을 중국식으로 개정하였다. 진흥왕 순수비문(振興王巡狩碑文: 북한산비, 황초령비, 마운령비, 창녕비)은 신라인의 한문 실력이 상당했음을 보여준다.

한자, 한문의 수입은 곧 중국어와의 접촉을 뜻하는데, 이것은 국어를 다른 언어에 비추어 보는 계기가 되었을 것이다. 문자의 사용으로, 우리 문화를 인접군 일본에 전파하는 수단이 되었으며, "문자 생활"이라고 하는 것에 대해 눈을 뜨게 되었다는 점에서 의의가 있다.

## \<2\> 고유명사 표기법(固有名詞 表記法)

한자로써 국어의 고유명사를 표기한 것으로, 이것은 한자에 어느 정도 익숙해진 우리 선조들이 고유어의 음성형태를 한자를 빌려서 표기해 보려는 시도였다. 한자의 음(音)과 훈(訓, 한자의 뜻의 새김)을 적당히 이용해서 고유명사가 지닌 음성적 특징을 살리려 한 것이다.

■ 고유명사를 한자로 대치시킨 원리

(1) 한자의 표음적(表音的) 기능을 취한 음독자(音讀字)

　－ 예: '古'를 '구' 음의 표기에 사용

(2) 한자의 표훈적(表訓的) 기능을 살려 이 표의성(表意性)을 국어의 단어로 고정시킨 석독자(釋讀字)

　－ 예: '水'를 '믈'이란 단어를 나타내기 위해 사용

▌고유명사 표기의 예 : 신라의 국명(國名) － 徐羅伐, 徐伐, 斯盧, 鷄林, 新羅尙州의 古名 － 沙伐, 上州 (沙＝上, 伐＝州의 音訓대응)

'赫居世 ＝ 弗矩內' '元曉 ＝ 始旦' '買忽 ＝ 水城'의 대응

* 고유명사 표기법은 국어가 문자에 의해서 비로소 정착되기 시작했다는 점과 이를 통해 국어의 음성 형태를 음절 단위로 분석하게 되고 중국어와 국어 간의 음운 체계상의 차이를 파악하게 되는 방법이 싹트기 시작했다는 점에 그 의의가 있다.

<3> 차용어(借用語)에 의한 대체

한자 사용이 익숙해지면서 우리 고유어의 음성 형태를 성실히 실현시키려는 표기법이 여러 가지로 강구되었지만, 중국문화의 적극적인 섭취에 비례하여 차츰 우리 국어에 대한 관념이 비하되어 갔다. 이런 의식과 음훈차 표기(音訓借 表記)의 복잡성과 불합리성에 대한 인식에서 국어 속의 차용어 발생이 비롯된다. 그 경과는 다음과 같다.

(1) 南解王 9년 － 6부 이름을 고침 (陽山部→梁部, 古墟部→沙梁部, 大樹部 →漸梁部, 于珍部→本波部, 加利部→漢祇部, 明活部→ 習比部)

(2) 智證王 4년 － 國名을 중국식으로 개정. '居西干, 次次雄, 尼叱今, 尼師今, 왕호(王號)를 '王' 으로 바꿈.

(3) 智證王 6년 － '軍主'라는 칭호를 쓰게 함.

(4) 眞德王 4년 － 중국 연호 사용.

(5) 景德王 16년 － 모든 地名과 官職名을 중국식으로 개정. (吉同郡→永同郡, 推火郡→密城郡 등)

* 이리하여 중국 한자 차용어의 세력은 점차 커지고 이후 국어의 단어 속

에 많은 차용어를 받아들이는 계기를 만들었다. 이로써 우리의 고유어
가 소실되어 가기 시작한다.

### <4> 서기체 표기 (書記體 表記)

한자로써 우리의 문장을 표기하기 위해 한자를 국어(신라어)의 語順으로
나열했던 표기이다. 여기에 문법형태의 표기는 나타나지 않는다. (다만, '之'
字가 동사의 終結形으로 쓰인 듯하다.) 이것은 임신서기석(壬申誓記石)에 쓰여
있는 표기법이라서 서기체라 명해지나 이와 같은 표기법은 다른 성질의 글
에서도 발견되므로 적절한 명칭은 아니다.

[ 壬申年六月十六日二人幷誓記 天前誓 今自三年以後 忠道執持

過失无誓 若此事失 天大罪得誓 若國不安大亂世 可容行誓之

又別先辛未七月二二日大誓 詩尙書禮傳倫得誓三年 ]

(임신년 6월16일에 두 사람이 함께 맹세하여 기록한다. 하느님 앞에 맹세한
다. 지금으로부터 3년 이후에 충도(충성의 도)를 간직하여 지키고 과실이
없기를 맹세한다. 만일 이 일을 잃으면 하느님께 큰 죄를 얻을 것이라고 맹
세한다. 만일 나라가 편안치 않고 크게 세상이 어지러우면 가히 모름지기
이를 행할 것을 맹세한다. 또 따로 앞서 신미년 7월22일에 크게 맹세하였
다. 시, 상서, 예기, 좌전을 차례로 습득하기를 맹세하되 3년으로 하였다.)

* 이 문장은 임신년 552년, 혹은 612년 (이기문 설), 732년(유창균 설)으로
추정된다. 이 문장은 한자에 의한 문장 표기의 초기 방식을 보여준다.
이 표기에 문법 형태소인 조사, 어미의 표기가 보태지면서 이두(吏讀)로
발전한다.
* 이 표기법은 우리 선조들의 중국어와는 다른 국어의 구문에 대한 의식을
보여준다.

<5> 이두(吏讀)

한자를 국어의 문장 구성법에 따라 나열하고 여기에 형식적 형태소인 조사와 어미를 한자를 빌려 표기한 우리말 표기법이다. 한자를 우리말 어순에 따라 나열했던 書記體 표기에 문법 형태소를 첨가함으로써 보다 문맥을 분명하게 한 것이다. 서기체에서 이두로 발전되는 과도기적인 초기 이두 자료로 경주 남산신성비(慶州南山新城碑)(591년)의 문장이 있고, 본격적인 이두는 갈항사 조탑기(葛項寺造塔記)(758년)에 보인다. 이두체 문장은 서서히 발전하여 대명률직해(大明律直解)(1395년)에 이르면 그 체계는 매우 정리되고 세련된다. 조사, 어미에 국한하던 것이 차츰 부사, 관형사 또는 명사에까지 확대된다. 몇 예를 보이면 다음과 같다.

[本罪律乙依良 施行爲齊] (乙:－을, 依良:따라, 爲齊:ᄒ져(원망종결사))
[夜間更直使令亦造心不冬 達賊爲在乙良] (亦:주격조사 '이', 不冬:안둘, 爲在乙良:ᄒ거늘랑)
[身體良中 腫處有去等] (良中:처격조사 '에', 有去等:잇거든)

吏讀라는 명칭은 吏吐, 吏道, 吏書 등으로도 나타난다. 신라장적(新羅帳籍)에도 이 표기법의 흔적이 있는 것으로 보아 이 표기법은 일찍부터 사용된 듯하며, 명실상부한 이두의 성립은 南山新城碑(591년), 葛項寺造塔記(758년)로 보아 7세기인 듯하다.

설총의 이두 제작설(제왕운기, 대명률직해 등의 기록)은 이두가 설총 이전에도 사용되었으므로 그대로 믿기 어려우며, 설총은 구결(口訣)과 관련이 있을 듯하다(三國史記 券46: 설총이 "以方言讀九經 訓導後生 至今學者宗之).

이두는 19세기 말까지 계속 사용되었으며 훈민정음이 창제되기 이전에 우리의 표기 수단으로 이용되었고, 한문의 번역에 사용되기도 하였고(大明律直解 1395, 養蠶經驗撮要 1415), 이서(吏胥)들 사이에 깊은 뿌리를 박고 있었다.

### <6> 구결(口訣)

한문 원전을 읽을 때 그 뜻을 알고 읽기 위해서 각 구절 아래 달아 쓰던 문법적 요소로, 한자를 빌려 표기한 것이다. 口訣이란 "입겿"의 한자 차용어이다. 세종실록 권40에 "上語卞季良曰 昔太宗命權勤著五經吐"라는 기록이 있는데 이것은 권근이 토 즉 구결을 창안했다기보다 오경의 토를 정했다고 하는 것이 옳을 것이다. 삼국사기에 설총이 "以方言讀九經"이라 한 것은 구결과 직접 관련이 있는 것으로 보인다.

구결의 전통은 매우 오래된 것이라 생각되나 오늘날 전하는 자료들은 모두 그리 오래지 않은 것이다. 몇 예를 보이면 다음과 같다.

[天地之間萬物之中厓 唯人伊 最貴爲尼 所貴乎人者隱 以其有五倫也羅]

(厓:－애, 伊:－이, 隱:－은, 羅:－라)

[父母隱 天性之親是羅 生而育之爲古 愛而敎之爲於 奉而承之爲古 孝而養之爲飛尼

(隱:－은, 是羅:－시라, 爲古:ᄒ고, 爲於:ᄒ며, 爲古:ᄒ고, 爲飛尼:ᄒ나니)

이런 방식으로 사용된 구결의 예를 들면 다음과 같다.

爲是尼:ᄒ시니, 是於:－시며, 爲也隱:ᄒ야는, 羅爲時尼羅:－라 ᄒ시니라, 乙奴:으로

乙:－을, 里五:－리오, 是面:－시면, (－이며?), 時於焉:－시어든(－이거든?)

### <7> 향찰(鄕札)

한자의 음(音)과 석(釋)을 빌려 국어 문장은 전면적으로 표기한 音訓借 表記法으로, 신라시대에 발달했으며 특히 향가(鄕歌)에 이용되었다. 이것은 이

미 발달되어 있었던 고유명사 표기법과 이두의 확대였다. 그러나 중국어와 국어의 음절구조의 차이로 인해 향찰 체계는 지극히 복잡했고, 만족스런 표기가 되지는 못했다. 이 표기법은 고려 초엽 ("悼二將歌"가 마지막 일례)까지 존속했다. 우리말의 모든 단어를 일일이 한자로 대치시켜야 하는 불편한 표기보다는 차라리 한문을 사용하거나 이두를 이용하는 편이 낫다고 인식했을 것이다.

그런 만큼 이 표기법은 해독에도 어려움이 많다. 아직까지 향가의 해독에는 이견이 많다.

---

東京明其月良 夜入伊 遊行如可 (시블 불긔 도래 밤드리 노니다가)

入良沙 寢矣見昆 脚烏伊四是良羅 (드러사 자리보곤 가르리 네히어라)

二肹隱 吾下於叱古 二肹隱誰友下焉古 (둘흔 내해엇고 둘흔 뉘해언고)

本矣吾下是如馬於隱 奪叱良乙何如爲理古

(본디 내해다마른 아사놀 엇디 흐릿고) <處容歌>

---

이상 몇 표기법은 모두 국어에 대한 강한 인식의 결과였다. 우리말을 표기해 보려는 이러한 자각과 노력들이 강한 역동성이 되어, 나중에 15세기에 와서 훈민정음이라는 고유문자의 창제를 가능하게 한 토대가 되었다는 평가를 내려봄직하다. 훈민정음의 창제는 국어 의식의 심화 없이는 도저히 불가능했던 엄청난 작업이었고, 그런 만큼 그 훨씬 이전부터 있었던 이러한 자각의 역사를 포함시키는 것은 타당한 평가가 될 것이다.

## ┃ 2. 훈민정음의 창제와 그 이후

우리 문자, 훈민정음의 특색은 학문적인 창제의 업적이라는 데에 있다.

과연 문자의 창제를 두고 학문, 곧 국어학을 운운할 수 있을까? 그 문자가 단순히 소리 몇 개와 기호 몇 개를 대응시켜 약속한 정도의 것이라면, 또는 단순한 대응으로부터 시작된 문자가 오랜 역사를 거치면서 자연스럽게 보완된 것이라면, 문자의 창제와 학문적인 인식과를 연관지을 수 없을 것이다. 그러나 우리의 훈민정음은 사정이 다르다. 전 세계의 역사 어디에서도 찾아볼 수 없는 "창제"의 업적으로 기록되는 특수성을 지닌다. 유달리 우리 민족에게만 주어진 행운이라서 그런지, 그래서 다른 나라 어디에서도 문자와 관련해서는 순수국어학의 범주에서 다루지 않아서 그런지, 훈민정음 창제에 대한 학사적 평가가 미진하기도 했다. 우리는 한글의 우수성을 인정함과 동시에, 그것이 역사의 한 시대, 유명(有名)의 학자들에 의한 국어학의 결과물로서 탄생한 것이라는 점을 십분 인정해야 할 것이다.

그러면 훈민정음이라는 문자의 창제에 토대한 된 국어학의 내용은 무엇이었나? 이 점을 밝히기 위하여 우리는 먼저 한글의 문자적 가치와 특성을 짚어보아야 할 것이다 [참고: 한글의 우수성 문제].

---

### [참고 : 한글의 우수성 문제]

#### <1> 우수한 문자의 조건과 한글

"문자(文字)"란 말을 시각화하여 표기하는 수단이다. 음성 언어를 발화하는 목소리는 입에서 나온 순간 즉시 사라지고 또 멀리 떨어져 있는 곳에는 미치지 않는 제약을 가지는 데 반하여, 이것을 시각적인 기호로 바꾸어 기록해 놓는 문자는 항구적이고, 먼 곳이나 훗날로 옮겨 전달할 수 있는 특징을 가진다. 다시 말하면 문자의 기능은 시간, 공간적으로 제약이 있는 말을 시각화(구체적으로는 문자화)하여 표기하는 데에 있고, 한 언어 전체의 말을 다 표기할 수 있어야 한다.

아울러, 문자는 꼭 말을 표기하되, 글자 하나하나가 말의 어떤 단위와 직접적으로 연관되어야 하며 한 언어의 전체를 표기할 수 있어야 한다. 그렇지 않으면 문자라고 할 수 없다. 기호 체계 중에 봉화나 교통 정리 손짓 등은 표기되는 것이 아니며, 방향 표지판 같은 것은 말의 어떤 단위와 연관되는 것이 아니며, 옛날에 쓰던 계산막대기, 조개구슬, 새끼 매듭 등은 한 언어의 전체적인 기호 체계라 할 수 없으므로 문자가 아니다.

문자의 습득은 인간의 인위적인 노력에 의하여 이루어진다. 언어는 사람이 태어나서 언어 습득 시기에 모국어를 늘 듣고, 그 의미를 깨우치며 자연스럽게 습득하게 된다. 곧, 한 언어에서 사용되는 음성과, 의미를 배우면서 언어를 구사할 수 있게 된다. 이에 비해 문자의 습득은 특별한 교육을 통하여 이루어진다. 어떤 말을 표기하는 문자를 익힘으로써 문자를 사용할 줄 알게 된다. 문자는 글자 하나하나로 이루어지는데, 세계 각 문자는 그 지니는 성격이 다르다.

문자의 성립은 역사적인 변천에 의하거나 한 시대의 발명에 의한 것이 있는데, 대체로 문자 발달사에서는 단어문자, 음절문자, 음소문자의 단계로 그 발전 과정을 설명하고 있다. 언어 간에는 우열이 없다고 하는 말이 있는데, 문자 간에도 과연 그러한가? 미개인이 사용하는 언어라고 해서 그 언어가 미개하다고 할 수 없다고 하는 것은 한 언어 체계라고 하는 것은 그 구성원의 의사 전달의 필요성을 충족시키기 위하여 만들어지고 쓰여지는 것이니 만큼 한 언어 체계라고 하는 것은 그 필요성이 충족되는 언어라고 간주된다는 말이다. 그러면 문자는 어떠한가? 세상의 모든 언어의 형식은 사람이 낼 수 있는 목소리의 형태를 기본 매개체로 하고 있으므로, 언어 형식의 우열이 있을 수 없지만, 문자는 그 형식으로 취한 것이 다양하므로, 우수성을 논의할 수 있게 된다. 그러면 어떤 조건을 갖춘 문자가 우수한 문자인가?

먼저 우수한 문자가 되기 위해서는 기본적으로 한 언어 전체의 언어 형태를 다 표기할 수 있어야 한다. 다시 말해 말소리 기술 능력이 뛰어나야 한다. 말소리 기술 능력이 뛰어나기 위해서는 되도록 적은 수의 부호를 가지고 한 언어 체계를 다 기술할 수 있는 것이어야 한다. 그리고 부호와 언어와의 관계가 1:1 대응이 이루어져야 한다.

둘째, 우수한 문자는 배우기 쉽게 구성되어 있어야 한다. 배우기 쉬우려면, 문자의 표기 원리가 과학적이어야 한다. 문자의 표기 원리란 것은 곧 어떤 방식을 써서 언어음과 연결시키는가 하는 것인데, 문자 하나를 전체 단어 전체와 연결시키는 방법 (예: 한자), 문자 하나를 한 음절과 연결시키는 방법 (일본의 가나 문자), 문자 하나를 한 음성과 연결시키는 방법 (한글, 로마자)이 있는 것이다. 이것을 각각 단어 문자, 음절문자, 음소문자라고 한다. 글자 하나가 독립된 개념이나 의미를 나타내는 것 (단어문자)보다 글자 하나가 언어 형식의 한 구성분자 (음절문자, 음소문자)를 나타내는 것이 더 과학적이다. 왜냐하면, 단어문자 수준에서는 표현하고자 하는 단어의 수만큼 (30만 내지 50만) 문자가 필요했으나, 음절 문자에서는 그 언어 안의 음절 수 (영어 약 2000개, 일본어 약 60개, 국어 약 1800 개 정도)로 줄어 들 수 있고, 음소문자 수준에서 그 수는 더 줄어들게 된다 (영어 26개, 한국어 28개).

워싱턴 대학의 한 교수가 세계의 많은 문자 중에 전 세계 언어를 다 표기해 낼 수 있는 문자가 있는가? 라는 메시지를 인터넷에 띄웠다. 여기에 대하여 들어온 답변은 "있다. 한국의 문자 한글이 그것이다."라는 것이었다. 여기서, "전 세계 언어를 다 표기할 수 있는 문자"란 어떤 의미인가? 그것은 바로 문자가 갖추어야 할 가장 중요한 자질을 지적한 것이었다. 여기에 맞는 문자는 세계에서 단 하나 "한글"이 있다는 것이다.

## <2> 한글의 특수성

한글이 한국말을 넘어서 주변의 다른 언어를 적는 데도 매우 강력한 표음 능력을 가지도록 만들어진 것은 명백한 사실이지만, 그 중심이 한국말에 있다는 것은 더욱 명백한 사실이다. 이 점은 무엇보다도 「세종어제훈민정음」 곧 「훈민정음」 언해문의 뒤에 보탠 부분에서 중국말의 잇소리가 한국말의 잇소리 ㅅ, ㅈ, ㅊ 등과는 다르기 때문에 중국말의 잇소리를 적을 때는 ㅅ, ㅈ, ㅊ : ㅅ, ㅈ, ㅊ 등으로 획을 변경해서 적도록 하고, 나머지 소리는 한국말의 소리와 대체로 같기 때문에 이미 만든 한글을 고치지 않고 융통해 쓰도록 한다고 규정한 사실로 잘 드러나 있다. 말하자면 한글은 우선적으로 한국말을 적기 위해 만들어 놓은 것이라, 주변의 다른 언어들을 적을 때는 어지간히 하면 그대로 쓰되 정 맞지 않을 경우에는 획을 부분적으로 고쳐가며 쓰도록 한다는 것이다. 이처럼 외국말 적기를 위한 변형의 원칙은 15 세기부터 17, 8 세기에 이르기까지 중국말뿐만 아니라 만주말, 몽고말, 일본말, 인도말 등의 모든 외국말에 대해서 한결 같이 적용되어 갔다. 그러나 한글의 참된 특수성은 이보다 더 깊은 곳에 배어 있다.

첫째로, 한글에서 소리마디를 초성, 중성, 종성의 셋으로 나누는 삼분법은 중국말에서 소리마디를 성모 – 운모의 둘로 나누는 이분법, 곧 반절법과 대비된다. 이를테면 중국말에서 '東'은 성모 /ㄷ/과 운모 /ㅗㅇ/으로만 나뉜다. 그러나 세종임금은 이 경우 운모를 /ㅗ/와 /ㅇ/으로 한 번 더 나눔으로써 결국 /ㄷ – ㅗ – ㅇ/의 세 조각을 내었다. 중국말의 성모는 초성과 같은 것이지만, 운모는 중성과 종성으로 갈린 셈이다. 그리고 종성은 초성과 동질적임을 발견했다. 그래서 훈민정음 본문에서 종성을 초성 글자로 융통한다고 규정하게 되었다. 여기서 세종 임금의 독창적인 관찰력이 발휘된 것이다.

만일 중성과 종성을 갈라 보는 눈이 없었더라면, /ㅏ ㅑ ㅓ ㅕ ㅗ ㅛ ㅜ ㅠ ㅡ ㅣ/ 등을 저마다 다른 글자로 적게 되었을 것이고, 또 /ㄴ ㅑㄴ ㅓㄴ ㅕㄴ ㅡㄴ ㅠㄴ ㅗㄴ ㄷㄴ ㄷㄴ 신/ 등도 저마다 다른 글자로 적게 되었을 것이고, 또, /ㄴ ㅑㄴ ㅓㄴ ㅕㄴ ㅡㄴ ㅠㄴ ㄷㄴ ㄸㄴ ㄷㄴ 신/ 등도 저마다 다른 글자로 적게 되었을 것이다. 여기 보기 든 것만 가지고 셈을 쳐보자. 모두 서른 글자가 필요하다. 그러나 중성과 종성을 따로 갈라 보고 따로 적도록 한 결과 필요한 것은 몇 글자인가? /ㅏ ㅑ ㅓ ㅕ ㅗ ㅛ ㅜ ㅠ ㅡ ㅣ/를 적을 글자 열 개와 /ㄱ ㄴ ㄷ/을 적을 글자 세 개, 그러니 모두 열 세개만 있으면 된다. 이런 식으로 모든 경우를 다 찾아 셈을 친다면 그 차이는 엄청나게 벌어질 수밖에 없다. 세종 당대의 한글 문헌에 쓰인 중성 글자는 줄잡아 'ㅏ ㅐ ㅑ ㅒ ㅓ ㅔ ㅕ ㅖ ㅗ ㅘ ㅙ ㅚ ㅛ ㅜ ㅝ ㅞ ㅠ ㅟ ㅡ ㅢ ㅣ ㆍ ㆎ ᅴ'의 스물 다섯 개 정도이고, 종성 글자도 줄잡아 'ㄱ ㄴ ㄷ ㄹ ㄼ ㄽ ㄾ ㅀ ㅁ ㅂ ㅅ ㅿ ㆁ ㅈ ㅊ ㅌ ㅍ'의 열 일곱 개 정도이다. 중성과 종성을 갈라본다면 25+17=42 개의 글자로 충분하지만, 그렇게 보는 눈이 없이 글자를 만든다면, 25×17=425 개의 글자가 나올 수밖에 없다. 필요한 글자가 기하급수로 불어나는 셈이다. 이러한 셈이 나오게 되는 것은 근본적으로 한국말의 중성과 종성이 중국말의 것과 비길 수 없을 만큼 다양하기 때문이다. 또 이처럼 한국말이 중국말과 다르다는 사실을 세종임금이 충분히 파악하고 있었기에 중성과 종성을 가르고, 그럼으로써 한국말에 꼭 맞는 합리적이고 경제적인 글자 체계를 구상할 수 있었던 것이다.

둘째로, 홀소리 글자에 나타난 밝은 홀소리, 어두운 홀소리, 중간 홀소리의 구별은 중국말에는 없는 홀소리 어울림(모음조화) 현상의 반영이다. 이를테면 "놓어 두어"라 하지 않고 "놓아 두어"라고 말해야 하는 것처럼 'ㅗ'와 'ㅏ', 'ㅜ'와 'ㅓ' 등의 일정한 홀소리끼리의 짝끼리 어울리기 잘하는 일은 한국말, 만주말, 몽고말, 터키말 등의 이른바 알타이말 겨레에 공통되며, 이들 언어와 계통이 전혀 다른 중국말에서는 볼 수 없는 현상이다. 위의 보기를 줄여 말하면 "놔 둬"가 되어 'ㅘ'와 'ㅝ'라는 소리마디 글자가 나온다. 'ㅗ'와 'ㅏ'를 같은 부류로, 'ㅜ'와 'ㅓ'를 같은 부류로 갈라 풀이하고, 이에 따라서 겹글자도 'ㅘ'와 'ㅝ' 따위를 만들지 않은 것은 이러한 홀소리 어울림 현상을 먼저 꿰뚫어 알기 전에는 할 수 없는 일이다. 세종임금은 이처럼 한국말에 특유한 현상을 발견하고 이에 맞추어 홀소리 글자를 조직적으로 만든 것이다. 이런 고려는 홀소리 어울림 현상을 공유하고 있는 다른 언어들의 글자 만들기에서도 일찍이 없었던 일이다.

한글은 이처럼 세계의 보편적인 글자가 될 수 있을 만큼 막강한 표현력을 가지고 있으면서 동시에 한국말이라는 특정한 자연 언어를 적기에 다시없이 알맞은 글자로서 한국말과 밀착된 바탕을 가지고 있기도 하다. 유능한 언어학자의 손으로 치밀한 연구와 과학적인 창의가 결집되어 만들어진 글자이기에 한글은 일반의 요건을 고루 갖춤으로써 이상적인 글자에 가깝게 된 것이다.

<3> 정보화 시대에 한글은 어떤 위치에 있는가?

이 점에 대하여 "한글은 21세기형 문자" 논의를 소개한다 (조선일보) : "한글 창제 당시의 자모를 조합하면 무려 18억 14만 8천 6백자가 나타날 수 있다. 지금은 없어진 자모 4자와 외래어(중국어) 표기용 6자 등을 합해 초－중－종성까지 고려해 조합을 하면 그렇다는 얘기다. 가히 천문학적 숫자이다. 그러나 1933년 맞춤법 통일안에 이르러 24자로 줄어들고 마디글자(음절)는 1만 1172자로 축소되었으며 1985년 전산용 완성형 부호계(코드)는 2350자까지 축소되었다. 다시 1977년에는 유니코드를 활용할 경우 23,500자로 확대되었으며 극히 최근 어느 글편기(글월편집기/ 워드프로세서)는 한글 50만자 수준의 마디글자가 생성가능하다고 했다.

그러나 이 많은 글자수는 비경제적이었다. 한글의 역사가 축소지향의 역사가 됐던 이유도 여기에 있다. 그러나 컴퓨터시대가 도래하자 사정은 달라졌다. 모아쓰기를 자동으로 터득할 수 있는 지능기계(전산기) 덕분에 한글자모만 입력시켜도 마디글자를 자동적으로 토해놓을 수가 있게 된 것이다. 이는 촘스키가 말하는 생성틀이나 튜링의 지능생성틀 구조와 아주 일치하는 것이다. 세종대왕은 무려 500년이나 앞서 이 이론을 한글 창제를 통해 실현했다. 이 때문에 한글은 컴퓨터를 염두에 두고 창제했을 것이라는 주장까지 나오는 것이다. 구체적 사례로 로마자 공세에 살아남은 글편기는 오직 한국뿐이며 셈틀(PC) 보급율(대수가 아닌) 면에서 일본을 앞지르는 것 또한 이러한 구조적 특징에서 유래한다고 본다.

수가 많으면 쓰일 곳도 많은 법, 글이 없어 말(언어)까지 죽어가는 3500여 개의 소수민족들에게 글을 만들어주는 일이나 10억으로 추산되는 글소경사 람(문맹인)들을 일깨워주거나, 에스페란토 말을 글로 적을 때는 무엇보다도 한글 음성 문자가 제격이다. 이를 확대 적용한다면 일본이나 중국과 같이 한 자말을 컴퓨터로 입력시키기가 곤란한 문자들을 위해서 한글은 소리기호로 도 사용할 수도 있을 것이다. 절대자와 교신한다고 주장하는 방언 형태의 읊 조림, 굿거리 말(사설) 주문, 음성신호 등을 정확히 적어 놓은 일, 칼 세이건 이 고안하여 파이어니어호 등에 탑재했던 시늉말(제스처)로 된 외계인과의 교신 엽서 글 등은 모두 한글로 적어야 제 뜻을 나타낼 수 있다. 물론 다른 글로도 적어 놓을 수 있겠으나 말과 글이 서로 달라 사맛(유통)지 못할 것이 다. 특히 외계인과 교신할 때는 지금 쓰지 않는 한글 마디글자가 소용되는 시기가 반드시 올 것이다. 이는 한글이 우주(하늘)와 자연(땅)과 인간(사람)들 이 니르고져(욕언)하는 소망을 표기하기 위하여 창제된 것이기 때문이다.

한자는 과거기록에는 탁월한 능력이 있으나 미래를 창조하는 문자는 아니 다. 로마자는 말과 글이 일치하지 않는다. 한글은 보편성과 개방성을 함께 지 니고 있으며 세계인 누구라도 컴퓨터와 인터넷에 손쉽게 실어 펼 수가 있기 때문에 세 번째 천년은 한글의 세계가 될 것이 분명해 보인다. (하략)" (진용 옥 님)


<4> 한글의 단점

한글은 세계에서 가장 우수한 문자임에 틀림이 없지만, 몇 가지 단점도 가 지고 있다. 첫째로는 사소한 문제이긴 하지만, 한글은 글자들이 비슷한 것이 많이 있기 때문에 작은 글자로 쓰거나 모양을 제대로 갖추어 쓰지 않으면 글 자를 인식하는 데에 지장이 있다. 자음 글자는 같은 조음 위치에서 나는 소 리들을 비슷한 글자로 만들어 적기 때문에 가끔 글자를 변별하는 데 어려움

이 있으며, 모음 글자도 획 하나의 차이에 따라 다른 글자가 되기 때문에 더러 착오가 생기기도 한다. 그러나 이는 아주 조그만 문제이기도 하려니와 글자를 쓸 때 주의를 하면 얼마든지 해소될 수 있는 문제이다.

둘째로는 'ㅇ'글자는 두 가지 음을, 'ㅅ'글자는 세 가지 음의 표기에 쓰이고 있다는 점이다. 이는 한글을 500년 가량 써 오는 동안에 생긴 글자의 변천이나 관습적인 표기에 의해 생긴 문제이다. 'ㅇ'은 첫소리에서는 영음가를 표기하고 있고 (예: 아이, 아우), 끝소리에서는 [ŋ]음을 표기하는 데 쓰이고 있다. 이와 같이 두 가지 음가를 표기하는 데 쓰이고 있긴 하지만 위치에 따라 변별되기 때문에 읽고 쓰는 데 아무런 불편이 없다. 그러나 'ㅅ'글자의 경우는 꽤 복잡하다. 대부분의 경우는 [s]음을 표기하는 데에 사용하지만 그렇지 못한 경우도 있다. "ㄷ"음을 발음하지만 관습적으로 'ㅅ'으로 적어온 몇 개의 말 (갓-, 덧-, 첫-, 풋-)들이 있다. 또 사잇소리에서는 [ʔ]음으로 소리난다 (예 : 귓밥, 냇가). 그러나 이런 경우에 읽을 때는 별 문제가 없다.

셋째로는, 한국어의 음소 결합에서 일어나는 음운 변동 규칙이 30개 정도 있어서 이 규칙들에 의해 각 글자가 가지고 있는 원래의 음가와는 달리 발음된다는 점이다. 그러나 규칙적인 현상이므로 규칙에 대한 교육이 이루어진다면 해소될 수 있는 문제이다. (조규태, 1999, 한글의 우수성, 「한글사랑」)

---

## [참고자료 : 훈민정음 창제의 국어학적 의의]

위에서 살펴 본 한글의 문자적인 가치를 참고하면서 훈민정음 창제의 의의를 살펴보고, 특히 국어학적으로 어떤 의의를 가지며, 학사적인 자리 매김은 어떻게 하여야 할지를 논의해 보기로 한다.

우선, 훈민정음의 창제는 세종조의 언어 정책의 일환이었다는 점을 생각해 보자. 말과 글이 맞지 않아 불편하게 여긴 역사는 줄잡아 삼국시대 이후 부터이므로, 표기를 극복해보려는 노력들이 결국은 새로운 문자의 제정을 결심하게 되는 역동성으로 작용하였을 것이다. 게다가 조선시대의 새로운 정치, 학문, 윤리도덕의 이념으로 등장한 유교, 특히 성리학이라는 학문으로 인해 활발해진 학문 연구의 분위기도 그 바탕이 된다. 그런 여건 속에서, 중국의 운학(韻學)과 성리학을 원용하여 우리의 독창적인 문자를 창제하기에 이르는데, 이것은 우리 문화사에서 가장 중요한 업적의 하나라 간주해도 조금도 지나침이 없다. 이 새로운 문자의 창제는 우리의 자주의식(自主意識)을 높이고 진정한 민족 문화의 새로운 출발을 이루게 하였다. '우리 나라 말이 중국과 달라서 한자로는 서로 통하지 않으므로, 백성들의 의사 표현이 불편하다'는 훈민정음 서문(訓民正音 序文)의 표현이나, '이두(吏讀)는 한자를 빌려서 쓰는 것이기 때문에 대단히 어려울 뿐만 아니라 우리말의 만분의 일도 나타내지 못한다는 정인지 서(鄭麟趾 序)의 표현은 모두 문화적 자주의식에서 나온 말이다.

다음, 훈민정음의 창제가 갖는 국어학적 의의를 생각해 보자. 중국어와는 전혀 다른 우리말에 대한 인식은 이전부터 있어 왔지만, 문자를 만들기 위해서는 무엇보다도 우리말의 음운 체계와 음절 구조, 음성과 음운의 변별, 음운 현상, 형태에 대한 인식 등, 초분절소에 대한 인식 등 다양한 국어 현상에 대한 정밀한 이해가 절대적으로 필요했다. 세종과 학자들은 당시 먼저 발달해 있었던 중국의 성운학을 익히기 위해 부단히 노력하면서, 한편으로는 우리말을 정밀하게 고찰한다. 중국의 음과는 다른 우리말의 음성, 음운 체계를 파악해야 했을 것이다. 어떤 음이 어떻게 쓰이고 있는가를 고찰하기 위해 음이 정확한 사람을 천거 받아 발음을 계속 시키면서 연구에 임한 일화는 그야말로 무에서 유를 창조해내는 피나는 노력을 엿보게 한다. 그러면 훈민정음의 국어학적 의의를 짚어 보기로 한다.

(1) 중국 운학의 영향으로, 말소리의 분절과 말소리의 종류를 파악하는 일

이 다소 용이했겠지만, 우리말의 음절과 음운, 음성 인식을 확실하게
하고, 음운의 종류를 모조리 파악함. - 국어 연구에 최초로 우리말의
소리 인식을 한 연구

(2) 중국 운학에서는 시도하지 않은 종성의 분리 - 중국 운학에 그대로
의존한 것이 아님을 보여줌.

(3) 종성의 성격을 초성의 음운과 변이음 관계로 보고 문자 제정을 따로
하지 않은 일 - 음운과 음성의 정확한 개념 인식과 변이음에 대한 인
식이 정확하게 있었음.

(4) 각 소리의 성격에 대하여 정확한 조음음성학적 설명을 하고, 그 소리
인상에 대해 청음음성학적 설명을 한 것은 당시 학자들이 문자 제정을
위해 말소리 연구를 얼마만큼 했는지를 보여주는 대목임.

(5) 제자(制字)의 방식 중 가획(加畫)의 원리를 이용한 것은 음소 하나를 다
시 변별자질로 쪼갤 수 있는 음성학적 인식이 없고서는 불가능한 일이
었음.

(6) 이상과 같은 소리의 인식을 바탕으로 마련된 문자의 모양은 그야말로
소리의 이치가 기호에 반영되는 기가 막힌 조화를 보여주는 것임.

(7) 소리의 이치가 반영되는 시호를 만들었으므로, 그 기호는 세계 어느 소
리라도 다 표현할 수 있다는 자신감이 당시에 있었던 것으로 보임. 주
변 나라의 소리도 표현하기 위해 우리말소리 표기를 위해 만들어진 문
자에 약간의 변형을 하여 표기할 수 있음을 보여 준 것은 각 나라말이
나름대로의 음운 체계를 달리 가지고 있음을 인식하고 좋은 문자가 되
려면 모든 소리를 표기할 수 있어야 한다는 일반 음운론적인 인식을
한 것으로 평가할 수 있음.

(8) 모음의 제정에서 자음과는 그 성격이 판이하게 다른 것을 인식하고, 조
음 위치로 변별될 없는 대신에 소리 인상을 성리학적인 인식에 결부시
켜 문자를 제정한 일.

(9) 우리말의 표준음 외에 아이들의 유아적인 소리나 방언의 독특한 모음
이 있음을 고찰하고 그것마저 표기할 수 있는 방안을 마련한 것은 말소
리 연구가 매우 깊은 경지였음을 보여줌.

(10) 종성 표기의 두 규정인 '종성부용초성'과 '팔종성법'은 문자에 의해
소리를 표기할 때 가능할 수 있는 두 가지 방식을 모두 제시한 것인데,
이것은 형태주의적인 원리와 음소주의적인 원리에 대해 충분히 인식
하고 있었음을 보여줌. 또한 말소리의 중화 현상에 대해서도 인식한
것임.

(11) 훈민정음에 사잇소리 규정이 매우 복잡하게 되어 있어 실효를 거두지
는 못했지만, 우리말소리 현상 중 사잇소리 현상을 인식한 것이라는 점
에서 의의가 있음.

## 생각샘

01. 훈민정음 창제에 대한 올바른 설명을 해 보시오.

02. 한글의 우수성에 대한 사례를 찾아보시오.

※ 이 책의 뒤에 [부록]으로 생각샘 풀이를 실었습니다. 반드시 문제를 먼저
푸시고 풀이를 참고하시면서 국어사에 대한 지식을 다져 보시기 바랍니다.

## History of Korean for Foreigners (외국인을 위한 국어사)

※ 우리 학생들이 외국인에게 한국어의 역사에 대해 단편적으로나마 설명해 줄 수 있으면 좋겠다는 취지에서 이 영문을 실었습니다. 우리의 언어를 소중히 여기고 자랑스럽게 외국인에게 소개해 보고 싶은 의욕을 가져 보시기 바랍니다. 영문의 한국어 해설은 이 책의 뒤에 [부록]으로 실었습니다.

## Chapter 8. 'Hangeul,' the Korean Script

'Hangeul' was invented by King Sejong the Great in 1443 and is the script used in Korean writing. At first, it was named 'Hunminjeongeum.' In the early 20th century, Ju Shi-Gyung, a Korean Scholar, renamed it as 'Hangeul.' 'Hangeul' can mean 'letter of Han race,' 'one letter' or 'big letter' ('하다(ha-da)' meant '크다(ki-da)' in medieval Korean. '크다' can be interpreted as 'being great').

The most significant characteristic of 'Hangeul' is that it was invented by one inventor. Thus, compared to other letters that were formed through changes and additions through a long time, the system is very sophisticated because it was formed through intensive analytic research on phoneme. Because 'Hangeul' is the outcome of King Sejong the Great's plan to invent the perfect letter to write Korean directly, its function as script is superior. Followings are some superiorities of 'Hangul.'

(1) Hangeul is a phonemic writing consisting of vowels and consonants. In the history of development of language, the most superior form is a phonemic writing. This is because

a phonemic writing has an ability to write many sounds with few letters.

(2) The Romana lphabet is also a phonemic writing as Hangeul, but there is no one-to-one correspondence between letter and sound in it. Otherwise, the fact that there is almost such correspondence in Hangeul makes Hangeul an easier and more comfortable script to write language.

(3) It is worth noting that the shape of Hangeul is based on that of the vocal organs. The basic consonants 'ㄱ, ㄴ, ㅅ, ㅁ, ㅇ' were the result of diagramming of the shape of the human vocal organs: 'ㄱ' was modeled after the shape of tongue bending when making this sound. 'ㄴ' was also modeled after the shape of tongue lowering when making this sound. 'ㅁ' was modeled after the shape of lips since this sound comes from those. 'ㅇ' was modeled after the shape of throat, and 'ㅅ' after the shape of teeth, since its sound comes from grazing behind the teeth.

(4) From above basic letters, other letters were formed by adding a stroke according to each additional sound. In other words, the relationship between other consonants and the shapes of basic consonant is the symbolic reflection of the relevance of phonetic value. Linguists often refer Hangeul as phonological script because of that reason.

    ㄱ  ㅋ

    ㄴ  ㄷ  ㅌ (ㄷ  ㄹ)

    ㅁ  ㅂ  ㅍ

ㅅ ㅈ ㅊ

ㅇ ㅎ

(5) Basic vowels were formed based on philosophical principles. '•' which was formed at the time of invention in the 15th century, was modeled after the shape of round sky, '—'after that of flat earth, and 'ㅣ' after that of a standing man. Other letters were created from the combination of these. The shapes of other letters also reflect the phonological meaning.

- • + — → ㅗ , ㅜ
- • + ㅣ → ㅏ , ㅓ
- ㅣ + ㅗ → ㅛ
- ㅣ + ㅏ → ㅑ
- ㅣ + ㅜ → ㅠ
- ㅣ + ㅓ → ㅕ

(6) Writing phonemic letter, which innately corresponds to distinct sound, together according to initial, middle, and final sound enabled the users to write letters in the unit of a syllable, which is the unit of human tone. The characteristic that the unit of human tone for one syllable corresponds to one letter significantly increases legibility. Due to such superiority of Hangeul, the world is paying attention to it. Many linguists have admired the excellence of Hangeul, and UNESCO named the annual award given to individual or institute that has significant achievement

in the eradication of illiteracy from 1990 'King Sejong
Literacy Prize.' Additionally, the birth date of King Sejong
(September 8) the Great was chosen as International
Literacy Day. Moreover, 'Hangeul' is designated as a
UNESCO World Heritage. Because of Hangeul, Koreans are
known as people with the lowest illiteracy rate.

# 제 9 장
# 한국어 표현의 역사

"우리의 내면에는 보이지 않지만 드러내며 확인해야 할 의미와 생생한 감정이 있다. 언어가 없었다면 사람의 내면은 폭발했을지도 모른다."

'표현'이란 생각이나 느낌 따위를 언어나 몸짓 따위의 형상으로 드러내어 나타내는 것을 말한다. 우리의 언어도 우리의 내면에서 꿈틀거리는 생각을 나타내기 위해 만들어진 것이다. '어떤 이름을 붙여 그 생각을 표현했을까? 단어가 처음 만들어질 때, 그 아이디어는 무엇이었을까?'에 대해 생각해 보는 것은 흥미로운 일이다. 한국어 단어가 만들어진 어원 이야기를 보면, 사람들이 어떤 식으로 명명을 했는가에 대한 인식의 일면을 볼 수 있다. 또한 한국어는 다른 언어에 비해 의성어 표현이 발달되어 있는데 의성어의 역사를 살펴보는 일도 흥미가 있을 것이라고 생각되어 소개한다. 한편, 과연 옛날 사람들의 말투는 어떠했을지에 대해서도 추측해 보기로 한다. 요즘 방영되는 사극 드라마에서 대본은 현대 드라마와는 다소 다르게 대본이 구성되고 있다. 그렇다면, 그러한 표현들이 과연 옛날의 표현을 어느 정도 반영하고 있을까? 이 장에서는 이러저러한 표현과 관련된 역사적인 문제에 대해 생각해 보기로 한다.

## ▌ 1. 재미있는 어원

우리말의 어원에 대한 연구도 역시 말의 뿌리에 대한 호기심에서 비롯된다. 어원(語源)이란 "말이 생겨난 기원이나 옛 형태 또는 원래 뜻"을 일컫는다. 가령 '가루'는 '갈다'의 옛말 '골다'에 접미사 '우'가 붙어 이루어진 말이라고 하는 것은 말이 생겨난 기원을 설명하는 것이다. '미숫가루'의 '미수'는 만주어, 몽골어 musi(炒麵:볶은 밀가루)에서 온 말이라고 하는 것은 이 말의 유래를 말하는 것이다.

말의 어원도 가깝게는 조선조에서 시작되는 것이 있고 멀게는 아주 먼 중앙아시아 지역으로부터 시작되는 것도 있을 수 있다. 또한 현대로 들어서서 새로 쓰이게 된 말의 유래는 그 어원을 현대에서 찾을 수 있다. 보물이 덩어리로 나오는 것을 뜻하는 말 '노다지'는 구한말에 한반도의 금광에서 캐낸 금을 외국으로 보내는 상자에 써 놓았던 '손 대지 마시오'를 뜻하는 영어 'NO TOUCH'에서 비롯된 말이다. 그러므로 이 낱말의 시작은 조선 말엽이다. 그런가 하면, '꽃'이라는 말은 중앙아시아의 텐산 고원에서 '장미'를 뜻하는 말이 그 어원이라고 추정한 연구가 있다(이등룡, 1982, 특강자료). 그렇게 보면 이 낱말은 그 역사가 아주 오래된 것이다.

자칫 어원 연구는 상상을 통한 잘못된 추정을 통하여 이루어질 수 있다. 그런 오류를 범하지 않기 위해서는 반드시 문헌의 고증을 통하여 말의 기원을 증명할 필요가 있다. 그리고 개별적으로 행해진 어원 연구를 한 곳에 집대성할 필요도 있다. 현재 우리가 사용하는 낱말들이 어느 시기부터 쓰이기 시작했으며 어떻게 쓰이던 말이었는지, 그리고 어떤 변화의 과정을 거쳐 현대에 이르는지를 정리한 <어원 사전>이 나와야 할 것이다.

어원에 대한 연구들로 어원학에 대해 정리하고 어원을 연구한 최창렬

(1986), 어원을 의미별로 분류하여 정리한 최창렬(1993), 땅이름의 어원을 연구한 배우리(1994, a,b), 어원에 대한 수필을 곁들여 엮은 박갑천(1995), 만화를 곁들여 쉽게 재미있게 풀이한 우리누리(1994), 회고적 방법에 언어형태 재구를 시도한 이남덕(1985) 등 많은 연구들이 있다. 그리고 역사가 오래 된 <한글> 잡지에도 어원에 대한 연구들이 많이 있다. 어원 연구는 증명 자료가 희박하므로 그 연구 업적이 아직 미비하다. 그러나 우리말의 역사 연구를 위해서는 어원 연구가 필히 행해져야 한다. 어원 연구는 우리말 시작의 형태와 동기를 밝히는 연구가 되기 때문이다. 또한 이러한 고찰을 통해 언어가 사람의 인지 형태를 그대로 보여주는 좋은 자료임을 다시금 확인할 수 있다는 점도 어원 연구의 의의라고 생각한다.

여기에서는 어원에 대한 앞선 연구 중, 어원 상식으로서 알아둘 만한 것들을 몇 개 간추려 정리하면서 어원에 얽힌 내용을 통해 선조들의 표현 의식에 대해서 생각해 보기로 한다. 먼저 다음의 자료들은 마을 이름에 대한 것이다.

(1) ・ 널문이: 판문점의 원이름. 너른 물이 흐른다는 뜻.
　・ 무너미: 물이 넘는다는 뜻. 양평군 서종면에 '무너미'가 있는데, 이 지역은 이름 그대로 장마 때면 팔당호의 물이 넘어온다. 서울의 수유동(水踰洞), 용인 이동면과 안석군 경계의 고개가 무너미, 양양군 손양면 남대천 유역의 수여리(水余里)의 원이름은 '무내미'. 대전시 대덕구 탄동, 보성군 겸백면의 수남리(水南里)의 원이름은 '무나미'
　・ 무돌이: 물이 돌아 흐르는 곳. 양주군 장흥면 교현리, 양평군 서종면 수성리, 공주군 정안면 문천리 등에 있은 수회(水回), 안동군 풍천면의 하회리(河回里), 영천군 대창면의 강회리(江回里), 중원군 이류면 문주리의 수주(水周) 등.
　・ 돌곶이: 서울 성북구 석관동(石串洞)의 원이름. 돌이 많은 것이 아니라, 우

이 동쪽에서 흘러내린 '쇠귀내[牛耳川]'가 '한내[漢川]'(중랑천)로 유입되는 지점에서 둥글게 휘어돎.

· 돌목, 돌여울: 물이 돌아드는 목. 정선군 동면 석곡리의 석항(石項), 김포군 하성면의 석탄리(石灘里), 부여군 부여읍 지석리의 석탄(石灘), 이리시의 석탄동(石灘洞) 등.

· 아우내: 천안군 병천면 병천리의 원이름은 아우내. 아우른 내라는 뜻.

· 아우라지: 강원도 정선 북면의 여량리와 유천리 사이의 남한강 상류의 두 물줄기가 합쳐지는 물목의 지명이 '아우라지'이다. 합해진다는 뜻의 '아울'에 접미사 '지'가 붙은 말. 아울+(아)지. 홍천군 두촌면 철정리의 아호동(鵝湖洞), 홍천군 서면 중방대리의 아우라치, 철원군 서면 도창리의 합수(合水).

· 능어리: '어리'는 '허리'의 뜻으로 낮은 산줄기가 이어져 내린 곳. 전남 승주군 송광사 입구의 능어리.

· 모란: 몰의 안. '몰'은 산의 고어로 추정함. 곧 산의 안쪽에 위치해 있다고 그렇게 불렸던 것.

· 발안: 경기도 화성군의 발안. '발안'은 '벌안'에서 온 말이며 들판의 안쪽이란 뜻.

· 솔고개, 솔재, 솔치: 지명의 '솔'은 대부분 소나무의 뜻이 아니라 '작은'이라는 뜻. '솔다'는 너비가 좁음을 뜻하는 말. 인천시 동구의 송현동(松峴洞), 태안군 소원면, 보은군 마로면, 무안군 망운면 등에 있는 송현리(松峴里)의 원이름은 '솔고개'임. 양구군 방산면, 창녕군 창녕읍, 무안군 청계면 등에 있는 송현리의 원 이름은 '솔재, 솔치'임. '솔재'는 '소재'로 음 변화가 일어나기도 하고 이것이 다시 한자로 표기될 때 우현(牛峴)(경북 포항시), 설계(雪溪)(영동군 영동읍)가 되기도 함.

· 안골: 안쪽 마을이란 뜻. 고양시, 남양주군 진접읍, 강릉시, 함안군 여항면, 청주시 등에 있는 내곡리(內谷里), 내곡동(內谷洞) 등이 모두 원 이름은

'안골'.이다.

- 능골: 능(陵)이 있어서 능골이 된 곳도 많지만, 전국에 무수히 많은 '능골'은 대부분 '능'과는 관계가 없고, '늘어난 골(마을)'이라는 뜻. 파주군 탄현면 갈현리의 능골, 파주군 탄현면 오금리의 능골, 파주군 진서면 경릉리의 능골 등.

- 능말: 늘어난 마을이라는 뜻. 성동구 능동의 능말[陵洞], 성북구 정릉동의 능말, 경기도 고양시 용두동의 능말[陵村], 강원도 영월군 영월읍 영흥리의 능말[陵村] 등.

　한국의 마을 이름들은 원래 고유어로 이루어진 것들이 많았는데, 한자로 표기되는 과정에서 명칭이 전혀 다른 음으로 바뀐 경우가 매우 많다. 위에 제시한 자료들은 그나마 지명 표기로 남아 있거나, 지명 표기는 다르게 되었지만 아직 마을 사람들의 기억에 고유어 이름이 남아 있는 예가 된다. 위 예들을 보면, 그 지역의 강이나 내를 따라 흐르는 '물'에 착안하여 이름 지은 것이 많고, 그 밖의 들, 산을 이름에 넣거나 위치, 모양 등에 연유한 것도 있음을 알 수 있다.

　다음의 예들은 현대 국어에서는 사용되지 않는 명사로부터 파생되거나 합성어가 만들어져서 나온 단어이다. 원래의 명사는 현재 쓰이지 않으나 그로부터 나온 파생어나 합성어는 현대 국어에서 사용되고 있다.

(2)　· 마렵다. 이 말의 어근은 분뇨를 가리키던 옛말 '물'이다. '큰 물'은 대변을 '져근 물'은 소변을 뜻하고 '큰물보다', '져근 물 보다'와 같이 썼다. '물'에 형용사를 만드는 접미사 '옵다'가 결합하여 '마렵다'가 된 것이다. (중세국어에는 안 쓰임)

· 산통깨다. '산통'은 점을 칠 때 쓰는 산가지를 넣어두는 통. 산통을 깬다는 것은 점을 볼 수 없게 되는 것으로 일을 그르치게 된다는 뜻. *산가지(算

ㅡㅡ): 수효를 셈하는 데 쓰던 짧은 댓개비.

· 시치미 떼다: '시치미'란 길들인 매에 달았던 이름표. 길들인 매를 데리고 사냥을 다니는데, 생김새가 비슷한 매를 서로 자기 매라고 우기는 것을 예방하기 위해 이름을 달았던 것. 여기에서 '시치미 떼다'라는 말이 옴.

· 터무니없다: '터무니'란 집이나 건축물의 터를 잡은 자취라는 뜻. 그러므로 '터무니없다'는 허황되게 근거가 없는 것을 뜻함.

· 퇴짜놓다: '퇴(退)'란 궁궐에 들여가는 물건을 관리가 검사하여 품질이 좋지 않은 것에 대해서 이 글자를 표시하여 돌려보내는 것이었다. 여기에서 유래하여 바치는 물건을 받아들이지 않고 물리친다는 뜻이 되었다.

· 팽개치다: '팡개'에서 온 말로, 이것은 논에 내려앉아 벼 알갱이를 쪼아먹는 새를 쫓는 데에 쓰이던 도구로, 대나무 끝을 네 갈래로 쪼개 십자 모양의 작은 막대기를 물려, 이것을 흙에 꽂으면 그 사이에 돌멩이나 흙덩이가 찍히게 됨. '팡개치다'는 새를 쫓기 위해 팡개를 땅바닥에 쳐서 흙이나 돌을 묻힌 다음 그것을 휘두르는 것. '팡개'가 '팽개'로 변한 것.

· 한참동안: '한 참'은 역참과 역참 사이의 거리를 말함. 그 거리가 멀어 시간이 많이 걸린다는 데서 온 말. *역참(驛站): 역마를 갈아타던 곳.

  *역마(役馬): 각 역참에 갖추어 두고 관용(官用)에 쓰던 말.

· 미주알고주알: '미주알'은 항문에 닿아 있는 창자의 끝 부분임. 남의 숨은 일까지 속속 캐려는 것이 마치 속 창자까지 살펴보려는 것 같아 '미주알고주알' 캐묻는다는 말이 생김.

· 행주치마: '힝ᄌ'에서 온 말로, 속인(俗人)으로 절에 가서 불도를 닦는 사람을 가리킴. 이들이 절에서 음식을 할 때 두르던 앞치마가 '힝ᄌ쵸마'였음. 이를 임진왜란 행주대첩 때 아낙네들이 왜적을 물리치려고 앞치마에 돌을 가득 넣어 행주산성으로 날라서 행주치마가 되었다는 속설이 있는데 이는 민간어원설임.

위의 예들은 모두 하나의 명사로부터 파생되어 나온 표현이다. '몰, 산통, 시치미, 터무니, 퇴짜, 팽개, 참, 미주알, 행즈'는 현대 국어에서 명사로서는 쓰이지 않는 말들이다. 소멸되고 다른 말로 대체되거나, 문물이 사라지면서 안 쓰이게 된 것이다. 그런데 이 단어로부터 파생된 형용사, 동사, 부사, 합성명사들은 그대로 사용되며 유지되었다. 직접적인 의미로 쓰인 것이 아니라, 은유적으로 추상적인 다른 의미로 전이된 것도 있으나 어쨌든 단어의 명맥이 유지된 것이다. 특히 '미주알고주알' 같은 것은 음상적으로 대립적인 대치를 통해 운을 맞춘 것으로 우리말에는 이러한 음상 대립을 이용해 만든 말들이 있다. 다음에 볼 '알나리깔나리'도 그 예가 된다. '미주알'이라는 단어가 현대 국어 사전에 있으나 실제로는 많은 이들이 사용하지 않고 잘 모르는 단어가 되었다.

다음의 예들은 옛 제도의 직함이나 지칭이 이제는 없어져서 그 의미는 사라졌으나 다른 의미로 전이되어 현대어까지 유지되고 있는 단어들이다.

(3) · 술래: 조선시대에 도둑과 화재 따위를 감시하기 위해 궁중과 서울 둘레를 돌아다니던 관리가 '순라(巡邏)'였음. 이 말이 변한 것. 술래잡기 놀이에서 숨은 아이들을 찾아다니는 사람을 가리킴.

· 이판사판: '이판'은 절에서 불교 경전을 공부하는 스님, '사판'은 절의 살림을 꾸려나가는 스님. 유교를 국교로 내세우면서 불교를 억누른 조선시대에 스님은 천한 계층 취급을 받았으므로, 스님이 된다는 것은 이판이 되었건 사판이 되었건 마지막임을 뜻했다고 함. 이로부터 '이판사판'은 막다른 데에 이르러 어쩔 수 없게 된 판이라는 뜻이 됨.

· 영감: 정삼품과 종이품 의 관원을 이르는 벼슬 이름으로 대감 아래의 직분이었다. 실제 맡은 일이 있었던 것은 아니고 연세 드신 양반을 우대하기 위해 임금이 내린 직함이었는데, 이 말이 점차 연세 드신 분을 높여 부르

는 말로 사용되게 되었다. 지금은 어르신을 높여 지칭하는 말로도 쓰이며 관료 사회에서 군수 영감, 판사 영감과 같이 직함에 붙여서 사용하기도 한다.

- 양반: 문관 벼슬을 하는 문반(文班)들이 주로 도성의 동쪽에 살았으므로 동반(東班)이라 일컬었고, 무관 벼슬을 하는 무반(武班)들은 주로 도성의 서쪽에 살았으므로 서반(西班)이라 일컬었다. 따라서 벼슬을 할 수 있는 신분을 양반이라 하였는데, 이 말이 후에 점잖고 예의바른 사람을 가리켜 부르는 말이 되었다.
- 마누라: 노비가 왕이나 왕후, 세자나 세자빈을 높여서 부르던 극존칭의 호칭이었음. '선왕 마노라, 대비 마노라'와 같이 불렀다. 현재는 아내를 부르는 말인데, 아내에 비해 어감적으로 하대하는 듯한 느낌이 있다.
- 알나리깔나리: 아이들이 서로 놀리는 말. '알나리'란 나이 어린 사람이 벼슬을 할 때 농담처럼 이르던 말로 '아이나리'의 줄임말. '깔나리'는 자음 교체의 형태를 덧붙임으로써 리듬감과 재미를 주는 뜻으로 붙인 말.

위의 예들은 조선 조 시대에는 벼슬 이름이거나 특별 호칭이나 지칭이었는데, 그 뜻은 이제 사라지고 은유적으로 전이된 뜻으로만 사용되는 단어들이다.

다음 단어들은 어떤 상황의 모습을 표현한 말로서, 은유적으로 의미가 전이되어 사용되게 된 예가 되겠다.

(4) · 노가리 깐다: '노가리'란 명태의 새끼를 이르는 말. 명태는 한꺼번에 많은 수의 알을 낳는데, 이를 비유하여 말을 수다스럽게 많이 늘어놓은 것을 '노가리 까다' 또는 '노가리 풀다'라고 함. (중세국어에는 안 쓰임.)
- 바가지 긁다: 옛날에 괴질이 돌아다닐 때에 귀신을 쫓는다 하여 바가지를 득득 문지르던 데서 생겨난 말. 남의 잘못을 귀찮도록 나무라는 것을 일컫

거나, 아내가 남편에게 불만을 품고 듣기 싫도록 잔소리를 늘어 놓는 것을
뜻함.

· 점심: 마음에 점을 찍듯 조금 먹는다는 뜻에서 온 말.

· 조바심: '바심'은 타작한다는 뜻으로 '조바심'은 조를 타작한다는 것. 좁쌀
이삭은 질겨서 두드리는 정도로 타작이 잘 되지 않고 애써 비비고 문질러야
한다는 데서 겁이 나거나 걱정이 되어 마음을 졸인다는 뜻으로 쓰이게 됨.

· 용수철(龍鬚鐵): 나사모양으로 된 탄력성 있는 쇠줄이 용의 수염처럼 탄력
성 있다는 뜻으로 붙여진 이름, 곧 '용의 수염과 같은 철(鐵)'이라는 뜻. 중
국에서는 '용수철'이라 표현하지 않고 '탄황(彈簧)'이라고 하므로, 이 단어
는 중국에서 들어 온 것이 아니라고 생각됨.


위의 예들은 단어의 뜻이 원래의 어떤 상황이나 행위의 모습을 뜻하는
것이지만, 그런 뜻이 주되게 쓰이는 것이 아니라 그로부터 유추되는 다른
뜻으로 사용되게 된 것이다. '용수철'의 경우에는, 새 물건이 만들어지고
이것이 우리 생활에서 사용되게 되었는데, 이것에 대한 이름이 그 모습에
연유하여 마치 용의 수염처럼 탄력성이 있다는 생각으로 붙여진 이름이
다. 과연 용의 수염을 본 사람이 있을까는 의문이지만, 인식 속에서 명명
기반이 찾아진 예라고 하겠다.

다음 단어들은 중국, 미국, 일본 등지에서 들여와 우리나라 말로 정착
되거나 국내외의 외국인들에 의해 사용된 것이 우리나라 말로 정착된 예
들이다.

(5) · 김치: 중국의 한자어 '沈菜'가 우리나라에 들어와 변화한 말. 중국 역사 기
록에는 제갈공명이 처음 배추를 절이는 음식을 시작한 것으로 보인다. 그
러나 우리나라의 김치와 같은 것은 아니었을 것이다. (팀치>딤치>짐치>
짐츼>짐치>김치)

- 깡통: 영어 'can'과 '통'이 합하여 된 말. 우리나라에 미군이 들어오면서 생긴 말.
- 노가다: 토목공사에서 막벌이 하는 노동자를 낮추어 이르는 말. 일본어에서 옴.
- 담배: 외국어의 '토바코'가 일본의 '다바코'를 거쳐 우리나라에 '담바고'로 들어왔다. 이 단어가 변하여 '담배'가 되었다. 인조실록 기록에 1616~1617년에 바다를 건어 들어왔으며, 이 때에는 복용하는 자가 그다지 많지 않았으나, 1621~1622년에 이르러서는 복용하지 않는 사람이 거의 없었다고 되어 있다. (담비>담배)
- 배추: 중국어 발음 '바이차이(白菜)'가 우리나라에 들어와 '배치'가 되고 이로부터 음이 변화한 말. (비치, 비츠>배초>배추)
- 아수라장: '아수라'는 범어의 'asura'에서 옴. 불교에서 화를 잘 내고 성질이 고약해 좋은 일이 있으면 훼방 놓기를 좋아하는 귀신을 가리킨다. '아수라장'은 줄여서 '수라장'이라고도 하는데, 아수라왕이 제석천과 싸운 마당이라고 한다. 전란이나 싸움 등이 일어나 매우 혼란한 상태를 뜻하는 말이 되었다. *제석천(帝釋天): 불교에서 범왕과 함께 불법을 지키는 신
- 짬뽕: "밥 먹었니?"라는 뜻의 중국어 '츠판'에서 온 말. 일본 나가사키에 천평순이라는 화교가 '시카이로'라는 중국 음식점을 경영하면서 탕육사면(湯肉絲麵)을 새롭게 개발했다. 돼지뼈와 닭뼈로 국물을 내고 나가사키에서 쉽게 구할 수 있었던 문어, 작은 새우, 자투리 고기, 양배추를 넣어 국수를 끓여냈다. 이렇게 해서 저렴하고 푸짐한 중국식 국수가 탄생했는데, 주머니가 가벼운 화교들에게 "밥 먹었니? (샤퐁)" 하고 물으면서 이 국수를 내놓았다. 이 말을 알아듣지 못한 일본사람들은 이 국수의 이름을 샤퐁으로 알고, '찬폰'이라고 불렀다. 이 일본식 이름이 한국에 오면서 '짬뽕'이 되었다. 일본 짬뽕 국물은 하얗고 뽀얀데, 한국 짬뽕 국물은 고추기름이 듬뿍 들어가서 맵고 얼큰하게 맛이 변형되었다.

- 짜장면: 원래 중국식 된장인 작장 (炸醬)에 면(麵)을 넣어 먹는 음식인데, 우리나라에서는 조선말기 인천개항으로 들어온 인천화교가 자장면으로 변형 개발하고 이를 차오장멘이라고 부름. 이 이름에서 짜장면이 나옴. 어문규정에는 '작장'에서 온 말이라 하여 '자장면'을 바른 표기로 규정했다가 올해 짜장면도 맞는 표기로 규정함. 이 이름이 장작에서 왔다기보다는 중국식 발음 '차오장멘'에서 온 것이므로 굳이 '자장면'으로 불러야 할 필요는 없었음. '찬폰'이 '짬뽕'으로 변한 것이나 '차오장멘'이 '짜장면'으로 변한 것은 음운론적으로는 동일한 관계. 짬뽕의 영원한 대응 쌍으로서 음상이 같은 짜장면이란 이름이 회복된 것.

- 은행(銀行): 중국의 한자어를 우리나라에 그대로 들여와서 쓰는 말. 철기 문화 이후 주된 화폐는 은(銀)으로, 은본위 제도가 널리 자리 잡음. 이에 돈을 취급하는 기관을 은행(銀行)이라 한 것. '행(行)'은 '다닐 행'의 뜻도 있으나 길 따라 주욱 늘어서 있는 가게를 뜻하는 '차례 항'도 된다. 중국에서는 '은항'이라 불렸으며 이것이 한국에 들어온 것임.

- 코리아(Korea): 고려 시대에 외국과 교류할 때, '고려'라는 이름이 외국 사람들이 발음하기에 어려워서, '코리어'라고 부르게 되었고, 지금 대한민국의 외국어 표기가 '코리아'라고 정착된 것임. 문헌상으로 마르코 폴로의 《동방견문록》에 'Cauly (음: 카울리)'가 나오고, 16세기 기독교 선교사의 편지에 유럽으로 간 한국인 소년 'Antonio Corea'의 기록이 나온다. 이 소년의 국적을 성으로 갖다 붙인 이름으로 이해된다. 이후 일제 시기에 일본이 그들의 국명 'Nipon'을 'Japan'으로 고치면서 한국의 외국어 표기를 'Corea'에서 'Korea'라고 고쳤다고 한다. 이는 알파벳 순으로 한국이 일본 다음에 오도록 하기 위함이었던 것으로 풀이된다. 이 단어는 국어사전에 등재되어 있지 않음.

어원 연구가 철저히 이루어지기 위해서는 사용 시기까지도 밝혀져야 한다. 그러나 옛 문헌의 부족으로 인해, 이 연구는 어려움을 많이 안고 있다. 위의 예에서도 중세국어 문헌에 등장하는 것은 몇 개 안 된다('믈, 딤치, 담비, 비츠' 정도만 등장). 그렇다고 하여 위의 말들이 모두 중세국어에는 사용되지 않았다고 볼 수는 없는 것이다. '순라, 알나리, 이판, 참' 같은 것은 조선시대의 문물이었으므로 사용되었을 것이나 문헌에는 나오지 않는다. 이는 중세국어 문헌의 부족에서 오는 것이다.

옛말을 이름 짓기에 활용한 예들은 현대인들에게 새로운 맛을 주기도 한다. 김치냉장고 '딤채'는 김치의 어원을 살려 쓴 이름이다. 위의 예와 같이 현대에도 사용되는 말의 어원뿐 아니라 이미 사라진 말에 대해서도 관심을 가져 볼 가치가 있다.

현재 우리가 살고 있는 시대에서도 단어의 변화는 끊임없이 일어나고 있다. 의미가 변화하여 사용되는 예도 있고 새로운 단어가 만들어지기도 한다. 현대 시대의 어떤 단어들이 어떠한 연유로 그러한 변화를 겪고 있는지를 몇 예를 들어 살펴보기로 한다. 다음의 예는 한 단어가 원래의 의미로부터 전이된 새로운 의미를 가지게 된 경우이다.

> (5) · 건달: 불교 용어 'Gandharva, 건달파(乾達婆)'에서 온 말로 금강굴에 살며 제석천의 음악을 맡아보는 악신(樂神)임. 이 단어가 배우의 뜻으로 쓰이다가 하는 일 없이 빈둥빈둥 놀거나 게으름을 부리는 사람을 뜻하게 됨. 국어사전에는 원래의 뜻이 아니라 이 뜻이 실려 있음.
>
> · 후덕하다: 원래 '덕이 많다'는 뜻으로 쓰이는데, 현대 국어에서 뚱뚱한 사람을 완곡하게 표현하는 말로도 쓰이게 됨.
>
> · 지르다: 이 단어는 '불을 지르다' 정도로 사용되던 단어인데 요즘은 물건 구매를 충동적으로 하는 행위를 가리키는 데에도 쓰임. 국어사전에 '도박이나 내기에서 돈이나 물건 따위를 걸다' 정도의 뜻이 있음. 그런 행위를 심하게 하는 사람에게 '지름신이 내렸다'라는 표현도 씀.

· 쏘다: 모임 자리에서 음식 값을 한 사람이 지불한다는 뜻으로 쓰이게 됨. 이 뜻은 국어사전에 실려 있지 않음.

· 찍다: 원래 호감 가는 사람에게 그 마음을 표현하는 행위

· 말아먹다: 원래 '말다'와 '먹다' 두 단어가 연결되어 '국을 말아 먹다'와 같이 쓰인 말이 '재물 따위를 송두리째 날려버리다'의 뜻을 지니게 됨. 이 뜻은 국어사전에 실려 있음.

위의 예들 외에도 이런 식으로 의미가 변이되어 사용되는 단어들이 많은데, 이러한 변화는 아직 표준적인 의미의 자격을 갖지는 못하지만 언중에 의해 지속적으로 사용되게 될 때에, 미래의 어느 단계에서는 국어사전에도 그 의미 설명이 오르게 될 것이다. 현대 국어에서 이런 식으로 변화되는 의미에 대해 변화 양상을 연구해 보면, 좋은 뜻으로 바뀌는 추세인지 그 반대가 될지에 대해서도 통계적으로 분석해 볼 수 있을 것이다. 그리고 그러한 결과를 통해 현대인들의 의식 양상을 짐작해 볼 수가 있을 것이다.

다음의 예들은 현대 국어에서 새롭게 만들어져서 우리 사회에서 사용되고 있는 단어나 표기들이다.

(6) · 얼짱 (얼굴이 잘 생긴 사람), 아점 (아침과 점심을 겸한 식사), 점저 (점심과 저녁을 겸한 식사), 차도남 (차가운 도시의 남자), 버정 (버스 정류장), 뻐카충 (버스 카드 충전), 지못미 (지켜주지 못해서 미안해), 만두집 (만나서 두드리는 집, 곧 오락실을 뜻함),

· 짱난다 (짜증난다), 쌤 (선생님),

· 꿀- (꿀벅지: )

· ㅎㅇ (하이!), ㅋㅋ ('크크' 웃음),

위의 예에서 첫 번째에 제시한 '얼짱' 등의 생략의 예들이다. 이런 식으로 생략하여 단어를 만들어 쓰는 것은 경제적으로 유리한 점이 있다. 특히 인터넷이나 통신 문자로 교신을 많이 하게 된 현대 사회에 와서 나타나게 된 조어법이다.

한국이 현대화 사회로 접어들기 시작한 시기부터 줄곧 실천되어 온 국어 운동의 노력에 의해, 중국 한자어의 영향, 일본어의 영향에서 벗어나 순화된 단어가 우리 사회에 정착되는 현상도 국어사의 중요한 부분으로 간주된다. 아울러 단어에 내포된 의미를 세심하게 고려하여 좋은 의미를 갖는 단어로 표현을 바꾸는 노력에 의해서 사용 단어의 변화도 있었다. 이러한 것도 역시 국어사의 중요한 부분이 될 것이다.


## ▌ 2. 의성어 표현

세종은 훈민정음을 창제하면서 "바람 부는 소리, 학 울음 소리, 어린 아이의 말, 시골말"등 모든 소리를 다 표기할 수 있는 글자를 만들고자 하였고, 과연 훈민정음은 세계에서 가장 우수한 표음 문자로 인정되었다.[40] 그러면 훈민정음이 창제된 후 우리는 우리의 말뿐만 아니라, 자연

---

40) 《훈민정음해례본》의 끝에 있는 해례서(解例序, 정인지 씀)에는 "癸亥冬 我殿下創制正音二十八字 … 雖風聲鶴唳 鷄鳴狗吠 皆可得而書矣 (계해년 겨울에 우리 전하께서 정음 스물 여덟자를 창제하셨다. … 비록 바람 소리와 학의 울음, 닭의 울음, 개의 짖는 소리 모두 쓸 수 있게 되었다)"라고 기록되어 있다. (이 서문은 세종실록(28년9월조)도 실려 있다.)

또한 《훈민정음해례본》의 해례 합자해(合字解)에는 "ㆍㅡ起ㅣ聲 於國語無用 兒童之言 邊野之言 或有之 當合二字而用 如ㆎ ㅢ 之類 其先縱後橫 與他不同 (ㆍㅡ가 ㅣ에서 일어나는 소리는 국어에는 소용 없으나, 어린이의 말이나 변방의 시골말에는 간혹 있으니, 이럴 때에는 마땅히 두 자를 합하여 ㆎ ㅢ 와 같이 쓰며, 그 세로 획을 먼저 소리 내고, 가로 획을 나중에 소리내는 것이 다른 것과 다르다)"라고 하였다. 이 음은 국어의 표준말은 아니라 아직 발음이 확실하지 않은 어린이가 떼쓰는 소리, 방언의 소리이다. 이처럼 훈민정음은 그런

의 소리를 얼마나 표현했을까? 개념만을 전달하는 데서 만족했던 한문 문자 생활에서는 생각도 할 수 없었던 소리의 생생한 표기가 우리 역사에서 어떻게 이루어졌는지를 고찰하고자 한다.

　우리의 문자 "한글"은 소리를 표기하는 표음문자이며, 그 중에서도 음소를 표기하는 음소문자이다. 그리고 문자의 모양이 소리 자질과 관련된다 하여 자질 문자라고 불리기도 한다. 그리고 세계에서 가장 과학적인 문자라는 찬사도 받고 있다. 과학적인 문자라 함은 사람의 소리를 다 적어낼 수 있고 정확하게 적어낼 수 있는 것을 말한다. 무엇보다도 세종의 훈민정음 창제의 뜻이 그러했고, 현대의 내외국 언어학자들도 이 점을 인정한다.[41]

　언어는 뜻과 형식(음성, 문자)으로 이루어진 이원 체계(duality)이며 뜻과 형식의 관계는 자의성(arbitrary)을 지닌다. 곧 기호로서의 언어 형식은 그 지시 대상과는 필연적인 관련성이 없으므로 상징성 기호(symbolic sign)에 속한다.[42] 그러나 언어 중 의성어(擬聲語)는 자연의 소리를 모방한 것이므로 도상적 기호(圖象的 記號 iconic sign)에 가깝다. 물론 자연의 소리를 사람들이 그 언어 속의 음성 체계 속에서 표현하게 되므로 임의성이 개재하게 되나, 우리가 사용하는 말 중 가장 도상적인 언어 부류가 바로 의성어이다. 채완(2000)에서는 의성어를 흉내, 모방, 상징, 본뜨기로 보는 것에 대한 문제점을 지적하고, 단지 '묘사'의 개념으로 정의되는 것이 타당함을 주장하였다. 필자도 이 견해에 동의한다. 그러나 인위적 기호로서 만들어낸

---

　　것까지도 모두 정확하게 적을 수 있는 문자임을 보여주는 대목이다.
41)　세계에서 인정받은 한글의 우수성에 대한 내용은 이 책의 8장에 잘 정리되어 있다.
42)　피어스 (C.S.Peirce, 1931)에서, 기호사용자가 무엇인가를 나타낼 수 있으면 그 어떤 것이든 기호라고 규정하고, 기호의 유형으로 지표성 기호, 도상성 기호, 상징성 기호로 분류했다. 검은 구름은 비의 지표성 기호가 된다. 화장실의 남녀 표시는 남자와 여자의 모습을 그대로 딴 도상성 기호가 된다. 언어는 사회적인 약속을 전제로 하는 인위적인 상징성 기호이다. 그러나 언어 중 의성어(擬聲語)는 그 소리가 자연의 것을 닮아 있기 때문에 도상성을 지니게 된다.

부류가 아니라 자연의 소리에 흡사하도록 묘사했다는 점에서 분명 음소 문자와 불가분의 관련성을 지니는 것만은 사실이라는 점에 주목을 해야 한다.

언어 중에 도상성에 가까운 언어 형식이 존재한다는 것은 그 언어를 표기해 주는 문자가 소리를 그대로 적어 줄 수 있는 경우에 가능한 것이 된다. 가령 뜻글자인 한자로는 의성어 표현이 불가능하다. 나아가 음소문자 중에서도 삼라만상의 소리를 다 적어낼 수 있는 풍부한 기호 체계를 가진 문자가 의성어 표기를 더 다양하게 해 낼 수 있을 것이다. 이 점에서 본다면 한글처럼 좋은 문자가 없다. 세계의 음소 문자로 꼽히는 것 중 대표적인 것이 로마자 알파벳인데, 여기에는 모음이 너무 적다. 불과 5개밖에 없으므로, 다양한 음성 형태를 기술하기에는 역부족이다.

그러면, 세종이 우리 백성들에게 하고 싶은 말을 다 글로 표현하게 하고, 바람 소리, 학 울음소리, 닭 우는 소리, 개 짖는 소리, 어린 아이 떼쓰는 소리, 방언의 소리 등 모든 종류의 소리를 다 적을 수 있게 만들어 준 후, 과연 의성어 분야에서는 어떤 것들이 표기되었을까? 잘 알듯이 훈민정음 창제 후 훈민정음은 많은 박해를 받았고, 더욱이 한자문화권의 전통 속에서 주로 한문 번역 문장이 쓰이게 되었다. 한자로 표현된 의성어는 별로 없으므로, 한국인들의 의식 속에 의성어에 대한 인식이 별반 없었을 것이다. 의성어는 한국 사람의 생생한 창작물 속에서나 쓰일 만한 것이므로, 중세 시기에는 의성어가 그다지 많이 사용되지 않았다고 생각된다. 그렇다면, 어떠한 과정으로 우리는 현재 개 짖는 소리를 '멍멍'이라 하고, 돼지를 '꿀꿀'이라 하게 되었을까?

나아가, 과연 한국인들은 최고로 훌륭한 음소문자를 가졌으므로 의성어를 사용하는 데에 있어서 외국과 차별 나는 무엇이 있을까 하는 점도 흥미 있는 주제가 된다. 다른 언어와 비교하여 한국어에 의성어가 얼마나 풍부하게 발달되어 있는가 하는 점을 어휘 목록을 비교하여 밝힐 수 있을 것이다.[43] 또한 다른 언어의 의성어에 비해 생생하게 자연의 소리를 반영하고 있는가 하는 점을 연구하기 위해, 자연의 소리와 의성어의 음성 형태를 음성인식기로 측정하여 비교해 볼 수 있을 것이다. 또는 우리가 자연의 소리를 표현하기 위해 얼마만큼의 음성부호가 필요할 것인가를 음성인식기로 추출해 낼 수 있다면, 그 필요성에 적절한 문자가 세계의 것 중 어떤 것이겠는가 하는 점도 얘기될 수 있을 것이다. 그러나 이러한 문제들은 따로 연구해야 할 과제로 미루어 두고, 여기서는 다만, 한국어에 의성어가 어떻게 표현되어 왔나 하는 역사적 사항을 정리하기로 한다.

국어의 역사적 자료 조사를 위해, 고대 한국어의 어휘 자료로는 크게 1) 고유명사 표기 자료, 2) 이두·향가 자료, 3) <계림유사>, 4) <향약구급방>, 5) 기타 외국 문헌 자료 등을 살펴볼 수 있다. 그러나 이러한 자료에 의성어 자료는 거의 나타나지 않는다. 그러므로 중세국어의 자료부터 살펴보기로 하겠다.

## 2.1. 중세국어의 의성어

중세국어 문헌에서는 의성어가 그리 많이 사용되지 않았다고 추측된다. 중세국어 형태론서인 허웅(1975)과 중세국어 문법서인 고영근(1987)과

---

43) 중국어에는 의성어의 예가 별로 없다. 채완(2003)에 중국어의 의성어를 소개하고 있다. 嗜嗜 (꾀꼬리 울음소리), 啪(/p'/ 탁 치는 소리), 呀(/ya/ 차가 끼익하고 브레이크 거는 소리), 猫(/mao/ 고양이 소리), 嘭嘭嘭(/p'êng p'êng p'êng/ 대포소리나 빈 드럼통 두드리는 소리), 咚咚咚(tung tung tung/ 쿵쿵거리는 소리), 喔喔 (/wuwu/ 닭 우는 소리, 경보 소리), 沙沙(/sha sha/ 종이를 구기거나 옷자락이 스치는 소리), 呱呱(/kua kua/ 까마귀 소리, 갓난애 우는 소리), 咿呀(/iya/ 우는 소리, 웅얼거리는 소리), 咕咚(/ku tung/ 쿵 하고 쓰러지는 소리), 乒乓(p'ing p'êng/ 탁구 치는 소리, 사기나 유리 그릇 부딪치는 소리), 咕咚咕咚(/ku tung ku tung/ 콰당콰당 하는 발걸음 소리), 吭唷吭唷(/hang yo hang yo/ 영차영차), 弓隆弓隆 (kung lung kung lung/) 비행기나 육중한 기계가 둔탁하게 도는 소리) 등. 또한 채완(2003)에서는 인구어권에는 의성어, 의태어가 한국어만큼 발달되어 있지도 않고, 사용되는 상황도 매우 한정되어 있으며, 의성어를 사용하는 것은 품격이 떨어지는 일로 생각되어 유아어에서만 사용하는 정도인 점을 언급하고 있다.

안병희 외(1990), 조선조 어휘 목록집인 유창돈(1964), 중세국어 어휘를 고찰한 조남호(1996) 등에서는 중세국어 시기(15, 16세기)의 의성어 예로 다음과 같은 것을 제시하고 있다. 다음 예 (1)은 자연의 소리이고, (2)는 사람의 소리이며 (3)은 특히 노랫말에 사용된 소리이다.

> (1) ㄱ. 셜셜 [물 흐르는 소리] : 셜셜 흐르는 믌겨레 <몽산화상법어약록언해 43>
>
> ㄴ. 드르르 [수레 구르는 소리] : 술윗 소리 드르르 ᄒ야(車聲轔轔)
> <소학언해 4.29>
>
> ㄷ. 뚝 [물건이 떨어지며 부딪치는 소리] : 밤 구볼제 … 氣韻이 소배 드러
> ᄭᅩᆮ 심통에 들면 뚝 ᄢᅥ딜씨니 <몽산화상법어약록언해 44>
>
> ㄹ. 뚝뿌기 [불꽃이 튀는 소리] : 그 브리 다 盛ᄒ야 … 셔와 긷괘 뚝뿌기
> 소리 나 震動ᄒ야 (爆聲震) <법화경언해 2.124>
>
> ㅁ. 삑 [물새가 다른 새를 협박할 때 내는 소리]
>
> ㅂ. 젹젹(稍稍) : 슬픈 ᄇᄅᆞ미 젹젹 ᄂᆞᆫ다 (悲風稍稍飛) <두시언해 16:15>,
> 젹져기 니 믌 ᄀᆞᆼ시 몯고 (稍稍烟集渚) <두시언해 14:15>

위 예들은 자연의 소리를 흉내낸 의성어들이다. 다만, (1.ㅂ)의 '젹젹'을 의성어로 볼 수 있을지는 의문이다.

다음 예들은 사람의 목소리를 묘사한 것으로, 언어기호적인 뜻을 지닌 것이 아니라, 생리적이거나 감정적인 표현을 위해 사용된 것이라는 점에서 의성어 부류에서 언급할 수 있는 것이다. 그러나 앞선 연구에서는 의성어의 범주를 자연이나 사물의 소리로 국한시키고 있다.

> (2) ㄱ. 이 [가볍게 질책할 때 내는 소리] : 이 슬프다 셜우믈 ᄆᆞᅀᆞ매 얼규니(鳴
> 乎哀哉痛穩  心府) <영가집언해 서15>
>
> ㄴ. 엥 [윗사람에 대하여 고맙고 감동스러워 내는 소리] : 엥 올ᄒ시이다

<석보상절 13.47>

ㄷ. 헥 [제자들이 정신이 들도록 스승이 외치는 소리] : 鳴온 헥 홀씨니 <몽
산화상법어록언해 31>

ㄹ. 화 [새로운 것을 깨닫고 감동하여 내는 소리]

다음과 같은 예들은 노래 속에서 악기소리나 가락을 사람의 음성으로
묘사하고자 한 것들이다. 소리를 음성으로 묘사하고자 했다는 점에서 의
성어 부류로 간주할 수 있을 것이다.

(3)  ㄱ. ㄴ계열
나리나 : 니리리런나 나리나 리런나 <시용향악보 別大王>
나리라 - 니라리 러 나리라 리라리 <時用儺禮>
나리런나 - *오리런나 나리런나 <時用九天>


ㄴ. ㄷ계열
다로러거리러 - *다로러 거리러 죠고맛감 삿기광대 <樂章双花>
다로럼 - *다로럼 다리러 <時用內堂>
다로리 - *다리러 다로리 로마하 <時用城皇飯>
다로링 - *다로링 디러리 <時用城皇飯>
다롱라리 - *다롱다리 三城大王 <時用 三城大王>
다롱디리 - *아으 다롱디리 <樂軌井邑>
다롱디우셔 - *다롱디우셔 마득사리 <樂章 覆霜>
다리러 - *도람 다리러 다로링 디러리 <時用城皇飯>
다리러 더러 - *더러둥셩 다리러더러 <樂章双花>
다리렁 - 다리렁 디러리 <時用城皇飯>
다리로러마 - *外門 바끠 둥덩 다리로러마 <時用雜處容>

다링디리 - *위 두어렁셩 두어렁셩 다링디리 <樂章 西京>


ㄷ. ㄹ계열

디러리 - *다리렁 디러디 <時用城皇飯>

러거져 - *어여 러거져 <樂軌處容>

러루 - *러루 러러러루 <時用軍馬>

러리러 - *러리러 리러루 <時用軍馬>

러리러루 - *리러루 러리러루 <時用軍馬>

러리로 - 리러루리 러리로 <時用軍馬>

런러리루 - *러리러루 런러리루 <時用軍馬>

로라리 - *로리 로라리 <時用軍馬>

로라리로 - *로라리로 리런나 <時用軍馬>

로러런나 - *로러런나 리런나 <時用別大王>

로리 - *로리 로라리 <時用軍馬>

로마하 - *다리러 다로리 로마하 <時用城皇飯>

리라리 - *나리라 리라리 <時用儺禮>

리라리러 - *리라리러 나리라 리라리 <時用儀禮>?

리라리로런나 - *노런나 오리나 리라리로런나 <時用 別大王>

리러루 - *리러루 러리러루 <時用軍馬>

리러루리 - *리러루리 러리로 <時用軍馬>

리런나 - *리로 리런나 <時用 九天>

리로 - *리로 리런나 <時用 九天>

리로런나 - *로리라 리로런나 <時用 九天>

리로리런나 - *로라리 리로리런나 <時用 九天>


ㄹ. 기타

　　　마아만 마아만 － *마아만 마아만 ᄒ니여 <樂軌 處容>

　　　얄라리 얄라 － *얄리 얄리 얄랑셩 얄라리 얄라 <樂章靑山>

　　　얄랑셩 － *얄리 얄리 얄랑셩 얄라리 얄라 <樂章靑山>

　　　얄리얄리 －*얄리 얄리 얄랑셩 얄라리 얄라 <樂章靑山>

　　　오리런나 － *오리런나 나리런나 <時用 九天>


　　위 예 중 (3.ㄹ)은 소리의 묘사가 아니라, 뜻을 지닌 어휘의 반복일 수
도 있다(그럴 가능성이 더 높다).[44] <시용향악보>, <악학궤범>, <악장가
사>에 등장하는 의성어들은 모두 번역이 아닌 창작 노랫말이다. 매우 다
양하게 사람들의 음성을 표현하고 있음을 알 수 있다.

　　이상의 예들이 중세시기에 사용된 의성어의 거의 전부가 아닐까 한다.
결국 의성어의 사용이 그다지 많지 않았던 것으로 생각된다. 이 점에 대
해 조남호(1996)에서는 당시에 의성어가 발달하지 않았던 것으로 보기보
다는 중세 국어 문헌의 성격이 의성의태어를 풍부하게 보여주기 어려운
것들이라서 그런 것으로 간주하고 있다. 곧, 중세국어 문헌 자료는 주로
한문서를 번역한 언해문이었으므로, 이러한 성격의 글에서는 의성어가
별로 등장하지 않았던 것이다. 뜻글자를 사용하는 중국어에는 의성어가
매우 적은데, 이러한 것들이 반영되기도 했을 것이다.

### 2.2. 근대국어의 의성어

　　근대국어 시기(17~19세기) 시기에는 창작물들도 많이 간행되었으므로
중세 시기에 비해 다양한 의성어들이 등장한다. 유창돈(1964)에 수록된 예
들을 제시하면 다음과 같다. (4)는 자연의 소리이고 (5)는 사람들이 감탄

---

44) 최기호(2000)에서는 청산별곡에 등장하는 "얄리얄리 얄라셩 얄라리 얄라"를 몽
　　골어의 "이기자, 이겼다"라는 뜻을 지닌 말이라고 하였다. 이렇게 본다면, 이것
　　은 의성어 범주의 예는 아니다.

하거나 탄식하거나 인기척을 낼 때 내는 소리이다. (6)은 사람이 동물을
부를 때 내는 소리, (7)은 노랫소리의 예이다.

(4) 싹싹 [까마귀 울음소리] : 가마귀 싹싹 아무리 운들 <靑大p.41>

골각갈곡 [까마귀 울음소리] : 골각갈곡 우지즈면서 <靑大p.161>

골각골각 [까마귀 울음소리] : 골각골각 우닐며 <靑 p.122>

쌍쌍 [무엇을 치는 소리] : 무으락나으락 쌍쌍 즈저 도라가게 ᄒᆞ니
    <靑大p.122>

쌍쌍 [무엇을 치는 소리] : 두 나릭 쌍쌍 치며 슬피 울고 가는 저 외기러가
    <靑大p.152>

쏭닥 [무엇을 치는 소리] : 쟝도리로 쏭닥 바가 <靑p.112>

둥더럭궁 [북소리] : 둥더럭궁 춤추는 괴야 <靑p.109>

둥둥 [장구소리] : 舞鼓를 둥둥 치ᄂᆞ니 <靑p.100>

부헝부헝 [부엉이 소리] : 뉘집을 向ᄒᆞ여 부헝부헝 우노 <歌曲p.78>

쇼곤슉덕 [속삭이는 소리] : 두 손목 마조 쥐고 쇼곤슉덕 ᄒᆞ다가서
    <靑李p.19>

와당탕 : 와당탕 드리ᄃᆞ라 이리져리 ᄒᆞ니 <靑p.106>

와삭버석 : 와삭버석 울긋불긋 <農月>

우루루 : 우루루 *우루루(擁擠貌) <同文下57>

위석버석 : 窓밧긔 위석버석 <靑p.34>

으드덕 : 니룰 으드덕 다무다(咬定牙兒) <譯補61>

지국총 [배 저을 때 나는 소리, 닻감는 소리] : 밤중만 至菊叢 소리예 ᄋᆞᆨ긋
    ᄂᆞᆫ 듯 ᄒᆞ여라,靑大p.77> 혈믈에 東湖 가쟈 至菊忽 至菊忽 於思臥 <孤山
    六下別11>

캉캉 [개 짖는 소리] : 캉캉 즈저셔 도라 가게ᄒᆞ다 <靑p.113> 고온님 오면
    캉캉 지져 못오게 ᄒᆞᆫ다 <海東p.115>

쾅쾅 : 쾅쾅 쳐다 모지마라 <靑p.105>

톡톡 : 곰방ᄃᆡ롤 톡톡 ᄯᅥ러 <靑大p.132>

툭 : 툭 취여들고 <癸丑p.182>

툭탁 : 발로 툭탁 ᄎᆞ며 <靑p.105>

프드득 [새 날개짓 소리] : 프드득 소사 올라 <靑p.54>

위 예들을 보면, 근대국어는 중세국어 시기에 비해 많은 의성어가 등장했음을 알 수 있다. 동물 소리로 중세에는 물새 소리밖에 없었는데, 근대 자료에 까마귀, 부엉이, 개 소리가 등장했다(그러나 이 때 등장한 개소리는 '멍멍'이 아니라 '캉캉'이었다). 의성어 표현은 인간과 가까운 것들의 소리가 주로 대상이 된다는 점을 생각하면, 참새 소리도 사용되었음직한데, 이 소리는 개화기 시대 전까지는 나오지 않는다. 까마귀 소리가 다양하게 표현되었음을 생각하면, 한국인의 생활에 가장 밀접했던 새가 까마귀였을 거라는 추측도 하게 된다.

(5) ㄱ. ᄋᆞ자 : ᄋᆞ자 내 黃毛試筆을 뭇쳐 窓밧긔 디거고 <靑p.2>

ᄋᆞ자 내 黃毛 試筆을 뭇쳐 窓밧씌 지거고 <海東p.37>

ㄴ. ᄋᆞ함 : 門 밧긔 뉘 ᄋᆞ함 ᄒᆞ면 낙시 가쟈 ᄒᆞᄂᆞ니 <靑p.38>

ㄷ. 아ᄌᆞ아ᄌᆞ : 아차아차 *아ᄌᆞ아ᄌᆞ 나 쓰든 되 黃毛試筆 <歌曲p.130>

ㄹ. 아쟈 : 아쟈 ᄂᆡ 少年이여 어드러로 간거이고 <歌曲p.51>

ㅁ. 아ᄎᆞ : 아ᄎᆞ아ᄎᆞ 이저고 <海東p.115>

ㅂ. 어우와 : 어우와 날 속여다 秋月春風 날 속여다 <靑大p.64>

ㅅ. 어우하 : 어우하 날 죽거든 독밧츼 집 東山에 무더 <靑p.88>, 어우하 날 소겨고 秋月春風 날 소겨고 <靑p.87>

ㅇ. 어즈버 : 어즈버 明堂이 기울거든 <靑p.19>

ㅈ. 어화 : 어화 버힐시고 落落長松 버힐시고 <靑p.19>

ㅊ. 어홈아 : 인기척소리 *어홈아 긔 뉘오신고 <歌曲p.26>

위 예들은 자연의 사물을 묘사한 것이 아니라, 인간의 감정을 소리로써 묘사한 것들이라는 점에서 전형적인 의성어로 간주될 수 있을까를 고려해야 할 것이다. 그러나 인간의 인위적 소리가 아니라 자연적인 감정에서 우러나오는 소리라는 점에서 의성어의 성격을 지닌다고 보아 자료로 제시하였다. 대부분이 감탄사에 해당한다. 헛기침 소리, 기운 쓰는 소리, 한숨 소리 등이 묘사되고 있다. 최근에 국립국어원에서 '화이팅' 대신에 '아자'를 쓰자고 제안했는데, 이 근원을 굳이 옛말에서 찾는다면 형식적으로는 바로 위의 예들(ㄱ.ㄷ.ㄹ)과 관련된다고 할 수 있다. 그러나 이 당시 이 소리의 의미는 '아차' 곧 '무엇이 잘못되었음을 깨달을 때 내는 소리'였다.

(6) ㄱ. 워리[개 부르는 소리] : 我國方言喚狗曰 워리 <華方> ?

　　ㄴ. 웨웨[무엇을 부르는 소리] : 漢陽城臺에 가셔 져근덧 머므러 웨웨 쳐 불러 부디 흔말만 傳ᄒᆞ야 주렴 <靑p.104>

위 예들은 사람이 동물을 부르는 소리이다. 이 부류들도 역시 의성어로 볼 수 있을지는 의문이다. 재미있는 것은 개 부르는 소리 '워리'인데, 개 이름으로 많이 애용되던 표현으로, 이것이 외국어가 아니라 우리 고유어였다는 점이다.

(7) ㄱ. 홍홍 : 홍홍 노래ᄒᆞ고 <靑p.76>

　　ㄴ. 힐느리 : 닐니리 *黑 뫼쪽 典樂은 져 힐느리 분다 <靑大p.306>

　　ㄷ. 힐니리 : 典樂이 져 힐닐리ᄒᆞ다 <靑p.100>

(7)의 예들도 역시 전형적인 의성어로 볼 수 있을지 의문이다. 그러나

어떤 조음도 하지 않은 상태에서 숨을 내쉬며 허밍 하는 소리는 자연적인 소리라 할 만하다. (ㄱ.ㄴ,ㄷ)은 악기 소리의 묘사이다. 현대어에 '늴니리'로 표현하는 것이 중세 시기에는 '흴느리' 또는 '흴니리'라는 것이 주목된다.

이밖에 의성어 범주는 아니지만, 자연의 소리가 단어에 내포된 것들도 있다. 예를 들어 다음과 같다.

> (8) ㄱ. 슬으름이 [쓰르라미] : <u>슬으름이</u> <物譜 飛虫>
>
> ㄴ. 쇼쇼리ᄇ람 : <u>쇼쇼리ᄇ람</u> 불제 뉘 흔 盞 먹쟈ᄒ고 <松江—24>
>
> ㄷ. 슈프롬 : 휘파람
>
> ㄹ. 욕욕ᄒ다 [토하게 하다] : 손으로 입에 너허 <u>욕욕ᄒ면</u>(슈嘔) <胎要37>
>
> ㅁ. 딩딩이질 [재롱의 하나] : <u>딩딩이질</u>(亭亭的) <朴重中 48> – 확인해 보기!
>
> ㅂ. 와와이 [재롱의 하나] : <u>와와이질</u> ᄒᄂ니라(打凹凹) <朴重中48>
>
> ㅅ. 완나이 [재롱의 하나] : 아히 <u>완나이질</u> ᄒᄂ냐(腕落兒) <朴重中48>

위 예들은 사물이나 인간의 자연스러운 소리를 묘사하는 표현을 담은 어휘들이다. (8.ㄱ)의 '슬으름이'는 현대어의 '쓰르라미'에 해당하는데, 현대어에서는 그 우는 소리를 묘사한 것이라 여겨지나, 옛 표기를 보면, 살을 비벼 살이 운다는 뜻일 수도 있다고 생각된다. '슈파람'의 '슈'는 바람 소리를 묘사했다고 보인다.[45] 또한 '욕욕'은 사람이 구토를 할 때 내는 소리의 묘사일 것이다. 이와 관련하여 현대어에 '욕지기'가 있는데 이 역시 구토할 때의 소리 묘사와 관련이 된다고 보인다. '딩딩이, 와와이, 완나이'는 아기 재롱의 하나로 풀이되어 있는데, 구체적으로 무엇인지 또한 의성어에 해당하는지는 확실하지 않다.

---

45) 음운론적으로는, ㅎ구개음화 역행이라고 볼 수 있다.

선행연구에서 정리되지 않은 예들로 옛날 편지글, 고대소설 등에서 다음과 같은 예들을 찾을 수 있다.

> (9) ㄱ. 눔의 일 곷디 아니호고 웃뎐으로 겨으시며 하 <u>툭툭</u> 뼈디는 드시 셜워ㅎ
>    오시니 그 보옵기 더옥 ㄱ이 업더라 <편지글>
>
> ㄴ. ㄱ뢰군이 시방 젼 병경문 안 두 아룸은 흔 이운 밤(남)긔 둑거온 계요
>    보젼호야 풍우 ㄱ이(리)오던 피부을 줆줆 벗겨 모도와 사하 가져 가고
>    져 호다가 <편지글>

(9.ㄱ)의 '툭툭'은 사물이 떨어지는 소리로 의성어이다. (9.ㄴ)의 '줆줆'은 무엇을 벗겨내는 소리라기보다는 의태어로서 그 모습을 묘사한 것으로 볼 수 있지 않을까 한다. 편지글은 창작이긴 하지만 정보 전달이 주목적인 글로서, 의성어를 그리 많이 사용하지는 않았던 듯하다.

> (10) ㄱ. 길동이 홀노 당치 못ㅎ여 공중의 <u>쇼쇼</u>며 풍빅을 블너 큰 바룸이 니러
>    나게 ㅎ고 활노 무슈이 쏘니 <홍길동전>
>
> ㄴ. 도령이 동헌 퇴등하기를 기다려 몸을 숨어 가만히 성을 넘어 방자놈
>    따라 감돌아 풀돌아 <u>횔적</u> 돌아들어 춘향의 집을 찾아가니라 <춘향전>
>
> ㄷ. 거문고에 새줄 언저 무릅 위에 놓고 대인난(待人難) 곡조를 자탄자가
>    (自彈自歌)하여 <u>덩지궁 둥둥지덩 동당슬</u> 이렇듯 노닐 적에<춘향전>
>
> ㄹ. 군노(軍奴) 사령(使令) 등이 <u>우덩퉁탕</u> 바삐 가서 <춘향전>
>
> ㅁ. 북을 <u>둥둥</u> 울이면서 노를 저어 비질홀 졔 범피중유 쩌나간다
>    <심청전>

(10)은 소설의 예들인데, 소설은 편지글에 비해 상황을 실감나게 묘사하기 위한 의성어가 많이 사용되었다고 보인다. (10.ㄱ)의 '쇼쇼며'는 '(공

중에) 솟으며'라는 어휘로서 의성어와는 전혀 관련이 없는 예일 수도 있으나, 중국어에서 스치는 소리를 '샤샤'라고 표현하는 점을 보아 혹 중국의 영향을 받은 의성어는 아닐까 생각해 본 것이다. (10.ㄴ)의 '훨적'도 도포 자락이 바람에 날리는 소리와 관련이 있겠지만 의태어의 성격이 좀더 강한 예가 아닐까 한다. (10.ㄷ,ㄹ,ㅁ)은 소리를 묘사한 의성어의 예이다.

이상, 근대국어 시기의 의성어의 예들을 보면, 편지글, 고대소설 등 순수 창작의 글이 등장하면서, 의성어도 중세국어 시기보다 더 많이 사용되게 되었음을 알 수 있다.

## 2.3. 개화기 국어의 의성어

개화기도 근대국어에 포함되지만, 이 절에서는 19세기 말엽 개화기 시기를 따로 논의하고자 한다. 이 시기에 오면, 의성어로 더 많은 종류가 등장한다. 예를 들어 개화기 교과서에는 다음과 같은 의성어들이 나온다.

> (11) ㄱ. 가마귀는 <u>까악까악</u> 울면서 수풀에서 나오고 참식는 <u>직직</u>히 울면서 簷
> 下에서 들네고 쏘 문을 여는 소리와 우물에서 물 깃는 소리와 牛馬가
> 喂養間에서 나오는 소리는 참 시 精神이 나옵ᄂ이다 <신정 심상소학
> (1896)>
> ㄴ. 가마귀가 여호의 와서 稱讚ᄒ는 말을 듯고 하 조아ᄒ야 <u>까악</u>이라고
> 흔 소리롤 ᄒ다가 곳 그 고기 싸에 떠러지거눌 <신정 심상소학>

근대국어에서 '싹싹, 골각갈곡, 골각골각'으로 표현되었던 까마귀 울음 소리가 개화기 국어에서는 '까악까악'으로 표현되고 있음을 알 수 있다. 의성어 역사에서 그 표현이 고정되어 가는 과정이라고 해석할 수 있을 것이다. 일단 소리가 인지되어 표현되면 그것은 개념구조화되므로 불가변성을 띠게 된다. 예를 들어서 뻐꾸기 소리가 지역마다 다르다고 해도

우리는 그 소리를 듣고 뻐꾹뻐꾹 운다고 표현하는 것이다. 중세와 근대
국어까지도 자의적인 소리 표현을 하였으나, 이제 표기법을 고정하는 시
기가 되면, 표준적인 표현을 갖게 되는데, 국어의 경우 어문 규정을 정한
시기(1933년) 이후에는 그 표현이 고정되어 갔다고 할 수 있을 것이다. 위
의 예에서 참새 소리를 '지지'라고 표현하고 있다. 현대 국어의 '쨋쨋'에
해당되는 것으로 간주된다.

신소설에서는 다음과 같은 예들이 나온다.

> (12) ㄱ. 두 언덕졀벽 우에 슈목은 옹울ᄒᆞᆫ디 난디업는 쌜너질 소리가 <u>차닥차닥</u>
> 나더니
>
> ㄴ. 열두셔너 살씀 된 다방머리 아히가 꼴망티를 한편 억기에 매고 동부룩
> 이 송아지를 <u>이라 씰씰</u> 모라 여울 나드리로 셩큼셩큼 건너오더니
>
> ㄷ. 부인이 아히의 말디쑤도 다시 안이ᄒᆞ고 젹은 울음이 졈졈 큰 울음이
> 되야 <u>흙흙</u> 늣겨 가며 통곡을 ᄒᆞ니 그 아해가 처음에 울음을 만류ᄒᆞ노
> 라고 지지지삼 졸으ᄃᆞ가 그 부인 우는 셔실에 져ᄭᅵ지 <u>훌쩍훌쩍</u> 울며
> …… <이해조 1910 홍도화>
>
> (13) ㄱ. 부인과 검홍이가 깜작 놀라 벌벌 썰며 <u>수군수군ᄒᆞ다가</u> 방으로 드러가
> 더니 미다지도 아니 닷고 숨도 크게 쉬지 아니ᄒᆞ고 안졋더라
>
> ㄴ. 김씨 부인이 그 말을 듯고 손벽을 <u>쳑쳑</u> 치며 야단을 친다
> <이인직 1908 치악산>
>
> (14) <u>셩셩</u> 치는 비 종소리는 오후 두시 종이요 <u>트리콰터원하푸</u> ᄒᆞ는 것은 항구
> 가 갓가왓다고 수심지는 소리요 <u>쑤루루쇄—</u> ᄒᆞ는 것은 륜션 속력을 주리
> 너라고 김 ᄶᅵ는 것이라 <송뢰금>

이상의 예들을 보면, 문자를 사용하여 마음껏 소리를 표현할 수 있었던
역사를 알 수 있다. (12.ㄱ)의 '이라 낄낄'은 엄밀히 말하면 자연적인 소리

의 묘사에 근거를 둔 것이 아니라 사람이 무슨 뜻을 전달하기 위해 내는 소리이므로 의성어라 보기 어려울 것이다. (14)의 의성어는 모터가 돌며 물이 콸콸 돌아가는 소리, 김 빼는 소리 등을 실감나게 묘사한 것이다.

개화기 시대의 의성어 목록을 참고로 제시해 본다. 이 자료는 Gale, J.S.(1911)의 《韓英字典. Korean－English Dictionary》(Fukuin Printing Co.,LT.; Yokohama)을 참고하였다. 한국어의 특성적인 표현인 의성어를 이렇게 자세히 조사하여 자료화하였다는 점에서 의의가 있다고 하겠다.

(15) 가르랑가르랑ᄒ다 To wheeze; to purr. See 갈근갈근ᄒ다.

싹싹 Crawing－as a crow

각작각작 Teasing; angering; stiring up. See 극적극적

쌀쌀웃다 To roar with laughter. See 썰썰웃다

쌀짝쌀짝ᄒ다 To rustle; to crackle. To be bristly. (*의태어 성격도 있음)

갈그랑갈그랑ᄒ다 To wheeze; to pant. See 갈강갈강ᄒ다.

개고리

개골내다 To snarl at; to snap at; to fly into a rage

쌩쌩 word expressive of the whining of a puppy

갸갹 Squawking.

꺅꺅 Squawking; crying

걀걀 Cackling; squawking

쌀쌀 Cackling; squawking

썰썰 Loudly; noisily－as laughter. See 씰씰

썰넉썰넉 Coughing; wheezing. See 콜녹콜녹ᄒ다

쎙쎙 Whining; howling.

썽 Whining; howling.

썽썽 Whining; groaning. See 씅씅.

꼬르를 Bubbling

꼭꾀오 A sound expressive of the crowing of a cock

꼴꼴 The call of a mother hen to her chickens. Bubbling; babbling. See 쏠쏠

쏠싹쏠싹ᄒ다 To gurgle; to rattle. See 쏠썩쏠썩ᄒ다

쏠싹거리다 To lap. To cry.

쏠싹쏠싹ᄒ다 To lap. To cry. See 쿨겍쿨겍ᄒ다

쬐꼬리 鶯 An oriole. See 황됴. (*쬐꼴쬐꼴은 없음)

쑤르륵 Snoring; gurgling

쑤르를 Gurgling; rattling

쑥쑥이 鵓鳩 (비닭이- 볼)(비닭이 구) The wild pigeon; the cockoo dove

* 비둘기 소리는 안 나옴 (쑥쑥 A word descriptive of vigorously poking or
  stabbing)

쏠썩쏠썩 Gurgling; swallowing. See 쏠썩쏠썩.

쏠쏠 Grunting.

쏠썩쏠썩 Gulping. See 쏠싹쏠싹

귀쓰람이 蟋蟀 (귀쓰람이 실)(귀쓰람이 솔) A cricket. See 실솔.

씅씅 Whining; groaning. See 씽씽

찌룩찌룩ᄒ다 To desire; to covet. To idle about. To cry; to squeak.

씩씩 Choking; gasping.

씰씰 Tittering; giggling. See 킬킬.

씽씽 Groaning; whining.

싹싹 Pounding; beating. Cawing. See 쪽쪽

쫠쫠 Babbling; bubbling.

쨱쨱 Quack, quack; squawk, squawk. See 쎅쎅.

쨍쨍 Bang, bang! — as the beating of a gong

쾅 With a bang; with a thump

쌍쌍 Hammering; pounding.

쐴쐴 Bubbling

궐녁궐녁 Bubbling. See 쐴쐴

그르렁그르렁ᄒ다 To wheeze; to gasp. See 가르랑가르랑ᄒ다.

쎙쎙 Bang, bang — as a gong

냠냠ᄒ다 饕饕 (탐홀ㅡ도)(탐홀ㅡ도) To make the lips and make a noise when eating.

싹싹  Hammering; pounding; with a crash; with a smash.

달각거리다 To rattle; to clatter.

달각달각ᄒ다 To clatter; to rattle. See 덜걱덜걱ᄒ다.

쌀깍쌀깍ᄒ다 To clatter; to rattle; to shake. See 썰걱썰걱ᄒ다. (달그락은 없음)

째썩째썩ᄒ다 To rattle; to clatter; to clash together.

쌩 With a bang; with a ring.

쌩경 Ding! dong!

댕그렁 With a ring; with a clang.

쌍쌍 Bang! bang! — as beating.

당동당동 beating — on a drum

썰넝썰넝 Ringing; clanging.

덜커거리다 To rock; to beat.

덜컥덜컥 Rocking; lashing.

덜컹덜컹ᄒ다 To rock; to rattle.

쎅거거리다 To clatter; to rattle.

쎅걱쎅걱ᄒ다 To clatter; to rattle.

뎅경 Quickly; swiftly; speedily. A metallic ring.

뎅뎅 Ding—dong — of a great bell. A murmuring.

쎙쎙 Ding—dong — of a great bell. See 쎵쎵 (이 두 차이는 종의 금속질의

차이)

덩둥덩둥ㅎ다 To sound as drums and cymbals.

쏘닥쏘닥 Rapping; hammering.

쏘르를 Whirling; rolling; rattling.

쏙닥쏙닥 Hammering; pounding. See 쑥닥쑥닥

쏙쏙 Ticking — as a clock or watch. Scratching.

쏭쏭 The sound of a drum. Round.

쑤다거리다 To thump; to hammer; to beat.

쑤닥쑤닥 Beating; thumping. See 쏘닥쏘닥

두두 An expression used in driving pigs.

쑤쑤 The sound of a horn.

쑤르를 Whirling; rolling; ratting.

쑤벅쑤벅 Clattering; rattling; See 쏘박쏘박

쑥 Heavily; with a thud; with a crack.

씀북이 The rail; the marsh—hen; the coot.

쓰르를 Whirling as a wheel.

딩강딩강ㅎ다 To rattle; to ring; to jingle.

씽씽이 A child's paper tambourine — with hanging wax beads and handle. A
  kind of vine.

돠르를 Whiring.

좔좔 The sound of falling water; rattling.

(만타—모녀 빠짐)

쌰드득쌰드득ㅎ다 To rub against; to grind against. See 쌰드득ㅎ다.

쌰드득ㅎ다 To rub; to grind; to push against. See 아드득아드득.

바르작바르작ㅎ다 To kick; to scratch —as chickens. See 버르적버르적ㅎ다.

바삭바삭ㅎ다 To rattle; to rustle. See 버석버석ㅎ다.

바셕바셕 Rustling; rattling.

바스락바스락 Crackling; rustling. See 부스럭부스럭.

바슬바슬 Pattering — as the rain. See 보슬보슬.

바시락바시락 Rattling; rustling. See 부시럭부시럭.

바지직바지직 Tearing. Teasing. Frying. See 오지직오지직.

박박 Gnawing; scraping.

뱌각뱌각 Rubbing; creaking.

쌰드득쌰드득 Creaking; rubbing. See 쌘드득쌘드득.

버셕버셕ᄒ다 To rustle; to crackle. See 와삭와삭ᄒ다.

벅벅 Rubbing; scratching. See 박박.

쎡쎡 Cracking; thumping. See 박박.

보글보글 Bubbling; boiling. Worked up — feelings. See 바글바글.

쌘드득 Creaking; squeaking. See 쌔드득.

보슬보슬 Dampish. Drizzling. See 부슬부슬ᄒ다.

부글부글 Boiling; bubbling. See 보글보글.

부엉덕새 An owl.

부엉이 鶹(휴) An owl. Also 부헝이. See 올빔이.

씩씩 Breathing heavily — as in sleeping. To laugh. To be clear; fresh See 시시시

씩씩ᄒ다 To breathe heavily.

쐭쐭ᄒ다 To breathe heavily.

윙윙ᄒ다 To sound — as a spinnung wheel.

으적으적 Crunching; grinding; breaking.

윙윙 The sound of a wheel; a ringing in the ears. See 잇잇ᄒ다.

잉잉거리다 To sound — as a stone thrown, a sponning wheel, a child crying

　　etc.

잉잉ᄒ다 To sound — as a stone thrown, a sponning wheel, a child crying etc.

See 잉잉거리다.

읽고 Oh! —marking pains, grief. A repetition of this used as a funeral lament.

읽고머니 Oh! mother! — an expression of fear etc. See 읽고.

워 Whoa! — stop! — used to animals.

워리 The call of a dog.

워워 Whoa! — a call to animals.

짜르르 Ringing — in the ears. Smoothly; slipping. Equally; evenly.

자르를 Ringing — in the ears. Smoothly; slipping. Equaiiy; evenly.

쌀싹 Slapping; spanking.

쌀싹쌀싹 Slapping; spanking— of repeated action.

쩝쩝 Smacking the lips.

져르렁 Jingling.

져르렁져르렁 Jingling; ratting. See 뎅그렁뎅그렁ᄒ다.

조로록조로록 Dropping; ratting. See 주루룩주루룩.

조록조록 In clusters. Flowing. See 주룩주룩.

조르륵 Bubbling.

조르륵조르륵 Bubbling; dropping.

쪽쪽 Sucking; smacking. Dropping. Sliding. Tearing.

주루루 Flowing; running; pouring.

주루룩주루룩 Falling; dropping; pouring.

주룩주룩 Pouring. Wrinkled; folded. See 우굴주굴ᄒ다.

쭈르륵쭈르륵 Falling; dropping; pouring.

쭈르를 Sliding; falling.

쭉쭉 Sucking.

줄줄 Bubbling; flowing. See 졸졸.

쭐쭐 Bubbling; flowing. Trotting.

찌쩍 Creaking; squeaking.

찌걱찌걱 Creaking.

찍찍ᄒ다 To squeak; to smack.

찍찍 Chittering— of birds.

징그렁 Clanging; ringing. See 뎅그렁.

징그렁징그렁 Clanging; ringing— of repeated action. See 왱그렁뎅그렁.

찰박찰박 Splashing; slapping— as in mud. See 철벅철벅ᄒ다.

찰싹 Slapping; spanking. See 철썩.

찰싹찰싹 Spanking; slapping; smacking. See 철썩철썩.

철벅철벅ᄒ다 To splash; to sound— as splashing water. See 철석철석.

철벙철벙ᄒ다 To splash; to flounder in the water.

철석 With a crash.

철석철석 Falling; crashing; splashing.

츠닥츠닥 Ratting; splashing.

칵 Violently; with force —as in striking, stabbing etc. See 콱.

칵칵 Striking; beating. See 콱콱. Spitting; hawking.

컁컁 Barking— as a fox.

컁컁ᄒ다 To be thin; to be emaciated. To be thirsty; to be dry; to be dry; to have an appetite for.

컬넉컬넉ᄒ다 咳 (히소—히) To cough. See 쿨눅쿨눅ᄒ다.

컹컹 Barking; whining. See 콩콩.

콜콜 Snoring.

콜눅콜눅ᄒ다 To cough repeatedly. See 컬넉컬넉ᄒ다.

쿨누거리다 To cough frequently. See 콜노거리다.

쿨눅쿨눅ᄒ다 咳(히소—히) To coughing. See 기침ᄒ다.

쿨적쿨적ᄒ다 To weep; to whimper.

쿨쿨 Snoring; breathing deeply. See 코골다.

쿵ㅎ다 To sound; to thump.

쿵쿵ㅎ다 To thump; to pound; to sound.

킬킬 Giggling.

타닥타닥 With shorts steps. Walking with difficulty.

타달타달 With short steps. Vainly; uselessly. See 터덜터덜.

탁탁 Rapping; beating. (치다).

터더거리다 To beat; to pound.

터덕터덕 Beating; pounding. See 타닥타닥.

터덜터덜 With difficulty; indistinctly. See 타달타달.

털썩 With a flap; with a splash— a sound of falling.

털썩털썩 Splashing; flapping. See 탈삭탈삭.

털털 Step by step; stepping.

톡 With a thud; with a rap. See 톡.

툭 With a burst; with a thump. See 툭.

툭탁 Click—clack; with a smash. See 와직근.

툭툭 Rapping; thumping. See 탁탁.

퉁퉁 Beating.

퍅퍅 Poking; dipping. Answering back.

팔닥팔닥ㅎ다 to flap; to jump (의태어?)

팔쟉팔쟉ㅎ다 (의태어)

팔팔 Fluttering; flapping.

팡팡 Pouring; bubbling— as water from a bottle. See 펑펑.

퍄삭퍄삭ㅎ다 To be weak; to be unstable.

퍽 Hard; heavily— as in falling.

퍽퍽 Driving in; hitting hard. In a mean way.

퍼덕퍼덕 Flapping; fluttering.

퍽퍽 With strokes; with thuds. In quantities. See 푹푹.

펑 With a plunge; with a fall.

펑덩 Splashing; plunging. See 풍덩.

펑덩펑덩 Splashing; plunging. See 풍덩풍덩.

펑펑 Pouring; bubbling.

하하 呵呵(우슴-가)(우슴-가) Ha! ha! - laughing loudly. See 허허.

할쌍할쌍ㅎ다 To breathe heavily; To pant. See 갈그랑갈그랑ㅎ다.

할그랑할그랑 The sound of breathing heavily; gasping; wheezing.

할근할근ㅎ다 To pant; to gasp; to wheeze. To look down on; to treat with contempt. To be loose.

할싹할싹ㅎ다 喘(헐쩍일-천) To pant; to breathe heavily. See 헐쩍헐쩍ㅎ다.

할짝할짝ㅎ다 舐貌(할틀-지)(모양-모) To lap up; to eat or drink as a dog.

허역허역ㅎ다 To stir about; to flounder about.

허허 Ha! ha! See 힛쥭힛쥭.

헐쩌거리다 To pant; to breathe heavily.

헐쩍이다 To pant; to breathe heavily.

헐쩍헐쩍ㅎ다 To pant; to gasp; to wheeze. See 할짝할짝ㅎ다.

헐씨근헐씨근 Panting; breathing heavily.

헤헤 Hi! hi! -in contempt.

호도독 호도독ㅎ다 To crackle. To be quick-tempered.

후다닥 With a start; all of a sudden. See 화다닥.

후루루 Flapping; flying; running; flashing. See 화르르.

후후 With a long breath- exhaling. See 호호.

홀쩍홀쩍ㅎ다 To fit loosely; to rattle; to shake back and forth. (의태어?)

홀쩍홀쩍 Rattling; shaking. Snifling; whimpering. (울다).

휙 With a blow; with a spring.

휙휙 Swiftly; speedily. See 홱홱.

히히ᄒ다 To laugh hi! hi! See 쌀쌀웃다.

홀짝홀짝ᄒ다 喘息 (헐더거릴ー천)(쉬일ー식) To pant; to gasp; to breathe heavily. See 헐쩍헐쩍ᄒ다.

히히ᄒ다 To laugh ha! ha!

힛죽힛죽ᄒ다 Showing off; mincing. See 히죽히죽ᄒ다.

홱 With a jerk; with a snap (뿌리다). See 휙휙.

홱홱 With a jerk; blow after blow. See 휙휙.

이상의 예들은 한국어의 특징적인 의성어 표현이 이미 오래 전부터 발달되어 온 것임을 보여준다는 점에서 의의가 있다. 또한 이러한 자료가 한국인의 손에 의해서가 아니라 외국인 선교사의 노력에 의해 수집된 사실에 대해서 생각해 보면 숙연해짐을 느끼게 된다.

## ▌ 3. 사극 드라마의 표현

현대에 방영되는 사극 드라마나 영화는 시대 배경을 되도록 적나라하게 재현하기 위해 의복이나 주생활 모습 등의 시대상에 대해 세심히 연구하여 드라마에 반영되도록 한다. 드라마와 영화의 대사도 예외는 아닐 것이다. 가령 15세기의 이야기가 드라마의 내용이라면, 마치 출연 배우들이 그 시대의 복장 모습을 하듯이, 드라마의 대사도 15세기의 표현으로 구성되는 것이 옳을 것이다. 그러나 언어 표현은 의사소통의 수단으로서 현대인들에게 전달할 수 있는 언어는 현대어일 수밖에 없다. 따라서 현대인들이 들었을 때 전혀 모르는 표현이 대사에 나와서도 안 된다. 그러다보니,

옛날의 분위기를 재현하려는 노력에도 불구하고 사극의 대사는 그저 현
대어와는 조금 다르게 복고적이거나 의고체적인 느낌을 주는 표현을 사
용하는 정도로서 구성되고 있다. 예를 들면 다음과 같다.

> (20) ㄱ. 무휼: 어디로 <u>납시는</u> 것이옵니까, <u>뫼시겠습니다</u>.
>
> 이도: (넋 나가) 의금부로 <u>갈 것이다</u>.
>
> 무휼: (놀라) <u>아니 되십니다</u>. 상왕전에서 아시면.
>
> 이도: (날카롭게 쳐다보며)
>
> 무휼: (이도 보며)
>
> 이도: (멍한 채로) 장모님께서 내일이면 서인이 되어 멀리 떠나신다지
>
> 않느냐.
>
> 무휼: <u>하오나</u>.
>
> 이도: <u>정녕</u> 난, 아무 것도 해서는 안 되느냐?
>
> ㄴ. 중전: 대체 무슨 일이 벌어진 것이냐?
>
> 병사1: (얼른 조아리며) 파옥이 일어났습니다.
>
> 중전: 어찌 그런 일이 일어났단 말이냐.
>
> 상궁: 뭣들 하는 <u>게야</u>! 어서 잡아야할 것이 아니냐!
>
> 병사들: 예!!   《이상, SBS 드라마 뿌리 깊은 나무, 2회》

위 (20)에서 '납시다, 뫼시다' 같은 것은 현대 국어에서는 쓰지 않는 말
이지만 알아들을 수는 있는 표현이다. 위 대사에 표현된 '뫼시겠습니다'
를 중세 국어로 고친다면, '뫼시리이다'가 되어야 한다. 미래 시제를 나타
내는 '－겠' 형태는 중세국어 시기에는 안 쓰였고 처음 자료로 추정되는
것은 1795년 자료인 《한중록》이다. '갈 것이다' 같은 표현은 현대 국어
에서는 문어체에서 쓰는 표현으로, 말을 할 때에 이런 식으로 표현하지는
않는다. 현대 국어로 표현한다면, '갈게, 갈 거야, 갑니다' 정도가 될 것이

다. 실제로 중세 국어 시기에 이런 식으로 표현했는가를 따져보기가 쉽지
는 않다. 왜냐하면 자연스러운 회화체 문장을 보여 줄 자료로 적절한 것
이 없기 때문이다. 편지글은 글로서의 문체 영향을 받은 것이며, 대부분
의 자료가 언해문이므로 그 안에 나오는 대화도 번역투가 된다. 그런데
사극 대사를 쓰는 작가들이 이러한 표현으로 대사를 구성한 데에는 연유
가 있을 것이다. 옛말 투라 함은 약간은 문어체적인 것으로 간주될 수가
있다. 과거의 표현들이 시간이 흐르면서 사용상 제한을 가져올 때 주로
문어체로 한정되는 예들이 꽤 많았기 때문이다. 다음 예를 보자.

(21) ㄱ. 대길: 도망 <u>노비</u> 잡으러 <u>왔소이다</u>. 흥은 깨지 않을 테니 상관없는 분들
　　　　은 술이나 드쇼

　　ㄴ. 박진사: 침모는 있느냐.
　　　　침모: (옆에서 종종걸음으로 다가와) <u>불러계십니까?</u>
　　　　박진사: 데려가 준비 <u>시키거라</u>.
　　　　침모: 네, 나리.　《이상, KBS 드라마 추노, 1부》

(22) ㄱ. 윤희: <u>뉘신지 모르오나</u> 초면에 결례가 많습니다. 어르신. 허나 이 아
　　　　이, 제가 좀 데려가야겠습니다.
　　　　병판: 뭐야!!
　　　　초선: (의외다. 윤희 본다)
　　　　윤희: 성균관 장의란 자가 병판의 아들이라는데 (병판 눈치듯 살피며)
　　　　어찌나 제 아비의 권력만 믿고 전횡을 일삼는지. 이 아일 데려오
　　　　지 않으면 성균관 출재는 물론이거니와 멍석말이를 하겠다 협박
　　　　을 하지 뭡니까.
　　　　병판: 흐음. (당황스럽다)

　　ㄴ. 윤희: (결심한 듯) 오늘은 이만 돌아가야겠소.

초선: (의아한 듯 보면) 혹 제가 도련님께 무슨 잘못이라도….

윤희: <u>그대의</u> 잘못이 아니오 (부끄럽지만, 인정한다) 나도 병판 그자와
별 다를 것이 없소. 자네의 하룻밤을 구걸하러 온 처지, 무엇이
<u>다르겠소.</u> 오늘은 이대로 <u>돌아가겠소,</u> 결례를 범했다면 용서하
시오. 《이상, KBS 드라마 성균관스캔들, 제3강》

위의 예들을 보면, 밑줄 그은 곳은 현대어와는 차이가 있어서 시대적으
로 괴리감을 느끼는 표현들이라고 할 수 있다. 호칭, 지칭이 달라진 점
(노비, 나리, 도련님, 그대), 부사 표현의 차이 (아니, 하오나, 정녕), 존대법
을 표현하는 선어말어미의 차이 (것이옵니까), 종결어미의 차이 (갈 것이
다, 게야, 거라, 겠소) 등이 있다. '갈 것이다' 같은 표현을 현대국어서 사
용하지 않는 것은 아니지만, 구어체로 잘 쓰이지 않으며, '게야' 같은 표
현을 사실 과거의 표현이라기보다는 방언 표현에 해당하는 것이다. '게
야'를 중세 국어의 표현으로 고쳐본다면, '것가 (ᄒᆞᄂᆞᆫ 것가?)'나 '᷂ᄂ다 (ᄒᆞ
ᄂᆞᆫ다?)'가 되어야 할 것이다. '거라 (준비 시키거라)'도 한국어의 종결어미
이긴 한데 현대 국어에서는 '어라 (준비 시켜라)'로 주로 사용되게 되었
다. 그 외 '납시다, 뇌시다, 불러계시다' 같은 것도 현대 국어에서는 생소
하다. '아니 되다' 같은 표현도 현대 국어라면 '안 되다'로 표현할 것인데,
중세 국어 시기에 부사 '안'은 아직 사용되지 않은 것으로 보인다.

사극 드라마의 설정 시대의 언어를 정확히 구사하도록 대사가 구성되
었다면, 이는 소통이 안 되는 결과를 가져 올 수 있으므로, 드라마 대본을
쓰는 작가는 적절히 고어체적인 느낌을 주면서 의사소통에 지장을 주지
않는 범위를 설정할 것이다.

어휘나 문법 형식 등을 고려하여 당시의 언어를 재현해 본다면 다음과
같은 형태가 될 것이다.

(23) ㄱ. 언제가 됐든 항상 내 곁에 있어라. 그래야 나도 너를 보며 오늘을 기억
할 테니까.  <KBS 드라마 성균관스캔들>

ㅡ 언제이 되엿든 흥상 내 겨틔 이셔라. 그러사 나도 너를 보며 오ᄂᆞ롤
기억홀 테니

ㄴ. 둘이 있을 때는 괜찮습니다. 고개를 드십시오. 안 됩니다. 저는 이제
천한 관비의 신분입니다. <MBC 드라마 대장금>

ㅡ 둘히 이실 ᄢᅢ는 괴티이 아니 ᄒᆞ습ᄂᆞ이다. 고개롤 드습ᄂᆞ이다. 아니
되ᄂᆞ이다. 쇼신 이제 천흔 관비의 신분이노이다.

ㄷ. 중전마마께오선 결코 경빈 마마와 의기투합하실 분이 아니란 것을 아
직도 깨닫지 못하고 계십니까? <SBS 드라마 여인천하>

ㅡ 듕뎐 마마ᄢᅧ션 결코 경빈 마마와 의기투합ᄒᆞ실 부니 아니론 거슬
아직도 ᄭᅢ닫지 못ᄒᆞ고 겨시니잇가?

ㄹ. 과연 곱게 생겼구나. <MBC 드라마 동이>

ㅡ 과연 고비 생겼고나.

ㅁ. 공주께선 이미 미실의 적이 되겠다는 것 아니옵니까? <선덕여왕>

ㅡ 공주ᄭᅴ션 이믜 미실의 뎌기 되리라는 것 아니니잇가?

ㅂ. 나는 내 자식을 그렇게 가르친 적이 없다. 신첩이 미거하였습니다.
<KBS 드라마 왕과비>

ㅡ 나ᄂᆞ 내 자시글 그러ᄒᆞ게 ᄀᆞ르친 져기 없노라. 신첩이 미거ᄒᆞ더니
이다.

위의 사극 드라마 대사들이 옛날의 표현을 고수하여 작성되었다면, 각
문장의 아래에 적힌 형태가 될 것이다. 각각을 견주어 보면, 과거의 표현
들이 많이 달았음을 알 수 있다. 그러나 과거의 표현을 고수하여 사극 드
라마 대사를 쓸 수는 없을 것이다. 시청자들이 대사를 알아들을 수 있어
야 하기 때문이다.

이상에서 현대 시대에 방영된 사극 드라마의 대사를 살펴보면서, 시대적 감각을 주는 언어 표현을 구사하기 위해 현대국어와는 다르게 구성했음을 볼 수 있었다. 현대인들도 알아 들을 수 있는 범위 내에서 어감이 고어체적으로 난다고 생각되는 표현을 사용했음을 알 수 있었다.

## 생각샘

01. 어원을 알 수 있는 연구 자료를 찾아보고 재미있는 어원에 대해 정리해 봅시다.

02. 현대 국어에서 의성어를 사용한 표현으로 인해 문장이 더 맛깔스럽게 전개되었다고 생각되는 예를 찾아봅시다.

※ 서점가에 어린이를 위한 어원 책에서부터 국어학 전공으로서의 어원 연구 책이 나와 있습니다. 이 자료들을 훑어보시면 좋겠습니다. 소설 문장에서 의성어를 특히 많이 쓰는 작가를 찾아보면 의성어 표현이 문장에 어떠한 영향을 미치는지에 대해서 구체적으로 생각해 볼 수 있을 겁니다.

## History of Korean for Foreigners (외국인을 위한 국어사)

※ 우리 학생들이 외국인에게 한국어의 역사에 대해 단편적으로나마 설명해 줄
수 있으면 좋겠다는 취지에서 이 영문을 실었습니다. 우리의 언어를 소중히
여기고 자랑스럽게 외국인에게 소개해 보고 싶은 의욕을 가져 보시기 바랍니
다. 영문의 한국어 해설은 이 책의 뒤에 [부록]으로 실었습니다.

## Chapter 9. Expression and Korean etymology

'Express' is to show thoughts or feelings through the form
of speaking or motion. Our language is also formed to reveal
thoughts that are wiggling inside of us. Thinking about the
question such as 'How was that idea named? What was the idea
behind when that word was first created?' is interesting.
Following is the etymology of Korean words.

(1) 노가리 깐다(no-ga-ri k'an-da) : '노가리(a little pollack)' denotes
the infant of an walleye pollack. Walleye pollack begets
many eggs at one time, and using the figure of speech to
this, '노가리 까다' or '노가리 풀다(pʰul-da)' means talking
loquaciously. (Not used in Middle-Age Korean.)

(2) 미주알고주알(mi-zu-al ko-zu-al) : '미주알' is the end of intestine
attached to anus. '미주알고주알 캐묻다(kʰe-mut-ta)' comes
from that trying to find other's hidden faults looks as if
trying to look at the inside of intestine.

(3) 산통깨다(san-tʰoŋ-k'æ-da) : '산통' is a basket for wooden sticks
used in fortune-telling. To break '산통' is not being able to
hear fortune-telling, which means to mess up the business.

(4) 술래(sul-læ): In Chosun era, '순라(sun-ra)' was an officer who watches for thieves or fire in the palace or town area. '술래' is its transformed version. It denotes a person who tries to find hiding children in hide-and-seek.

(5) 시치미 떼다(si-chʰi-mi tʼe-da)): '시치미' is a name tag for domesticated falcon. It is invented to prevent the dispute over the possession of falcons in hunting. '시치미 떼다' comes from such background.

(6) 알나리깔나리(al-na-ri kʼal-na-ri): It is used when children make fun of each other. '알나리', a shortened version of '아이나리(a-i-na-ri),' is a kind of a joke for a young person taking position in the palace. '깔나리' is an addition for rhythm and fun through replacing of a consonant.

(7) 이판사판(i-pʰan-sa-pʰan) '이판' is a monk studying Buddhist scriptures in Buddhist temple. '사판' is a monk in charge of management of Buddhist temple. As Chosun Dynasty set Confucianism as the state religion, Buddhist monks were treated harshly, so becoming a Buddhist monk, whether being '이판' or '사판,' meant the end. From this, '이판사판' means the dead-end stage in which no one can do anything.

(8) 점심(cəm-sim): The word comes from that eating little as if drawing a dot in heart.

(9) 터무니없다(tʰə-mu-ni əpˉ-ta): '터무니' means the trace of the sites for houses or buildings. Thus, '터무니없다' means having unreliable evidence.

(10) 퇴짜놓다(tʰɸ-zʼa-no-tʰa): '퇴' was a letter marked by an officer on defected materials coming into the palace for return.

From this, '퇴짜놓다' means to not accept and return offerings.

(11) 팽개치다(pʰeŋ-gæ-cʰi-da): Comes from '팡개(pʰaŋ-gæ),' which was a tool to cast away birds that ate grains. One split the end of a bamboo four ways and put little cross-shaped stick into the hole, and a stone or a clod was stamped when one hits the ground. '팡개치다' is to swing 팡개 after hitting ground for a stone or a clod in order to cast away birds. '팡개' was changed to '팽개.'

(12) 한참동안(han-cʰm-doŋ-an): '한 참' denotes the length between one station and the other. The word comes from that it takes long to arrive due to far distance.

(13) 행주치마(hæŋ-zu-cʰi-ma): Come from '힝즈(hæŋ-za)' which denotes a person practicing in the Buddhist temple without becoming a monk. Aprons worn by them when cooking in a temple were called '힝즈쵸마(heŋ-za-cʰjo-ma).' There exists a story that it became 행주치마 when wives carried stones with aprons to 행주산성(hæŋ-zu-san-səŋ) to defeat Japanese army in 행주대첩, 임진왜란 (hæŋ-zu-de-cʰəpʰ, im-zin-ɸ-ran)) but this is only a folk story.

(14) 헹가래(heŋ-ga-re): '헹가래' denotes practicing with an empty spade before actually doing it. 헹가래 is to throw a person high with others in order to award one's credit in a stadium, etc. This comes from that grabbing and shaking one's arms and legs look as if digging with spade. *가래(ka-ræ): a tool used by three people to dig a hole, which was made of a shovel and rope on two ends.

(15) 김치(kim-cʰi): Word from Chinese '沈菜'. In Chinese history, Jaegal Gong-Myoung first started food with salted cabbage. However, it probably was not the same as Korean Kimchi. (팀치(tʰim-cʰe)〉딤치(tim-cʰe)〉짐치(cim-cʰe)〉짐최(cim-cᵇi)〉짐치(cim-cʰi)〉김치(kim-cʰi))

(16) 깡통(k'aŋtʰoŋ): Combination of English 'can' and Korean 통 (tʰoŋ).' The word was formed as the United States military came to Korea.

(17) 노가다(no-ga-da): Derogatory word for a worker in construction area. The word came from Japanese.

(18) 담배(tam-bæ): Word came to Korea as 'Dambago,' which originated from English 'Tobacco' and Japanese 'Dabacco.' 'Dambae' was transformed from this word. In Injo-Silok, not many people smoked when it first came across the sea around 1616 ~ 1617, but almost everyone was smoking around 1621 ~ 1622. (담빅〉담배)

(19) 배추(pæ-cʰu): Chinese pronunciation 'Baichai(白草)' became 'Baecha' in Korea, and 'Baechoo' was derived from it. 비치(pe-cʰe), 비츠(pe-cʰa)〉배초(pæ-cʰo)〉배추(pæ-cʰu))

(20) 아수라장(a-su-ra-zaŋ): 'Asura' comes from 'asura' in Sanskrit. It denotes a ghost who likes to disturb others because of its temper in Buddhism. 'Asurajang' is sometimes shortened as 'Surajang,' which was a fighting ground between Asura king and Jaesukchun. The word means a chaos due to war or fight.

  *Jaesukchun: god who protects Buddhism with Bumwang.

# 제 10 장
# 국어 문장의 시작은 어떻게 이루어졌나?

"문자를 처음 만나서 문장이 시작되었다,
그것은 우리 역사상 가장 위대한 사건이다"

이 장에서 논의하고자 하는 것은 한국어 문장이 어떤 모습으로 시작되었으며 그러한 모습을 띠게 된 이유는 무엇인가 하는 것이다. 문자 전통을 가진 여느 언어권에서 자연스럽게 문자 언어의 역사를 이루어온 경우와는 달리, 한국어 문장은 훈민정음 창제 이후 새롭게 실험적으로 문장의 모습을 형성한다. 이때 형성된 문장은 현대 문장과는 현격하게 다른, 이른바 문장의 전근대성을 띠는 문체로 나타난다. 그리고 이러한 전근대성은 후에 문장의 현대성 획득을 위해 탈피해야 할 요인이 된 것이다.

## ▌ 1. 문장이란 무엇인가?

"문장(文章)"이란 언어 사용자가 표현하고자 하는 생각을 언어의 제반 층위에서 구조적으로 엮음으로써 비로소 탄생시키는 가장 작은 단위의 통화성 발화체(communicative occurrences)이다. 음성언어로써 문장을 말할 수도 있고, 문자언어로써 문장을 적을 수도 있으므로 우리는 문장을 대화의 문장과 글의 문장, 두 유형으로 구분한다. 대화 문장은 기본적으로 음성 언어로 발화되며 글의 문장은 기본적으로 문자언어로 적힌다. 그러나 대화에 사용된 문장이 문자로 적혀질 수도 있고, 글로 적힌 문장이 음성으로 읽혀질 수도 있다. 어떤 경우든 전자를 구어 문장 (口語 文章), 후자를 문어 문장(文語 文章)으로 지칭할 수 있다.

이 중 문어 문장은 구어 문장보다 더욱 정형화된 틀을 필요로 한다. 말을 유창하게 잘 하는 사람이라도 문장 쓰는 일을 아주 다른 작업으로 인식한다거나, 모국어로서 자연스럽게 말을 배운 어린이라도 문장다운 문장을 쓰기 위해 특별한 교육이 필요한 것은, 문장은 그냥 말하듯 쓰여지는 것이 아니며, 특별한 문장 틀에 대한 인식을 필요로 하기 때문이다.

한국어에서 "말"의 전통은 예로부터 있어 온 반면, "글"의 전통은 훈민정음의 탄생과 더불어 이루어졌다. 말로 하는 발화문을 문자로서 적는 일은 말하는 그대로 적었으니 비교적 수월했을 것이다. 그러나 "글"이라고 하는 인식은 그다지 쉬운 것이 아니었을 것이다. 말은 대화상황의 말 듣는 이를 대상으로 하여 자기 생각을 표현하는 상황의존적 언어 행위이다. 말하는 현재 상황의 구체적 인식이 있으므로 시제, 존대법, 서법, 그리고 종지법의 형식이 그 상황에 맞는 것으로 자연스럽게 선택될 수 있다. 모국어 습득을 통한 자연스러운 발화 행위에는 이미 익숙하므로 이를 따르면 되는 것이다. 반면 글이란 탈상황맥락적 성격을 지닌다(편지글과 연설문을 제외하고). 글을 쓰는 현재 말을 듣는 이가 없다. 글을 쓴다는 것은 전적으로 내면 독백적인 단독 상황이다. 들을 이가 있는 상황에서 말하는 것과는 다르게, 시제, 존대법, 서법의 형식들은 적어도 그 글 안에서는 일정하게 가정된 어떤 정형을 취해야 한다. 또한 생각의 내용 (예: "기차 시간 늦겠어.")을 글로 표현할 때에는 그 내용에 대한 글쓴이의 관계성을 얘기해 주어야 하는 것이다(예: "나는 기차에 늦겠다고 생각했다."). 소설 장르에서 시점의 문제는 인지자의 인지 대상에 대한 인식 역할의 구조화라고 할 수 있듯이, 일반 문장에서도 명제 내용을 인식하는 서술자의 문장에 대한 역할 인식이 개입하는 것이다.

## 2. 한국어 문장의 시작 상황

"한국어의 문어 문장의 틀은 어떻게 형성되었을까?"하는 주제의 연구에서 가장 주목해야 하는 문제가 바로 한문 문장 인식의 바탕 위에서 우리 문자 문장이 구사될 수밖에 없었던 상황이었다고 생각한다. 당시에 새 문자 창제와 우리말 문장의 실험은 창작이 아닌 한문 번역문, 곧 언해문으로 시작되었던 것이다.46) 한문 번역을 통해 우리 문장의 모습이 갖추어졌다고 하는 것, 이것은 한국어 문장 역사에 지대한 영향을 끼친 사건이었다고 생각된다. 문자가 창제되기 이전에도 언어는 사용되었다. 그러나 어떤 생각을 타인에게 문어 문장으로 전달해야 하는 경우에는 우리말 문장이 사용된 것이 아니라, 한문 문장이나 이두문장이 사용되었다. 우리말을 그대로 적는 문자가 없었기 때문에 한문 문장을 쓰거나 한문 문장에

---

46) "언해문(諺解文)"이라는 용어는 우리 글을 낮추는 뜻이 있는 말이다. 그런 이유로 이 용어를 쓰지 말아야 한다는 의견도 있다. 그런데 특정시대의 한문 원전을 번역한 국어문장을 한 단어로 일컫던 학술용어로 간주해야 되지 않을까 생각한다. 이 용어를 피하자면, 시대적으로는 중세기, 한문의 국어 번역문이라는 뜻을 모두 포함할 수 있는 용어로서 그리 적절한 것이 없다. "한문 번역문"이라는 말은 한문 문장일 수 있으며, "국어 번역문"이라는 말은 영어를 번역한 것이 될 수도 있다. "한문의 국어 번역문"이라는 말은 특정 시기를 지칭하지 않는 말이다. 그러므로 결국 "중세 시기의 한문의 국어 번역문"이라는 표현이 등장해야 하는데 매우 길어지는 불편함이 있다. 결국 이 시대에 사용되었던 지칭인 "언해문"을 그대로 사용하기로 한다.

한자의 음훈차를 빌려 토씨를 삽입하는 이두문 문장이 사용된 것이다.

한국어로 문어 문장이 쓰여진 시기는 문자 언어의 도구로서 새 문자가 창제된 15세기 이후 시기일진대, 이 때에 한글을 사용하며 이루어진 우리 문장의 시작은 주로 한문 문장의 번역으로 이루어진 언해문이었다. 그런데 언해문은 "번역"이라는 특별한 의식 속에서 발생될 수밖에 없었고, 이 번역의 틀에 의해 "의고체(擬古體)"라고 하는 특별한 문체적 특징을 띠게 되었다.

우리 옛문장의 문어체적 특징은 역사적인 문체 중 "의고체(擬古體, archic style)"라고 하는 것으로 지칭된다. 의고체란 문자 뜻 그대로 "옛 것을 본 뜬 문체 / 옛 격식의 문체"라는 것이니 이름 그 자체로서 문체가 어떻다고 하는 내용을 나타내지는 않는다. 원래 유럽에서 중세 이래 문예 부흥기에 고전적 취향을 따르던 문체적 유행을 지칭하던 데서 온 용어로, 그 옛 것이 무엇인가에 대한 정보는 담지 않고 있다. 우리나라의 경우 일반적으로 의고체라 한다면, 현대적 문체와는 차이가 나면서 옛날 말이라는 어감을 주는 특성을 지닌 문체를 뜻하는 것으로 통용된다.

의고체를 이루는 문장의 형식적 특징과 이와 관련된 문장의 어감적 특징은 몇 가지로 지적된다. 문장 종결형의 특징으로 어미 "—라"형의 사용으로 인한 구연조, 문장 어순의 도치로 인한 풍류조(風流調), 문장의 비분절 구조로 인한 유장미(悠長美), 대칭적 리듬의 구사로 인한 율문조(律文調)가 그것이다. 이러한 문체를 띠게 된 원인은 바로 한문을 번역한 번역관이라고 볼 수 있는 것이다. 그것을 메타의사소통적 번역관과 구조등가적 번역관이라 명할 수 있다.

문장의 역사에서 과연 15세기에 한문을 번역한 언해문체가 우리 문장의 기본적 전형을 이루었다고 할 수 있겠는가 하는 점에 대해 생각해 보자. 심재기(1994)에서는 내간체를 한국어 고유의 창의적 산문문체라고 하며, 이것이 기원적으로 우리나라 산문 문학의 전통과 맥락이 이어져 있지 않은가 하는 가정을 제기했다. 김미형(2002)에서 편지글과 일기, 곧 내간

체에 해당하는 자료가 구어체적인 성향이 강한 텍스트로서, 언해문체의
영향을 그다지 많이 받지 않았음을 지적하고 있다. 그리고 이 편지글 문
체가 우리 문장사에서 현대성 획득에 영향을 주었을 거라는 추측을 하였
다. 이 두 논의는 문장의 현대성 획득의 연원에 대한 것으로서 내간체를
주목한 것이다. 그런데, 15세기 이후 20세기 초엽까지 내간체를 제외한
거의 모든 산문 문헌 자료, 곧 경전의 언해문, 소설, 기사문, 논설문에 나
타난 문체는 결코 내간체 문체를 닮지 않은 언해문 문체였다. 그러므로
15세기의 언해문 문체가 현대성을 결여한 우리 문장의 기본적 전형을 이
루었다고 하는 기본 전제가 성립되는 것으로 본다.


## ▌ 3. 메타의사소통적 번역관과 국어 문장

"번역(飜譯)"이란 목표언어의 언어 형식을 도구로 사용하여 출발언어의
언어 내용을 추정케 하는 인지 체계의 커뮤니케이션이다. 각 언어권 사이
에서 행해진 동서고금의 경전 번역과 문예물 번역, 학술 번역 작업은 정
신적 인프라를 구축하는 주요 동력이 되어왔다. 역사적으로 동서양을 막
론하고 번역은 언어의 형성과 발전에 중요한 역할을 했는데 한국도 역시
마찬가지이다. 그런데 번역에 대한 인식에 있어서, 하나의 텍스트를 다른
언어의 텍스트로 옮기는 작업이 출발언어의 존재를 잊고서 목표언어를
구현하는 것이라는 인식에는 낯설었던 것이다. 현대 번역은 출발언어의
존재를 잊게 하는 목표언어의 구현을 번역의 이상으로 여기지만, 15세기
우리의 현실은 그렇지 못했다. 따라서 메타의사소통으로서의 번역 인식
이 개입하게 되었던 것이다.

문어 문장의 형성 문제를 번역 관계 속에서 조명하며, 한편으로 "문체"
개념으로서 접근하고자 하는 것은, 형식의 다름을 해석적으로 조명할 장

치가 문체론이라고 생각하기 때문이다.[47] 문어 문장의 특징적 형식으로서 논의할 문제가 종결어미, 문장구조, 문장 길이 등인데, 그 형식적 특징을 드러내고 분석하는 일은 더 나아가 문체적 연관성을 안고 있는 것이다. 문장 쓰는 방식의 다름을 언급하는 일은 단지 언어 분석적 차원의 연구라고 할 수 있으며, 이를 문체의 문제까지 관련시키는 것은 언어 설명적 차원의 연구라고 할 수 있을 것이다. Fauconnier & Turner (2003)에서, 20세기는 "Form approach"의 시대라 하고, 21세기는 "Imagination, Integration, Identity"의 시대라 하였다. 이는 곧 인간이 생성하는 형식을 관찰하고 구조를 분석하는 1단계를 지나 그 형식이 갖는 이미지, 정체성 등을 통합적으로 해석하는 시대로 도입하였음을 의미한다. 현상의 분석이 분석 자체로 만족해서는 학문적 의의가 미미하다. 이 분석은 우리 인간의 무엇을 의미하는가 하는 문제로 연결되어 해석되어야 하는 것이다. 문체론은 이런 성격을 띤다. 그러나 현재, 문체론이라는 미명하에 국어학적 분석만으로 그치거나, 문학적 이미지 기술만으로 그치는 연구도 많은 듯하다. 국어학적 분석과 문예적인 이미지 해석의 연구가 어우러져 문체론의 본질은 구현된다.

그러면 우리말 문장이 구사되면서 한문을 번역한 상황에서 형성된 문장의 형식을 고찰하고, 그러한 형식을 취하게 된 연유가 바로 메타의사소통적 번역관에 있었음을 차례로 살펴보기로 한다.

---

47) 문체(文體)란 엄밀한 뜻으로 "문장을 쓰는 방식의 차이에 따라 생겨나는 인상적(印象的) 특질"이라고 생각한다. 좀더 형식적인 측면에 치중한 개념으로, 논설문체, 설명문체, 서간체, 구어체, 문어체와 같은 문체 종류는 문장 장르의 개념 또는 텍스트 유형(pattern)으로 간주하고, 이러한 형식적인 문장이 갖는 문체(文彩) 이미지(style)에 대한 것을 문체로 간주해야 한다고 본다. 건조체, 간결체, 화려체 같은 것이 이 개념에 잘 맞는 문체 종류가 될 것이다. 그리고 구연체(口演體), 잔잔한 어조, 격정조, 늘어짐조, 서정적 어감, 지적 어감 같은 것이 이에 해당된다. 이 논문에서 논의하고자 하는 의고체, 번역투는 이 말 자체로서는 구체적인 문체 이미지를 표명하지는 않지만, 문체적인 특징에 속한다고 할 수 있을 것이다. 문체적 이미지를 드러내는 문체 명칭에 대한 것을 언어 연구자와 문학 연구자가 만나 논의하면 좋은 결과가 나올 것이라 생각한다.

## 3.1. 문어체 문장의 종결형 후보 '-다'와 '-랴

한국어 초기 문장 형태의 가장 특징적인 것은 종결어미 '-라' 형의 사용에서 찾아볼 수 있다. 물론, 어휘, 표현, 구조 등 다른 많은 요소가 언어의 격세지감을 형성하지만, 이 중에서도 종결형의 모습은 문장의 가장 외현에서 전체적인 문장 어감을 주는 요소가 된다. 한문어투가 뒤섞인 중세 국어 문장 자료에서는 '-라' 종결형 어미의 전근대성이 그다지 두드러지지 않을지 모르나, 한글 전용이 확립된 개화기 시대의 문장 자료에서는 '-라'형 어미가 주는 전근대성은 두드러진다. 텍스트 연구에서 문장의 현대적 확립의 가장 중요한 요인을 종결형 '-다'형의 확립에서 찾는 점을 염두에 두면, 문장에서 종결형이 갖는 역할 비중은 크다고 할 수 있다.[48]

중세 국어 문장 자료를 찾아보면, 문어 문장으로는 창작, 번역, 해석, 간접 화법의 인용을 만날 수 있고, 구어 문장으로는 직접 화법의 문장을 만날 수 있다. 이 중 구어 문장 자료를 살펴보면, 말의 일반적 서술 종결형으로 '-다'형이 쓰이고 있었음을 알 수 있다. 다음 문장은 중세국어 시기의 것으로, 구어 문장 형식을 보여주는 자료이다.

(1) ㄱ. 모다 닐오디 舍利弗이 <u>이긔여다</u> 《석보상절. 6.31》

ㄴ. 薄拘羅尊者ㅣ 淸白ᄒᆞ샤 ᄒᆞᆫ 돈도 아니 <u>바ᄃᆞ시ᄂᆞ다</u> ᄒᆞ더라 《석보상절. 6.16》

ㄷ. 婆羅門이 보고 깃거 이 각시ᅀᅡ 내 얻니논 ᄆᆞᅀᆞ매 <u>맛도다</u> ᄒᆞ야 그 ᄯᆞᆯ ᄃᆞ려 무로디 그딋 아바니미 잇ᄂᆞ닛가 대답호디 <u>잇ᄂᆞ이다</u> 婆羅門이 닐오디 내 보아져 ᄒᆞᄂᆞ다 ᄉᆞ바쎠 《석보상절. 6.14》

---

**48)** 이와 관련하여 문학 연구로는 권영민(1996), 국어학 연구로는 김미형(2002)를 참고할 수 있다.

ㄹ. 내 비환 디 반히 <u>남즉ᄒᆞ다</u> 《번역노걸대, 상.6》

ㅁ. 미햇 새 놀애 <u>브르ᄂᆞ다</u> 《금강경삼가해, 3.14》

ㅂ. 네 닐오미 <u>올타</u> 《번역노걸대, 상.11》

ㅅ. 내 …… 부텨 조쯘와 머릴 <u>갓고이다</u> 《능엄경언해, 1.42》


위 문장 중 (1.ㄱ~ㄷ)은 직접 인용구문에 쓰인 종속절로 종결형이 '─
다'이다. (1.ㄹ~ㅂ)은 대화문인데 역시 종결형이 '─다'이다. (1.ㅅ)은 중
세국어의 청자 존대 형태소 '─이─'와 종결형 '─다'가 쓰인 것으로 현
대어의 '합니다'에 해당한다. 이러한 (1)의 많은 예들은 중세국어의 우
리말 구어 문장에 종결형 '─다'가 존재하고 있었음을 말해준다. 물론 이
사실은 당연하다고 할 것이다. 그리고 중세국어 형태론과 관련된 앞선 연
구들에서 중세국어에 '─다'형 종결형이 있었다고 기술하고 있다. 그러나
이제까지의 대부분의 중세국어 연구는 우리 문장의 구어와 문어의 구분
을 거의 인식하지 않은 채 연구되었다고 해도 과언이 아닐 것이다.

중세국어의 '─다' 종결형은 '동사어간─다'(부정시제) '형용사어간─
다'(현재시제), '─ᄂᆞ다'(현재시제, 직설법), '─니이다'(현재시제, 청자존대), '─
리이다'(미래시제, 청자존대), '─엇다'(과거시제, 행동의 지속), '─ᄂᆞ닝다'(현재
시제, 등급이 약간 낮은 청자존대), '─지이다'(강한 화자의 소원, 청자존대), '─
사이다'(화자의 소원, 청자존대), '─도다'(감탄), '─ᄂᆞᆫ쪼다'(진행, 감탄) 등 다
양한 형태로 쓰였다.

물론 중세 국어의 대화 문장에 종결형으로 '─라'형도 쓰였다. 그러나
여기서 주목해야 할 것은 이 당시에 '─다'형이 엄연히 쓰였다는 사실이
므로, '─다'형의 예문들만 우선 살펴보는 것이다. '─다'형은 위 (1)의 예
에서와 같이 주로 구어 문장에 나타나지만, 문어 문장에서도 나타난다.
그러나 그 예가 많이 나타나지는 않는다.

(2) ㄱ. 廣熾는 너비 光明이 <u>비취닷</u> 쁘디오 《월인석보, 2.9》

  ㄴ. 댱가들며 셔방 마조믈 다 婚姻<u>ᄒ다</u> ᄒᄂ니라 《석보상절, 6.13》

  ㄷ. 舍利弗을 須達이 조차가라 <u>ᄒ시다</u> 《석보상절, 6.22》

  ㄹ. 사ᄅ미 샹녯 쁘디 반ᄃ기 ᄀ장 警戒 <u>홀디니잇다</u> 《내훈, 2.96》

  ㅁ. 一切弗을 조차 方便力을 <u>쓰놋다</u> 《법화경언해, 1.236》

  ㅂ. 生死如來ㅣ 밤 아촘 <u>곧ᄒ샷다</u> 《법화경언해, 6.146》

  ㅅ. 論語의 ᄀᆯ오ᄃᆡ 님금이 블러 히여곰 손 디졉ᄒ라 ᄒ거시든 ᄂᆺ빗츨 면틋
    시ᄒ시며 발을 시슴ᄃ시 <u>ᄒ더시다</u> 《소학언해, 2.37a》


  위 문장에 쓰인 예들은 서술의 문어 문장이다. (2.ㄱ)은 현대 국어의
'비췬다는' 정도를 표현한 형태이다. (2.ㄴ)은 간접 인용 구문 속에서 용
언의 기본 형태로서 '婚姻ᄒ다'를 쓴 것이고 (2.ㄷ)은 이른바 국어문법에
서 부정법이라 기술하는 무시제 형태의 서술형으로, 'ᄒ시다'를 썼다. (2.
ㄹ)의 'ᅳ니잇다'는 'ᅳ니ᅳ'에 'ᅳ잇다'가 결합한 형태이다. (2.ㅁ)의 'ᅳ
놋다'는 'ᄂ다'의 삽입모음 'ᅳ오ᅳ' 결합형이다. (2.ㅂ)은 존칭 형태이다.
이 예들은 국어의 문어 문장 종결형으로서 'ᅳ다'형도 가능했음을 보여
준다.
이 밖에도 국어의 문장 종결형으로서 'ᅳ다'형이 가능한 후보였던 상황
은 편지글, 시 문장 등에서도 드러난다. 먼저 편지글의 문장으로, 16세기
자료로 추정하는 <순천 김씨 간찰>에는 'ᅳ다'와 'ᅳㄴ다' 종결형이 많
이 나온다. 예를 들면 다음과 같다.


(3) ㄱ. 자리 감토 더니 길히 치올가 기워 <u>간다</u>

  ㄴ. 저도 므더니 <u>너긴다</u>

  ㄷ. 네 오라비도 스월 보름끠 <u>난다</u>

  ㄹ. 우리는 두 고디 다 무스커니와 아바니믄 쏘 칫ᄉ원 나가 <u>ᄃᆞ닌다</u>

ㅁ. 네 아바님도 경퍼관 디내라 대귀 왓다 <u>ᄒ다</u>

ㅂ. 무명 두 필 조차다가 주고 브티라 <u>ᄒ신다</u>

ㅅ. 저만 맛디면 도도와 도모 아닌ᄂ다 <u>ᄒ다</u> 이상<순천김씨간찰>


위의 문장들은 모두 '－다'형 종결어미가 쓰인 것이다. 글쓴이가 다른 많은 편지 자료들에서는 '－다'형이 별로 쓰이지 않는 것들도 많다. 김일근(1998)에 소개된 많은 언간 자료들에는 거의 '－라'형을 쓴 문장들이 나온다.[49] 그러나 위의 자료, 그리고 추사 편지 등 몇 글에서 주된 종결형으로 '－다'형을 쓰고 있다. 이러한 사정을 보면, 편지글에서는 개인이 말하고 싶은 대로 임의로 쓰는 개인적인 문체가 구사되었다고 생각해 볼수 있다. 다른 텍스트 장르가 공통적인 종결어미 '－라' 형을 쓰고 있는 것과 다른 현상이다. 만일 편지글이 특별히 문장이라고 하는 인식이 있었다면, 중세 국어의 전통적인 문장 외현의 양식을 모방하지 않았을까 생각된다. 그러나 편지는 대상이 확실하게 지정되는 상대방에 대하여 말하듯 쓰는 글이다. 특별히 작문을 한다는 인식이 안 들 수 있는 것이다.[50]

그런가 하면, 시 문장에서도 '－다'형이 쓰였다. 감정을 강하게 표현하는 문어체 문장으로, 일반 서술과는 좀 다른 문어적 독백체 문장이라고

---

49) 그 외 "슴"으로 끝나는 어미 생략형 문장들도 나온다. 이 형태는 개화기 논설문에도 초기에 잠깐 등장한다. 글을 쓰면서 어미 처리를 어떻게 하는 것이 좋았을지 고심한 흔적을 엿볼 수 있으며, 글에서 문장을 간략히 처리하고자 할 때 쓰는 방법이었던 것으로 생각된다.

50) 편지글에서 "－다"형이 사용되기도 했다는 사실은 매우 중요하다고 본다. 이는 중세국어부터 전통이 되어 내려와 이후 우리말 문장의 언술 형식을 '－라'형으로 거의 고정시키는 국어사적 상황에서, 편지글에서는 "－다" 형을 쓰고 있었다는 얘기이기 때문이다. 그런데 구어체와 가까운 편지 텍스트의 성격을 놓고 볼 때 "－다"형 사용은 다른 대화체 문장에서도 "－다" 형이 쓰인 것처럼 그리 놀라운 사실은 아닐 것이다. 그러나 한편으로, 우리 문장의 현대성 획득에 가장 중요한 외현적 양식이 바로 종결어미 "－다" 형의 정착이었음을 생각할 때, 편지글에서라도 이렇게 사용되던 양식이 이후 문장의 현대성 획득에 영향을 준 것은 아닐까 하는 추측도 하게 되는 것이다. 국어 장르별 텍스트의 문장 종결 양식에 대한 연구는 김미형(2002)를 참고할 수 있다.

할 수 있다.

    (4) ㄱ. 고본님 몯 보ᄉᆞ바 슬웃 우니다니 오ᄂᆞᆳ날애 넉시라 <u>마로롓다</u>
        . 《월인석보, 8.87》

       ㄴ. 믓근 쟐온 ᄡᅮ만 지즐여 <u>저젓도다</u> 《두시언해, 2.8》

    (4.ㄱ)에는 시간적으로 과거 사실을 말하며 행동의 지속을 나타내는
'ㅡ엇다'형이 쓰였다. (4.ㄴ)은 감탄의 종결형 'ㅡ도다'가 쓰인 것이다. 이
예문들은 'ㅡ다'형이 시 문장의 종결형으로도 사용되었음을 말해 준다.
    그런데 문제는 중세국어 문어체 문장의 일반적인 서술 종결형은 'ㅡ
라'로 실현되었다는 점이다. 주시하다시피 우리 문장의 일반적 종결형은
'ㅡ라'형이 되었다. 중세국어시기의 자료(5)와 이 전통이 변함없이 지속
된 근세 국어 시기(6), 그리고 개화기 자료(7)을 함께 보자.

    (5) ㄱ. 製ᄂᆞᆫ 글지을씨니 御製ᄂᆞᆫ 님금 지스샨 <u>그리라</u> 訓은 ᄀᆞᄅᆞ칠씨오 民온 빅
          성이오 흡은 소리니 訓民正音은 百姓 ᄀᆞᄅᆞ치시논 正흔 <u>소리라</u> 《훈민
          정음언해, 1a》

       ㄴ. 이 글은 곧 童蒙의 지은 <u>배라</u> …… 글이 비록 간약ᄒᆞ나 긔록흔 거슨
          너르고 卷이 비록 져그나 ᄣᅳᆫ 거슨 <u>큰디라</u> 《동몽선습언해, 1.a》

    (6) ㄱ. 시러곰 宗子과 ᄀᆞᆺ티 <u>몯홀디니라</u> 《가례언해, 1.21》

       ㄴ. 앗가 사ᄅᆞᆷ을 보내니 <u>브르더라</u> 《첩해신어, 1.23》

    (7) ㄱ. 집안은 말은 개다리 틀니듯 졈졈 ᄭᅬ여 <u>가ᄂᆞᆫ지라</u> 밀창갑을 첩첩히 닷고
          두문불출을 <u>ᄒᆞᄂᆞᆫ듸</u> 그리도 쟝셩흔 자식이 잇셔야 ᄒᆞ겟다십든지 젼후화
          변을 면보로 쇼샹히 긔별을 ᄒᆞ고 급히 나오라고 한 <u>것이라</u> 홍뎡식은 학

과를 졸업호고 도라올 힝리를 차리든 차에 그런 긔별을 드르니 (중략)
처가집에를 무슨 낫살로 가리십어 편지 한 장만 붓치고 바로 원쥬로 <u>나</u>
<u>려갓더라</u> 《치악산》

ㄴ. 젼 의졍 대신 김병시씨는 근일에 병환이 미우 위즁호시민 그 집안 사롬
들이 황황히 <u>지닌다</u> 호더라 《제국신문 1898,8,18》

ㄷ. …이 학문을 비호지 안호여서는 <u>못쓸지라</u> … 모음이 글러서 잘못호는
이도 <u>잇는지라</u> … 즈긔 몸에 앙화가 밋칠 <u>거시라</u> 《독립신문
1896,4,14》


위 예문 (5)는 15세기의 언해문 문장, (6)은 17세기의 언해문 문장, 그리
고 (7)은 개화기의 신소설 문장(7.ㄱ)과 기사문(7.ㄴ), 그리고 논설문(7.ㄷ)
이다. 모두 서술 종결형으로서 '－라'형을 사용하고 있다.

이렇듯 개화기 시기까지 줄기차게 사용된 '－라' 종결형은 기실 중세
국어 시기, 우리말 문어체 문장을 처음으로 쓰게 되는 시기에 '－다'형을
물리치고 채택된 문장 서술 방식이었다. 그러면, 중세국어 시기에 처음으
로 문어 문장이 쓰여지면서 왜 '－라'형이 채택되었을까? 당시 우리말의
더 기본적인 종결형은 '－다'형이었다고 추정되는데, 왜 기본적인 서술
방식을 채택하지 않고, '－라'형으로 정착된 걸까?

과연 '－라'형과 '－다'형의 구분이 필요 없었다는 인식 속에서 그 중
임의적으로 '－라'형이 선택되었을까? 아닌 게 아니라, 서술 종결형 '－
라'와 '－다'에 대해 앞선 연구에서는 변이형 관계로 기술하고 있다. 허
웅(1975)에서 서술법 씨끝 '－다'와 '－라'를 형태적인 변이 형태로 기술
하고 있다. 안병희·이광호(1990)에서는 중세국어의 설명법 어미는 '－다'
이며, 직접 선행하는 형태가 '이－'이거나 '－오/우－, －과－, －니－,
－리－, －더－'이면 '－라'로 교체되었다고 기술하고 있다. 고영근(1987)
에서는 중세국어의 평서문은 보편적 평서형 어미 '－다'로 성립하는 일

이 많고 보수적인 '－라'로 성립되는 일도 있다고 언급하고, 평서문을 대응적 진술인 구어체 문장과 일방적 진술인 문어체 문장으로 구분하였다. 대부분의 중세국어 연구가 구어문장과 문어문장을 구분하지 않고 연구한 것에서는 진일보한 것이다. 그러나 그 구분과 종결 형태의 관련성에 대해서는 뚜렷하게 구별해 놓지 못하고 있다. 서로 넘나들며 쓰인 예문들을 보여 주고 있다.

전통적인 '－라' 형이 현대화되면서 '－다' 형으로 변한 통시적인 관계, 그리고 '－라'와 '－다' 형태의 상보적 분포 관계로 인해, '－다'형과 '－라'형은 동일한 기능을 지니는 변이형으로 보기 쉬웠을 거라고 생각한다. 그런 연유로 중세국어 종결형 연구에서 이 둘의 차별성에 대해서 주목하지 않았던 것으로 생각된다.

종결형 '－다'와 '－라'는 변이형 관계로 기술될 수 있을 정도의 미비한 차이를 갖는 것이 아니라, 매우 큰 차이를 갖고 있다. 이 차이 때문에 중세 국어의 문어 문장에 '－다'형 종결형이 아닌 '－라'형 종결형이 일반적 어미로 채택되었던 것이다. 그러나 중세국어의 언해문 자료에는 직접 인용으로 놓인 구어 문장과 해설로 쓰인 문어 문장의 경계가 그다지 잘 드러나지 않으며, 함께 아울러 보면, '－다'형과 '－라'형의 차이에 대해서는 거의 주목할 수 없는 형편이 되고 만다. 이러한 연유로 이 두 종결형의 차이점이 주목되지 않았던 것이다. 그러나 이 두 형은 매우 다른 화행적 기능을 갖고 있다고 보아야 한다. 다음 장에서 논의하기로 한다.

## 3.2. '－랴형 채택의 이유, 메타의사소통적 번역관

### 1) 문장 종결형 '－다'와 '－라' 기능

문장 종결형의 두 형태 '－다'와 '－라'는 앞선 연구에서 기능이 다르지 않은 변이형 정도로 기술되었지만, 필자는 그 차이가 매우 크다는 점

을 강조하고 싶다. 먼저 이 점에 대해 논의해 보기로 한다. 언해문에 해당
하는 다음 문장을 보자.[51]

> (8) ㄱ. 小學애 쓴 <u>마리라</u> (小學題辭) 《소학언해, 제사 1a》
>
> → 小學에 쓴 말이다 (?)
>
> ㄴ. ㄱᄅ치물 셰미니 츠례예 <u>ᄒᆞᆫ낫재라</u> (入敎第一) 《소학언해, 1.1a》
>
> → 가르침을 세는 것이니 차례에 첫 번째이다 (?)

(8ㄱ, ㄴ)의 원 예문은 표제어에 해당하는 무주어문이다. 여기에 '―다'
형 종결형을 대치하여 현대식으로 고쳐보면, 주어가 없는 문장에 '―다'
는 잘 어울리지 않는 느낌을 받게 된다. 다음 예도 이와 같다.

> (9) ㄱ. 심쳥전권지상<u>이라</u> 《심청전》
>
> ㄴ. 드리 우흐로 올나가니 광한뎐 ᄀᆞᄒᆞ 큰 마루<u>라</u> 《의유당관북유람일기》
>
> ㄷ. 니쩌는 방춘화류호시절<u>이라</u> 《춘향전》

위 예문의 종결형 '―라' 대신에 '―다'를 대치해 보면 역시 이상한 어
감이 된다. '―다'형이 오는 경우 앞 구절에 반드시 서술의 대상이 되는
주어가 있어야 될 것 같다.

이러한 형식은 주석문에서도 나타난다.

> (10) ㄱ. 列女傳  네 겨지븨 ᄉᆞ실 긔록ᄒᆞᆫ <u>칙이라</u> 《소학언해, 1.2a》

---

51) '언해문'이라는 명칭에는 우리 글 비하의 뜻이 들어 있다고 하여 이 이름 쓰기
를 꺼려하기도 한다. 그러나 이것을 한문 번역문이라 하면, 국어를 번역한 한
문 문장 또는 한문을 번역한 국어 문장 두 의미를 지닌다. 그리고 특정 시기의
문장을 지칭하지 못한다. 따라서 특정 시대에 붙여진 특정 이름을 학술용어로
서 그대로 사용하기로 한다(각주 46에서 언급한 바 있음).

ㄴ. 學記 禮記篇 <u>일홈이라</u> 《소학언해, 1.8a》

　(10)의 두 예는 한문 원전의 한 단어 뜻을 일러주는 것으로, 주어 서술어 관계를 이루지 않은 상태로 마치 뜬금없이 한 문장을 말하는 형태이다. 이 때에도 역시 '－다' 종결형을 대치해 보면 이상해진다.

　이상과 같은 차이는 바로, 종결형 '－라'는 문장 안에서 일반서술의 기능을 하는 것이 아니라 말 들을이로 상정되는 상대방에 대하여 그 말을 제시하는 기능을 가지고 있다는 가설을 갖게 한다. 다음 문장을 더 보기로 한다.

(11) ㄱ. 難分段生 應人天供 殺無明賊 名阿羅漢

ㄴ. 難分段生ᄒ야 應人天供ᄒ며 殺無明賊을 名阿羅漢<u>이라</u>

　　(→? 難分段生ᄒ야 應人天供ᄒ며 殺無明賊을 名阿羅漢이다)

ㄷ. 分段生을 여희여 人天供養애 맛당ᄒ며 無明 도ᄌ글 주기니룰 일후미

阿羅漢<u>이라</u> ＜능엄경언해＞

　(11.ㄱ)은 이 문헌의 원 문장이다. 이를 (11.ㄴ)과 같이 토를 붙였다. 이 당시에 거의 모든 언해 작업은 일차적으로 한문 어구에 적절한 토를 붙인 후 행해졌는데, 이렇게 하여 번역된 우리말 문장은 한문 원전에 붙였던 토를 거의 그대로 따르게 되어 있었다. 위의 (11.ㄴ)에서 종결형에 '－다'를 쓰면, 화자가 청자에게 한문 문장을 읽어 제시한다는 느낌은 없어지고, 대신에 "이것이 매우 어렵다", "이름이 아라한이다"하는 명제 자체를 얘기하는 것에 지나지 않게 된다. 곧 청자에게 제시하는 화자의 목소리가 없어진다. 그러나 위처럼 "－라" 형을 씀으로써 그야말로 한문 원전을 읽어 제시한다는 감이 형성된다.

　정리하면, 위 한문 문장의 번역문에 쓰인 종결형 '－라' 형은 한문 구

절을 소개하는 입장에서 남에게 그 내용을 제시해주는 기능을 갖는다. '—라' 형 대신에 '—다' 형으로 바꾸어 보면, 한문 구절의 내용이 자신의 의도 표현이거나 단정 표현인 것처럼 되어버린다. 곧, 이 두 형태는 화행적 기능이 다른 것이다. '—라' 형태는 그 문장 전체를 들어 이것을 청자에게 제시한다는 표현을 하는 것이다. 따라서 서술어의 종결형 '이라'를 한문 문장의 명제와는 독립된 상위 술어의 위치에 있게 한다. 반면에 '—다' 형태는 서술어의 종결형 '—이다'를 한문 문장 명제 속의 한 구절에 걸리는 술어로서 인식되게 한다. 이를 그림으로 분간해 보면 다음과 같다.

<표 10> 종결형 '—랴의 상위 술어적인 기능

| 爲一切世間—ᄒ야 | 設此難信之法—이 | 是爲甚難 | — | 이라 |
|---|---|---|---|---|

<표 11> 종결형 '—다'의 일반 서술적인 기능

| 爲一切世間—ᄒ야 | 設此難信之法—이 | 是爲甚難— 이다 |
|---|---|---|

<표10>의 '—이라'는 앞 문장 전체를 말해주는 상위술어적 기능을 갖는데, 이는 곧 문장을 들어 제시하는 상대방에 대해 대청자적 화행(對聽者的 話行) 기능과 관련된다. 첫 구절의 토 'ᄒ야'는 그 구절의 '爲'를 해석한 것이고, 둘째 구절의 토 '이'는 '法'을 주격으로 받아 그 다음 구절 '是爲甚難'에 연결시켜 준다. 그리고 이 모든 문장을 끝낸 후 그런 구절이 있다는 식의 제시를 하는 '—이라'가 온다. 반면 이 종결형을 '—이다'로 바꾸면, 전체 문장을 모두 받는 기능은 없어지고, 단지 앞 구절 '是爲甚難'만

을 서술하는 기능을 가지게 된다. 곧<표 11>과 같이 일반 서술적인 기능을 하는 것이다. '-이다'는 단지 이와 결합된 앞의 형태에만 걸리며, 이 구절은 앞의 주어를 받아야만 서술의 기능을 이루게 된다. 그러므로 대청자적 화행 기능은 없다. 그러나 '-이라'는 앞의 주어만을 서술하는 것이 아니라, 문장 전체를 들어 제시하는 기능을 갖는다. 그러므로 문장 안에 주어가 있어도 되고 없어도 된다.

위의 예에서 제시된 '-라'형은 모두 지정의 뜻을 갖는 서술격조사 결합형인 '-이라'였다. 그러면, 다른 형태소와 결합해서도 이러한 기능을 유지하는지 살펴보기로 한다.

(12) ㄱ. 닐굽힌어든 스나희와 겨지비 돗글 혼가지로 아니 ᄒᆞ며 먹기를 혼디 아니홀디니라 (七年이어든 男女ㅣ 不同席ᄒᆞ며 不共食이니라) <소학언해, 1.4a>

ㄴ. 바미어든 쇼경으로 힌여곰 모시롤 외오며 正혼 이롤 니르더니라 (夜則令瞽誦詩ᄒᆞ며 道正事ᄒᆞ더니라) <소학언해, 1.2b>

ㄷ. 여듧가지 소리 능히 골라 서르 ᄎᆞ례를 앗디 아니ᄒᆞ여사 鬼神과 사ᄅᆞᆷ이 뻐 和ᄒᆞ리라 (八音克諧ᄒᆞ야 無相奪倫이라사 神人以和ᄒᆞ리라) <소학언해, 1.10b>

ㄹ. 持經홀 싸ᄅᆞ미 ᄆᆞᅀᆞ미 我所ㅣ 업스니 我所 업슬씨 이 佛心이니 佛心ㅅ 功德이 ᄀᆞ업슬씨 니ᄅᆞ샤디 不可稱量이라 ᄒᆞ시니라 <금강경언해, 하 94a>

(12)에는 '-디니라', '-더니라', 'ᄒᆞ리라', 'ᄒᆞ시니라' 형태들이 사용되고 있다. (12.ㄱ)은 금지의 뜻을 단호하게 제시하고, (12.ㄴ)은 과거의 어떤 사실을 제시한다. (12.ㄷ)도 문장의 내용을 들을 이에게 제시하는 어감이 있는데, 이를 '和ᄒᆞ다'로 고쳐보면 그저 "사람이 화합한다"고 하는 서

술을 하는 것에 그친다. 이 문장을 들어 제시하는 뜻은 없어진다. (12.ㄹ)
의 '하시니라'를 'ᄒ신다'로 바꾸어 보면, 문장을 쓰는 화자의 목소리가
없어지는 감을 받게 된다.

곧 앞에서 살폈듯이, '─다'는 화자의 존재를 드러내지 않은 채 명제
내용을 서술하는 일반 서술의 종결형이다. 반면에 '─라'는 화자가 지금
발화하고 있는 목소리를 느끼게 하는 상위서술적인 종결형이라 할 수 있
을 것이다. '─라'형은 앞선 선어말 형태와 결합하여 대 청자적 화행 (對聽
者的 話行)을 실현한다. '─다'형은 이러한 대 청자적 화행의 기능은 없고
진술로서의 의미를 갖는다. 이 두 형태소는 다양한 선어말어미와 결합하
여 각기 다른 기능을 보이지만, 종결형 '─다'와 '─라'가 각기 갖는 고유
한 화행적 기능은 언제나 유지되는 것이라고 생각된다. 위에서는 문어 문
장의 진술 형태만을 살폈는데, 이와 같은 기능은 문어문, 대화문 구분 없
이 일정하게 드러나는 기능이라 할 수 있다. 명령문, 선포문, 의지 표명,
과거지각 서술과 같은 예를 살펴보자.

> (13) ㄱ. 다ᄉ 가지 ᄀᆞᄅᆞ쵸믈 공경ᄒᆞ야 베푸디 어위크매 이셔 ᄒ라
>
>   (敬數五敎호디 在寬ᄒ라) <소학언해, 1.9b>
>
>  ㄴ. 히여곰 스승되니로ᄡᅥ ᄀᆞᄅ칠 바ᄅᆞᆯ 알에 ᄒᆞ며 뎨ᄌᆞ로ᄡᅥ 비홀 바ᄅᆞᆯ 알에
>    ᄒ노라
>
>   (俾爲師者知所以敎ᄒᆞ며 而弟子知所以學ᄒ노라) <소학언해, 1.1b>
>
>  ㄷ. 이 篇을 밍ᄀᆞ라 ᄡᅥ 어린 션비롤 ᄀᆞᄅ치노라 <소학언해, 2.1b>
>
>  ㄹ. 나는 반ᄃᆞ시 흑문을 ᄒᆞ엿다 닐오리라 <소학언해, 1.16a>
>
>  ㅁ. 그ᄢᅥ 大衆이 ᄒᆞᆫ 소리로 摩耶롤 讚嘆ᄒᆞᅀᆞᆸ더니 됴ᄒᆞ실쌔 摩耶ㅣ 如來롤
>    나ᄊᆞᄫᆞ실쌔 天人世間애 ᄀᆞᆯ뷩리 업스샷다 ᄒ더라 <석보상절, 11.24>

(13.ㄱ)은 명령문으로, 명령문은 늘 대청자적 화행에 해당한다. (13.ㄴ,

ㄷ)은 말할 이의 의지적인 생각을 들을 이에게 선포적으로 말하는 뜻을 지닌다. 중세국어 시기의 언해문은 주로 경전의 번역이 많았는데, 불교 경전은 불제자의 일화를 얘기해 주는 보고 형식이 많고, 유교 경전은 가르침을 주는 훈계 형식이 많다. 번역 텍스트 자체가 이미 대청자적 성격을 띠고 있다고 할 수 있을 것이다. (13.ㄷ)의 서술어를 '니르느다' 정도로 바꾸어 보면 청자에게 제시하는 감이 없는 서술에 그친다. 그러나 '-리라'를 씀으로서 상대방에 대하여 어떤 사실을 표명한다는 뜻이 생긴다. (13.ㄹ)은 글 쓰는 이가 지각하여 안 사실을 들어서 상대방에게 전달해 주는 뜻을 지닌다. 이상과 같은 어법들은 현대어에서도 거의 동일하다. 명령문과 과거지각의 '-더라'는 완전히 동일하고, '-리라'와 '-노라'는 기능적인 것은 동일하나 옛말의 어감을 갖는다.[52]

## 2) 상위술어적인 기능과 메타의사소통적 번역의 관련성

중세국어 시기의 문장 쓰기는 주로 언해문 장르에서 행해졌다. 무엇보다도 한문 원전에 먼저 토를 단 후 번역이 행해졌으므로, 우리말 번역 이전에 이미 한문 구절을 읽는 토가 결정되었다는 점도 주목해야 할 요인이다. 그런데, 이 때 한문 문장을 들어 제시하는 형태로 '-라'형이 적절했다는 것이다. 이 이유는 앞 절에서 '-라'형이 상위술어적인 서술 기능을 갖는다고 한 점과 관련된다. 상위술어적인 서술 기능을 갖는 '-라'형을 종결의 토로 붙여야 그 문장을 들어 제시하는 것이 되기 때문이다.

이러한 번역 태도는 다분히 메타의사소통적인 것이라고 할 수 있다. 언해문을 쓴다고 하는 의식은 결국 '하나의 한문 텍스트를 지금 해석하고

---

52) '-더라'의 기능에 대해서는 앞선 연구에서 많은 논의가 있었다. 이에 대해 정리한 것은 김미형(1995)이다. '-더라'는 듣거나 보거나 맛보거나 하는 등의 지각한 사실을 상대방에게 보고하는 기능을 갖는다. 곧 "과거 지각의 보고"라 할 수 있다. 그리고 과거 지각을 전달하므로 지금은 어떠한지 모르겠다고 하는 부차적인 어감도 포함된다. 이 형태소는 반드시 청자를 상대로 사용하는 것이 된다.

있다'는 의식이었고, 이것은 곧 메타의사소통의 인식이었다고 할 수 있다. 메타의사소통이란, "의사소통에 대한 의사소통"의 의미이다.[53] 곧 의사소통 상황 혹은 사용된 언어적 표현을 대상으로 다시 의사소통을 해야하는 경우를 말한다.

이러한 인식 속에서 한문 원전의 번역은 출발언어를 목표언어로 옮길 때 서술 관점도 그대로 옮긴다는 번역의 상식을 알지 못한 채, "지금 나는 한문 원전을 해석하여 여러분께 제시하고 있소"라고 하는 서술 방식을 택했던 것이다. 어찌 보면, 남의 문장을 자기 문장인 양 싹 바꾸어버리겠다는 인식보다 훨씬 더 정직한 태도였을 수도 있다.

(14) ㄱ. 敬身第三이라

　　　→ 몸 공경홈이니 츠례예 예셋재라 <소학언해, 3.1a>

　　ㄴ. 長者ㅣ 問이어든 不辭讓而對答ㅣ 非禮也ㅣ니라

　　　→ 얼운이 묻거시든 ᄉ양티 아니코 디답홈이 禮아니니라 <소학언해, 1.4a>

　　ㄷ. 六年이어든 敎之數與方名이라

　　　→ 여슷히어든 혬과 다못 방소 일후믈 ᄀᄅ칠디니라 <소학언해, 1.4a>

　　ㄹ. 有解不通處則分註解之ᄒ니라

　　　→ 사겨 통티 몯홀 곧이 잇거든 가ᄅ주내여 사기니라 <소학언해, 범

---

53) 조국현(2002:190) 인용. 이 논문에서는 메타의사소통에 대해 "여러 의사소통 행위를 명시적으로 결합하여 텍스트 구성 및 전개에 대한 이해를 돕거나 개별적인 의사소통 행위와 그 구성요소인 언표내적 역할 및 명제에 대한 이해를 돕기 위한 의사소통", "인간의 의사소통 행위에서 언어적 표현 과정/텍스트 작성 과정을 성찰하고, 이미 사용된 언어적 표현/작성된 텍스트를 재표현/재작성하여, 원활하고 효과적인 의사소통에 기여하는 의사소통"으로 정리하고 있다. 이 논문에서 번역관의 하나로서 지적하는 메타의사소통은 조국현(2002)에서는 논의된 바 없다. 그러나 언해문의 텍스트 번역 양식은 다분히 메타의사소통적 특징을 띠며 실현된 것으로 볼 수 있다.

　　례 1b>

　　ㅁ. 今依此例ᄒᆞ야 以便讀者ᄒᆞ니라

　　　　→ 이제 이 법녜ᄅᆞᆯ 의지ᄒᆞ야 ᄡᅥ 닐그리ᄅᆞᆯ 편케 ᄒᆞ니라 <소학언해, 범례

　　　　3a>


　위의 예문들은 모두 한문 원전을 번역한 언해문이다. 모두 원문에 '－라'형의 토를 붙임으로써 앞 문장을 들어서 제시한다는 어감을 준다. 곧 메타의사소통적인 번역의 방식을 사용한 것이라고 할 수 있다.

　물론 훈민정음 창제 훨씬 이전부터 우리는 차자 표기를 사용하여 구결 토를 붙이는 전통이 있었다. 이 때 만약, 구결 토로 종결형을 붙이는 방식 이 '－다'였다면, 번역된 목표 언어, 국어 문장의 종결형은 '－다'형으로 옮겨졌을 것이다. 그러나 불행히도 한문 원전을 읽을 때 '－다'형은 어울 리지 않는 형태였다. 만일 '－다'형을 붙인다면, 한문에 서술된 내용은 읽 는 이의 서술인 것으로 탈바꿈하기 때문이다.

　이러한 메타의사소통적 번역관으로 인해 형성된 우리 문체는 우리말 문어 문장의 정형이 되는 것이다. 그리고 이후 번역의 장르가 아닌 창작 장르에까지 영향을 미친다. 소설문장에서는 작가가 듣거나 본 이야기를 전해준다고 하는 창작 태도를 보인다. 신문기사 문장에서는 신문 기자의 안이한 취재 의식을 드러낸다. 예문을 보기로 한다.


　　(15) ㄱ. 송나라 말년의 황주 도화동의 ᄒᆞᆫ 사름이 잇스되 셩은 심이요 명은 <u>학</u>
　　　　<u>규라</u> <심청전>

　　　　ㄴ.잇ᄃᆡ 삼쳔동이 할임이라 하난 양반이 잇스되 셰ᄃᆡ명가요 충신의 <u>後예</u>
　　　　<u>라</u> <열여춘향수절가>

　　　　ㄷ. 이번 올 씨 그 집에서 사위가 미국 갓다 ᄒᆞᄂᆞᆫ 말을 듣고 낙심을 ᄒᆞᄃᆡ
　　　　<u>라</u>. 너의 집과 통혼ᄒᆞᆯ 성각이 잇ᄂᆞᆫ <u>눈치더라</u> 마는 나는 못 들은 체 ᄒᆞ

고 오기는 왓스나 범졀은 틀닐 것이 <u>업나니라</u> <송뢰금>

ㄹ. 남대문안 일본 슌슈청 압회 죵을 놉히 달아는디 이 죵은 일본 사롬이

불이 나야 치는디 오날 그 죵 치는 거슨 다름 아니라 근일에 불 쓰는

긔계를 내완는디 슈슈로 이 시험 흐느랴고 그 죵을 오날 아츰에 <u>죠련</u>

<u>흐엿다더라</u> <독립신문 1896.11.17>

ㅁ. 젼 참봉 리봉의씨가 니부 사찰관을 <u>피임흐엿다더라</u>

<제국신문 1898.8.18>

ㅂ. 직작일에 진민소 잇는 걸인 칠팔십명이 일졔히 남대문안 길노 큰 긔를

밧치고 지나가며 대황뎨 폐하의 하히 굿흐신 은덕을 찬양흐야 만셰를

<u>부르더라</u> <제국신문 1898.8.18>

(15.ㄱ,ㄴ)은 고대소설 문장이고, (15.ㄷ)은 신소설 문장이다. 종결형 '-이라'는 앞의 문장을 들어 청자에게 제시하는 뜻을 지니고, '-더라' 는 화자가 보거나 들은 것을 얘기해 주는 뜻을 지니며, '-나니라'는 화자의 의지적인 판단을 제시하는 뜻을 지닌다. 모두 대청자적인 화행을 인식하고 있는 것들이다. 소설문장에는 화자가 문장 내면으로 숨어버릴 수 있는 시점의 선택도 가능한데, 그대로 화자의 존재를 드러내고 있는 것이다. 소설문장은 '-다'형 종결형을 선택하면서 문장의 현대성을 확립하게 된다. 소설 창작은 기본적으로 시점의 이동이 가능한 장치를 가지고 있어서인지 우리 문장 역사상 가장 빠른 시기에 문장의 현대성을 확립하면서 다른 장르의 현대화에도 영향을 준 것으로 생각된다.

신문 문장에 쓴 종결어미 '-더라'는 신문 기사의 신빙성에 대해서는 책임지지 않는 태도를 포함한다. '-더라' 형이 쓰인 신문 기사를 보면 "흐엿다고 흐더라, 흐다더라, 모른다더라, 연다더라" 같은 들은 말 보고와 "죽었더라"와 같은 직접 목격 보고의 두 가지로 크게 대별된다. 현대 신문에서는 그 기사가 들은 것인지 본 것인지에 대한 정보는 나타나지 않는

다. 그러한 것은 기본적으로 취재에 의한 진실성을 바탕으로 하고서 언어 표현 상으로는 드러내지 않는다. 개화기의 신문 기사는 점차적으로 '‒다'형 종결형을 선택해 나가면서 문장의 현대성을 확립하게 된다.

정리하면, 중세국어 시기의 언해문 문장에 '‒라'형 종결형이 정형으로 굳어진 데에는 한문을 번역하는 인식에 메타의사소통적인 번역관이 있었고, 이러한 번역 방식에 가장 잘 들어맞는 종결형이 '‒라'형이었다는 것이다. '‒라'형은 상위술어적인 서술 기능과 함께 대청자적인 화행의 기능을 지닌다. 그러나 '‒다'형은 일반 서술적인 기능만을 지닐 뿐이다. 따라서 중세 국어 문어 문장의 정형은 '‒라' 형으로 정착되었고, 이후 다른 장르의 문장에까지 영향을 미치게 되었던 것이다.

### 3.3. '‒랴형 채택의 결과, 의고체‒구연조의 탄생

그러면 이제, 이상과 같은 연유로 형성된 '‒라'형 문장의 문체에 대해 고찰해 보기로 한다. '‒라'형의 선택으로써 우리말 문어 문장은 누군가 가 읊어주는 목소리가 들리는 구연조(口演調) 문체를 나타내게 되고, 이것은 의고체의 한 요인이 된다. 그리고 이것은 어찌 보면 문어체 문장의 한 기형에 해당한다고도 볼 수 있다. 왜냐하면, 문어체 문장의 기본은 글의 문장이지 말의 문장이 아니라는 점이다. 물론 문장의 역사에서 우리는 "언문일치(言文一致)"를 얘기한다. 그러나 이 언문일치의 개념은 지나친 한문어투를 배제하고 우리말다운 표현을 선택하는 것, 지나치게 길이가 긴 문장을 배제하고 분절시키는 것 등을 포함한다. 곧 우리말 다운 문어체 문장의 확립을 뜻하는 것이었다. 그러나 종결형 어미로 구어체를 선택하는 것은 이 언문일치에 해당하지 않는다. 앞서 언급했듯이 글과 말, 각각의 문장 정형이라는 것이 있기 때문이다.

그런데 우리 말 문장의 시작은 대청자적 화행의 기능을 갖는 구어체 종결형 어미로 정착되면서, 문어 문장 답지 않은 문체를 드러내게 된 것이었다. 그리고 이렇게 형성된 문장 전통은 개화기 이후 근대정신이 물결치기 전까지 지속된다. 결국 우리말의 근대화는 중세 국어시기에 당선이 확정되었던 '-라'형이 사퇴하고 '-다'형이 문장 종결의 주도권을 잡으면서 이룩되는 것이다.

앞 절에서 논의한 바와 같이, 메타의사소통적 번역의 틀로 인해 채택된 종결형 '-라'는 문장을 말하는 존재, 곧 서술자가 드러나는 반면, 일반 서술적 기능을 지닌 '-다'형은 서술자가 드러나지 않는다. 서술자가 드러나지 않는 언어형식은 서술 그 자체에 초점이 놓이게 한다. '-다' 형은 서술자의 말이라는 점을 드러내지 않음으로써 객관적인 시점을 유지하게 한다.[54] 서술자가 드러나는 '-라' 종결 언어형식은 설화적인 요인이 된다. 서술자의 목소리가 들려오는 듯한 어감을 준다. 곧 구연(口演)의 어감을 형성한다. 그리고 이 구연조 요소는 바로 우리 문장의 의고체(擬古體)를 형성하는 한 요인이 된다.[55]

텍스트는 문어이되 서술 방식은 구연조가 되는 이중성, 서술자의 단정적인 객관적 시점을 획득하기 어려운 보고 형태의 문장 양식으로 텍스트의 언술 양식이 탄생되면서, 언해문은 물론이고 이후 국어 텍스트의 전 양식에 이러한 구연조 문체가 형성되는 것이다. 고대소설과 신소설, 일기문, 편지글, 기사문, 논설문 등 각 장르에서도 기본적인 구연조가 실현되는 것이다.

---

54) 권영민(1996)에서 소설의 '-ㄴ다' 체는 이야기 속에 등장하는 행위자 중심으로 서술의 초점화가 이루어지도록 만드는 독특한 기능을 가지고 있다고 논의했는데 필자의 논점과 같은 것이다.

55) '의고체(擬古體)'라는 이름 자체로는 아무런 문장 이미지를 드러내지 않는다. 그러나 현대의 문체와는 다른 옛날 문체라는 뜻은 지닌다. 참고로, 사전에는 "고풍스러운 단어나 표현을 사용하여 우아함과 무게를 지닌 문체"라 했다. 그러면, '왜 옛날 문체가 되는가?' 하는 물음의 한 답이 바로 '구연조'가 될 것이다. 김상태·박덕은(1994)에서는 낭독조와 변사조를 구분하고 있다. 고대소설의 단조로운 낭독조가 지문과 대화의 구별, 문장의 연결과 종결의 구분이 이루어진 신소설에서는 변사조가 될 수 있었음을 언급한다. '구연조'는 이 두 개념을 구분 없이 포괄하는 것으로 볼 수 있을 것이다.

이것은, 초기 국어 문장인 언해문에서 사용된 '－더라 / －더니라 / －다라 / －지라/ －니라 / －거시라 / －거시니라 / －노라' 등 다양한 '－라'형의 대부분이 그대로 우리 문장에 답습됨으로써 빚어진 현상이다. 이 형태들의 기능은 '－라'와 선어말어미의 형태를 따로 떼어 설명할 수 있을 것이다. 메타의사소통적 번역의 틀 속에서 채택된 '－라' 형태는 적어도 보고자와 피보고자가 존재하는 상황에서 구어체로 쓰이며 관심거리로 제시하는 기능을 갖는 것으로 볼 수 있다. '－라' 형 씨끝 앞의 선어말어미의 형태에 따라 각기 다른 양태적 의미를 갖는데, 이 중 특히 '－더라' 형태는 보고자가 있어 이 보고자가 직접 지각한 것 (보거나 들은 것 등)을 청자에게 전달하되 그 내용을 확실히 보증하지는 못한다는 입장으로 거리감을 두고 얘기하는 내포적인 의미를 포함한다.

그런데 이 형태가 개화기 신문의 기사문장에 그대로 쓰임으로써 신문 기자를 그저 무엇을 보고들은 것을 독자에게 전달해 주는 위치에 서게 한 것이다. 사건의 보고에서 사건의 진위를 책임지고 서술하는 현대의 신문 기사 문장과는 현격한 차이가 있는 것이다. 신문 기사문의 '－다'체는 보고 말하는 기자의 존재를 쑥 빼고 문장의 사실성을 획득하게 하는 기능을 하는데, '－라' 형은 절대로 못 가지는 기능이다. 이러한 형태가 신문에 채택되어 기사문은 마치 한 사건의 자초지종을 누군가가 들려주는 이야기체로 인식되었다.

'－이라'는 지정을 하여 청자에게 제시하는 뜻이 있다. '－니라'는 화자의 단정의 뜻이 있는데, 기정적인 사실임을 제시한다. 이 두 종결형은 '－노라'와 함께 논설문의 단골 종결형식이 된다. '－노라'는 화자의 의지를 나타내는 형태로 위엄 있게 선포하거나 감동의 느낌을 나타낸다. 객관적 언술을 생명으로 하는 논설문장에 이러한 구연조 어감을 형성하는 '－라'형이 사용됨으로써 주장하는 연사의 목소리가 들려오는 격정적 어감을 자아낸다.

소설에서의 '−라'형의 사용은 다른 장르보다 가장 강력하게 구연조를 형성했다. 그것은 이야기 자체가 감정의 기폭이 있는 삶의 현장이고, 거기에 대화문이 섞임으로써 더욱 실감나는 목소리를 연상하게 한 것이다.

## ▌ 4. 구조등가적 번역의 틀

현재 어문학계, 번역학계에서는 번역에 대해서 잘 된 번역인가, 잘못된 번역인가 하는 논의를 왕성하게 하고 있다. 이를 보면, 잘 된 번역은 결국 의미적 등가성(等價性)을 일차적으로 구현하고, 문체적 등가성을 아울러 구현하는 것을 지향점으로 삼고 있음을 알 수 있다. 구조적 등가성이 배제되는 것은 언어 유형이 서로 다른 언어권의 번역에서는 자연스러운 것이며 지향해야 하는 것이 된다. 그런데 한국어 초기 문장의 번역에서는 이렇게 세련된 방식을 채택하지 못했다.

번역의 역사가 전혀 없었던 상황에서 구조적으로 등가성을 추구하는 번역 방식을 채택한 것은 당연한 것이었다. 더욱이 이 시기는 우리 문장의 고유한 모습도 잘 모른 때였다. 물론 신라 시대에 향찰을 통하여, 조선 시대에 이두문을 통하여 우리 말 문장을 구사하기는 했다. 그러나 언어 표기가 자유롭지 못한 도구를 통하여 우리 문장 인식이 다져지기는 어려웠으며, 기껏해야 시가, 공문서 등 제한된 영역에서만 소통되는 것이었음은 주지의 사실이다. 문장이라고 하는 것은 말과는 달라서 특별한 문장의 정형화된 틀을 필요로 하는 것인데, 이 당시에는 아직 우리 문장다운 틀이 무엇인지에 대한 정보가 없는 상태였다고 볼 수 있다. 번역 관계에 있는 양쪽 문장의 모습을 다 잘 알고 있어야 구조적인 변형을 통한 의미 등가성을 추구할 수 있는데, 사정은 그렇지 못했던 것이다.

더욱이 당시의 어문 사정은 학자들이 한문에 능통해 있었고, 개념적인

전달을 한문으로 표현하는 것이 익숙해 있던 터였으며, 개념적인 내용에
해당하는 부분은 한문 문장으로 표현하고 토씨나 어미에 해당하는 통사
구조 표현은 음훈차 표기로 하는 이두문 구성에 낯설지 않은 상황이었다.
이런 상황에서 한문 문장을 국어로 번역한다고 할 때 그 사정은 한문 구
조를 파괴하지 않은 상태로 옮기는 것 외에는 다른 표현 구조를 생각하기
어려웠을 것이다. 이른바 국한문 혼용체의 문장도 사용된 마당에 그래도
국문체에 해당하는 언해문체가 등장한 것은 당시로서는 엄청난 개혁이었
을 것이다.[56)

　대화체 문헌 자료가 미미한 실정이므로 당시의 구어체에서 구사되는
자연스러운 우리말 구조가 무엇이었을까 하는 점에 대해 판단하기는 어
렵지만, 그래도 현대 문장의 구조와 그리 다른 것은 아니었을 것이라는
점을 추측해 볼 수 있다. 자연스러운 말은 대화 상대가 있는 상황에서 나
오는 것이다. 이러한 성격에 맞는 자료로 대화체 자료인 박통사, 노걸대
언해류를 들 수 있을 것이다. 그런데 이 문헌자료들은 순수 창작이 아니
라 역시 언해 자료이므로 중국말 구조에 종속되어 있다고 생각된다. 입말
자체는 길지 않으므로 문어체의 비분절 요소를 갖고 있지는 않다. 그리고
메타의사소통적 번역관에서는 벗어난 것으로 생각된다. 그러나 다음과
같은 경우에는 구조등가적 번역의 틀에 역시 종속되어 있다고 생각된다.

　　(16) ㄱ. 쏘 엇디 漢語 닐오미 잘 ᄒᆞᄂᆞ뇨 (却怎麼漢兒言語說的好) 《번역노걸대
　　　　　　상.2.a》

　　　　ㄴ. 다가 免帖 곳 업스면 일뎡 셰번 마조믈 니브리라 (若無免帖 定喫打三
　　　　　　下) 《번역노걸대 상.5.a》 (띄어쓰기는 편의를 위해 필자 임의로 함,

---

56) 문장에 한문 구절을 그대로 섞어서 쓴 것을 국한문 혼용체라 하고, 국어로만
　　쓴 것을 국문체라고 할 수 있다. 심재기(1999:62)에서는 한문체와 국문체 사이
　　에 세 단계의 중간문체인 국한문 혼용체를 두고 있다.

이하 마찬가지임.)

예문 (16.ㄱ)에서 "닐오미 잘 ᄒᆞᄂᆞ뇨"는 "잘 니르ᄂᆞ노" 같이 표현되는 것이 자연스러운 국어에 해당한다. (16.ㄴ) "셰번 마조믈 니브리라" 도 "세 번 맞으리라" 정도로 표현되는 것이 자연스럽다. 두 경우 모두 중국어 원문의 직역에 해당하는 번역을 하다보니 이렇게 부자연스러운 표현이 나온 것이다. 당시의 구어적 언어 상황을 우리가 잘 알 수 없으므로 어떤 표현이 더 자연스럽다고 논의하는 것이 타당하지 않을 수도 있으나 국어사에서 형태적이거나 어휘적인 변천은 쉽게 일어나지만 기본적인 문장구조의 변천은 쉽게 일어나지 않는다는 점에 비추어, 현대 국어의 관점에서 생각해 보는 것이다. 곧 위와 같은 표현은 당시의 자연스러운 국어 표현은 아니었을 것이라고 본다.

다음과 같은 경우에도 한문 직역에서 비롯된 표현이라 할 수 있을 것이다.

(17) ㄱ. 뎌를 ᄒᆞ 우훔 ᄡᆞᆯ만 주미 올ᄒᆞ니라 (與他一捧兒米便是)
　　　《번역박통사 상.11.a》

　　 ㄴ. 일쳔 ᄠᆞᆫ 거시 ᄒᆞ무버비만 ᄀᆞᄐᆞ니 업스니라(千零不如一頓)
　　　《번역박통사 상.13.a》

　　 ㄷ. 이런 젼ᄎᆞ로 오미 더듸요라 (因此上 來的遲了) 《번역노걸대 상1.b》

(17)은 현대국어라면 모두 "것"을 머리명사로 취하는 보문 구조를 지니는 표현으로 이루어질 것이다. 가령 "주는 것이 옳다", "같은 것이 없다", "오는 것이 더디다" 정도의 구성이 될 것이다. 그러나 중세 국어에는 이러한 표현이 낯설다.

그러므로 중세 국어 자료에서 대화체라 하더라도 한문이나 중국어 구

조에서 자유롭지 못했던 점을 인정하면서, 하물며 문어체 자료에서는 한
문 문장에서 받은 구조적인 영향이 아주 많았다고 지적하게 되는 것이다.

구조등가적 번역의 틀을 통해 나타난 국어 표현으로는 다음의 몇 가지
가 있다고 생각한다.

첫째, 한문의 어순은 "주어 - 서술어 - 목적어"로, 우리말 어순 "주어 -
목적어 - 서술어" 구조와 다르다. 그런데 한문을 우리말로 번역을 하면서
이 기본 구조조차 원전에 충실하고자 했던 것이다. 그 결과 도치문과 분
열문이 탄생하게 된 것이다.

둘째, 한문은 문장의 분절이 많지 않다. 문장의 종결사(예: 之, 乎, 了)와
연결사(예: 而)가 있기는 하나 매번 사용하지 않아도 별로 불편하지 않은
언어이다. 개념적인 낱자들이 선적으로 연결되어 문장을 이루기 때문이
다. 그러다보니 한국어와는 많은 차이가 있는 것이다. 한국어는 첨가어로
서 연결어미, 종결어미를 쓰지 않으면 문장 자체가 이루어지지 않는다.
그런데 한문 번역에서 종결어미보다는 연결어미를 더 많이 선택하게 된
다. 왜냐하면, 연결어미를 씀으로써 한문 원전에 분절되지 않는 것을 그
대로 유지할 수 있기 때문이다. 이런 연유로 하여 우리 문장은 길이가 매
우 길어졌다.

셋째, 한국어의 명사형 구조는 " - ㅁ/음", " - 기", 그리고 "것"의 형식
이 있다. 그런데 이중 새로운 형태소를 가장 적게 첨가하는 형태가 바로
" - ㅁ/음"이다. 한문 원전의 개념어 한 글자에 해당하는 것을 명사화해야
할 때 가장 적은 변형을 주는 것이 된다. 그러면서 대부분의 명사형은
" - ㅁ/음" 형으로 구사되었다. 이 형태가 과연 당시의 자연스러운 구조였
을까 하는 점에 대해서는 단정하기 어렵다. 어쨌든 당시에 이 구조가 많
이 나타났는데, 이것은 바로 구조등가적인 번역의 틀 속에서 이루어진 언
해문 문체였다고 생각되는 것이다.

넷째, 한문의 구조에는 소유격 "之"로 이루어지는 표현이 많이 사용되

는데, 이것이 또한 그대로 직역되면서 우리말 성격과는 잘 맞지 않는 소
유격 구문이 형성된다. 이 역시 주어, 술어로 분절될 요소들이 소유격 구
조로 묶인다는 점에서 비분절구조의 범위에서 다룰 수 있다.

　이상과 같은 구조등가적 번역의 틀이 낳은 몇 가지 특징을 다음 장에
서 살펴보기로 한다. 또한 이러한 형식적 특징이 가져 온 문체 특징과 결
부시켜서 보기로 한다.

## 4.1. 도치 구조와 풍류조

　풍류조(風流調)란 문자 뜻 그대로 본다면 바람의 흐름과 같은 어조라고
풀이할 수 있는데, 문장에서 속되지 않고 운치가 있는 멋스러운 어감을
주는 것을 말한다. 바람의 흐름이 자연스러운 것이라는 점에서 생각하면,
자연스러운 말의 모양새가 풍류조를 풍기는 것이라 추정할 수도 있지만,
속되지 아니하다는 뜻은 또 무엇인가 하는 점과 상치된다. 속되다고 하는
것은 곧 세상에서 흔히 쓰는 방식을 말하는 것으로 언어에서 자연스러운
모양새를 지시하는 것이 될 것이다. 그런데 풍류조란 속되지 않은 것이라
했다. 그렇다면, 바람의 흐름이라 하는 것은 미미하게 잔잔한 세력 없는
바람이 아니라 휘돌아 치기도 하고 확 휩쓸기도 하는 그런 바람의 흐름으
로 생각해야 한다는 얘기가 된다. 이러한 어조가 우리 문장의 의고체의
한 요소였다.

　그러면 이러한 어감을 갖게 하는 언어 형식은 무엇이었는가? 바로 도
치 구조와 분열문 구조를 들 수 있는 것이다. 앞 장에서 언급했듯이 이러
한 도치 구조와 분열문 구조는 바로 한문 원전에 충실하고자 했던 구조등
가적 번역의 틀이었다. 다음의 예는 도치 구조에 해당된다.

　　(18) ㄱ. 學記예 <u>ᄀ로ᄃ</u> 녜 ᄀᄅ치던 이 집의 塾이 이시며 黨에 庠이 이시며

　　　　州에 序ㅣ 이시며 나라히 學이 잇더니라 (學記예 曰 古之敎者ㅣ 家有

塾ᄒ며 黨有庠ᄒ며 術有序ᄒ며 國有學이니라) <소학언해 1.8a>

ㄴ. 孔子ㅣ ᄀ르샤ᄃᆡ 弟子ㅣ 드러는 곧 효도ᄒ고 나는 곧 공순ᄒ며 삼가
고 믿비ᄒ며 모ᄃᆞᆫ 사ᄅᆞᆷ을 넙이 ᄉᆞ랑호ᄃᆡ 仁ᄒ니를 親히 홀디니 行홈애
남은 힘이 잇거든 곧 ᄡᅥ 글을 ᄇᆡ홀디니라 (孔子ㅣ 曰 弟子ㅣ 入則孝ᄒ
고 出卽弟ᄒ며 謹而信ᄒ며 汎愛衆호ᄃᆡ 而親仁이니 有餘力이어든 則以
學文이니라) <소학언해 1.14.b>

ㄷ. 子夏ㅣ 굴오ᄃᆡ 어딘 일을 어딜이 너교ᄃᆡ 色 됴히 너김으로 밧고아 ᄒ
며 父母롤 셤교ᄃᆡ 能히 그 힘을 다ᄒ며 님금을 셤교ᄃᆡ 能히 그 몸을
ᄇᆞ리며 벋과 더브러 사괴요ᄃᆡ 말ᄉᆞᆷ홈애 믿브미 이시면 비록 굴오ᄃᆡ
흑문을 몯ᄒ엿다 ᄒ나 나는 반ᄃᆞ시 흑문을 ᄒ엿다 닐오리라 (子夏ㅣ 曰
賢賢易色ᄒ며 事父母호ᄃᆡ 能竭其力ᄒ며 事君호ᄃᆡ 能致其身ᄒ며 與朋
友交호ᄃᆡ 言而有信이면 雖曰未學이나 吾必謂之學矣로라) <소학언해
1.15.b>

ㄹ. 夔를 命ᄒ야 ᄀ르샤ᄃᆡ 너롤 命ᄒ야 음악을 ᄀ음알게 ᄒ노니 ᄆᆞᆮ아ᄃᆞᆯᄃᆞᆯ
홀 ᄀ르쵸ᄃᆡ 곧 오ᄃᆡ 온화케 ᄒ며 어그러오ᄃᆡ 싁싁하게 ᄒ며 剛호ᄃᆡ
모디디 말게 ᄒ며 簡호ᄃᆡ 오만티 말게 홀디니… (命夔曰命汝典樂ᄒ노
니 敎胄子호ᄃᆡ 直而溫ᄒ며 寬而栗ᄒ며 剛而無虐ᄒ며 簡而無敖ㅣ
니…) <소학언해 1.9b>

(18)에서 주목할 것은 문장의 서술 순서이다. 현대 우리말 같으면 "ㅡ
ㅡ라고 말했다." "부모를 섬길 때에는" 또는 "부모를 ㅡㅡ하게 섬기라"
하는 식의 서술이 가능할 것이다. 그런데 언해문의 대부분에서는 한문 원
전의 순서를 그대로 살려 이러한 도치문을 많이 쓰고 있다. 도치문은 현
대적인 기술 문장에서는 잘 어울리지 않는다. 이것 역시 옛 문장의 낡은
기술방식이라 할 수 있을 터인데 구조등가적인 한문 번역으로부터 비롯
되었던 것이다.

이렇게 하여 형성된 도치적인 어순의 문장 구조는 우리 문장의 정형적인 틀로 형성되어 개화기까지 이른다고 할 수 있다. 곧 우리 문장의 성립이 한문 번역을 통해 이루어지면서, 구조등가적인 번역관에 의한 어순의 도치가 일어났고, 우리말답지 않은 어순이었음에도 불구하고 그대로 문장 역사에 답습되었던 것이다. 다음 문장은 이후 창작의 문장 예인데, 언해문체의 도치 구조와 닮아 있다.

(19) ㄱ. 심중의 디희ᄒ여 <u>싱각ᄒ되</u> 닉 이제 룡몽을 어더시니 반드시 귀한 ᄌ식을 나흐리라 <경판 홍길동전>

ㄴ. 흔담이 문걸을 불러 왈 적병이 저더지 엄장ᄒ되 장군은 엇지 경션이 갈야 ᄒ오 문걸이 <u>답왈</u> 폐하 엇지 … <유충렬전>

ㄷ. 옥련이도 혼잣말로 서생의 귀에 들리도록 <u>하는 말이</u>, 어디가 좀 앉을 곳이 있어야지 서서 갈 수가 있나 하는 소리에, 뒤에 있던 서생이 이상히 여겨서 <u>하는 말이</u>, 그 아이가 조선 사람인가, 나는 일본 계집아이로 보았더니 조선말을 하네? 하더니 서슴지 아니하고 말을 묻는다. 이애, 네가 조선 사람이 아니냐? <혈의 누>

ㄹ. 녯글에 <u>ᄀᆞ아디</u> 하늘이 능히 힘써 농ᄉᆞᄒᄂᆫ 집을 궁ᄒ게 못ᄒ다 ᄒ엿시며 <제국신문>

ㅁ. 다만 <u>닐ᄋᆞ기를</u> 운슈이니 팔자이니 ᄒ고 무슴 형위샹에 진보코져 아니ᄒᄂᆫ 사롬은 심히 어리셕은지라 <제국신문>

(19)의 예들은 고대소설, 신소설, 개화기 신문의 논설의 예들이다.[57] 모두 도치 구조를 취하고 있어서 전근대성을 가지고 있다. 우리말의 어순인 "주어-목적어-서술어" 구조로 문장을 서술하지 않고, "주어-서술어

---

[57] <홍길동전>, <유충렬전>, <혈의 누> 자료는 김상태·박덕은(1994)에서 재인용한 것이다.

－목적어" 구조로 구성하는 것은 다분히 한문 번역을 하면서 구조등가적인 번역을 했던 중세 국어 언해문체의 영향이라 할 수 있을 것이다.

분열문 구조는 기본적으로 도치 구조의 한 종류인데, 서술격 조사 구문인 "NP는 VP다"의 구조를 갖는 것을 말한다. 가령 "영이가 예쁘다"라는 문장을 분열문 구조로 만들면, 주어부는 술어 내용을 명사화한 것으로 오고, 원래의 주어는 술어부로 오게 되어 "예쁜 것은 영이다"가 된다. 분열문 구조에 대해서 박승윤(1992)는 명사화와 분열화가 일어나면서 술어적인 내용을 하나의 심적인 개체로 개념화하여, 문장의 추상화 효과가 일어나고, 명제는 하나의 기정 사실이 되어 박진감을 주게 되고, 전제와 새로운 정보를 구성하여 강세를 주게 된다고 분석하고 있다. "영이가 예쁘다"가 평이한 서술이라면, "예쁜 것은"이 일단 전제를 구성하면서 다음 말을 기다리게 하는 효과를 주고, "영이다"가 옴으로써 이 명제가 기정 사실화 되는 효과도 얻는다. 중세국어의 언해문에서는 분열문 구조가 드러나지 않는다. 이것은 도치 구조가 익숙해지면서 발달된 문체적 변이라고 할 수 있지 않을까 한다. 주로 문체적 효과를 필요로 하는 소설 문장에서 사용되었다.

(20) ㄱ. 아버지 아버지 부르는 거슨 홍참의 딸이라 <치악산>

　　 ㄴ. 남순이 우이 나왓더냐 ᄒ는 거슨 홍참의 목소리라 <치악산>

　　 ㄷ. ....ᄒ면서 부인을 부르는 거슨 김홍이라 <치악산>

　　 ㄹ. 얼골을 바라보면서 방울방울히 흐르ᄂ니 눈물이라 <홍도화>

　　 ㅁ. 쌍쌍 치는 비 종소리는 오후 두시 종이요 트리콰터원하푸 ᄒ는 것은 항구가 갓가왓다고 수심지는 소리요 쑤루루쇄－ ᄒ는 것은 륜션 속력을 주리너라고 김 쎄는 것이라 <숑뢰금>

　　 ㅂ. 사람의 알 수 업는 것은 팔즈니라 <숑뢰금>

　　 ㅅ. 김쥬ㅅ집 대문 압히 거진 당두ᄒ매 박사과 눈에 언듯 보이는 것은 얼마젼에 부친 광고 쪽이라 <숑뢰금>

(20)의 예들은 문장 구조의 순서가 정상적이지 않은 예들로 분열문 형식을 취하고 있다. 신소설에서는 분열문 구조가 현대 소설에 비해 많이 나타난다. 행위의 주체가 서술 부분에 놓이고 행위의 서술이 주어 부분에 놓이거나(ㄱ－ㅁ), 주제 부분이 후치되거나(ㅂ,ㅅ) 하는 등이다. 이는 <A는 B다>의 구조로 정상적인 어순을 도치 시켜 분열문 구조를 취한 것이다. 신소설 자료의 이러한 표현 방법은 신소설의 문장 인상과 합세하여 풍류조를 낳게 되는 것이다. 가령 (20.ㄱ)에서 "아버지, 아버지, 홍참의 딸이 부른다"보다는 위 표현이 더 감정을 자아낼 수 있는 표현일 것이다. 주어 부분으로 등장하는 것은 사건의 서술로 이 사건이 주어 자리에 놓임으로써 이미 기정화된 사실로 인정하게 되고 이어서 "그 주체는?"이라는 강세 내지는 박진감을 준다. "방울방울 눈물이 흐른다," "사람의 팔자는 알 수 없다"라는 정상 어순을 취한 표현보다는 "방울방울 흐르나니 눈물이요," "사람의 알 수 없는 것은 팔자니라"처럼 어순 도치의 표현은 보다 극적인 효과를 준다. 이러한 극적인 효과가 풍류조라고 하는 문체 인상과 관련된다고 볼 수 있는 것이다.

## 4.2. 비분절 구조와 유장미

유장미(悠長美)란 문자 뜻 그대로 본다면 "멀고 긴 멋"이라 풀이할 수 있는데, 문장에서 흐름이 느리고 길게 늘어지는 어감을 의미한다고 할 수 있다. 길게 늘어지는 것을 어찌 멋이며 미라고 할 수 있으랴만, 우리 옛 문장은 문장 단위가 분절되지 않은 채로 굽이굽이 이어지는 흐름 같은 어감을 지니고 있으므로 그렇게 표현하는 것이다. 문장이 길다고 유장미가 나오는 것은 아니며, 이 문장의 길이가 구연조, 풍류조의 의고체적 요소와 결합함으로써 생기는 것이라고 보는 것이 옳을 것이다.

## 1) 문장 단위의 비분절성

무엇보다도 먼저, 문장의 길이에 대한 것을 지적해야 한다. 우리의 옛 문장은 보통 한 단락이 한 문장이 될 정도로 길이가 길었다. 이것이 분절되어 짧아지면서 문장의 현대성이 획득되었다 해도 과언이 아니다. 그러면, 왜 이렇게 문장의 길이가 길었는가? 이 점 역시 중세 국어 시기의 구조등가적인 한문 번역 태도에서 비롯된다고 할 수 있는 것이다.

한문 문장은 의미적인 문장의 분간은 있으나 형식적으로 문장의 정확한 끝남을 인식하지 않는 문장 형태를 갖는다. 의미적으로 한 덩어리가 되는 문장들 간의 연결이 한문 문장에서는 아무런 표지를 주지 않고서도 연결되는 것이다. 이에 비해 국어 문장은 종결어미에 의하여 문장이 끝나고 마침표가 분명히 찍어지는 문장형태를 갖는다. 문장 내부에서도 연결어미에 의해 다시 나뉘고, 한 단어의 문법적인 격이나 특수 의미를 드러내는 토씨에 의해 단어들을 또 구별된다. 그런데, 한문 원전을 번역하면서 주로 구조등가적인 번역 태도를 취하면서, 우리 말 문장은 분절이 덜된 구조로 태어나게 된다. 다음 문장을 보자.

> (21) 戊寅本 欲人易曉 字義之外 幷入註語爲解 故未免有繁冗處 今卽刪去枝辭 一依大文 逐字作解 有解不通處則分註解之 (띄어쓰기는 편의를 위해 필자가 임의로 함) <소학언해 범례. 1.a>

위 자료는 <소학>의 원문이다. 이것을 <소학언해>에서는 (7)과 같이 토를 달고 (8)과 같이 언해하였다.

> (22) 戊寅本이 欲人易曉ᄒ야 字義之外예 幷入註語爲解故로 未免有繁冗處ᄒ니 今卽刪去枝辭ᄒ고 一依大文ᄒ야 逐字作解호ᄃ 有解不通處則分註解

之ᄒ니라 <소학언해 범례 1.a>

(23) 무인년칙애 사ᄅᆞᆷ이 수이 알과댜ᄒᆞ야 ᄌᆞᄠᅳᆺ밧긔 주엣 말을 아오로 드려샤
겨시모로 번거코 용잡혼 곧이 이심을 면티 몯ᄒ니 이제논 지만ᄒᆞᆫ 말을 업
시ᄒᆞ야 볼이고 혼ᄀᆞᆯᄋ티 대문을 의거ᄒᆞ야 ᄌᆞ를 조차셔 사교ᄃᆡ 사겨 통티
몯홀 곧이 잇거든 가ᄅᆞ 주내여 사기니라 <소학언해 범례.1.a>

한문 문장을 그대로 번역한 국어 문장의 길이는 훨씬 더 길어졌다. 이는 한문 번역뿐 아니라 영어 문장을 번역할 때도 영어에 비해 국어 문장 길이가 더 길어진다. 길어지는 이유는 역시 국어가 갖는 첨가어적 성격 때문이다. 한문 문장에서는 접속사나 어조사 낱자 한 자로, 영어 문장에서는 접속사 한 단어로 문장의 연결이 이루어짐에 비해 국어 문장에서는 곳곳에 적절한 토씨와 조사가 첨가되어야만 문장이 이루어진다. 위 (21)(22)(23)을 비교해 보면 한문 원문 (21)에서 띄어쓰기(필자가 임의로 한 것)대로 의미적 분절이 이루어진 것에 대하여 토를 단 (22)과 번역을 한 (23)에서는 주로 연결어미로 연결하고 있고, 한 단락이 다 마쳐진 다음에 종결어미를 한 번 쓰고 있음을 볼 수 있다. 현대적 의미에서 본다면 국어 문장의 적절한 구사는 아니다. 연결어미 "－－ᄒᆞ야, －－ᄒᆞ고, －－ᄒᆞ니 －－ᄒᆞ고" 등이 연이어져 쓰임으로써 국어 문장은 계속 길어지며, 따라서 문체적인 인상도 분절 없이 질질 끌려 길어지는 감을 받는다. 그러나 사실 (21)을 언해함에 문장의 종결을 자주 한다면 더 이상해질 것이다. 왜냐하면 문장의 종결은 일단 앞 뒤 문장의 논리적 관련을 단절하는 것이기 때문이다. 그런데 한 단락을 이루는 한문 문장은 문장 간의 어떤 논리적 관련성을 가지고 이루어져 있는 것이므로 단절된 앞뒤 문장의 논리 관계를 표현할 접속사가 또 필요하게 된다. 그러므로 이런 번거로움을 피하기 위해 국어에서는 연결어미로 잇는 것이 더 편리한데, 어쨌건 문장의 의미

적인 분절은 아직 이루어지지 않고 있다는 중립을 지킬 수 있기 때문이다. 그러다 보니 번역된 국어 문장은 문장의 길이가 상당히 길어지게 되는 것이다.

이러한 특성이 뒤에 언해문이 아닌 창작 고대소설, 신소설에서도 그대로 계승되어 국어 문장의 한 문체적 특징을 형성하게 되는 것이다. 다시 말하자면 국어 문장의 문자적 정착의 대부분이 언해문에서 비롯되다 보니 언해상 적절한 연결어미의 반복 사용으로 한 문장의 길이는 길어지게 되었고 이것이 국어 문장의 어떤 한 형태적인 관습으로 이어지게 된다는 말이다. 신소설은 언해가 아닌 순수 우리 문장임에도 불구하고 "――ᄒ니, ――ᄒ데, ――ᄒ고, ――ᄒ며" 등 많은 연결어미가 쓰임으로써 문장의 길이가 여전히 길다. 현대적 관점에서는 바른 국어 사용이 아니다. 종결어미에 의한 적절한 분절과 적절한 접속사의 사용이 이루어져야 한다. 언해문 대부분의 문장 길이는 거의 한 단락이 종결어미를 한 번 가질 정도로 길이가 길다. 결국 중세 국어시기에 한문에 대한 구조등가적인 번역의 틀 속에서 길어진 문장의 길이는 뒤에 언해 아닌 순수 국어 문장에서도 그대로 답습되어 그야말로 우리의 옛 문체를 형성하는 기원이 된다고 봄 직하다.

### 2) 명사형 표현의 비분절성

다음으로 지적할 비분절 구조는 문장이나 서술어의 명사형에 대한 것이다. 다음 문장은 명사형 표현을 가진 예들이다.

> (24) ㄱ. … 불기예 뵈ᄋ와 므스거슬 자실고 묻ᄌ와 만일 이믜 자셔 겨시든 믈러오고 만일 자시디 아녀 겨시거든 얼운을 도와 쟝만홈을 보술필디니라 (…而朝問何食矣오 ᄒ야 若已食則退ᄒ고 若未食則佐長者視具ㅣ니라) <소학언해 2.4.b>

ㄴ. …고기롤 먹오디 마시 <u>변홈</u>애 니르게 아니ᄒ며 술을 먹오디 양지 <u>변</u>
<u>홈</u>애 니르게 아니ᄒ며 우슘을 닛믜음 <u>남</u>애 니르게 아니ᄒ며 怒홈올
<u>ᄶ지즘</u>애 니르게 아니홀디니 (…食肉不至變味ᄒ며 飮酒不至變貌ᄒ며
笑不至矧ᄒ며 怒不至詈니) <소학언해 2.23.a>

ㄷ. 孔子ㅣ ᄀᆞᄅ오샤디 아비 <u>이심</u>애 그 뜯을 보고 아비 <u>업슴</u>애 그 힝실을
볼디니… (孔子ㅣ 曰 父在예 觀其志ᄒ고 父沒애 觀其行ㅣ니…)
<소학언해 2.24a>

ㄹ. 어버이 늘그시거든 <u>나가매</u> 방소롤 밧고디 아니ᄒ며 <u>도라옴</u>애 째롤 넘
우디 아니ᄒ며 어버이 병ᄒ얏거시든 눗빗출 펴디 <u>아니홈</u>이 이 孝子의
소략ᄒ 례절이니라 (親老ㅣ 어시든 出不易方ᄒ며 復不過時ᄒ며 親癠
어시든 色容不盛이 此ㅣ 孝子之疏節也ㅣ 니라)<소학언해 2.16.a>

ㅁ. 曲禮예 ᄀᆞᄅ오디 ᄌᆞ식이 어버이 셤굠애 세 번 諫호디 듣디 아니커시든
블으지져 울며 조츨디니라 (曲禮에 曰 子之事親也애 三諫而不聽則號
泣而隨之니라) <소학언해 2.22.a>

ㅂ. 內則에 ᄀᆞᄅ오디 父母ㅣ 비록 업스시나 쟝ᄎᆞ 어딘 일홈애 父母의 더딘
일홈 <u>기팀</u>을 싱각ᄒ야 반ᄃᆞ시 결단히 ᄒ며 쟝ᄎᆞ 어디디 아니ᄒ 일홈
애 父母의 붓그러옴과 욕을 <u>기팀</u>을 싱각ᄒ야 반ᄃᆞ시 결단히 아니홀디
니라 (內則에 曰 父母ㅣ 雖沒이나 將爲善思貽父母令名ᄒ야 必果ᄒ며
將爲不善思貽父母羞辱ᄒ야 必不果ㅣ 니라) <소학언해 2.24.b>

ㅅ. …<u>行홈</u>애 남은 힘이 잇거든 곧 ᄡᅥ 글을 비홀디니라 (行有餘力이어든
則以學文이니라) <소학언해 1.14.b>

ㅇ. …일홈을 後世예 베퍼 ᄡᅥ 父母롤 <u>현뎌케홈</u>이 효도의 ᄆᆞ춤이니라
<소학언해 2.29a>

예문 (24)에서 밑줄친 부분이 동사의 '−ㅁ' 명사형에 해당된다. 한문 원
전의 낟자 한 자를 직역 형태로 번역하면서 선택하게 된 표현이라고 생각

된다. 국어다운 표현이 되기 위해서는 형태적인 변형을 거쳐야 한다. 가령 (24.ㄱ)의 경우, "장만하는 것"으로, (24.ㄴ)의 경우 "변하는 것에, 날 때까지" 등이 국어다운 표현이다. (24.ㄷ)은 "계실 때에"로, (24.ㄹ)은 "나갈 때에, 돌아올 때에, 아니 하는 것이"로, (24.ㅁ)은 "섬길 때"로, (24.ㅂ)은 "끼치는 것을"로, (24.ㅅ)은 "행하고서"로, (24.ㅇ)은 "현뎌케 하는 것"으로 쓰는 것이 자연스러운 우리말 표현이 될 것이다. 그러나 이렇게 하면 한문 원전을 많이 벗어나게 된다. 한문 구조에 가장 구조적으로 가까운 표현은 '‒ㅁ/음' 명사형이 된다. 그래서 그런지 국어 문장에서는 '‒기' 나 '‒것' 명사형보다는 '‒음' 명사형이 더 많이 쓰이고 있다. 이것이 중세국어의 한 특징으로 지적되고 있음은 주지의 사실이다.

그러나 명사형이라고 하여 모두 비분절 구조의 성격을 지니는 것은 아니다. 분절적으로 시간 표현이나 의존 명사 표현 등이 더 들어가야 할 자리에 그러한 표현을 하지 않고 '‒ㅁ/음' 명사형을 사용한 경우에만 비분절성을 보인다고 할 것이다. 위 예문 (24.ㅇ)의 '마침' 같은 것은 그대로 서술어 '마치다'의 명사형 표현이 요구되는 곳이다. 다음과 같은 경우도 마찬가지이다.

> (25) … 契로 히여곰 司徒롤 히이샤 ᄀᆞᄅ쵸ᄃᆡ 人倫으로ᄡᅥ ᄒᆞ시니 아비와 아ᄃᆞᆯ이 <u>친홈</u>이 이시며 님금과 신해 義ㅣ 이시며 남진과 겨집이 <u>굴히요미</u> 이시며 얼운과 져므이 ᄎᆞ례이시며 벋이 <u>믿븀</u>이 <u>이슈미니라</u> (…使契로 爲司徒ᄒᆞ샤 敎以人倫ᄒᆞ니 父子有親ᄒᆞ며 君臣有義ᄒᆞ며 夫婦有別ᄒᆞ며 長幼有序ᄒᆞ며 朋友有信이라) <소학언해 1.9.a>

(25)에서 '친홈, 굴히욤, 믿븀'은 행위 그 자체를 표현하는 것으로서 가히 명사형 표현이 적절하다고 할 수 있다. 다만 마지막의 "이슘+이니라" 표현은 현대국어 같으면 "있는 것이다" 정도로 될 것이다.

중세국어시기에 의존명사 '것'이 없었던 것은 아니다. 다음 문장은 '것'의 표현이다.

(26) ㄱ. 一切信心의 施혼 부텻 <u>거스란</u> 글로 부텻 像과 부텻 옷과롤 밍ᄀᆞᆯ오 <석보상절 23.3.2>

　　ㄴ. ᄆᆞ윗 字ㅅ音의 놉ᄂᆞᆺ가이를 다 겨틧 點으로ᄡᅥ 법을 삼을디니 點 업슨 이ᄂᆞ 편히 ᄂᆞᆺ가이 ᄒᆞ고 두 點은 기리혀 들고 ᄒᆞᆫ 點은 바ᄅᆞ 노피홀 <u>거시니라</u> (凡字音高低를 皆以傍點爲準이니 無點은 平而低ᄒᆞ고 二點은 厲而擧ᄒᆞ고 一點은 直而高ᄒᆞ니라) <소학언해 범례.2.a>

　　ㄷ. 孔子ㅣ 曾子ᄃᆞ려 닐러 ᄀᆞᆯᄋᆞ샤디 몸이며 얼굴이며 머리털이며 술ᄒᆞᆫ <u>父母ᄭᅴ 받ᄌᆞ온 거시라</u>… (公子ㅣ 謂曾子曰 身體髮膚ᄂᆞᆫ 受之父母ㅣ라…) <소학언해 2.28.b>

(26.ㄱ)에 사용된 '것'은 중생들이 부처에게 보시한 재화, 물품들을 지시하는 것으로 사물들을 추상적으로 일컫는다. (26.ㄴ)의 '거시니라'는 명령의 뜻을 담아 당위적으로 표현하는 것이다. (26.ㄷ)은 앞에서 표현된 내용을 하나로 묶어 다른 단어에 연결시키는 구실을 한다. 위의 몇 예를 통해 보면, 중세국어시기에 쓰인 '것'은 현대국어의 쓰임과 같았다는 것을 알 수 있다.

　그럼에도 불구하고 '것'이 사용되어야 할 자리에 주로 'ㅁ/음' 명사형이 사용된 것이므로, 이는 다분히 한문 구조에 대한 등가적번역의 틀이었다고 할 수 있는 것이다. 한문 원전에 '것'으로 대응시킬 수 있는 '者'가 나오면 이 경우는 '것'으로 번역했다. 다음 예 (27)과 같다.

(27) 祭統애 ᄀᆞᆯ오디 祭라 혼 <u>거슨</u>… (祭統에 曰 夫祭也者ᄂᆞᆫ…) <소학언해 2.25.b>

또한, 한문 원문에는 '것'에 해당하는 글자가 없더라도 반드시 대응되는 지칭 표현이 필요한 때에는 '것'을 사용했다.

(28) ㄱ. 음식을 님금ᄭᅴ 뫼와셔 ᄒᆞᆯ제 님금이 남ᄋᆞᆫ 것ᄉᆞᆯ 주어시든 그릇시 시술 것스란 ᄡᅳ디 아니코 그 남ᄋᆞᆫ 것ᄉᆞᆫ ᄡᅩ돌디니라 (御食於君에 君이 賜餘ㅣ어시든 器之漑者란 不寫ᄒᆞ고 其餘ᄂᆞᆫ 皆寫ㅣ니라) <소학언해 2.40.b>

ㄴ. …싀부모ㅣ 받아시든 깃거 새로 주ᄂᆞᆫ 것ᄉᆞᆯ 받ᄂᆞᆫᄃᆞ시 ᄒᆞ고 만일 도로 주거시든 주심을 받ᄌᆞᆸᄂᆞᆫ ᄃᆞ시 ᄒᆞ야 간ᄉᆞᄒᆞ야 ᄢᅥ 업서 ᄒᆞ실 적을 기들일디니라 (…姑舅ㅣ 受之則喜ᄒᆞ야 如新受賜ᄒᆞ고 若反賜之則辭호ᄃᆡ 不得命이어든 如更受賜ᄒᆞ야 藏以得乏이니라)<소학언해 2.13.b>

ㄷ. …ᄆᆞᄋᆞᆷ과 ᄠᅳᆮ과 즐기시던 것과 ᄒᆞ고자 ᄒᆞ시던 것ᄉᆞᆯ ᄆᆞᄋᆞᆷ애 닛디 아니ᄒᆞ시니… (…心之耆欲을 不忘乎心ᄒᆞ시니…) <소학언해 2.28.b>

위의 예들에는 '것'에 해당하는 한자가 원문에 없다. 그러나 문장 의미적으로, 가리켜야 할 사물 대상이 있다. 이런 경우에는 '것'을 사용했다. 현대국어에서는 사물의 지시 대상이 없더라도 동사의 의미가 지니는 행위 표현 자체를 명사형으로 만들 때에도 주로 '것'을 사용하는데, 중세국어 언해문에서는 '－ㅁ/음' 명사형을 그대로 썼다.

당시에 명사형 '－기' 형태도 사용되었다.

(29) 하ᄂᆞᇗ 道ᄅᆞᆯ ᄡᅳ며 ᄯᅡ히 利를 因ᄒᆞ야 몸ᄋᆞᆯ 삼가며 ᄡᅳ기ᄅᆞᆯ 존졀ᄒᆞ야… (用天之道ᄒᆞ며 因地之利ᄒᆞ야 護身節用ᄒᆞ야…) <소학언해 2.31.b>

'－기' 형태는 동사의 행위 자체를 그대로 추상적으로 명사화하는 '－ㅁ/음'과는 달리 그 행위를 구체적인 것으로 표현하고자 할 때 사용되던 형식이었다고 생각된다.

어쨌든 중세 국어 시기에는 현대국어와 마찬가지로 명사형을 만드는 방식이 모두 사용되었음에도 불구하고, 의미적으로 특별하게 지시하는 사물이 필요한 경우, 또는 행위 자체를 구체적으로 표현해야 하는 경우를 제외하고서는 모두 '-ㅁ/음' 형태를 사용했다는 것이다. 현대국어의 용법과는 상당히 다른데, 이것은 한문 원전의 한자 낱자 한 글자에 가장 잘 대응되는 형식이었기 때문이었다고 설명되는 것이다. 이 역시 구조등가적인 번역 태도와 관련이 되며, 이렇게 하여 이루어진 표현은 비분절성을 다분히 갖게 되었다.

### 3) 소유격 표현의 비분절성

다음과 같은 소유격은 의당 소유격이 되어야 할 곳이다.

> (30) ㄱ. <u>先王의</u> 법다온 오시 아니어든 敢히 닙디 아니ᄒ며 <u>先王의</u> 법 다온 말
> 숨이 아니러든 敢히 니ᄅ디 아니ᄒ며 <u>先王의</u> 어딘 ᄒᆡᆼ실이 아니어든
> 敢히 ᄒᆡᆼ티 아니ᄒᆞᆯ디니… <소학언해 2.30.b>
> ㄴ. 이 우ᄒ 남금과 신하의 義ᄅᆞᆯ 불키니라 (右ᄂᆞᆫ 明君臣之義ᄒᆞ니라)
> <소학언해 2.44.b>

(30)에 사용된 '의'는 단어와 단어의 소유 관계를 표현하는 전형적인 쓰임새를 보인다. 그런데, 중세 국어 문장에는 이런 경우 말고, 주격 조사나 목적격 조사가 필요한 곳인데도 소유격 표현이 많이 사용된다. 한문 원전의 '之'가 관형격으로 쓰였을 때 이것을 그대로 직역하다 보니 그렇게 되는 것이다.

> (31) ㄱ. 이런 故로 <u>父母의</u> 스랑ᄒ시ᄂᆞᆫ 바ᄅᆞᆯ 또 스랑ᄒ며 <u>父母의</u> 공경ᄒ시ᄂᆞᆫ

바룰 쏘 공경홀디니 (是故로 父母之所愛룰 亦愛之ᄒ며 父母之所敬을
亦敬之니) <소학언해 2.18.a>

ㄴ. 孟子ㅣ 굴으샤디 世俗애 니르는밧 不孝ㅣ 다슷시니 그 四支룰 게을이
ᄒ야 父母의 공양을 도라보디 아니홈이 혼 不孝이오… (孟子ㅣ 曰 世
俗所謂不孝者ㅣ 五ㅣ니 惰其四支ᄒ야 不顧父母之養이 一不孝也ㅣ
오…) <소학언해 2.34.b>

ㄷ. 曾子ㅣ 굴으샤디 몸이란 거슨 父母의 기티신 얼굴이니… (曾子ㅣ 曰
身也者는 父母之遺禮也ㅣ니…) <소학언해 2.35.a>

ㄹ. 내 말이 모황혼 주리 아니라 오직 셩인의 ᄀᄅ치신 거시니라 (匪我言
耄惟聖之謨) <소학언해 小學題辭.4.b>


(31)의 예들은 한문 원전에 관형격 '之'가 쓰인 것을 우리말로 번역하면
서 그대로 '의'의 형태로 직역한 것들이다. 그러다보니 국어 문장에서는
의미적으로 주격이거나 목적격이 되어 문장 한 성분으로 구실할 것을 그
냥 한 구절로 묶어버린 번역이 되었다. 이것은 행위나 목적 대상을 주
어나 목적어로 풀어주지 않고 전체 행동이나 개념을 하나의 관념적 개체
로 묶어버리는 문체적 인상을 낳는다.

한문 원전에 꼭 소유격의 '之'가 없더라도 번역하면서 소유격이 첨가
되기도 한다.


(32) ㄱ. 져근 아히 비홀 글월의 쓴 거시라 (小學書題) <소학언해 범례.4.a>

ㄴ. 內則에 굴오디 父母ㅣ 죵의 난 ᄌ식이어나 혹 쳡ᄌ식과 쳡손ᄌ롤 심
히 ᄉ랑커시든… (內則에 曰 父母ㅣ 有婢子若庶子庶孫을 甚愛之어시
든…) <소학언해 2.16.b>


(32.ㄱ)은 원문에 소유격에 해당하는 글자가 없지만 '小學'과 '書'를 의

미적으로 연결하려다 보니 소유격 형태를 취하게 된 것이다. (32.ㄴ)은 '婢子'를 풀이하여 "종의 난 즈식"이라 했다. "종의 자식"만으로는 '서자'라는 의미가 오기 어렵기 때문에 한문 구조에는 없는 표현을 덧붙여 '난'이라는 풀이를 했다. 그렇게 되면 '종이'라고 해야 문장 성분이 들어맞는데, 전체를 하나의 개념으로 생각하고자 하는 소유격을 사용한 것이다.

이러한 문장 서술 방식도 후에 고대소설, 신소설에 그대로 이어져서 우리 국어 문장의 한 특성을 형성한다. 성분격이 밝혀져 있지 않고 개념적으로만 나타나 있는 한문 원전을 그대로 반영하여 국어 문장에서도 실제 성분을 뚜렷이 드러내지 않고 소유격으로 묶었다. 우리 문장사에서 소유격 문장은 옛말의 문체로 인식하는데, 이 원인이 바로 구조등가적 번역관에서 비롯되었음을 인식해야 할 것이다.


## 5. 국어 문장 시작의 비극성

세계에서 어느 날 창제를 선포한 문자 발명국은 우리나라밖에 없다. 그리고 발명된 문자를 사용하여 언어적 사고를 문자언어의 문장으로 옮겨 처음으로 가시적인 하나의 문장 모습을 인식한다는 것, 한국 외의 다른 어떤 역사에서도 일어나지 않은 일이었다. 다시 말해, 예로부터 전해져 내려온 문장의 전통을 가지지 않은 상황에서 어느 날 처음으로 문장 형식을 만들어 내는 역사가 이루어졌던 것이다. 이러한 특별한 상황 속에 탄생한 국어의 문어 문장은 결론적으로 말하면, 문어 문장답지 못한 문장 형식을 지니게 되었고 이 형식은 문장의 고유한 정형이 되어 이후 500여 년 간 지속되는 것이다. 그리고 우리말 문장의 현대화 과정은 이 때 형성된 문장 정형을 깨면서 현재적 정형을 찾아가는 변천과 다분히 관련이 되었던 것이다.

국어의 문어 문장의 탄생은 중세 국어시기에 한문 원전을 번역한 언해문에서 출발한다. 이 때 한문을 번역하는 국어 문장 작성에 메타의사소통적 번역관이 개입하게 된다. 이 번역관에 의해, 국어 문어 문장의 일반적 종결 형식은 '-라'형이 되었던 것이다. 이 당시에 대화문의 종결형으로 '-다'형과 '-라'형 둘 다 쓰였고, 오히려 기본형은 '-다'형이었는데도 말이다.

그렇게 된 데에는 청자(피보고자)에게 화자(보고자)가 이 문장을 제시한다고 하는 화행적 기능을 갖는 '-라'형이 당시의 언해문 작성 방식이었던 메타의사소통적 번역의 틀에 잘 들어 맞았기 때문이다. '-다'형은 일반 진술의 기능만을 가졌으므로, 이러한 메타의사소통적 번역의 틀에는 어울리지 않았다.

이렇게 하여 형성된 우리 문어 문장의 정형은 결국 의고체의 한 요인이 되는 구연조를 탄생시켰다. 소설 문장에서는 이야기를 지금 실감나게 들려주는 감정 넣은 목소리를 연상하게 한다. 신문 문장에서는 기자가 사건의 진실을 기정 사실화하여 전달하는 현대의 양식과는 전혀 다르게, 다만 기자가 보고 들은 사건을 독자에게 들려주는 입장이라는 점을 드러내었다. 논설 문장에서는 객관적 서술의 입장을 지켜야 하는 현대 양식과는 다르게, 연사가 한 편의 연설을 격정적으로 하는 듯한 인상을 자아내었다.

번역의 틀 때문에 채택된 '-라'형 종결 양식으로 인해 생긴 이러한 문체 이미지는 전근대성의 한 요인으로 간주된다. 문어 문장의 성격에 맞는 중립적 진술의 방식, '-다'형 종결 양식의 확립은 이후 개화기 이후를 지나 20세기 초엽의 일이 된다. 그리고 구조등가적 번역 태도에 의하여, 우리말답지 않은 문장 구조를 취하였다. 개념적인 글자들이 주욱 연결되면서 이루어지는 한문 구조와 문장 성분과 분절을 토씨와 어미로 나타내면서 이루어지는 한국어 구조와는 많은 차이가 있었는데, 구조등가적인 번역을 행함으로써 우리말답지 않은 문장 구조가 형성된다. 이 전통은 개화기까지 이어지면서 문장의 전근대적 요소가 된다.

　그 중 하나는 문장 단위의 비분절성이다. 종결이 뚜렷하지 않은 채 한 단락을 이루는 한문 문장을 그대로 번역하면서 한 문장이 한 단락 길이만큼 길어지게 되었다. 종결형을 취하지 않고 "－－하니, －－하고, －－거든" 등으로 계속 이어지면서 문장이 끊어지지 않고 굽이굽이 이어지는 유장미를 형성한다. 또한 구체적인 지시를 드러내는 의존 명사를 회피하는 '－ㅁ/음' 명사형 표현을 주로 씀으로써 문장의 비분절성을 더 추가한다. 이는 역시 한문에서 개념어가 낱자 하나로 표현되는 구조를 따르면서 나온 것이다. 한문 원전의 개념어 한 글자에 해당하는 것을 명사화해야 할 때 가장 적은 변형을 주는 것이 '－ㅁ/음' 형이었던 것이다. 마지막으로 소유격 문장이 빈번하게 등장하는데, 이 역시 한문에 대한 구조등가적인 번역관에서 비롯한 것이다. 한문의 구조에는 소유격 '之'로 이루어지는 표현이 많이 사용되는데, 이것이 그대로 직역되면서 우리말 성격과는 잘 맞지 않는 소유격 구문이 형성된 것이다. 소유격 문장 역시 문장의 비분절성을 낳는다. 이러한 비분절성 요인들이 합세하면서 우리 옛 문장의 문체 인상 중 하나인 유장미를 형성하게 된다.

　이러한 우리 문장의 시작이 우리말답지 않으면서 한문 구조의 영향을 지대하게 받았다는 점, 그리고 우리 문장의 현대성은 한문 구조의 영향을 벗어나는 데서 비롯될 수 있다는 것이 바로 우리 문장 시작의 비극성이라 할 것이다.

## 생각샘

01. 말을 하는 것과 문장을 쓰는 것이 무엇이 다른지 세밀히 관찰
하여 설명해 보시오.

02. 문장의 시대성을 보여주는 요소들 중 가장 두드러진 것은 무엇
일지에 대해 생각해 보시오.

※ 이 책의 뒤에 [부록]으로 생각샘 풀이를 실었습니다. 반드시 문제를 먼저
푸시고 풀이를 참고하시면서 국어사에 대한 지식을 다져 보시기 바랍니다.

## History of Korean for Foreigners (외국인을 위한 국어사)

※ 우리 학생들이 외국인에게 한국어의 역사에 대해 단편적으로나마 설명해 줄
수 있으면 좋겠다는 취지에서 이 영문을 실었습니다. 우리의 언어를 소중히
여기고 자랑스럽게 외국인에게 소개해 보고 싶은 의욕을 가져 보시기 바랍니
다. 영문의 한국어 해설은 이 책의 뒤에 [부록]으로 실었습니다.

## Chapter 10. Historical Beginning of Korean Sentence

Sentences in Korean were first written in the medieval
Korean era when Korean script was invented. Before that, the
sentences possessed characteristics of Chinese sentences,
since the sentences were written in Chinese characters. Writing
is quite different from speaking. A great speaker may have hard
time in writing. This is because the endings of speaking and

writing are different and types of expression differ according to a genre of writing. Writing is a completely individual situation like monologue. Contrast to speaking in which the audience is present, in writing, the tense, the honorific rule, and the mood must have some assumed set patterns. Also, when expressing the contents of thought (ex: "기차 시간 늦겠어(ki-cʰa-si-gan niť-ket ˉ-ə), You will be late for the train.") through writing, the author must tell his or her relationship with the contents (ex: "I thought I would be late for the train.").

Language has been used even before the invention of letter. However, in case where some thoughts must be transferred to the other as literary language, either Chinese or Idu sentence (modified Chinese sentence with the insertion of a proposition by the difference between its pronunciation and meaning) was used due to the lack of letter that can directly write our language.

Korea is the only country in the world that suddenly invented letter one day. Using the invented letter to transfer linguistic thought into literary sentence to perceive it as one visible sentence form has never happened anywhere except in Korea. In other words, history that the sentence form was suddenly invented without the tradition from the past was made. Korean literary sentence created in such special circumstance, in conclusion, did not possess the form unlike that of usual literary sentence such form became the unique pattern and has been continuing for 500 years. The modernization of Korean sentence was closely related to the transformation to modern standard from the standard set 500 years ago.

The birth of Korean literary sentence started from 'Un-hae-moon,' which was a translation of Chinese text. At this time, meta-communicative view of translation was included in the process of writing Korean sentence through translation Chinese. Due to such view of translation, an usual ending form of Korean literary sentence became '-라(ra)' form despite the fact that both '-다(ta)' and '-라' form were used as ending forms of interrogative sentence and that the basic form was '-다' form.

Such incident was from the fact that '-라' form, which had pragmatic function that a speaker offers the sentence to a listener, fitted well into the form of meta-communicative translation, which was the method of writing 'un-hae-moon' at that time. '-다' form did not fit into such form of translation because it only possessed a function of regular statement.

Such form of Korean literary sentence finally gave birth to narrative style, one of main factors of archaism. Sentences in a novel reminded readers of emotional tone telling the story as if it were real. Sentences in a newspaper revealed their role of telling the incidents journalists saw and heard to readers whereas modern sentences deliver the truth of incidents made as facts by journalists. Sentences in an editorial showed the impression of an orator giving speech passionately.

Such style of writing caused by the ending form '-라' selected because of the pattern of translation is considered as one of the characteristics of antiquity. The establishment of the ending form '-다,' the method of neutral statement that fits into the characteristic of literary sentence, came in the early 20th century after the time of enlightenment. And due to a attitude to keep the same structure in translation, it possessed the sentence type unlike that of Korean. There existed significant difference between Chinese structure formed through the connection of conceptual letters and Korean structure formed through revealing the contents and segments of sentence as a postposition and ending; the sentence structure unlike that of our language was formed through translation that keeps the same structure. Such tradition continued until the time of enlightenment, becoming antique component of sentence.

One of the components of antiquity is non-segmentation in unit of a sentence. Through literally translating Chinese sentences that composed a paragraph without clear ending, the length of one sentence was stretched as that of one paragraph. Incessant magnificent style was formed by continuous connection of '— 하니(ha-ni), — 하고(ha-go), — 거든(kə-dɨn)' without taking the ending form. Also, non-segmentation of sentence was enhanced by the use of a noun expression '-ㅁ/음 (m/ɨm),' which avoids a bound noun that reveals specific indication. This also came from following the Chinese structure in which a conceptual word is expressed as a single character. The form that yielded the least variation when nominalizing a conceptual word in Chinese text was '-ㅁ/음(m/ɨm)' form. Lastly, possessive sentence often showed up. Such phenomenon also came from same structure view of translation toward Chinese. In Chinese structure expressions with possessive ' 의(ii) ' are frequently used. Literal translation of such formed possessive sentence that did not match well with the characteristics of Korean. Possessive sentence also begets non-segmentation of sentence. The amalgamation of such components of non-segmentation formed magnificent style, one of antique style of writing in Korean. Such form of Korean sentence continued until the early 1900's and stepped into the process of modernization, which will be discussed later in Chapter 12.

# 제 11 장
# 국어 문장 장르별 문체의 형성

"옛 정신의 풍요로운 세계를
오늘 우리는 각 장르 속에서 확인한다."

이 장에서는 우리말 각종 장르의 텍스트들, 곧 편지, 일기, 소설, 기사문, 논설문 등은 어떤 문체로 시작되었는가 하는 점을 살펴보기로 한다. 앞 장에서 살폈듯이, 한국어의 초기 국어 문장은 한문을 국어로 번역한 문장, 곧 언해문(諺解文이)라고 하는 특징적인 문체로 형성이 된다고 할 수 있다. 그러면 과연 이후 번역이 아닌 창작 텍스트들, 예를 들어 편지, 일기, 소설, 기사문, 논설문 등은 어떤 모습으로 탄생하는가? 문장의 장르별 성격은 매우 다른데, 국어 문장 시작 시기의 문체에 의해 어떤 영향을 받고 있는가? 곧 언해문에 의해 형성된 문체가 이후 각 장르에 어떤 영향을 주었고, 이후 각 장르의 고유한 문체가 형성되어 갔는가 하는 점이 문제가 된다.

이 연구를 위해 중점적으로 살필 양상은 문장 종결어미 선택과 관련된 문체이다. 문체를 이루는 요소는 문장의 길이, 문장의 구조, 어휘적 특징 등 많은 것이 있는데, 이 중 통시적 문체 양상을 가름하는 가장 중요한 요소는 문장 종결의 양식이라고 생각한다. 문장의 종결어미란 글 쓰는 이가 그 문장을 쓰면서 갖는 서법적인 것, 의향적인 것, 문체적인 것을 반영하는 것으로서, 문장의 가장 외현적인 것이라고 할 수 있다. 통시적으로 국어 문장의 현대화를 이루는 가장 중요한 요소로 작용하는 요소 역시 문장의 종결어미이며, 특히 장르별 종결어미의 선택 문제는 장르에 관한 상호텍스트성 인식이 어떻게 작용하였는가를 보여주는 요소가 되므로 더욱 중요하다고 생각된다.

텍스트 종류마다 그 시작 시기(정확히 말하면 자료가 있는 시기)가 각각 다른데, 각각의 장르에서 가장 초기의 문헌이라고 간주되는 것을 중심으로 고찰하면서 하한선은 19세기 말 내지 20세기 초(신소설의 경우, 1908년) 정도로 두기로 한다. 언해문은 국어 문장의 초기 전통을 이룬다는 점에서 살펴보는 것으로 이 자료는 중세국어의 것만 살핀다. 편지글은 이른 시기부터 자료가 있으므로 16세기부터 살피면서, 다른 장르에서 초기 자료로 등장하는 시기인 19세기 정도까지를 염두에 두기로 한다. 일기문도 16세기에 초기 자료가 있는데 이후 자료가 많지는 않으나 역시 19세기 것까지를 보기로 한다. 소설 자료는 창작 연대가 미상이므로 구체적인 시작 시기를 제시할 수 없는데, 다른 장르의 자료와 같은 시기 것이라면 고대소설과 신소설이 될 것이다. 기사문과 논설문은 개화기 시대의 신문에서 쓰여지기 시작하므로, 초기 자료가 19세기 것이 된다. 다른 장르에 비해 늦은 것인데, 이 두 장르는 그야말로 초기 문체 특징만을 언급하는 것이 되겠다. 곧, 이른 시기에 등장한 것은 그 이후까지를 살피고 늦은 시기에 등장한 장르는 등장 시기 것만을 살피는 것이 되는데, 결국은 각 장르가 시작되는 초기의 특징과 함께 우리 국어 문장의 장르별 텍스트가 모두 형성되는 시기인 19세기 말의 문체 양상을 망라하는 의미도 있다고 본다.

## ▌1. 장르 인식이란 무엇인가?

"장르"의 개념은 John M. Swales(1990)의 것을 참고하기로 한다. 이 책에서 장르의 개념에 대해 다음과 같이 분석하였다 :

1. 장르는 의사소통의 사건(communicative events)의 한 부류이다.
2. 장르를 구분하는 중요한 자질은 의사소통의 목적(communicative purpose)이다.
3. 각 장르의 모범 예들이나 예들은 그 원형성 문제에서 다양하다 (구조, 스타일, 내용, 예정된 독자층).
4. 장르는 그 내용과 스타일에서 부과되어야 할 강제성이 있다.
5. 장르를 부르는 이름이나 전문 용어들(물려받고 담화 공동체에 의해 만들어지고 다른 담화공동체로부터 유입한 것)은 그 정당함을 인정하는 통찰력 단계가 필요하다.

곧 장르의 개념이 단지 유형 분류로서의 의미가 아니라, 그런 유형들을 생겨나게끔 한 동인과 관련해서도 많은 가치가 있음을 알 수 있다. 위 책에서 말하는 장르의 범위는 편지, 강의 등 전 담화 상황을 포함한다. 텍스트로 들어와 장르의 개념을 얘기하고자 한다면, 이 장의 다음 절에서 논의하게 될 편지, 일기, 소설, 신문 기사문, 논설문 등이 있다. 이 외에도 장르에는 설명문, 시, 감상문, 연설문, 법률문, 광고문 등이 포함될 수 있을 것이다.

우리말 텍스트 형성의 문제는 위와 같은 장르의 가치 속에서 많은 통찰력을 제공해 준다. 가장 중요한 점은 글 쓰는 이들의 텍스트 인식의 문제이다. 각 장르의 목적과 내용, 그리고 독자층을 생각했고 거기에 알맞은 스타일을 추구했던 것이다. 그러나 그것만이 전부가 아니라, 앞장에서

지적한 국어 문장의 전통, 그리고 시대적인 조류 또는 시대 정신의 문제
가 개입된다.

　이러한 점은 국어 문장의 장르별 문장 인식을 구체적으로 살펴보면서
밝혀질 수 있다. 뒤에서 다시 논의하게 되겠지만, 간단한 요점을 먼저 설
명해 본다. 예를 들어 소설 문장의 현대성 획득은 '－ㄴ다'로 이루어지는
형식의 정착에 있으며, 이는 이야기 속에 등장하는 행위자 중심으로 서술
의 초점화를 이루게 하는 독특한 기능을 갖는다. 곧, 소설이라고 하는 것
은 지은이가 꾸민 이야기를 독자에게 들려준다고 하는 사실적인 상황을
넘어서서 관점의 이동이 일어난 서술이라는 점을 인식함으로써 소설 문
장의 현대화가 일어나는 것이다. 신문 문장의 경우도 마찬가지이다. 사건
을 기술하는 신문 문장에서 "내가 보니, 이렇더라(그러나 그 신빙성 여부는
모른다)"는 식으로 남의 말을 전달하는 형식으로 쓴다고 하는 것은 기사
작성자의 존재를 그대로 드러내는 방식이 된다. 그런데 신문 문장의 초기
자료인 개화기 신문에서는 그러한 서술 형식을 취했다. 현대 신문 문장에
서는 모든 사건 기사가 취재에 의한 것이지만 그대로 객관적인 서술을
함으로써 취재자의 존재는 드러내지 않는 식의 기사를 쓰며 이로써 문장
내용의 현실성이 획득되는 결과를 얻게 된다. 곧 보고체 형식에서 기술체
형식을 취하게 됨으로써 신문 문장의 현대성이 획득되는데, 이는 신문 장
르의 본질에 대한 인식과 다분히 관련이 있는 것이다.

　이러한 사정은 논설문에서도 마찬가지이다. 현대의 논설문은 글쓴이의
주체적 단정성, 대(對) 청자 중립적인 문어체, 객관적·기술적 언술성, 명
료성·이지성, 문장의 분절성을 갖는데 비해 개화기 시대의 논설문은 이
모든 성격이 결여되어 있었다. 논설문 초기 자료인 개화기 논설문에는 훈
계조, 설교조, 명령조의 문장이 많이 사용된 것이다. 그러나 논설문 장르
의 인식이 확립되면서 문장의 현대성도 함께 이루어지는 역사를 살펴 볼
수가 있다.

그러면, 장르별로 국어 문장이 어떻게 형성이 되었는가 하는 문제를 살펴 보기로 한다. 기본적으로 앞 장에서 살핀 언해문체의 영향을 받은 문장 특징으로부터 비교하는 방법으로 논의를 하게 될 것이다. 따라서, 주로 종결형 양상, 문장 구조 양상 등에 대한 것을 살펴보게 될 것이다.


## 2. 초기 편지 텍스트의 문체 특징

현재 우리가 참고할 수 있는 편지 텍스트 중 16세기의 것이 가장 이른 시기인 것으로 추정된다.[58] 편지글은 구어체적인 성향이 강한 텍스트라서 그런지, 언해문체의 영향을 그다지 많이 받지 않았다고 판단된다.[59] 문장의 성격이 상대방에게 말하듯이 쓰여진 것이 대부분이다.

다음 자료는 한말연구학회의 원문 자료실에 소개되어 있는 「순천 김씨 간찰」(16세기)이다.

> (1) 아기내게 답
>
> 네 오라비를 몯 기두려 근심ᄒ다니 나흔날사 드러 오나를 됴히 이시니 깃
> 거ᄒ노라 아바님도 ᄂ려오는 예 치수원ᄒ여 어제 오시니라 요ᄉ이사 긔온
> 도 셩ᄒ여 겨시다 네 뵈는 내 일 잡디 몯ᄒ고 하 심심ᄒ니 보내려 맛뎌더니
> 이 노미 마챠 므너 가니 하 보내기 셔온ᄒ여 두거니와 아므려나 딕녕 ᄀᄉ

---

58) "편지"는 개인적으로 주고받은 서간을 말한다. 서간(書簡)이라고 하면, 상소문, 비답(批答), 발원문 등을 포함할 수 있을 것이다. 간찰(簡札), 언간(諺簡)이라는 용어도 있으나, 간찰은 어려운 한자어이고, 언간은 우리 글을 낮추는 뜻이 있다. 내간체(內簡體)라는 용어는 부녀자 글이라는 뜻인데, 실제로 부녀자만이 쓴 것이 아니므로 적절한 이름이 아니다. 이 책에서는 텍스트 명칭을 그냥 "편지"로 하기로 한다.

59) 김일근(1998)에서는 "諺簡의 文章이 일반 刊行類와 筆寫類와는 달리, 卽生活的인 現用語를 쓴 까닭에 자연히 口語性을 띠게 된다"고 하였다.

미나 뽀고 댱옷 ㄱㅇ므란 믿 바다 보므로 나하 보내고져코 샹해 니블가 무
명을 보내려터니 ㄱㄹ 니블 오슬 ᄒ랴 ᄒ더라 ᄒ니 그도 몯 ᄒ고 설워 몯
보내니 실업시 잇꼬 ᄒ니 이런 <u>민망ᄒ예라</u> ᄌ식돌 니필 것도 나흔 거시 잇
사 <u>보내랴</u> 면화ᄂ 아므리 잇다 엇디 <u>보내리</u> 보낼 길히 업거든 어너 어흐로
<u>보내리</u> 엇디히여 이 뵈롤 그톨 내려뇨 ᄒ노라 은지니 신 <u>갇다</u> 면화 ᄒ근
<u>갇다</u> 민집과 여뚤 냥식 <u>논화라</u> <순천김씨간찰>

위 자료에서 종결어미로는, 감탄의 "-노라", 확인 서술의 "-니라",
무시제 서술의 "-다", 독백 서술의 "-예라", 의 "-랴", "-라, 랴, 리,
다눈에 띄는 것은 "-다" 형 종결어미이다. "-다"와 "-ㄴ다" 형태가
나온다. <순천 김씨 간찰>에서는 이러한 "-다" 형태가 많이 나온다. 다
음은 "-다"형 종결어미의 문장만을 제시해 본다.[60]

(2) ㄱ. 자리 감토 더니 길히 치울가 기워 <u>간다</u>

ㄴ. 저도 므더니 <u>너긴다</u>

ㄷ. 네 오라비도 스월 보름끠 <u>난다</u>

ㄹ. 우리는 두 고디 다 무스커니와 아바니믄 ᄯㅗ 치ᄉ원 나가 <u>ᄃ닌다</u>

ㅁ. 네 아바님도 경뮈관 디내랴 대귀 왓다 <u>ᄒ다</u>

ㅂ. 무명 두 필 조차다가 주고 브타라 <u>ᄒ신다</u>

ㅅ. 저만 맛디면 도도와 도모 아닌ᄂ다 <u>ᄒ다</u>

ㅇ. 보내거둔 녀ᄅ미나 보내먀 너 이 치외예 두로 ○○ 병졔예 쁜 과줄 셜
흔 나비 <u>간다</u>

ㅈ. 음식도 젹겨기나 <u>자신다</u>

ㅊ. 나ᄂ 당시 숨만 니어 잇거니와 네 아바니믄 원긔 지략ᄒ더 하 삼년지

---

60) 이 분류 역시 한말연구학회 홈페이지의 원문자료실에서 제공받았다. 자료로 활
용하기 좋게 정리해 놓으신 이종덕 선생님께 감사드린다.

보차여 둔니며 이제는 수룰 져기 자셔도 인히여 알키롤 오래 ᄒ니 ᄒ마
네 오라비 간 후로 년히여 알타가 예 두리라 오시다가 ᄇ롬도 더 들고
히여 바불 ᄒ 술도 몯 자시기롤 보름지 ᄒ고 하 긔오놀 셜워코 하 바려
ᄒ시니 민망히여 병장은 뎡커니와 아니 드릇면 파지글 히여도 내둗디
몯홀가 ᄒ거니와 됴라나 히여 보고져 ᄒ신다   <순천김씨간찰>

위의 문장들은 모두 "ㅡ다"형 종결어미가 쓰인 것이다. 글쓴이가 다른
많은 편지 자료들에서는 "ㅡ다" 형이 별로 쓰이지 않는 것들도 있다. 김
일근(1998)에 소개된 많은 언간 자료들에는 "ㅡ라" 형을 쓴 문장들이 많이
나온다.61) 그러나 위의 자료, 그리고 다음에 언급할 추사 편지 등 몇 글에
서 "ㅡ다"형이 등장하는 것이다. 이러한 사정을 보면, 편지글에서는 개인
이 말하고 싶은 대로 임의로 쓰는 개인적인 문체가 구사되었다고 생각해
볼 수 있다. 다른 텍스트 장르가 공통적인 종결어미를 쓰고 있는 것과 다
른 현상이다. 만일 편지글이 특별히 문장이라고 하는 인식이 있었다면,
중세 국어의 전통적인 문장 외현의 양식을 모방하지 않았을까 생각된다.
그러나 편지는 확실한 신분의 상대방에 대하여 말하듯 쓰는 글이다. 특별
히 작문을 한다는 인식이 안 들 수 있는 것이다.

편지글에서 "ㅡ다"와 "ㅡㄴ다"가 사용되기도 했다는 사실은 매우 중
요하다고 본다. 이는 중세국어부터 전통이 되어 내려와 이후 우리말 문장
의 언술 형식을 거의 고정시키는 국어사적 상황에서, 편지글에서는 "ㅡ
다" 형을 쓰고 있었다는 얘기이기 때문이다. 그런데 구어체와 가까운 편
지 텍스트의 성격을 놓고 볼 때 "ㅡ다"형 사용은 다른 대화체 문장에서
도 "ㅡ다" 형이 쓰인 것처럼 그리 놀라운 사실은 아닐 것이다. 그러나 한

---

61) 그 외 "습"으로 끝나는 어미 생략형 문장들도 나온다. 이 형태는 개화기 논설
문에도 초기에 잠깐 등장한다. 글을 쓰면서 어미 처리를 어떻게 하는 것이 좋
았을지 고심한 흔적을 엿볼 수 있으며, 글에서 문장을 간략히 처리하고자 할
때 쓰는 방법이었던 것으로 생각된다.

편으로, 우리 문장의 현대성 획득에 가장 중요한 외현적 양식이 바로 종
결어미 "−다" 형의 정착이었음을 생각할 때, 편지글에서라도 이렇게 사
용되던 양식이 이후 문장의 현대성 획득에 영향을 준 것은 아닐까 하는
추측도 하게 되는 것이다.

　흥미로운 것은 19세기 자료인 추사 김정희의 편지를 보면, 1842년 편
지까지는 종결어미로 "−습(/옵)−"을 썼는데, 1843년 편지부터는 "−다"
를 쓰고 있다는 점이다. 이는 편지 텍스트의 양식에 대한 글쓴이의 의식
의 변화를 읽을 수 있는 대목이라고 간주된다.

> (3) 전번 편지 부치온 것이 인편의 흔 가지로 갈 듯ᄒ오며 그 스이 시 본관(新本
> 官) 오는 편의 녕뉴(永柔)의 편지 보오니 이 스이 년ᄒ야 병환을 쩨지 못ᄒ
> 오시고 일야진퇴(日夜進退)ᄒ시나 보오니 발셔 여러 달을 미류(彌留)ᄒ오며
> 근력 범빅이 오쟉ᄒ와 겨오시개습 우록졍(鹿鹿錠)을 주시나 보오니 그 약
> 의나 쾌히 동뎡(動靜)이 겨시올지 원외(遠外)셔 심여초졀ᄒ옵기 형용 못ᄒ
> 개습 나는 젼편 모냥이오며 그져 소양(搔痒)으로 못견디개습 갑쇠을 아니
> 보닉올 길 업셔 이리 보닉오나 그 가는 모양 춤측ᄒ오니 갹듕의 쏘 일층 심
> 회을 뎡치 못ᄒ개습. 급히 써나보내기 다른 스연 길개 못ᄒ옵 <추사 편지
> 32신>

> (4) 곤젼(坤殿) 승하(昇遐)는 무슴 말슴들을 흐리 쳔니(千里) 희외의 더욱 망극
> (罔極)홀 쑨이로다 하츄(夏秋) 이후로 왕닉가 막히여 일졀(一切) 쇼식 들을
> 길이 업더니 하인(下人) 오는 디 편지들 보고 대되 어린것들ᄒ고 일양 지닉
> 는 일 다힝이며 쇼상(小祥)이 격월(隔月)ᄒ나 의례(依禮)이 지닉지 못ᄒ니
> 더욱 비결(悲缺)ᄒ다 강동(江東)은 그 스이 나려와 지닉는가. 범빅들이 셔
> 울 갓지 못홀 거시니 이리 동동(憧憧)ᄒ다 나도 비통(臂痛)과 담체(痰滯)로
> 먹지 못ᄒ기 종시(終始) 쾌(快)치 아니ᄒ니 민망ᄒ다 회편(回便)의 두어ᄌ

이리 그리니 청파딕(靑坡宅)의 각장(各狀) 못ᄒ니 흠고 보아라 <추사 편지
33신>

위의 자료 (3)에는 서술 종결어미로 "읍"이 사용되었는데, 이 앞의 모든
추사 편지에도 "읍"이 쓰였다. 그리고 자료 (4)에는 "–다"가 쓰였다. 이
후의 자료가 몇 안 되지만, 모두 "–다"가 쓰였다. 추사 문체의 변천을
볼 수 있는데, 편지 양식으로 "–다"를 택하게 되는 계기에 대해서는 그
전에 쓰던 양식보다 더 나은 형이라는 인식이 들었기 때문이 아닐까 하는
추측을 해 본다.

위의 내용들을 정리하면, 다른 텍스트들에 비해 편지글은 일상 구어적
인 성격을 띠고 있으므로, 당시 국어 문어체의 성격을 닮지 않고, 일상어
적인 성향을 강하게 보인다는 점이다. 그런데, 이러한 일상어의 모습들이
후에 우리 문장의 현대화에 얼마만큼의 영향을 준 것인가 하는 점은 밝히
기 어려운 문제라고 본다. 하지만 글로 쓰인 이러한 언문일치적인 문장이
있었던 사실이 일말이라도 문장의 현대화 동기를 제공할 수 있지는 않았
을까 하는 추정도 가능할 것이다.


## ▌ 3. 초기 일기 텍스트의 문체 특징

일기 텍스트 역시 개인이 자기고백적인 문장을 쓰는 성격을 지닌다는
점에서 편지글과 별반 차이가 없을 듯한데, 실제로 편지글보다는 문어체
적인 성향이 강하다. 편지글은 그 편지를 볼 청자가 상정되어, 대화 상황
을 만들지만, 일기는 그렇지 않기 때문이다. 글쓴이 내면의 문어체 의식
으로 쓸 수 있는 것이 일기이다. 그러나 소설, 기사문, 논설문에 비하면
상대적으로 구어체적인 성향을 갖는데 이는 글을 집필한다는 의식이 덜

할 수 있기 때문이다. 일기의 초기 문체 형성을 살펴보면, 이러한 텍스트적 성격을 잘 반영하고 있다고 생각된다.

국어의 초기 일기 텍스트로는 <산성일기>(16세기)와 <의유당관북유람일기>(18세기)를 들고자 한다.[62] 이 일기문에는 종결형식으로 여러 형이 다 나오는데, "–다" 형도 함께 나온다는 점이 주목된다.

> (5) ㄱ. 압녹강을 어름을 건너 이 밤에 의쥬를 엄습ㅎ니 부윤탄이 다 죽고 안쥐
>     를 함몰ㅎ니 병ㅎ 묵ᄉ들이 다 <u>죽다</u> 상이 강화로 피란ㅎ시고 셰ᄌᄂ 젼
>     쥬의 <u>분표ㅎ시다</u>
>   ㄴ. 홍립이 비로소 뉘웃고 노젹도 구타여 아국을 틸 의시 업고 아국도 쏘
>     ᄉ신을 보너여 화친을 쳥ㅎ니 젹이 <u>허락ㅎ다</u>
>   ㄷ. 삼긍늆경라ᄉ태우들 여라문이 장찻 도젹으로 더브러 결혼ㅎ라 뎡ㅎ고
>     긔별ㅎ엿더니 한이 <u>니로더</u> 먼니 오기 유폐ㅎ니 말나 <u>ㅎ다</u>  <산성일기>

위 자료에는 종결형 어미로 주로 "–라"(이라, 이니라, 지라, 더라 등) 형이 많이 쓰이고 있으며, 간혹 "–다" 형도 위 예문과 같이 나타난다. 거의가 무시제 형태이다.

<의유당관북유람일기>도 사정은 마찬가지인데, 이 문장의 종결형 어미의 통계를 내어 보았다. 역시 "–라" 형이 우세하지만, "–다"형도 쓰이고 있음을 볼 수 있다.

---

62) 16세기 자료인 <계축일기>도 일기체로 분류되고 있으나, 이 자료는 서사구조를 갖춘 소설 형식을 띠고 있어서 순수한 일기로 보기는 어렵다.

<표 12> 의유당관북유람일기의 종결형태

| 형태 | -라 형 | | | | | | | -다 형 | -오 형 |
|---|---|---|---|---|---|---|---|---|---|
| | -더라 | -러라 | -너라 | -이러라 | -디라 | -라 | -노라 | -다 | -리오 |
| 횟수 | 51회 | 6회 | 2회 | 2회 | 3회 | 2회 | 1회 | 5회 | 6회 |

(6) ㄱ. 구간대청이 활낭ᄒ고 단청 분벽이 황홀ᄒ디 압ᄒ로 내미러보니 안계 휜
　　출ᄒ여 탄탄흔 벌이니 먼니 ᄇ라보이ᄂᆞ디 치마ᄒᄂᆞ 터히기 기싱들을 식
　　인다ᄒᄂ디 머러 못 <u>식이다</u>

　ㄴ. 군악은 귀롤 이아이고 초롱빗츤 됴요ᄒ니 ᄆᆞᆷ의 규듕쇼녀ᄌᆞ들 아조
　　넛치고 허리의 다ᄉᆞᆫ인이 둘니고 몸이 문무를 겸견흔 쟝샹으로 훈업이
　　고대ᄒᆞ야 어디 군공을 일우고 승전곡을 주ᄒ며 태평궁궐을 향ᄒᄂᆞᆺ듯
　　몸이 뉵마거듕의 안자 대로의 둘니ᄂᆞᆺ듯 용약환회ᄒᆞ야 오다가 관문의
　　니ᄅ러 아너 마루 아래 가마롤 노코 장한 쵸롱이 군셩이 양긔롤 써러디
　　ᄂᆞᆺ듯 업ᄉ니 심신이 황홀ᄒᆞ여 몸이 절로 대청의 올나 머리롤 믄져보니
　　구롬머리 쒸온 것이 고아잇고 허리롤 믄디니 치마롤 둘러시니 황연이
　　이 몸이 녀ᄌᆞ들 쎠ᄃᆞ라 방듕의 드러오니 침션방젹 ᄒ던 것이 좌우의 노
　　혀시니 박댱ᄒᆞ야 <u>웃다</u>

　ㄷ. 이날 밤이 다하도록 놀고 <u>오다</u>

　ㄹ. 원님은 몬저 내혀 서원으로 가시고 종의 형뎨만 다리고 왓기 ᄆᆞᆷ노하
　　노더니 촌녀 겨문녀ᄌ 둘과 늙은 노패 와서 굿보려 ᄒ다가 종이라셔 네
　　어디 잇는 녀인인다 ᄒ니 샹풍향족부녀란가 ᄒᆞ야 대로ᄒᆞ여 ᄃᆞ르니 일
　　쟝을 <u>웃다</u>

　ㅁ. 장관을 쏜더이 ᄒ고 오려홀시 촌녀들이 작별운집ᄒᆞ여 와서보며 손을
　　비븨여 ᄆ엇 달라 ᄒ니 돈냥인디 주어 ᄂ화먹으라 <u>ᄒ다</u> <의유당관북
　　유람일기>

위 문장은 모두 "—다"형으로 끝나는데, 무시제이다.

정리하면, 일기 텍스트는 편시클처럼 구어체적인 성향이 깅하지는 못하지만, 다른 문어체적인 텍스트에 비해 구어적인 성향을 띠는 텍스트인데, 종결형으로 "—다" 형도 등장하고 있는 점이 주목된다. 이것은 곧 언해문의 전통이었던 문어체 언술형태 "—라"형을 그대로 이어받은 것이 아니며, 그렇게 할 수 있었던 것은 글 쓰는 이가 인식한 상호텍스트성에 기인하는 것이라고 생각할 수 있을 것이다.


## ▌ 4. 초기 소설 텍스트의 문체 특징

한국의 초기 소설은 고대소설과 신소설을 들 수 있다. 이 두 텍스트 들은 공통적인 종결형식 특징이 있다. 그러나 두 텍스트 간의 차이점이 바로 소설 문체의 발전 양상인데, 이에 대해 고찰한 것으로 김상태·박덕은(1994)가 있다. 여기서는 고대소설에서 신소설로 바뀌어간 가장 중요한 문체의 변천은 율문적(律文的) 문장에서 비율문적인 방향으로 진행되어 갔다는 사실을 지적한다.[63] 또한 소설 문체의 표면상의 특징에 대해서도 많은 것을 지적하고 있는데, 이 중 특히 낭독조에서 변사조로 옮겨가며 문장의 리듬이 달라진 점과 고대소설에 비해 신소설에 와서 보다 더 분절적인 문장이 되었음을 들고 있다. 그리고 이러한 외현적인 변화에 대하여 그 변화의 원리로 인간의 분석적인 사고의 발달을 들고 있다. 분석 정신이 현대 생활을 지배하게 되는 원리일 뿐만 아니라 소설 문체도 지배하는 원리라고 했다. 그리고 이러한 분석정신에 의하여 위의 표면상의 변화가

---

[63] 김상태·박덕은(1994)에서, 그 율감(律感)의 요인이 대칭적(對稱的) 성격에 있음을 지적하였다. 곧 작은 단위에서부터 큰 단위에 이르기까지 대칭이 되어 있는 데서 율감을 느끼는 것이라고 하였다.

생겼다고 하였다. 곧 지문과 대화의 구별, 문장의 연결과 종결의 구분, 시제에 대한 어렴풋한 자각, 해부적 구성 방식, 분석적 전개 방식, 문장의 분절, 낭독조에서 변사조, 그리고 묵독으로 옮겨가는 산문 리듬의 변화 등 많은 변화가 생겼다는 것이다.

고대소설과 신소설의 발전적 양상은 대체로 위와 같다 할 것이다. 그리고 이에 덧붙여, 이 논문에서 논의할 것은, 문체 형성의 외현적인 요인 중, 종결형식에 대한 것이다.[64] 언해문체의 전통 위에서, 편지, 일기 등의 다른 장르의 실험도 행해지며 우리말 문장 쓰기의 토대가 더 탄탄해져 갔을 것이다. 그리고 허구적 창작 장르인 소설이 탄생한다.

고대소설에는 언해문체의 영향으로 언술의 종결형식이 되었던 "─ 라" (러라, ㄴ라, 네라, 니라, 더라, 더니라, 이라 등) 형을 역시 사용하여 그 문장을 읊는 화자가 있어서 그 문장을 청자에게 제시하는 듯한 문체적 효과를 갖는다.[65] 김상태·박덕은(1994)에서 고대소설은 낭독조이며, 신소설은 변사조라고 하는 차별성을 지적한 바 있는데, 이 두 경우 모두 화자의 존재가 있다는 점에서 공통이 된다. 그러면 낭독조와 변사조, 또는 구연조의 차이는 무엇인가? 낭독조는 평면적인 이어짐이고 변사조나 구연조는 극적인 요소가 반영되어 굴곡을 주는 구조를 말하는 것이다. 이 요인이 된 것 중 하나는 지문과 대사의 확연한 구분일 것이다. 또 한 가지 지적할 수 있는 구연조의 장치는 신소설에서 구사되는 종결어미와 연결어미의 구조적인 기능에 대한 것이다.

신소설에 오면, 종결과 연결 형식에서 고대소설에 비해 발전적인 양상을 보인다. 고대소설에는 사용되지 않던 "─ ㄴ다" 형이 쓰이며, 각 종결과 연결 양식이 소설 구성과 유기적인 관련성을 갖는 기능을 보이고 있어

---

64) 이 논의는 김미형(1995. 1996)에서 다루어진 바 있는데, 이를 보완, 재정리하면서 이 논문에 삽입시키기로 한다.

65) 고대소설과 신소설의 대화 부분에는 "─ 다" 형 종결이 많이 사용되었다(이 예는 따로 들지 않겠다).

서 흥미를 끈다. 이러한 점은 고대소설에서는 볼 수 없었던 것으로, 텍스트를 창조하는 작가 의식의 발전으로 볼 수 있을 것이다. 신소설의 주요한 종결어미와 연결어미는 다음 네 가지가 있다. 종결어미 "－더라, －이라, －는다"와 연결어미 "－는디"로, 이들은 각각 서로 다른 문체 인상효과를 지니면서 소설의 내용과 관련되어 구조적으로 사용되고 있다. 지문에서 "－더라"가 쓰인 부분은 그 뒷 부분에서 장면의 전환이 일어나던가, 독립적인 또 다른 하나의 장면이 서술된다. 반면에 지문에서 "－이라"가 쓰인 부분은 그 뒷 부분이 앞의 내용과 계속 연관이 되는 장면이다. 지시된 사람의 대사가 있다든지, 같은 장소의 장면 묘사가 이루어진다든지 하면서 모두 앞 뒤 문장의 연관 관계가 긴밀하다. 그리고 지문에서 "는다"가 쓰이면 생동적인 변화가 일어난다. 주로 인물의 행동 부분에서 그 행동을 현재 진행형으로 서술하는 것이므로 생동적인 효과가 생겨난다. "－더라"와 "－이라"로 서술되는 장면이 감상적으로 호흡과 장단을 넣어가며 구연되듯 펼쳐지다가, "－는다"가 쓰인 문장에 이르면 속도가 빨라지고 읊조리듯 느리게 진행되던 장면이 갑자기 생동적으로 변화된다. 여기에 덧붙여 지문에 쓰인 연결어미 "－는디"는 변사(辯士)가 문장을 길게 이어가다가 이제 곧 중요한 이야기를 할 시점이라고 하는 것을 미리 드러내는 역할을 한다. 소설의 흐름에서 "－는디"가 나오면 뜸이 들여진다. 만일 변사가 구연을 한다면, 길게 시간을 끌 것이다. 예문을 보면서 이러한 관계를 살펴보기로 한다(이해의 편의상 예문에 마침표를 찍음).

(7) 대감 사위다려 무정ᄒ다고 홀 슈가 업지오 밧샤돈끠셔 급히 나오라고 던보까지 ᄒ셧ᄂ디 무슨 여가에 쳐가 집에를 단겨 갈 틈이 잇겟소 ᄒ며 리판셔 집에서는 그 사위가 올나오기만 <u>기다리더라</u> 홍명식은 당쵸에 그 부친을 속이고 도망ᄒ야 동경조도젼 학교에서 슈업을 <u>ᄒᄂ디</u> 홍참의는 그 아들을 션조를 욕먹이고 가문을 츄락ᄒ고 집안을 망ᄒᄂ 부랑픽자로 인명을 ᄒ야 치

지도외ᄒ고 사싱존몰을 불관히 넉이더니 지즁흔 것을 <u>텬륜지정</u>이라 그령
져렁 여러 해가 되야오니 졈졈 셕이 삭아지든지 안부 편지도 혹간 븟치며
학비금도 각금 보니여 쥬더니 가변이 츙쳡ᄒ야 남슌이까지 실히흔 후로원
쥬일경을 쩌드러가며 (중략) 집안은 말은 개다리 틀니듯 졈졈 뫼여 가는지
라 밀창갑을 쳡쳡히 닷고 두문불츌을 <u>ᄒᄂᆞᆫᄃᆡ</u> 그러도 쟝셩흔 자식이 잇셔야
ᄒ겟다십든지 젼후화변을 뎐보로 쇼상히 긔별을 ᄒ고 급히 나오라고 한 <u>것
이라</u> 홍뎡식은 학과를 졸업ᄒ고 도라올 힝리를 차리든 차에 그런 긔별을
드르니 (중략) 쳐가집을 무슨 낫살로 가리십어 편지 한 쟝만 븟치고 바로
원쥬로 <u>ᄂᆞ려갓더라</u> <치악산>

위 예문에서 지문의 "-이라" 다음에는 그 관련 내용이 계속되고 있다.
마치 "-이라"가 연결어미 "-이라서"와 같은 것처럼 보일 때도 있다. 지
문에 쓰인 "<u>-ᄂᆞᆫᄃᆡ</u>"는 소설의 흐름에서 한 박자를 쉬게 하며 그 다음의
내용을 기다리게 하는 효과가 있다(대화문에서는 그런 효과가 없다). "-더
라"는 그 다음에 장면이나 대상이나 시간이 바뀌는 등 장면 전환이 이루
어진다. 이러한 유기적인 기능을 보이게 되는 것은 창작 텍스트 중 특히
소설이 갖는 허구적 서사 텍스트의 특징과 관련된 인식이 개입된 것이라
고 판단된다.

몇 예문을 더 살펴보기로 한다.

(8) … 그 녀ᄌᆞ는 젼라남도 쟝셩군 쵀호방이 나이 ᄉᆞ십이 되도록 ᄌᆞ녀간 한낫
혈육이 업셔 미양셜워ᄒ더니 그 고을 퇴기 츈홍을 작쳡ᄒ야 텬힝으로 ᄯᆞᆯ형
졔를 나엇스니 큰ᄯᆞᆯ의 일홈은 션초요 젹은 ᄯᆞᆯ의 일홈은 <u>모란</u>이라 모란이는
유치에 어린 ᄋᆞ회라 족히 의론홀 바ㅣ 업거니와 션초는 십세가 넘어 졈졈
쟝셩ᄒ야 오니 ᄭᅩᆺᄀᆞᆺ흔 얼골과 달ᄀᆞᆺ흔 틱도가 한곳도 범연흔 디가 업ᄂᆞᆫ 일식
<u>이러라</u> <화의 혈>

(8)에서 "모란이라" 다음에는 역시 관련된 이야기가 진행된다. 그리고 마지막의 "일식이러라" 다음에는 다른 얘기가 계속된다.

> (9) 쾌호방이 션초의 인물을 속졀업시 버리기가 앗가워셔 그곳 풍속디로 십삼 셰에 기안에다 <u>너엇는디</u> 션초는 짝이 업시 총명령리흔 녀ᄌ라 한번 듯고 한번 본 것을 능통치 못ᄒ는 것이 업셔 글글시 가무 음률이 교방분디중 데 일읏듬이 되니 그 일홈이 원근에 젼파ᄒ야 언늬 남ᄌ가 션초 한번 보기롤 원ᄒ지 안는자ㅣ 업고 한번 보기 곳 ᄒ면 꼿다온 인연을 싱각지 안는자ㅣ <u>업더라</u> <화의혈>

(9)에서 "너엇는디"는 다음의 중요한 이야기를 끌어낼 전제적인 부분에 해당된다. 이 소설에는 이 다음 부분을 단락을 바꾸어 쓰고 있다. 그러므로 구연을 하는 변사가 있다면, "너엇는디" 부분은 마치 다음을 기다리는 중요한 무엇이 있는 것처럼 뜸을 들이면서 길게 호흡을 끌만한 곳이 되는 것이다. 그리고 마지막의 "업더라" 부분은 일련의 얘기가 종말되는 부분으로 다음 장면에서는 전환이 일어난다.

> (10) ㄱ. … 무슨 ᄆᆞ음이 들던지 화계압호로 가로다러와셔 월계화 가지롤 셔슴 지 안이ᄒ고 꺽그랴다가 가시에 손을 찔리고 고만 그 자리에 가 펼셕 주져안지며 아야아야 흐들갑스럽게 엄살을 ᄒ며 대셩통곡을 <u>흔다</u> <구의산>
>
> ㄴ. 검홍이는 옷 입은 치로 쓰러져서 잠이 드럿다가 본릭 영리흔 계집이라 자던 목소리로 딕답ᄒ며 벌덕 <u>이러는다</u> <치악산>

(10)은 인물 행동의 묘사 부분인데, 이 때 "흔다"라고 하는 "─ㄴ다" 형이 쓰였다. 신소설의 지문 부분에 "─ㄴ다" 형이 쓰닌 것은 거의 모두

인물의 행동 묘사 부분이다. 현재 행동처럼 묘사함으로써 생동감을 주는
효과를 얻는다. 후에 현대소설로 발전해 가는 양상 중, "-ㄴ다" 또는
"-었다" 형으로 종결어미가 일관되어 가는 것을 꼽는 것은 이 종결형이
서술 자체에 초점을 놓는 기능을 하기 때문인데, 신소설에서는 생동적인
행동의 묘사 부분에서는 이 현대형 종결형을 사용하고 있었다는 해석이
가능하다.66) 곧 신소설에서는 화자가 청자에게 제시하는 말이라는 내포
적인 뜻이 있는 "-라" 형을 주로 쓰다가, 생동적인 행동의 서술 부분에
오면 사건 자체에 초점을 놓은 "-다" 형을 쓴 것으로 볼 수 있다.


## ▌ 5. 초기 기사문 텍스트의 문체 특징

신문 언어는 기술 언어의 표본이 될 수 있다. 신문 문장은 개화기에 시
작되어 다른 장르에 비해 역사가 짧은데, 개화기 소설 문장의 영향을 입
으면서 그 나름의 신문 작성의 태도를 다듬어 가면서 이루어지는 과정을
보인다.67)

초기 기사문 자료로는 <독립신문>과 <제국신문>이 있다. 이 두 신
문이 1890년대의 신문 자료이며 우리나라 신문 문장의 초기 모습이다. 이
둘 간에 약간의 언어 형식적 차이는 보이지만, 대체로 공통적인 성격을
지니는 문체를 드러내고 있다. 차이로는, 일차적으로 문장 종결에서 찾을
수 있다. <독립신문>은 외국통신, 잡보, 견보 등의 난에서는 "-다더라"
또는 "-더라"로 끝맺으며, 관보, 광고의 서술은 주로 명사형으로 끝맺고
있다. 이에 비해 <제국신문>에서는 관보의 서술은 주로 "-ᄒ다"형으로

---

66) 소설의 현대성으로 가는 가장 중요한 외현적 특성이 지문의 종결형 "-다"의
   획득일 것이다. 이광수, 김동인 등의 소설을 통해 이러한 점들이 논의될 수 있
   는데 이미 앞선 연구들에서 이루어진 것이다.
67) 이 논의는 김미형(1998)에서 고찰한 것의 일부분을 보완하여 정리한 것이다.

끝맺고 있으며, 광고의 서술은 "ㅡㅎ시오"형으로 끝맺고 있다.<제국신문>에서 잡보, 면보 란은 <독립신문>의 형식과 흡사하다. 이러한 차이는 신문 집필자의 각 난의 기능에 따른 집필 방식에 대한 의식을 드러내는 것이다.

신문 문장이 쓰이면서 보도기사 문장에 채택한 주된 종결어미는 "ㅡ더라"였다. 앞에서 논의했듯이, "ㅡ더라"는 보고자가 있어 이 보고자가 직접 지각한 것(보거나 들은 것)을 청자에게 전달하되 그 내용을 확실히 보증하지는 못한다는 입장으로 거리감을 두고 얘기하는 내포적 의미를 지니며 또한 그 내용이 관심거리라는 태도가 반영되는 구어체적인 표현이다. 예를 들어 살펴보자.

> (11) ㄱ. 남대문안 일본 순슈청 압회 종을 놉히 달아눈디 이 종은 일본 사롬이
>       불이 나야 치눈디 오날 그 종 치는 거슨 다름 아니라 근일에 불 쓰는
>       긔계를 내완눈디 스스로이 시험 ㅎ느라고 그 종을 오날 아츰에 <u>죠련
>       ㅎ엿다더라</u> <독립신문 1896.11.17>
>
> ㄴ. 전 의정 대신 김병시씨는 근일에 병환이 미우 위즁ㅎ시미 그 집안 사
>       롬들이 황황히 <u>지닌다 ㅎ더라</u> <제국신문 1898.8.18>
>
> ㄷ. 전 참봉 리봉의씨가 니부 사찰관을 <u>피임ㅎ엿다더라</u> <제국신문
>       1898.8.18>
>
> ㄹ. 직작일에 진민소 잇눈 걸인 칠팔십명이 일졔히 남대문안 길노 큰 긔를
>       밧치고 지나가며 대황뎨 폐하의 하히 ㄳㅎ신 은덕을 찬양ㅎ야 만세를
>       <u>부르더라</u> <제국신문 1898.8.18>

위 문장들은 종결어미로 "ㅡ더라"를 씀으로써 사건을 쓴 이가 어디서 듣거나 본 것을 독자에게 보고하는 뜻을 내포한다. 이는 또한 구어체적인 표현이다. 현대 문장에서 "더라"는 주로 구어체에서 쓰인다. "ㅡ더라" 형

이 쓰인 신문 기사를 보면 "ᄒᆞ엿다고 ᄒᆞ더라, ᄒᆞ다더라, 모른다더라, 연다더라" 같은 들은 말 보고와 "죽었더라"와 같은 직접 목격의 보고, 두 가지로 크게 대별된다. 현대 신문에서는 그 기사가 들은 것인지 본 것인지에 대한 정보는 나타나지 않는다. 그러한 것은 기본적으로 취재에 의한 진실성을 바탕으로 하고서 언어 표현상으로는 드러내지 않는다.[68]

그런데 이 시기의 신문 문장에 "‒다"형도 쓰였다. 신문문장에 전면적으로 "‒다" 형 종결어미가 쓰이면서 현대성을 획득하는 시기는 30년대로 넘어가는데, 면밀히 보면 그 싹은 1890년대에 트기 시작한 것으로 볼 수 있다.

> (12) ㄱ. 그적게 대군쥬펴하ᄋᆡ셔와 왕태ᄌᆞ 전하ᄋᆡ셔 경운궁에 거동ᄒᆞ셔서 왕태
> 후펴하셔  문안ᄒᆞ시고  아라사  공ᄉᆞ관으로  **환어ᄒᆞ시다**  <독립신문
> 1896,4,14>
>
> ㄴ. 외부 참서관 리규황은 학부 참셔관을 임ᄒᆞ다 <제국신문 1898,8,18>
>
> ㄷ. 김긔황 리죠현 리용한은 다 터 일빅에 류종신에 처ᄒᆞ고 리남희 김지은
> 박뎡양 민영쥰은 다 무죄홈으로 **방면ᄒᆞ다** <제국신문 1898,8,18>

<독립신문>보다 <제국신문>에 "‒다"형이 더 많이 쓰이는데 일률적인 것은 아니지만 주로 관보란에서 쓰인다. 이는 서류에 의한 확실한 사실에 대하여 "‒다" 형태를 쓴다는 점을 짐작하게 한다. 특히 위 (12.ㄷ)은 옥사판결서이다. 관보에서도 누구에게 들었거나 하는 일에 대하여서는 "‒더라" 형태를 쓴다. 또한 관보에 쓰인 "‒다"형은 시제 형태를 취하지 않고 있다. 이러한 형식은 표제어에 잘 맞지 기사에는 현실감을 주지 않는다. 이는 "‒다"형의 서술이 아직 제 형태를 찾지 못하는 초기

---

**68)** 현대 신문에서 크게 대별된다면 사실인가 추론인가 하는 점이 구분될 수 있을 것이다.

방식으로 보아야 할 것이다.

다음 1900년대의 신문으로는 <대한민보(大韓民報)>와 <만세보(萬歲報)>가 있었는데, 이들은 한자 혼용의 표기를 써서 시각적으로 <독립신문>과 <제국신문>에 비해 오히려 후퇴했다. 특히 만세보는 한문에 국문토를 단 정도의 구식문체를 벗어나지 못했다. 앞서 우리의 개화기 문장의 시작을 보면 현대적 문체로 변모하기 위해서 우선적으로 극복해야 할 언어적 요인은 바로 종결어미의 현대화라고 할 수 있다. "―더라" 종결형에서 "(시제)+다" 형 종결형으로 변모한다는 것의 의미는 보고체에서 기술체로 변모한다는 것과 맞물려 있다. 아울러 신문 기사문 작성 의식과 관련이 되어, 보고 들은 내용을 전한다는 방관적인 태도가 아니라, 인물과 사건의 내용 자체를 기술하는 데에만 중점을 두어 문장 내용의 사실성을 높이는 변모가 되는 것이다. 이러한 변모는 1920년대에 이행이 시작되어 1930년대 끝 무렵에 가서야 완성된다(14장에서 다시 다룬다).


## ▌6. 초기 논설문 텍스트의 문체 특징

국어 역사에서 논설문의 기원은 한문 문장으로 쓰여진 논변의 기록들(실록 등)이 있는데, 이 자료들을 보면 어떤 문제에 대해 찬반변론, 주장 등 논변을 내용으로 하고 있어서 성격상 논설문으로 간주할 수 있다.[69] 그러나 여기서는 우리말 문장의 논설문을 대상으로 하므로 이러한 자료는 논외로 한다. 17, 8세기의 <계녀서>, <어제훈서>, <어제백행원> 같은 자료도 논설 텍스트의 일종으로 볼 수 있을 것이다. 그런데 이 논문에

---

69) 엄훈(2002)에서 조선전기의 언관 논변 기록을 자료로 논증의 방법에 대해 논하였다. 조선 시대의 한문으로 작성된 상소문들도 논설문에 속한다고 할 수 있다. 그러나 우리말 문장이 아니므로 이 연구에서 제외된다.

서는 본격적으로 "논설" 또는 "사설"이라는 이름을 달고 쓰여진 개화기
신문의 사설 문장을 중심으로 초기 논설 텍스트를 살펴보기로 한다.

독립신문 첫 회의 논설과 그 이후를 대조해 보면, 논설의 문장 형
식에 대한 고심을 짐작해 볼 수 있다.

> (13) 「논설」
>
> 우리가 독닙신문을 오늘 처음으로 출판ᄒᆞᆫ디 조선속에 잇는 ᄂᆡ외국 인민
> 의게 우리 쥬의를 미리 말ᄉᆞᆷᄒᆞ여 아시게 ᄒᆞ노라
>
> 우리는 첫지 편벽되지 아니ᄒᆞ고로 무슴 당에도 상관이 업고 샹하귀쳔을
> 달니 디졉 아니ᄒᆞ고 모도 죠션 사름으로만 알고 죠션만 위ᄒᆞ며 공평이 인
> 민의게 말 홀 터인디 우리가 셔울 ᄇᆡᆨ셩만 위ᄒᆞᆯ게 아니라 죠션 젼국인민을
> 위ᄒᆞ여 무슴일이든지 디언ᄒᆞ여 주랴홈 졍부에셔 ᄒᆞ시는 일을 ᄇᆡᆨ셩의게
> 젼홀 터이요 ᄇᆡᆨ셩의 졍셰를 졍부에 젼홀 터이니 만일 ᄇᆡᆨ셩이 졍부일을 자
> 셰이 알고 졍부에셔 ᄇᆡᆨ셩에 일을 자셰이 아시면 피츠에 유익ᄒᆞᆫ 일 만이
> 잇슬 터이요 불평ᄒᆞᆫ ᄆᆞ음과 의심ᄒᆞ는 싱각이 업서질 터이옴 (하략) <독립
> 신문 (1896,4,7)>

(13)은 독립신문의 첫 회 논설란의 문장이다. 종결어미가 "-노라, -
옴, -옴"으로 끝난다. 그 중에서도 "-옴"이라고 하는 명사형 처리가 많
다. 그러나 다음 회 신문부터는 명사형 종결은 쓰이지 않는다. 논설문장
의 형식을 시험한 과정이라고 생각할 수 있다. 논설문장의 형식을 이룰
여러 요소 중 특히 종결어미를 어떻게 하는가에 대한 점이 가장 신경 쓰
였을 듯하다. 종결어미는 외현적으로 금방 드러나는 요소이기 때문이다.

다음 회부터 문장 종결어미로서 명사형 "-옴"은 사용하지 않고 있다.

(14) 「논셜」

우리가 오날 신문에 죠칙을 긔록ᄒ엿스니 인민이 이걸 보고 안심ᄒ여 각

각 뎌회 직무를 이 담브터 ᄒ기를 밋노라

님군이 이러케 간절이 말솜ᄒ시ᄂᄃᆡ 그 님군에 신민되여 죠칙을 듯지 아

니ᄒ고 죵시 난을 짓든지 무법ᄒᆫ 일을 경향 간에셔 힝ᄒᄀᆞ더면 그 사름은

필경 죄를 닙고 목심을 일어ᄇᆞ릴 터이니 님군과 동국 신민과 부모 쳐ᄌᆞ와

뎌회 몸을 ᄉᆞ랑ᄒᄂᆞᆫ 쟈ᄂᆞ 이ᄯᆡ를 타셔 속히 집에 도라가 농ᄉᆞ를 ᄒᆞ든지

ᄒᆞ든 직업 여구이 ᄒᄂᆞᆫ거시 신ᄌᆞ의 도리요 ᄌᆞ식의 <u>횡실이라</u> <독립신문

(1896,4,9)>

위 (14)처럼 논설문의 종결 형식으로 "ㅡ노라"와 "ㅡ이라"가 쓰였다. 참

고로 독립신문 일회분 논설의 종결어미 부분만을 떼어내어 제시해 본다.

(15) <독립신문 (1896,4,14)> 「논셜」 문장의 종결어미

① … 이 학문을 비호지 안ᄒ여서는 못쓸지라 ② ᄆᆞ음이 글러서 잘못ᄒᄂᆞᆫ

이도 잇ᄂᆞᆫ지라 ③ ᄌᆞ긔 몸에 앙화가 밋칠거시라 ④ 엇지 알 사름이 잇스

리요 ⑤ 졍직ᄒᆫ 사름이나 골나 쓰기를 ᄇᆞ라노라 ⑥ 그런 즁ᄒᆫ 일을 누가

담당ᄒ기를 그리 죠하ᄒ리요 ⑦ 이런 일 ᄒ기를 죠하 아니홀 듯ᄒ더라 ⑧

ᄶᅡ질 도리도 업실 터이라 ⑨ 그 사름이 그 빅셩들을 위홀 셩각이 더 잇스

리라 ⑩ 아리로ᄂᆞ 빅셩을 셤기는 거시라 ⑪ 원망과 불평ᄒᆫ 쇼리가 엇지

잇스리요 ⑫ 불과 일이년 동안이면 가히 알이라

이런 식으로 독립신문에서의 종결어미 형식으로는 "ㅡ라" 형 (ㅡ지라

/ ㅡ이라 / ㅡ더라 / 리라)과 "ㅡ오" 형 (ㅡ리요)이 사용되었다. "ㅡ리요"

는 의문문에 사용된 것이다. 이에 비해 제국신문 논설에서는 긍정문에

"오" 형태도 사용하였다.

(16) 「론셜」[70]

① … 셰샹이 다 아는 바오 쏘 … ② 분ᄒ고 원통ᄒᆞᆯ ᄯᆞ름이오 ③ 빅셩에
도적이라 ④ 텬디간에 일뎡ᄒᆞᆫ 운슈가 잇는 것 아니라 ⑤ ᄎᆞᄎᆞ 나라이 흥
왕ᄒᆞ는 운슈가 되ᄂᆞᆫ지라 그런고로 ⑥ 운슈란 것슨 그와 다름이 업ᄂᆞᆫ 거시
오 쏘 ⑦ ᄌᆞ손에 도리리오 ⑧ 대단히 틀린 줄노 아노라 ⑨ 엇지 나라 망ᄒᆞ
ᄂᆞᆫ 간신의 일홈을 면ᄒᆞ리오 그런고로 ⑩ 소이라 ᄒᆞᄂᆞᆫ 거시라 ⑪ 신하된
도리에 올타 ᄒᆞ리오 흠을며 ⑫ 그럿케 올흔 목덕 가진 사름을 뉘가 ᄒᆡᄒᆞ
리오 그러ᄒᆞ나 ⑬ 나라이 공고ᄒᆞᆯ 긔회를 당ᄒᆞ야 슌리로 되ᄂᆞᆫ 거슨 리치가
아니라 ⑭ 대한국이 세계에 일등 부강국이 되여 억만년 무강ᄒᆞ기를 힘들
쓰시오 <뎨국신문 (1898,11,16)>

위 (17)과 (18)을 비교해 보면, 독립신문에서는 공식문장으로서 예삿말
을 택했고, 제국신문에서는 경어체를 섞는 방식을 취하였음을 알 수 있
다. 이후 논설문의 종결어미의 두 양식으로 예삿말체와 경어체가 모두 쓰
이다가, 현대로 오면서 논설문체로는 예삿말체가 적합하다는 인식을 하
게 된다. 곧 초기 논설문에서는 청자 중립적인 예삿말 어조로 확립되지
않은 특징이 있다고 할 수 있을 것이다.

개화기 논설문의 자료를 살펴보면, 종결어미로 "－더라"보다는 "－이
라", "－니라", "－지라", "－노라", "－도다"가 주로 쓰이고 있음을 알
수 있다. 동시대 텍스트인 신소설과 신문기사문에 주로 많이 쓰였던 "－
더라"가 많이 쓰이지 않는 것은 역시 텍스트의 성격에 대한 인식이 개입
한 것으로 해석할 수 있다. 논설문의 성격이 글쓴이의 단정적인 확신을
내보이는 문장이므로 거리감을 두고 보고하는 뜻을 지니는 "더라" 형식
이 잘 안 맞았을 것이다. 개화기 시대의 논설문 자료에서 "－더라" 형식

---

70) <제국신문>에서는 처음 3일 간은 논설란의 제목을 "고빅"이라 하다가 4일째
부터 "론셜"이라 했다.

이 아주 안 쓰인 것은 물론 아니다. 그 문장의 내용이 누구에게 들어서 안 사실이 되는 경우에는 "-더라"를 썼다.

지정을 하여 청자에게 제시하는 뜻이 있는 "-이라", 단정적인 것을 청자에게 제시하는 "-니라", 기정적인 사실임을 청자에게 제시하는 "-지라", 주관적인 의지를 선포하는 뜻이 있는 "-노라", 사태에 대한 화자의 감동의 뜻을 나타내는 "-도다" 등이 쓰임으로써 초기 논설 텍스트는 논설이라는 장르 인식이 있었으면서 한편으로는 청자 대상 어조인 설교조, 훈계조의 전근대적인 의식도 있었던 것으로 정리해 볼 수 있다.

이상에서 초기 논설문 텍스트의 문체를 살폈다. 소설과 신문기사문과는 다른 논설 장르에 대한 텍스트성 인식을 읽을 수 있었다.


## ▎7. 우리말 텍스트 시작의 의의

이 장에서는 우리말 텍스트의 시작은 어떻게 이루어졌으며, 이후 각종 장르의 초기 텍스트들, 예를 들어 편지, 일기, 소설, 기사문, 논설문 등의 문체 특징은 어떤 것이었는가를 고찰하였다. 그 과정에서 장르별로 다른 텍스트성 인식이 개입하면서 조금씩 다른 종결형을 선택한 사실을 확인할 수 있었다. 연구된 내용을 장별로 간략히 정리해 본다 : (1) 우리말 문장의 시작은 한문을 번역한 문장으로 시작하였으므로, 한문 문장 구조의 특성에 많은 영향을 받았다. 한문의 원 문장을 해석한다는 의식에서, 상위술어적인 위치에서 그 원문을 드러내는 뜻이 있는 "-라" 형 종결어미를 주로 사용하면서, 우리말 문어체 문장의 일반적인 종결어미는 "-라" 형이 되었다.

(2) 이러한 종결형의 양상이 이후 창작 텍스트의 탄생에서 어떤 영향을 미쳤으며, 각 장르의 초기 문체는 어떠했는지를 살폈다. 먼저 편지 텍스

트는 특정한 상대방을 대상으로 말하듯 쓰는 장르이므로, 구어체적인 성향이 많이 나타났다. 개인별 문체 특징이 있었지만, "-다" 형 종결어미도 많이 썼다. 서술에 "-다"형 종결어미가 사용되게 되는 것은 1920년대 이후로 오는데, 편지글은 이른 시기에 "-다"형이 사용되었다.

(3) 일기 텍스트는 편지에 비해 문어체적이며, 다른 장르 (소설, 기사문, 논설문)에 비해서는 구어체적인 중간 성격을 지닌다. 종결어미로 "-더라"가 주로 쓰였지만, 시제중립의 "-다" 형도 간혹 쓰였다.

(4) 소설은 다른 장르와는 다르게 허구적 서사구조를 갖는 특별한 장르이다. 신소설 작가들은 이 점을 의식하였다고 생각된다. 종결어미 "-더라", "-이라", "-논다"와 연결어미 "논디"가 각각의 문체 효과를 가지면서 소설 구조와 관련된 유기적 기능을 갖는 것을 보았다. 지문으로, "-더라"가 쓰인 부분은 그 뒷부분에서 장면의 전환이 일어나든가, 독립적인 또 다른 하나의 장면이 서술된다. 반면에 지문으로, "-이라"가 쓰인 부분은 그 뒷부분이 앞의 내용과 계속 연관이 되는 장면으로 이어진다. 그러다가 지문으로, "논다"가 쓰이면 생동적인 변화가 일어난다. "-더라"와 "-이라"로 서술되는 장면이 감상적으로 호흡과 장단을 넣어가며 구연되듯 펼쳐지다가, "-논다"가 쓰인 문장에 이르면 속도가 빨라지고 읊조리듯 느리게 진행되던 장면이 갑자기 생동적으로 변화되게 한다. 여기에 덧붙여 지문에 쓰인 연결어미 "-논디"는 변사가 문장을 길게 이어가다가 이제 곧 중요한 이야기를 할 시점이라고 하는 것을 미리 드러내는 역할을 한다. 이러한 신소설의 문체 장치들이 고대소설은 그냥 낭독조의 어감을 주고, 신소설은 구연조의 어감을 주는 원인을 제공한다.

(5) 기사문 텍스트에서는 기사 작성자가 보거나 들은 것이라는 점을 그대로 옮기는 형태의 "-더라"가 일반적인 종결어미로 쓰였다. "-더라"는 기사작성자가 그 사실에 대해 보장한다는 확신감을 주지 못하는 형태이다. 현대의 기사문이 작성자의 존재를 숨기고 서술 대상에 중점을 두어

기정 사실화하는 방식으로 작성되는 것과는 매우 다른 것이다. 그런데 기사의 성격에 따라, 다른 종결형도 쓰였다. 문서를 기반으로 한 기정 사실인 경우에는 "−다"형을 써서, 종결어미의 문체적 효과를 매우 잘 인식하고 있었던 것으로 생각된다.

(6) 논설문 텍스트에서는 소설과 기사문의 종결형과는 다른 어미를 선택하고 있었다. 물론 논설 내용 중 누구에게 들은 내용인 경우 "−더라"를 쓰기도 했으나, 그렇지 않은 경우에는 거의 안 쓰였다. 논설문의 성격이 글쓴이의 단정적인 확신을 내보이는 문장이므로 거리감을 두고 보고하는 뜻을 지니는 "더라" 형식이 잘 안 맞는다는 인식을 했을 것으로 생각된다. 이 형태보다는 "−이라", "−니라", "−지라", "−노라", "−도다"가 주로 쓰였다. 지정을 하여 청자에게 제시하는 뜻이 있는 "−이라", 단정적인 것을 청자에게 제시하는 "−니라", 기정적인 사실임을 청자에게 제시하는 "−지라", 주관적인 의지를 선포하는 뜻이 있는 "−노라", 사태에 대한 화자의 감동의 뜻을 나타내는 "−도다" 등이 쓰임으로써 초기 논설 텍스트는 논설이라는 장르 인식이 있었던 것으로 보인다.

이상과 같이 국어 초기 장르별 텍스트 문체의 양상을 종결어미를 중심으로 살펴보았다. 국어문장 초기에 실험된 언해문 문체의 언문불일치한 전근대성이 하나의 문장 전통이 되어 이후 개화기 시기까지 이어져 내려오지만, 한편으로는 각 장르의 특성에 대한 인식이 있어서 문장의 종결어미가 특정하게 선택된 점이 흥미롭다고 할 수 있다. 한문 문장 특성과 우리 말 문장의 교섭 관계, 또한 각 창작 장르의 상호텍스트성에 대한 인식 등 여러 요소가 복합적으로 작용하여 우리 국어 텍스트의 장르별 문체를 탄생시키고 있음을 알 수 있다.

## 생각샘

01. 옛날 편지 자료를 더 찾아보고 당시의 생활상에 대해 생각해
보시오.

02. 개화기 신문 자료를 더 찾아보고 당시의 생활상에 대해 생각해
보시오.

※ 이 책의 뒤에 [부록]으로 생각샘 풀이를 실었습니다. 반드시 문제를 먼저
푸시고 풀이를 참고하시면서 국어사에 대한 지식을 다져 보시기 바랍니다.

## History of Korean for Foreigners (외국인을 위한 국어사)

※ 우리 학생들이 외국인에게 한국어의 역사에 대해 단편적으로나마 설명해 줄
수 있으면 좋겠다는 취지에서 이 영문을 실었습니다. 우리의 언어를 소중히
여기고 자랑스럽게 외국인에게 소개해 보고 싶은 의욕을 가져 보시기 바랍니
다. 영문의 한국어 해설은 이 책의 뒤에 [부록]으로 실었습니다.

## Chapter 11. Formation of Korean Style of Writing in Each Genre

Genre denotes a typical pattern of writing that matches various situations and purposes. For example, a letter is for telling one's story to the other and a novel is for telling fictional story and a newspaper is delivering the truth of an event. Genre is assumed to occur at least from the time when the first sentence was written. By looking at early records of the Korean sentence, one can know that different concepts of text were included for different genres. Since the Korean sentence started from the translated sentence from Chinese, it was significantly influenced by the characteristics of the Chinese sentence structure. Out of sense of translating the Chinese sentence, from the frequent use of the ending form '-라(ra),' which has the meaning of showing its content from the position of higher predicate, a regular ending form in the Korean literary sentence became '-라' form. How did such trend in the ending form affect the birth of creative text later? How was early style of writing of each genre like?

First, colloquial characteristic frequently appeared in texts in a letter, since it is a genre of writing as if one were speaking to a certain person. Although there existed individual style of writing, the ending form '-다(ta)' was often used. '-다' form was used in a letter early compared to a narration in which such form was used after the 1920's.

Texts in a diary are more literary than those in a letter, but are more colloquial than other genres (novel, journal, editorial). '-더라(tə-ra)' was often used as the close ending, but neutral tense form '-다' was also sometimes used.

Contrast to other genres, novel is a special genre that has fictional narrating system. Authors of the new-style fiction were thought to have focused on such fact. It was shown that the close endings '-더라', '-이라(i-ra)', and '-다(ta)' and the connection ending '는다' possessed relational function related to the structure of a novel as each of them began to have style effect. In the part in the text where '-더라' was used, the change of scene occurred after the part, or another independent scene was depicted. On the contrary, in the part where '-이라' was used, the latter scenes were related to the former contents. '-다' brought a vivid change to the scene. While the scene narrated with '-더라' and '-이라' is being shown with emotional breath and rhythm, the slowly progressing scene suddenly becomes vivid with the increase of speed when it reaches the sentence with '-다.' In addition to this, the connection ending '- 는다 ' used in the text is used to show in advance that important part of the story is soon coming. Such devices of style of writing in the new-style fiction provide nuance of narrative style to it and that of narrative style to the ancient fiction.

In texts in a journal, '-더라,' a form for directly delivering what a journalist saw and heard, was used as the basic close ending. '-더라' is a form that does not assure the truth of an event delivered from a journalist. It is drastically different from texts in a modern journal, which hides the writer and is written under the assumption of the truth with the focus on the object of narration. However, different closing form was used depending on the characteristic of journal. Since '-다' was used in case where a journal was based on the documented fact, it is thought that the style effect of the close ending was well perceived.

Texts in an editorial chose the ending different from a novel and a journal. '-더라' was certainly used in those heard from someone among the contents of the editorial; in other cases, it was rarely used. It is thought that '-더라,' which possesses the meaning of reporting with distance, did not fit well into an editorial, which shows firm belief of the author. Instead of that form, '-이라,' '-니라(ni-ra),' '-지라(ci-ra),' '-노라(no-ra),' '-도다 (to-da)' were mostly used. The fact that '-이라' with the meaning of guiding a listener, '-니라' with that of showing affirmation to a listener, '-지라' with that of showing settled truth to a listener, '-노라' with that of declaring subjective will, and '-도다' with that of showing speaker's touched feeling about an event were used showed that the texts in early editorial possessed the notion of its genre.

Antiquity, which came from inconsistency between speaking and writing of the style of 'un-hae-moon' experimented in the early Korean era continued until the time of enlightenment as one of the traditions. On the other hand, it is interesting fact that each form of the close ending of sentence was chosen distinctly due to the notion of the characteristics of each genre. Various factors such as the inter-relationship between attributes of the Chinese sentence and the Korean sentence, and also the notion about mutual text of each creative genre complexly affected the birth of the Korean style of text in each genre.

제 12 장
# 국어 문장의 현대성은 어떻게 획득되는가?

"생각해 보라, 언어의 현대성이
인간의 현대성과 어떤 관련이 있을 것인지."

우리는 앞의 10, 11장에서 우리말을 적을 수 있는 문자가 창제된 후, 국어 문장이 어떤 식으로 형성되게 되었는지를 살폈다. 한글이 창제되기 전의 문장 전통이었던 한자 문장에 어미와 토씨만을 이두 문자로 첨가한 형식의 영향을 다분히 받아, 의고체 문장이 탄생되었고, 편지, 일기, 논설문, 신문 등의 텍스트 별로 특성적인 장르 인식을 가지고 문장이 사용되었음을 보았다. 이 장에서는 문장의 현대화가 어떻게 일어나는지 그 과정을 살펴보기로 한다. 여기서는 신문 문장을 중심으로 살피기로 한다.

## 1. 개화기의 신문 문장

우리의 신문 문장은 어떤 모습으로 시작되는가? 우리의 신문 문장은 중세 국어 언해문장과 흡사한 문장 이미지를 띤다. 이는 주로 종결어미

사용의 특징에서 그 연유를 찾을 수 있다. 그밖에 문장 길이와 접속의 문제, 문장구조적인 것 등에서 중세국어와 많이 흡사하며 따라서 현대국어와는 사뭇 다른 특성을 지닌다.

이 시기의 자료로는 <독립신문>과 <제국신문>이 있다. <독립신문>의 서지학적인 문제는 이기문(1989)에 서술된 것을 참고할 수 있다. <독립신문>은 표기에서 한글전용과 빈칸 띄어쓰기를 채택한 최초의 신문이었다. 그러나 표기의 문제가 문체의 문제와 직접적인 관련을 갖는 것은 아니다. <제국신문>의 서지학적인 문제는 최 준(1986)의 제국신문 해제를 참고할 수 있다. <제국신문> 역시 한글전용을 했다. 두 신문 모두 우리말 신문 역사의 벽두를 장식하며 선각자적인 사명을 띠고 어렵사리 발간된 소중한 자료이다. 이 두 신문이 1890년대의 신문 자료이며 우리나라 신문 문장의 초기 모습이다. 이 둘 간에 약간의 언어 형식적 차이는 보이지만, 대체로 공통적인 성격을 지니는 문체를 드러내고 있다.

일차적으로 문장 종결의 차이에서 찾을 수 있다. <독립신문>에서는 「외국통신, 잡보, 전보」 ' 등의 란에서는 'ㅡ다더라' 또는 'ㅡ더라'로 끝맺으며, 「관보, 광고」의 서술은 주로 명사형으로 끝맺고 있다. 또 「논셜」 란은 'ㅡ지라,' 'ㅡ노라'형으로 주로 끝맺는다. 이에 비해 <제국신문>에서는 「관보」의 서술은 주로 'ㅡㅎ다'형으로 끝맺고 있으며, 광고의 서술은 'ㅡㅎ시오'형으로 끝맺고 있다. <제국신문>에서 「잡보, 뎐보」 란은 <독립신문>의 언술과 흡사하며, 「고빅, 론셜」 란은 'ㅡ이라, ㅡ도다, ㅎ시오' 형을 쓰고 있어 독립신문에 비해서 청자 상대 언술에서 존칭을 쓴 점이 다소 다르다. 이러한 차이는 신문 집필자의 각 란의 기능에 따른 집필 방식에 대한 의식을 드러내는 것이다. 그러나 이 다양한 서술 형태가 합쳐져서 이 시대의 신문 문체를 구성하고 있음 또한 사실이다. 그러면 구체적으로 이런 사실들을 살펴보기로 한다.

## 1.1. 문장의 길이와 접속

국어 문장의 역사적 시작 시기에 많은 영향을 끼쳤던 언해문의 성격 중 문장 서술이 긴 것이 관습화되었던 전통을 들 수 있다. 이 점이 1890 년대의 신문 문장에서는 어떻게 나타나는가? 서술이 복잡해지는 경우 여전히 문장이 아주 긴 것도 많다. 이 점은 옛 방식을 그대로 답습하는 경우가 된다. 한편으로 적절한 접속사의 사용으로 문장을 분절하고 있는 것이 눈에 띈다. 이 방식은 적어도 16세기 정도의 언해문에서는 볼 수 없었던 구성 방식이다. (이하 문장의 띄어쓰기는 필자가 현재 맞춤법에 맞게 고쳐 쓰고, 철자는 그대로 따라 쓴다.)

(1) 구라파 각국으로 볼지라도 몃 십년식 두고 빅셩이 일허나 정부를 뒤집기도 ᄒ고 빅셩을 몰슈히 멸망 식힌 일도 잇셔 이로 말노 다 ᄒ 슈 업스며 근년에도 토이기와 희랍이 서로 병괴를 가지고 시비흡과 금년 미국과 셔반이 전징이며 년전 일쳥 교젼도 다 궁구ᄒ여 보면 무비 ᄌ유와 압졔를 말미암아 일허난 일이니 이거슬 보면 이 두가지 목적이 셰계에 크게 관계되ᄂ 바이어늘 우리나라에서ᄂ ᄌ유라 압졔라 ᄒᄂ 거시 무엇신지도 모로고 지닉엿스미 졔 ᄉ지를 가지고도 임의로 못뼈서 아린 사ᄅ은 입이 잇셔도 말을 못ᄒ다ᄂ 글도 잇고 빅셩이나 관속이 되어 아모리 원통ᄒ 일이 잇ᄉ들 관장을 걸어 정소 ᄒᄂ거시 풍화에 관계라고 ᄒᄂ 풍속도 잇고 노속이 되어 샹뎐의 손에 죽어도 살인이 업다ᄂ 법도 잇고 놈의 진산을 빅쥬에 창탈ᄒ면서도 량반ᄒᄂ 일을 엇지 샹놈이 감히 거역ᄒᄂ냐 ᄒ며 무죄ᄒ 빅셩을 죽도록 ᄯᅡ리기도 ᄒ야 억지로 누르미 원통ᄒ 빅셩이 호소홀 고시 업스니 이상 몃가지ᄂ 진실노 야만의 힝습이라 　<제국신문 1898,8,17>

이상의 문장은 그 길이가 엄청나게 길다. 내용상 몇가지 나열할 사항을 담고 있어 더 그렇게 길어졌다. 접속어미 '― ᄒ며, ― ᄒ니, ― 어놀, ― 고' 등을 쓰며 분절시키지 않고 있다. 그러나 분절되어 쓰인 곳도 많다.

> (2) 빅셩이 이 디경이미 그 졍부가 ᄯ흔 남의 나라 압졔롤 밧느니 이거슬 보면 빅셩이 맛당히 ᄌ유롤 직혀야 홀지라 그러나 ᄌ유롤 능히 직흴 줄 모로는 사롬을 기명흔 빅셩과 ᄀᆺ치 권리롤 줄 디경이면 도로혀 큰 해가 잇슬지라 <제국신문 1898,8,17>

위 예문은 접속사 '그러나'가 사용되어 앞, 뒤 문장이 분절되었다. 이러한 접속사 사용에 의한 문장의 분절은 이전의 문장 서술 방식에 비해 진일보한 것이라 본다.

문장의 분절 의식은 문장 길이에서뿐만 아니라 접속어미 선택에서도 드러난다.

> (3) 남디문안에셔 반찬 가가 ᄒ는 김츈근씨가 일젼에 진과 일천기롤 <u>가져다가</u> 진민소에 있는 걸인들의게 난호어 쥬고 그져의 염진어 일빅 마리롤 <u>갓다가</u> 걸인의 찬슈를 만들게 ᄒ엿다니 듯는 사롬들이 다 김츈근씨의 ᄌ비흔 ᄆᆞ음을 칭송ᄒ더라 <제국신문 1898,8,17>
>
> (4) 의졍부에셔 홀 일이 농상공부보다 더 만히 잇고 더 즁흔 일들을 의론ᄒ야 결졍홀 터이니 죠씨가 의졍부에 <u>가셔</u> 일 잘ᄒ기롤 ᄇ라노라 <독립신문 1896,11,17>
>
> (5) (하 원질도 홀만흔 사롬 ᄒ나흘 <u>공쳔ᄒ려니ᄶᅡ</u> 암만 싱각ᄒ여도 썩 쉽지 안소그려 <제국신문 1898,8,17>

위 예문의 연결어미는 형태소가 하나씩 더 쓰임으로써 이전의 형태보다는 다소 분절적인 어감을 주는 것들인데 이런 예들이 쓰이기 시작한다는 점이 이전 문장과 차이나는 점이다. 그러나 현대 문장에 비해서는 여전히 덜 분절적이다.

또한 인용문의 보문소 '-고'의 사용도 조금씩 눈에 띄는데 이 점도 역시 문장의 분절 의식과 관련된다 할 것이다.

(6) … 잠시 집안에셔 그 즈식과 며나라룰 좀 쑤지즌 거슬 동리 사룸이 잘못 젼흔 <u>소문이라</u> 흐더라니 <제국신문 1898,8,17>

(7) … 당쵸에 말만 싸라 디답이나 <u>흐엿다</u> 흐나 … <제국신문 1898 8,17>

(8) 그쌔 순검들이 소위 직칙이라고 각 동리에 다니며 둑간을 <u>막으라고</u> 열심으로 말 마다나 흐던 얼골이 붓그러울지라 <제국신문 1898,8,18>

(9) 젼 농상공부 대신 죠병직씨가 대신을 내노코 <u>간다고</u> 흔 말을 들엇기에 미우 셥셥히 넉엿더니… <독립신문 1896,11,17>

(6)(7)은 인용 보문소 '-고'가 안 쓰인 것이고 (8)(9)는 쓰인 것이다. 이전 문장에 비해 역시 진일보한 것이라 할 수 있다. 여기서 '고'는 종결어미 뒤에서 인용을 나타내는 구실을 하는데, 이 형태소가 하나 첨가됨으로써 표현이 더욱 확실하게 구별되었다는 의의를 부여해 볼 수 있을 것이다.

## 1.2. 종결어미

문장 종결어미의 선택은 문장의 이미지를 결정하는 데 일차적인 중요 요인으로 작용한다. 특히 시대별 문체의 특성을 논의하는 데에 가장 중요한 것이 바로 종결형식의 면모이다. 신문 문장이 쓰이면서 그 문장에 채택한 주된 종결어미는 '-더라'였다. '-더라'는 보고자가 있어 이 보고사가 직접 지각한 것(보거나 들은 것)을 청자에게 전달하되 그 내용을 확실히 보증하지는 못한다는 입장으로 거리감을 두고 얘기하는 내포적 의미를 지니며 또한 그 내용이 관심거리라는 태도가 반영되는 구어체적인 표현이다. 예를 들어 살펴보자.

> (10) 남대문안 일본 순슈청 압회 종을 놉히 달아는디 이 종은 일본 사롬이 불이
> 나야 치는디 오날 그 종 치는 거슨 다름 아니라 근일에 불 ᄡ는 긔계를
> 내완는디 스스로이 시험 ᄒᆞ느라고 그 종을 오날 아츰에 <u>죠련ᄒᆞ엿다더라</u>
> <독립신문 1896,11,17>
> (11) 전 의졍 대신 김병시씨는 근일에 병환이 미우 위즁ᄒᆞ시미 그 집안 사롬들
> 이 황황히 <u>지닌다 ᄒᆞ더라</u> <제국신문 1898,8,18>
> (12) 전 참봉 리봉의씨가 너부 사찰관을 <u>피임ᄒᆞ엿다더라</u> <제국신문 1898,8,18>
> (13) 직작일에 진민소 잇는 걸인 칠팔십명이 일졔히 남대문안 길노 큰 긔를 밧
> 치고 지나가며 대황뎨 폐하의 하히 ᄀᆞᆺᄒᆞ신 은덕을 찬양ᄒᆞ야 만세를 <u>부르</u>
> <u>더라</u> <제국신문 1898,8,18>

위 문장들은 종결어미로 '—더라'를 씀으로써 사건을 쓴 이가 어디서
듣거나(10 — 12) 본 것(13)을 독자에게 보고하는 뜻을 내포한다. 이는 또한
구어체적인 표현이다. 현대 문장에서 '—더라'는 주로 입말에서 쓰인다.
'—더라'형이 쓰인 신문 기사를 보면 'ᄒᆞ엿다고 ᄒᆞ더라, ᄒᆞ다더라, 모른다
더라, 연다더라'와 같은 들은 말 보고와 '죽었더라'와 같은 직접 목격 보
고 두 가지로 크게 대별된다. 현대 신문에서는 그 기사가 들은 것인지 본
것인지에 대한 정보는 나타나지 않는다. 그러한 것은 기본적으로 취재에
의한 진실성을 바탕으로 하고서 언어 표현상으로는 드러내지 않는다(현
대 신문에서 크게 대별된다면 사실인가 추론인가 하는 점이 구분될 수
있을 것이다).
그밖에 다음과 같은 종결어미들이 쓰였다.

> (14) 정부에서 벼술 ᄒᆞ는 사람은 님군의 신하요 빅셩의 <u>종이라</u>

<독립신문 1896,11,17>

(15) 젼호 신문에 긔지흔 바 각 군슈를 공쳔ᄒ야 쥬본을 올닌 일은 그 시로 피
　　임흔 사름들의 셩명을 좌에 <u>긔록ᄒ노라</u> <제국신문 1898,8,18>

(16) 졍치학이라 ᄒ는 학문은 문명긔화흔 나라에셔들 여러 쳔년을 두고 여러
　　만명이 즈긔 평싱에 쥬야로 싱각ᄒ고 공부ᄒ야 ᄆᆞᆫ든 학문인디 졍부에 관
　　언이 되야 가지고 이 학문을 비호지 안ᄒ여서는 <u>못쓸지라</u>
　　<독립신문 1896,4,14>

위 문장에서도 모두 '－라'형이 쓰였다. '－라'형은 '－다'형과는 달리 문장의 내용에 거리감을 두고 청자에게 제시하는 의미를 내포한다. 이는 중세국어 시기에 언해문장에서 비롯된 문장 전통이다.

그런데 이 시기의 신문 문장에 종결어미로 '－다'형도 쓰였다. 이 장에서 크게 대별하여 현대적 문체 이행기를 1920년대로 제시하였는데 면밀히 보면 그 싹은 1890년대에 트기 시작한 것으로 보아야 할 것이다.[71]

(17) 그젹게 대군쥬펴하긔셔와 왕태ᄌ 젼하긔셔 경운궁에 거동ᄒ셔서 왕태후펴
　　하셔 문안ᄒ시고 아라사 공ᄉ관으로 <u>환어ᄒ시다</u> <독립신문 1896,4,14>

(18) … 외부 참셔관 리규황은 학부 참셔관을 <u>임ᄒ다</u> <제국신문 1898,8,18>

(19) … 김긔황 리죠현 리용한은 다 틱 일빅에 류죵신에 쳐ᄒ고 리남희 김지은
　　박뎡양 민영쥰은 다 무죄흠으로 <u>방면ᄒ다</u> <제국신문 1898,8,18>

<독립신문>보다 <제국신문>에 '－다'형이 더 많이 쓰이는데 일률적인 것은 아니지만 주로 관보란에서 쓰인다. 이는 서류에 의한 확실한 사실에 대하여 '－다' 형태를 쓴다는 점을 짐작하게 한다. 특히 위 (19)는

---

**71)** 이 책의 10장에서 언해문장이 대체로 '－ 형'의 종결어미가 사용되었지만 '－ 다' 형이 아주 사용되지 않은 것은 아님을 언급하였다.

옥사판결서이다. 이 시기에 '-다'형은 소설, 비망록, 논설문 등의 다른 장르에서 많이 쓰이는 형태였다. 그러므로 신문 기사라는 의식을 뚜렷히 하지 않을 성격의 기사에서는 '-다'형이 등장하기 시작한다. '-다'형은 보고의 형태가 아니라 기술의 형태이다. 관보에서도 누구에게 들었거나 하는 일에 대하여서는 '-더라' 형태를 쓴다. 또한 관보에 쓰인 '-다'형 은 시제 형태를 취하지 않고 있다. 이러한 형식은 표제어에 잘 맞는 것으로, 기사 문장에서는 현실감을 주지 않는 특성을 지닌다. 이는 '-다'형의 서술이 아직 제 형태를 찾지 못하는 초기 방식으로 보아야 할 것이다.

또한 명사나 명사형으로 마무리하는 형태로도 신문 문장이 작성되었다.

(20) 독닙신문이 본국과 외국 스졍을 자셰이 긔록홀 터이요 정부속과 민간 소 분을 다 보고 홀 터이라 정치 샹일과 농스 쟝스 의슐샹 일을 얼만큼식 이 신문샹 미일 긔록홈 <독립신문 1896.4.14>

(21) 경향간에 무론 누구든지 길거리에서 쟝스ᄒᆞᄂᆞ 이 이 신문을 가져다가 노 코 팔고져 ᄒᆞ거든 여긔와셔 신문을 가져다가 팔면 열쟝에 여둛쟝만 세음 ᄒᆞ고 복쟝에 여든쟝만 세음홈 <독립신문 1896.4.7>

(22) ... 츄후 다시 광고 ᄒᆞ겟슴 <독립신문 1896.4.7 >

(23) 신문 갑 ᄒᆞᆫ쟝 동젼 ᄒᆞᆫ푼 ᄒᆞᆫ둘치 동젼 십이젼 일년치 일원 삼십젼 / 경향 간에 누구든지 이 신문을 바다 파는 이는 미쟝에 리죠 엽젼 ᄒᆞᆫ푼 <독립신 문 1896.4.23>

이러한 형태는 주로 광고란에 많이 쓰였다. (22) 같은 형태는 현대국어 에서는 쓰이지 않는 특이한 것이다.

## 1.3. 문장 구조

문장 구조 면에서는 이 시기의 다른 장르의 문장과 마찬가지로 도치를 쓰거나 소유격 개념의 문장 형태들이 많이 나타난다. 이는 중세 전통에서 그대로 이어진 것들이다.

> (24) 고등지판소 검수 윤성보의 보고를 접흔즉 <u>흐엿스되</u> ....... 알윈 바를 의지
> 흐라 <u>흐옵셧더라</u> <제국신문 1898,8,12>
>
> (25) 이러고도 법령을 시힝치 아니흐는 슌검이나 빅셩을 혹 다스릴 넌지는 모
> 로거니와 셔쇼문안 시위디 영문 담 모통이에 지은 둑간은 불가불 <u>달니 만
> 들어야 흐거시</u> 이 더운 째예 독흔 냄시예 참아 견댈 슈 업는지라 <제
> 국신문 1898,8,18>
>
> (26) 슬푸다 <u>우리나라이 토지의 넓음과 인민의 무음과 지물의 넉넉흔 것과
> 슈교의 묘묘흔 거시</u> 남과 못홀비 아니어놀 ... <독립신문 1896,11,19>

(24)(25)는 내용 기술을 순차적으로 기술하지 않고 도치하여 기술한 형식이다. 곧 (24)에서 기술적인 표현이라면 '···한 보고를 접했다'는 식의 표현이 될 것이고, (25)의 경우 '더운 때에 독한 냄새를 참을 수 없으므로 달리 만들어야 한다'는 식의 표현이 될 것이다. 도치 표현은 풍류적인 감각을 더하는 표현이다. 신문 기사에서 잘 풍류적 감각이란 어울리지 않는 것으로 이 역시 초기 신문 문장의 전근대성이라 할 수 있다. (26)은 소유격 개념의 표현으로 이는 문장을 순차적으로 풀어서 서술하는 것이 아니라 개체적인 개념으로 묶어 표현하는 것으로 이 역시 문장의 전근대적인 특성이다.

## 1.4. 기타 특성

이 시기의 신문 문장에서 두드러지는 것은 구어체적인 표현이다. 앞에서 든 '－더라'형도 구어체적인 것이다. 이밖에 다음 예들이 있다.

(27) 리정셕이가/안대셕이가 <독립신문 1896,11,17>

(28) 이 돈이 얼마가 되지 안 호나 <독립 신문 1896,11,19> /엇지 우숩지 안호
리요 <독립신문 1896,11,21>

(29) 본 신문 쥬의인즉 첫지 우리나라 법도와 풍쇽을 날마다 곳쳐 몃회안에 나
라히 틔셔 문명제국과 동등이 되여 늠의게 슈치를 밧지 안키를 바라노니
이 곳치 만들어 노혼 후에는 광무이년팔월십일붓터 긔록혼 문조를 가지고
오날놀 힝호는 풍쇽과 스젹을 흉보며 어리셕게 넉여 틔고젹 스긔쳐럼 볼
셰다 <제국신문 1898,8,12>>

(30) ... 리관찰에 무고히 쥬스 셰명을 갈고 조긔 식구를 쓰랴던 모양이여
<제국신문 1898,8,18>

(31) 갑순 한영주던 수원 한영문법 삼원 비지학당 한미화활판소에 와 사라
<독립신문 1896,4,23>


위 문장들은 우리가 입말에서 흔히 쓰는 문장 형태들이다. 현대적 의미
에서의 신문 문장이 문어체라고 한다면 구어체 문장을 신문에 쓴 것 역시
탈피해 가야 할 전근대성이다.

다음으로 고어체적인 표현들이 눈에 띈다. 이는 비단 신문 문장만의 전
근대성은 아닐 것이나 예를 들어 본다.


(32) 우리 나라이 / 그 아래 신호의 <독립신문>

(33) 빅셩이 되야 원이고 관찰소가 법 외에 일을 힝하거드면
<독립신문 1896,11,17>

(34) 그째에 죠션 궁늬부 관원들과 외부관원들이 친왕을 가셔 차자 본 거슨 외
국 교제상에 결례연마는 <독립신문 1896,11,17>

(35) 그 사람이 몃힌를 사던지 <독립신문 1896,11,17>

(36) 정부 속에 학문도 업고 모음도 그론 사람이 만히 앗스면 그 히는 빅셩이

닙는 <u>거시오</u> 빅셩이 히를 닙으면 나라에 화가 잇슬 거시니 그러면 곳 ᄌ
긔 몸에 앙화가 밋칠거시라 <독립신문 1896,4,14>

(37) 녯말에 <u>ᄒᆞ야시되</u> <독립신문 1896,11,19>

(38) 철도에 션로 쟉만ᄒᆞᄂᆞᆫ <u>ᄯᅡ</u>와 집 지을 <u>ᄯᅡ</u>와 달니 긴히 쓸 <u>ᄯᅡᄒᆞᆯ</u> 다 우리 졍부
에서 ᄌᆞ비ᄒᆞ고 <독립신문 1896,11,19>

(39) <u>우리로 ᄒᆞ야곰</u> 이곳에 보내신 셩의를 밧드러 <독립신문 1896,11,19>

(40) 희쥬 인민들이 신문샤에 편지 ᄒᆞ엿ᄂᆞᆫ디 ᄌᆞ긔 관찰ᄉᆞ 잘 ᄒᆞᆫ단 말을 신문에
올녀 달나고 ᄒᆞ고 돈 십젼을 보내스니 우리는 신문에 광고ᄂᆞᆫ 돈을 밧되
다른 말은 돈을 아니 밧ᄂᆞᆫ지라 희쥬 인민들 돈 십젼 보낸 거슨 무슴 돈인
지 속히 신문샤에 와셔 차자 <u>갈지어다</u> <독립신문 1896,11,19>

위 예들은 조사의 차이(32), 형태소 순서의 도치(33), 형태소의 생략(34
－36), 음상의 차이(37), 어휘적인 차이(38), 표현의 차이(39), 종결어미의
형태(40)에서 다분히 고어체적인 어감을 지니는 것들이다.

어휘적으로 현대어와 차이나는 것들은 "지내간 토요일 <독립신문
1896,11,24> / 미우 즐거ᄒᆞ고 <독립신문 1896,11,17> / 돈 슈가 일만 일
쳔원 돈이더라 <독립신문 1896,11,17> / 그네들도 <독립신문 1896,11,17>
남겨지 <독립신문>" 등이 있다.

이상 1890년대의 신문을 중심으로 그 특성을 살폈다. 다음 1900년대의
신문으로는 <대한민보(大韓民報)>와 <만세보(萬歲報)>가 있다. 이들은
한자 혼용의 표기를 써서 시각적으로 <독립신문> <제국신문>에 비해
오히려 후퇴했다. 특히 만세보는 한문에 국문토를 단 정도의 구식문체를
벗어나지 못했다. 여기서도 '－더라'형을 썼다. 이 밖의 특이한 예는 다음
과 같다.

(41) ... 혹 有拾得寬還ᄒᆞ시면 厚謝ᄒᆞ겟삽내다 <대한민보 1909,11,3>

(42) 이인 쯘은 쯔녀진 안는게 <u>희망이올시다</u> <대한민보 1909,11,4>

이런 예들은 사투리나 구어체를 쓴 것들이다.

<매일신보(毎日申報)>는 1910년부터 1945년까지 발행된 신문으로 우리 신문사의 1910년대의 공백기를 메워주는 의의를 지닌다. 1910년대의 문체도 앞서 본 1890년대의 문체와 별반 다를 게 없었다. 다만 논설(論說)에 해당하는 난이 사설(社說)이라는 명칭으로 쓰이기 시작했다는 점과 기사에 대한 표제어를 붙이기 시작한다는 점이 주목된다. 이는 문체와는 관련이 없지만 신문사에서 하나의 발전적 양상으로 간주된다. 그러면 <매일신보>의 기사 하나를 예들어 보겠다.

(43) 돈 훔쳐 가지고 도망

진쥬군 옥봉면 사는 윤순빅씨의 양손 완슈는 나이 지금 이십일세인디 그 조부의 셩의를 쥰힝치 안이ᄒ고 교육에 ᄆᆞᆷ이 업셔셔 거월 삼십일일 오견 십이시경에 져의 <u>조부의 츌립ᄒᆞᆫ 틈을 타셔 굇속의 둔 금젼 륙빅원을 훔쳐 가지고</u> 부지거쳐로 도쥬ᄒᆞ얏는디 그 조부는 <u>그 양손의 무단히 집을 나가 드러오지 안이홈으로</u> 고디ᄒᆞ다가 맛참 무삼 소용이 잇셔셔 괴문을 열고 본즉 한 푼도 업거늘 그졔야 ᄉᆞ방으로 수식ᄒᆞ여도 종젹이 업슴으로 윤순빅씨는 크게 심려 중이오 당디경찰셔에셔도 엄즁히 슈람ᄒᆞᄂᆞᆫ <u>중이라더라</u> <매일신보 1913,4,9>

위 예문을 보면 여전히 종결어미의 전근대성과 문장연결상의 비간결성을 볼 수 있고, 문장구조에서도 주격을 소유격 '-의'로 써서 문장을 풀지 않고(밑줄 그은 곳) 개체적인 개념으로 묶어 표현하는 전근대성을 여전히 지니고 있다 하겠다.

## ▎ 2. 문체 현대화 이행의 시작 (1920년대 – 1930년대)

앞에서와 같이 우리의 개화기 문장의 시작을 보면, 한국어가 현대적 문체로 변모하기 위해서 우선적으로 극복해야 할 언어적 요인은 바로 종결어미의 현대화라고 할 수 있다. 그러면 이 종결어미의 현대화는 언제 시작되는가? 신문 자료를 보면 이 현대화는 1890년대에 싹이 트고 1920년대에 이행이 시작되어 1930년대 끝 무렵에 가서야 완성되는 과정을 보인다. 신문 문장의 현대화는 오랜 기간 서서히 진행되어 갔다.

1920년 초반의 문장에서는 일반적인 종결어미로는 여전히 '–더라/이라'형이 쓰인다. 그런데 아주 간혹 종결어미 '–다'형이 쓰인다. 매일신보 1920년 2월23일자 신문에 '–다'형 종결어미를 쓴 기사가 나타난다.

> (44) 恩賜授産京城機業場
>
>  삼십명의 녀직공을 둔 긔업쟝의 요시와 어졔 = 즁촌쥬임의 말
>
>  … 당국에셔는 경셩졔샤쟝의 사업경영을 일변호야 금년도부터는 이것을 민간사업에 불하호야 경셩부니에 일존 사회뎍 사업시셜을 호야보랴고 목하에 한 문뎨거리가 <u>되엿다</u> 이 문제는 셰샹에 션뎐되쟈 창덕궁 압헤 잇는 은사슈산경셩긔업쟝(恩賜授産京城機業場)이 폐지되고 민간사업에 븟치게 된다는 풍셜도 업지 안케 <u>되얏다</u> … <u>호엿다</u> <매일신보 1920,2,23>
>
> (45) 仁川取引所 僞電事件暴露
>
>  … 쏘는 종리 인천취인소에는 것지뎐보와 잘못된 뎐보 등의 사실이 잇셧는고로 이번을 긔회로 호야 란마를 쾌도로 량단호듯 흔 슈단을 보이랴는 듯 호다는 소문도 <u>잇다</u> <매일신보 1920,2,23>

하루 신문의 여러 기사 중 2개의 기사에 '–다'형이 쓰이고 나머지는 모두 '–라'형의 기사가 쓰인다. 매일신보 1020년 2월24일자 기사에도

'－다'형 기사가 나타난다. 그러나 지속적으로 그 쓰임이 넓혀지지는 않는다. 오히려 그 다음 날부터의 기사에는 '－다'형이 보이지 않고 이번에는 표제어나 부표제어에 '－다'형이 등장한다. 다음은 표제어나 부표제어이다.

(46) 범인은 아직도 포박지 안엇스나

실노 놀나운 <u>일이다</u>  &lt;매일신보 1920,2,26&gt;

(47) 소년 범죄 더욱 증가

본뎡셔가 뎨일 <u>만엇다</u>  &lt;매일신보 1920,2,26&gt;

(48) 상히 가정부의 련락이 된 「文相直」

이번은 대대뎍으로 흐랴다가 고만 잡히고 <u>말엇다</u>  &lt;매일신보 1920,2,28&gt;

(49) 세 시간 동안 싸호다가 고만 도적을 놋쳐 <u>마리엇다</u>  &lt;매일신보 1920,2,29&gt;

(50) 오빅의 굴둑에는 검은 연긔가 다시금 나오게 <u>되얏다</u>

&lt;매일신보 1920,2,29&gt;

(51) 슉박료를 너지 안을가 흐야 너여 쪼치고겨 흐다가 대소란이 날 <u>번흐얏다</u>

&lt;매일신보 1920,2,29&gt;


이상의 제목에는 종결어미로 '－다'형이 쓰였으나 그 해당 기사에는 '－라'형이 쓰인다. 제목에도 기사에도 다 함께 '－다'형이 쓰인 예는 매일신보 1920년 3월 2일자 신문에 등장한다.

(52) 三月一日 京城 全市는 平穩無事흐엿다 &lt;표제어&gt;

침묵한 틱도로 변한 경셩 엄중한 경계로 <u>무신횟다</u> &lt;부표제어&gt;

온 됴션을 써들썩흐게 흐던 지난 히의 삼월일일이 쏘 도라오기가 무셔웁게 당국은 여러가지로 경비를 엄중히 흔 씨문에 다시 오라온 삼월일일이 평상과 다름이 업시 평온흔 샹틱를 일우웟스나 어느덧 침침음음흔 싯치가

온 시중에 <u>치워잇섯다</u> … 샹뎜 보조리 기덤을 ㅎ고 여전히 거리를 ㅎ얏다
비교뎍 삼월일일이 평온무사ㅎ야 <u>보이엿다</u> <매일신보 1920,3,2>

위 기사는 '-다'형을 쓰고 있어 우선적으로 문체적인 전근대성을 탈
피하고 있다. 그러나 이 시기는 아직 '-더라'형이 우세한 실정이었다.
동아일보 1920년대의 신문기사에도 '-더라'형이 우세하였다. 이 신문
에도 기사보다 먼저 표제어나 부표제어에 '-다'형이 쓰이고 있다.

(53) 畵界의 巨星이 殞하다 <동아일보 1920,6,2>

(54) 自己를 解放하라!
「쑤락만 씨의 불갓흔 혀에 청중의 마음은 <u>타바리다</u> <동아일보 1920,4,17>

<동아일보>의 표제어는 매일신보의 표제어와 달리 시제 중립형을 씀
으로써 더욱 표제어다운 면모를 갖춘다. 또한 같은 시기인데도 동아일보
에서는 아래아( ㆍ )를 거의 쓰지 않음으로써 표기적인 현대성도 먼저 갖춘
다. 기사에 '-다'형이 쓰인 예를 하나 들어보자.

(55) 요사히 푸른 「만도」를 입고 경성시가를 도라다니며 내외국 사람의 이목을
끄는 헌헌한 미소년이 잇스니 그는 지금 동경 이태리 대사관에 무관으로
잇는 이태리 장교 「파을늦취」 <u>중위이다</u> 그의 꼿다운 나히는 방금 이십사
세인대 공중비힝에 독특한 천재를 가진 그는 지금으로부터 팔년젼에 비힝
가의 인허증을 맛헛스니 실노 비힝가의 역사가 잇슨 후로 세계를 통트러
놋코 보드리도 사십칠호의 선진자의 자리로 <u>졈령하앗다</u> 과감용의한 그는
불원한 쟝리에 리대리 셔울 라마와 일본 셔울 동경 사히의 해륙 수만리를
횡단 비힝할 쥰비를 하고자 지금 조선 호텔에 와 잇스면서 계획을 꾸미는
즁이라 그가 팔년동안 쟝쾌한 공중의 싱활을 실로 문외한으로는 알지 못

할 독특함 맛이 잇슬 <u>것이다</u> 그 나가는 곳마다 환영의 소리가 우뢰갓하야
각국 신문에 소개된 그의 사진 기사만 배혀닌 것이 칙 한 권을 이룬 것을
보아도 그가 얼마나 세계 비힝계에 열광덕 환영을 밧은 것을 추측할 <u>만할</u>
<u>것이다</u> <동아일보 1920,4,17>

위 기사에서 눈에 띄는 것은 '-ㄹ 것이다' 형의 쓰임이다. 이 표현이
신문에 등장하는 초기 자료라 하겠다. 또한 문장도 비교적 간결함으로 진
행되어가는 면모를 보인다.

동아일보 1925년 정도의 신문에는 종결형을 빼어버린 문장 형태가 등
장하여 주목된다. 가령 다음과 같다.

> (56) ... 맛참 지난 十八日午前부터 十九日까지 큰 비가 와서 多幸히 移秧에는
> 큰 損害가 <u>업겟다고</u> (東萊) <동아일보 1925,6,21>
> (57) ... 順序를 짜라 會計及 經過報告를 마치고任員改選과 決議事項이 잇섯는
> 데 아래와 갓고 萬歲三唱으로 午後八時에 <u>閉會하엿다고</u> (河東)
> <동아일보 1925,6,21>

지방에서 보내온 기사를 처리하는 방식으로 이상과 같은 서술 형식이
쓰였는데 '하더라'나 '한다'를 생략해버리고 더욱 간결하게 기사를 처리
하는 이점이 있다. 완전한 문장 형태가 아니라는 점에서 좋은 문장이라고
는 할 수 없지만 신문 기사 서술에 새 방식을 모색했다는 점에서 진일보
한 것으로 풀이된다.

신문 문장이 전반적으로 '-더라'형을 탈피하는 시기는 1930년 말엽으
로 간다. 그러고 보면 신문 문장이 현대화로 진행하기 시작한 시기로부터
약 20년(1920년대와 1930년대) 걸친 기간이 필요했음을 알 수 있다. 그리고
이러한 변모는 신문 문장에서 개척적으로 국어 문장의 현대성을 성립해

나간 방식이 아니라 신문 문장 외의 비망록이나 논설문, 곧 보고하는 자리가 아니라 자기 서술적인 문체에서 이미 이룩된 문장 형태를 신문 문장이라고 하는 독특한 유형에 가져다 쓰는 과정이라는 점을 주목해야 한다. 그러나 다른 쟝르와의 관련성에 대해서는 이 논문에서 다루지 않았다.

## ▌ 3. 문체의 현대적 기반 시작 (1940년대)

우리의 신문 문장이 일차적인 전근대성을 탈피하여 우선 종결형에서나마 현대성을 갖추게 되는 시기는 1940년대(정확히는 1930년대 끝 무렵)로 온다. 이 시기의 문장으로 <만선일보(滿鮮日報)>를 참고하였는데 몇 예를 들어 보기로 한다.

> (58) 지난 二十五일 목포부대 모인쇄소에 三十 전후의 남자가 와서 모종의 문서 인쇄를 주문하엿다는 밀고를 접한 목포 경찰서에서는 형사 수명을 동 인쇄소 부근에 매복시켜노코 괴한이 나타나기를 기다리고 잇든바 과연 동일 오전 十一시반경에 주문한 인쇄물을 차즈러 온자가 잇서 즉시 목포서로 인치취조한 결과 그는 전남출생이라하나 일정한 주소가 업는 림봉종이라하는 자로서 몸에는 흉기와 기타 불온당한 서류를 가지고 잇섯다는데 동인의 구술에 의하면 모검사국의 서기로 가장하고 검사의 조사명령서의 공문을 위조하여 가지고 요사이 목포부대에 모사건의 형적이 잇는것을 조사한다고 칭탁하고 목포부대의 모소를 습격할 결심이라 한다 흉기를 소지한 자로 공문서를 위조하는 것은 배후에 관계자가 잇지 아니한가 하고 엄중취조 중이라 한다 <만선일보 1940,1,31>

이 시기에 오면 종결어미에서는 '—다'형이 일반화되어 있다. 그러나 문장 길이는 여전히 길며, 사건 기술 태도에서도 '—이라 한다'형으로 써서 직접 취재한 것을 '—이다'형으로 쓰지 못하고 누구에게서 들은 것을 전달하는 의식을 여전히 가지고 있음을 알 수 있다. '보앗다 한다, 부치기로 되엇다 한다' 등의 남의 말을 전달하는 인용적인 표현이 많이 쓰인다. 남의 말을 전달하는 형식으로 쓴다고 하는 것은 기사 작성자의 존재를 그대로 드러내는 방식이 된다. 현대 신문 문장에서는 모든 사건 기사가 취재에 의한 것이지만 그대로 객관적인 서술을 함으로써 취재자의 존재를 쑥 빼어버리는 식의 기사를 쓰며 이로써 문장 내용의 현실성이 획득되는 결과를 얻게 된다. 이것이 현대적 의미에서의 신문 문장이라고 한다면 이 시기의 신문 문장은 아직도 극복해야 할 전근대성을 지니고 있다고 하겠다. 그러나 이를 극복하는 다음과 같은 문장들이 함께 쓰이고 있으므로 이 시기를 현대적 문체의 기반은 시작된 것으로 볼 수 있는 것이다.

(59) 수도경찰청에서는 례년과가티 경찰관의 심신(心身)을 단련키 위하야 八일
    부터 월말까지 본서밋 중앙통서도장에서 내한(耐寒)연습을 하게 <u>되엇다</u>
    <만선일보 1940,1,8>

(60) ... 최고가격은 <u>여좌하다</u> <만선일보 1939,12,1>

(61) ...하는 <u>바이다</u> / ...을 命하게 되지 안을가고 <u>看做된다</u> <만선일보>


이상의 예들은 신문 기사를 작성하는 사람이 사건을 취재하여 전달한다는 의식을 배제하고 그대로 기술하는 형식을 취하는 문장이다. 그밖에 다음과 같은 문장 형태도 쓰였는데 이런 문장은 객관적 중립성을 지키는 신문 문장으로는 부적절한 것이다.

(62) 우선 의무국정무치장 귀산대표의 감상을 <u>들어보자</u>

    &lt;만선일보 1939,11,1&gt;

곧 (62)와 같은 표현은 기사 작성자가 신문 독자에게 직접 말하는 형태가 되므로 객관적인 중립성이 유지되지 않는다. 기사 작성자의 목소리를 빼내고 기사를 작성하는 것, 그것이 현대적 신문 기사의 특성이라 할 수 있을 것이다. 1940년대의 신문 문장은 보고체 형식에서 탈피하여 기술체 형식으로 성립되는 과도기적 면모를 보이고 있다.

이상에서 신문을 자료로 하여 기사문의 현대화 과정을 살펴보았다. 한국어로 된 신문의 발행이 &lt;독립신문&gt; (1896년~1899년)부터 시작되었는데, 이 때의 신문 문체는 기술문 양식이 아닌 보고체 양식으로서 신문 문장의 면모를 갖추지 못했다. 이후 1920년 대 신문에서부터 기술문 양식의 문장으로 변모하는 양상이 두드러졌고 1940년대 신문에 오면 어느 정도 현대적 문체의 모습을 갖추게 되었다.

## 생각샘

01. 개화기 신문의 기사문 작성 방식과 현대의 기사문 작성 방식의 차이점을 설명하시오.

02. 이 두 시대의 차이는 어떤 의의를 갖는지 생각해 보시오.

※ 이 책의 내용을 면밀히 보면서 1번의 생각샘 답을 낼 수 있습니다. 2번 생각샘 문제는 이 책 맨 뒤의 풀이를 참고하면서, 다각적으로 생각해 보면 좋겠습니다.

## History of Korean for Foreigners (외국인을 위한 국어사)

※ 우리 학생들이 외국인에게 한국어의 역사에 대해 단편적으로나마 설명해 줄
수 있으면 좋겠다는 취지에서 이 영문을 실었습니다. 우리의 언어를 소중히
여기고 자랑스럽게 외국인에게 소개해 보고 싶은 의욕을 가져 보시기 바랍니
다. 영문의 한국어 해설은 이 책의 뒤에 [부록]으로 실었습니다.


## Chapter 12. Modernity of the Korean Sentence

After the invention of the Korean script in 1443, the Korean sentence has gone through significantly experimental establishing process. Sentences in a newspaper at the time of enlightenment around the 1890's closely resembled the form of archaic style of writing in the medieval

Korean era. Whereas sentences in a newspaper must be narrated in the form of the journalist concluding the narration of an event, those sentences were written in a report style with only the facts that the author saw and heard. This was the case where the most distinct feature of the style of writing was resembled through sentence's close ending; such antiquity was shown through the usage of '-더라[tə-ra]' as the close ending in sentences in a newspaper. The length of the sentence was very long, and inverted order sentences were also frequently used. Such antiquity was banished approximately from the 1920's to the 1930's. From the 1880's when the newspaper was introduced in Korea, the modernization of the sentence progressed slowly throughout very long time. The closing ending '-다(ta)' was used in title or subtitle rather than article; such usage soon spread to sentences in the article. Such change of form is noteworthy in that the characteristic of newspaper sentences, in which an event must be narrated conclusively without the presence of a reporter, is well captured. However, an example where sentences contained the meaning of uncertainty through the use of expressions such as '이라 한다 (i-ra-han-da)' and '했다 한다(hæt⁻-ta-han-da)' was also discovered still.

# 제 13 장
# 정신과 언어가 어우러지는
# 역사의 강물

"역사의 강물에 발을 담그고,
그 섬세한 물결을 따라가 보자."

이 장에서는 국어 변천사의 몇몇 변화 양상의 원동력은 의식의 변화와 관련되어 있음을 드러내 보이고자 한다. 언어의 변천을 의식 변천과의 관련성 속에서 파악하는 연구는 그 중요성이 매우 크다고 할 수 있다. 언어가 정신의 산물이라고 하는 것, 그러므로 언어의 연구가 가치가 있다고 하는 것은 국어학의 기본적인 자부심이며, 그렇게 생각한다면, 우리의 연구 역시 정신의 문제를 함께 생각해야 할 것이다. 문물과 제도가 변하면서 사회는 바뀌고 사람들의 의식도 바뀐다. 이에 따라 언어도 바뀐다. 언어의 변천은 개개의 언어 사실로 보면 개별적인 연유를 가지고 변하는 것이나, 흐르는 역사의 강물을 따라 조망해 보면, 섬세하게 투영되는 의식의 산물임을 알 수가 있다. 물론 모든 변화가 의식의 변화 속에서만 진행된 것은 아니다. 인간이 기본적으로 가지고 있는 인식 능력에 의한 언어 변화, 언어가 인간의 의사소통에 소용된다는 도구적 수단으로서 갖는 성질, 곧 언어의 기본 특성으로 인해 일어나는 여러 변화들도 함께 존재

한다.[72]

여기서는, 의사의 변화를 좀 긁은 기저에 해당하는 몇몇 개별 사실들은 결국 우리 정신의 근대화의 동력이었던 분석 정신과 실용 정신에 기인하여 발생된 것이라는 점을 우선적으로 주목하고자 한다. 그런 다음 그 밖의 인지 요소와 관련된 사항에 대해서도 생각해 보기로 한다.

## █ 1. 국어사 기저의 분석 정신과 실용 정신

국어 변천의 기저에는 인간 의식의 변화가 함께 동반되어 있었다고 볼때, 의식의 근대화 과정에 놓이는 정신의 덕목 중, 중요한 두 가지로서 분석 정신과 실용 정신을 꼽을 수 있다고 본다. 이 두 개념은 우리의 역사에서 사회 구조적으로 변화되어온 주요한 의식의 특성이라고 할 수 있을 것이다. 국어 표현이 전근대성을 벗어나 근대로 진입하게 된 때에 가장많이 관여한 정신적 특성도 바로 분석과 실용 정신에 있다고 생각된다. 이밖에 근대적 의식의 덕목으로 평등정신, 다양성, 개방성 등을 더 꼽을수도 있으나 여기에서는 분석·실용 정신에 초점을 맞추어 보기로 한다.

국어 현대화의 동인이 되었다고 보는 분석·실용 정신은 근대성의 문제와 함께 대두된다. 근대성(modernity) 개념은 이것이 태동된 서구에서부터 이미 다의성과 모호성을 포함하고 있고 한국의 현실에 이식되면서 더욱 혼란함이 가중된 용어이긴 하지만,[73] 그래도 우리 사회의 발전사를

---

72) 가령 새로운 문물이나 제도가 생겼을 때 이것을 지시할 적절한 언어 표현을 만들어 쓰는 일은 인간의 인식 능력 때문이다. 또한, 외래어가 들어왔을 때 그 외래어로 인해 대응되는 한국어의 단어에 의미 영역의 변화가 생긴다든가 소멸된다든가 하는 변화는 의식의 변화가 아니라 언어가 의사소통의 수단으로서 작용할 때 발생할 수 있는 기본 특성에 기인한 언어 변화가 된다.

73) 이러한 혼란에 대해 언급한 앞선 연구로, 김경일(2003)에서는 "예를 들면 이 개념은 유럽과 미국의 학계에서 각각 달리 정의돼 있고, 1970년대와 1980년대에

언급할 때 중세적 봉건 사회를 벗어나 개인의 인권과 사회적 평등이 인정되는 현대 사회로 진입했음을 지칭할 수 있는 가장 유용한 용어이다. 이러한 점을 감안하면서 기본적으로 "근대성이란 산업문명과 합리주의, 시장에서 상품의 교환, 국가의 통제, 시민권의 등장, 개별적 인격의 출현, 사회단위의 분화와 같은 안정적이고 장기적인 사회문화적 구성을 의미하는 것"(김경일, 2003)으로 정의해 둔다. 또한 "근대성은 이르면 17, 18세기, 본격적으로는 19세기 중반 무렵 서구의 역사에서 계몽주의 사조와 밀접한 관련을 가지고 출현한 것이며, 이 시기 이후 20세기까지 지속돼 온 이 개념의 주요한 논의의 하나는 개인의 자유로운 발전을 위한 욕구와 자율성"(Berman, 1982)이라고 한 언급도 근대성의 기본 개념을 설명하기에 좋은 정리라고 생각된다.

분석·실용 정신이 우리 역사에서 어떻게 싹텄으며, 이 영향 아래 어떠한 사고 경향이 생겨났는가 하는 점을 논의하기 위해, 먼저 국어 현대화 시기의 우리의 사회적 배경이 어떤 것이었는가를 살피면서 이 시기의 특성에 대해 정리해 본다. 이 시기는 결국 개화기이며, 이 시기에 외현적으로 드러나는 개화사상이 근대성, 분석·실용 정신과 어떠한 연계성을 갖는지를 살핌으로써 국어 변천의 동인이라고 생각되는 정신적 영향의 실체를 규명해 보기로 한다.

## 1.1. 국어 현대화 시기의 시대적 배경

국어사에서 국어 현대화 시기를 논하는 문제는 그리 간단하지 않다.[74)]

---

이해되는 방식이 또한 달랐으며, 학문분과에 따라서도 의미내용 차이를 보이고 있다", "근대성 논의는 거시적 차원에서 자본주의 사회의 근대성 일반에 대한 것이 될 수도 있고, 혹은 좀 더 시야를 좁혀 100년, 50년 혹은 10년 정도에 걸친 근대성의 특정 양상을 검토해 볼 수도 있을 것이다."라고 했다. 서준섭(2001)에서는 "근대성에 대한 논의는 그 대상에 따라 다양한 스펙트럼을 포함하는 것이며(교육, 정치, 철학 등의 근대성과 같은), 우리의 근대생활의 각 시기마다의 차이를 감안해야 할 것이므로(하략)"라고 언급했다.

그러나 기본적으로 국어사의 시대 구분에서, 현대국어는 19세기 말 갑오 성상 이후부터를 꼽는다(홍종선, 2000). 국어의 전근대성을 벗어나 현대적인 면모를 갖추어 나가는 과정을 현대화라고 할 수 있으며, 이 과정에 해당되는 시기는 대략 19세기 말부터 1940년대(내지는 1950년대)로 볼 수 있다. 현대화의 시작을 19세기 말로 보는 가장 중요한 이유는 당시까지 비중 높은 문자언어 수단이었던 한문 문장이 아닌 국어 문장, 곧 국문체 문장을 쓰자고 하는 의식이 시작되었다는 데에 있다. 갑오개혁을 통하여 공문서의 국문 쓰기 법제화, 근대적 교육제도의 신설에 의한 국문 교육의 시작이 이루어졌는데 이러한 일은 국어와 국문에 대한 새로운 인식을 일어나게 하는 계기가 되었다. 그러나 실상 이 때의 국어는 중세시기부터 형성되어 온 언해문체의 전형을 그대로 답습하고 있으므로,[75] 외면적으로 현대화가 시작되었을 뿐 실제적인 현대화가 시작된 것은 아니었다. 그래도 문장을 볼 때 옛날 말의 티를 많이 벗는 시기는 1940년대라 할 수 있다. 가장 중요한 요인은 종결형에서 현대국어와 같은 '-다'형을 채택했다는 점에 있다. 그러나 문장 구조상 아직 언해문투를 벗어나지 못한 점이 꽤 있다. 언어의 변천은 서서히 진행되어 가는 것이므로 정확한 획을 그어 기점을 구분하기는 어렵지만, 국어 현대화 시기는 정치·사회사적으로 대략 개화기와 일제 침략기에 해당한다고 볼 수 있을 것이다.

---

74) '국어의 현대화'라고 할 때, 현대의 의미는 사회전반적인 '근대성'의 개념과 같은 것이다. 곧, 전근대적인 것을 벗어나 현대적인 새로운 양상을 보이는 것을 뜻한다. 우리나라에서 '근대 국어'라는 개념을 17세기부터 19세기까지의 국어로 보고 있으므로, '근대화'라고 표현할 때 오해의 소지가 있으므로 국어 사실을 말할 때는 '현대'로 쓰기로 한다.

75) 중세시기부터 이루어진 "언해문체의 전형"이라고 하는 것은 우리 옛 문장의 의고체적 요소가 결국 한문문장의 번역 과정에서 형성된 부자연스러운 틀에서 비롯됨을 뜻하는 말이다. 문장의 현대화 요소에 아주 중요한 역할을 하는 종결형, 문장 길이, 문장 구조 등의 많은 요인들이 우리 문장이 한문 번역에서 시작되면서 그 양식이 고정되는 결과, 의고체적으로 특징 지워진 것들이다(이 책의 10장~12장 참고).

그러므로 우리나라의 개화기와 일제침략 시기의 시대적 변모에 대해 정리함으로써 과연 국어의 변화에 영향을 준 정신사적 요인이 무엇이었나를 논의할 수 있다. 개화기의 사상적 양상과 그 발전에 대한 내용은 이광린(1989)에서 아주 잘 논의되었으므로, 이를 참고하여 요점을 정리하기로 한다. 한국의 개화기는 전통적으로는 17, 18세기 영조·정조 시대의 실학사상에 맥이 닿아 있고, 시대적으로 개항과 함께 일본, 청, 서구의 접촉에 의한 신사상(新思想)의 수입과 함께 시작된다. 실학사상은 외국의 것이라도 배울 것이 있으면 과감히 받아들여야 한다는 개방적 사상과 일상생활에 현실적으로 필요한 새로운 문물들을 수입하고 만들고자 하는 실용적 사상이 그 중심에 있었다.

이 때 외국으로부터 수입된 신사상이란 서양의 근대 기술과 계몽사상이었다. 이러한 배경에서 형성된 개화사상이란 봉건적인 사상·풍속 등을 타파해야 하며 사람은 평등하고 개인의 인권은 소중하며, 무지함을 벗어나기 위해 지식을 습득하고 잘 살기 위해 돈을 벌어야 한다는 현실적이며 구체적인 자각을 뜻하는 것이었다. 이러한 시대 속에서 소설, 신문 등의 문장을 쓰는 이들은 현실적이고 구체적인 것을 지향하는 특징적인 정신 구조를 형성하게 되었을 것이고 그러한 영향 속에서 국어의 현대화가 진행되기 시작했을 것이다.

## 1.2. 개화사상, 근대성 및 분석·실용정신

국어 현대화 시기의 시대성을 특징짓는 사상과 정신을 위에서 언급한 것과 같이 개화사상, 근대성, 분석·실용정신이라고 할 수 있다. 분석·실용정신이 이 시대의 하나의 정신적 특징이 되었다는 점을 고찰하기 위해, 개화사상 및 근대성이라고 하는 시대 특징과의 연계성을 짚어 보기로 한다.

개화기는 한국 사회가 근대로 이행하기 시작하는 시기가 되며, 개화사상은 우리나라 근대성의 단초가 된다. 지식인들에 의해 주도되고 실천된 개화사상은 차츰 민중 속으로 파고들면서 한국의 근대성을 형성해 갔다. 특히 문장을 만지는 신문, 소설 등의 문필가들에 의해 근대적 사상은 직, 간접적으로 민중을 일깨우며 파고들었다. 인간의 개인적 인권을 소중하게 여기는 휴머니즘의 정신이 싹트면서, 현실을 구체적으로 알고자 하는 자발적 인식이 형성된다. 수직적 봉건 사회는 수평적 평등 의식으로, 종교나 사상적 이념에 의해 지배되던 관념은 사실적, 합리적, 과학적 사고로 변화되어 간다.

이러한 시대적 사상적 배경 속에서 인간의 사고력, 이해력을 특징짓는 것이 바로 분석정신과 실용정신이라고 할 만하다. 우리의 실용 정신은 조선조의 실학사상에 기원하며, 서구 사회의 생활상에 대해 눈을 뜨기 시작하면서 서구 사회의 시대적, 관념적 배경이 되었던 실용주의의 영향을 받은 것이라고 생각된다. 곧 우리의 문호 개방과 개화파의 일본, 미국 유학을 통해 서구의 실용주의를 알게 되는 영향 관계에 놓이게 되었을 것이다.[76] 실용정신은 곧 추상적이거나 형이상학적인 관념을 배척하고 실제

---

76) 실용주의는 19세기 후반 이후 미국을 중심으로 하여 일어난 반형이상학적인 철학사상이다. 김동식(2002)를 참고하면 다음과 같다. 프래그머티즘은 통상 실용주의라고 번역되며, 실용성을 중시하는 사상적 경향이나 태도 등을 지칭하는 보통명사와 같은 뉘앙스를 많이 담고 있다. 어원상 프래그머티즘과 연관되는 그리스어 <pragma>는 사실, 행위, 사태, 행동 등을 뜻하고 실천, 실체적이라는 뜻을 갖는 용어 <practice>의 어원이다. 프래그머티즘은 그 발생적 연유에 의하면, 미국에서 1870년대 이후 태동되어 20세기 중반까지 발전되고, 이후 1980년대 다시 등장한 하나의 사상운동으로서의 의미를 갖는다. 그리고 이 개념은 다시 다른 곳에서도 사상가들에 의해 지지를 받았으므로 미국을 초월한 사상적 경향으로서의 의미를 확대된다. 프래그머티즘의 사회적 배경은 산업화의 도래와 연관된다. 사회개혁적인 안목에서 관념적인 철학의 사변적 성격을 비판하고 구체적인 경험 속에서 일어난 결과를 중심으로 행위나 관념의 의미를 찾고자 하였다. 프래그머티즘의 사상적 배경은 영국의 경험론과 공리주의적인 전통을 계승·발전시키고, 19세기에 발달한 다윈의 진화론을 대표로 하는 생물학과 신생의 학문으로 발전하였던 심리학 등 과학적 성과에 영향을 받았으며, 미국인들이 청교도 정신을 계승하면서도 새로이 발전한 산업사회의 요구를 수용하고자 하는 것이었다. 프래그머티즘은 이후 학문적 진리론의 방법을 제시하는 기초가 되었으며, 특히 언어 의미론을 보는 새로운 학문적 방식을 제공하였다.

에 맞는 것을 구체적으로 인식하거나 다루고, 현실적으로 소용되는 것, 편리한 것을 추구함으로써 그 효율성을 높이고자 하는 정신이라고 정리할 수 있을 것이다.

분석 정신은 이 변화의 과정에서 필연적으로 경험될 수밖에 없었던 사고 유형이었다고 이해된다. 위르겐 하버마스는 그의 책『현대성 담론』(이진우 옮김, 2002)에서 "현대의 생활세계는 분화되어 있으며 또 더욱더 분화되어야 한다"고 주장한다. 김상태・박덕은(1994)에 서는 다음과 같이 언급한다. 분석정신이 인간 생활의 전반을 지배하는 사고의 패턴으로 인정되기 시작한 것은 비교적 근대에 와서의 일이다. 이것은 나의 내적 체험과 외부 세계를 구분하는 정신, 나의 사적 진실과 대중의 공적인 진리를 판별하는 정신 등에서 비롯된 것이다. 분석정신은 기술이 지배하는 사회, 논리가 우선하는 사회로 변화시키는 동인(動因)이 된다.

그러나 "분석"이 핵심 단어가 되어 이루어진 지적인, 또는 철학적인 사조는 없다. 다만 이 용어는 모든 학문 분야의 가장 기본적 방식으로서 인식되어 왔을 뿐이다. 예를 들어 "정신 분석, 구조 분석, 실태 분석"등과 같이 하나의 앎을 이룩하기 위해 필연적인 지적 행위가 분석이었다. 그리고 분석을 위주로 하는 학문으로는, 분석판단. 분석법학, 분석심리학, 분석화학 등이 있다. 이 중 '분석 철학'이라고 하는 것은 1940년대 미국에서 일어난 하나의 학문 사조였다. 나치의 박해를 피해 이민 온 논리실증주의자들에 의해 미국의 프래그머티즘은 분석철학으로 이행하는 변화가 생긴다. 프래그머티즘의 바탕 위에 분석 철학이 수용되는 변화를 겪게 되는 배경에는 이미 프래그머티즘과 분석 철학에는 많은 관점을 공유하고 있었기 때문이다.

기본적으로 분석을 한다는 것은 대상에 대해 정확히 알기 위한 과정이 된다. 학문에서 분석의 지적 과정은 필수적인 것이다. 큰 집합체에 대해 우리가 얘기할 수 있는 것은 그리 많지 않다. 그 모양새를 명시화하여 드

러내기 위해 필수적으로 해야 하는 것이 곧 분석(analysis)이다. 하나의 구
조체에 대해 실제적 분석을 함으로써 대상이 이루고 있는 구조적 체계,
경계선의 정체, 대상의 본질 등이 더욱 명료하게 밝혀질 수 있게 된다.

그러면, 분석 정신과 실용 정신의 상관성을 굳이 언급하기 위해 두 사
고 방식의 정체에 대해 좀더 생각해 보기로 하자. Harrison & Bramson
(2002)에서는 사람들의 사고 방식의 유형으로서 실용과 분석에 대해 다음
과 같이 언급한다. 실용주의자들은 무엇을 하든 그것은 모두 상황에 의존
하여 한다(Whatever works, it all depends on the situation). 실용주의자들의 세상
은 그 자체로서 단편적인 사건(The world is itself s piecemeal affair)이며 일들이
발생하는 방식은 한 번에 한 단계씩(The way things really happen is one step at
a time)이라고 생각한다. 그리고 새로운 시도를 하는 실험과 혁신에 관심
이 많다. 그런가 하면, 분석가들은 대상이나 상황을 이루는 부분적 성분
들을 파헤치며, 그 하나를 떼어내어 정의한다. 그 방법은 명쾌하며(clear-
cut) 형식적 논리(formal logic)에 기초를 두고 있다.

결국 이 두 정신은 "개체적 실천"이라는 덕목에서 합치점을 찾는 것이
아닌가 한다. 실용주의자들은 관념적 이론을 탈피하여 대상 그 자체로서
경험하고자 한다. 분석가들은 견고한 이론을 세우고자 한다는 점에서는
실용주의자와 차이가 있으나, 어디까지나 추상적 관념을 떠나 실체를 파
헤쳐서 들여다보는 분석의 방식을 통해서 도달하는 것이다. 그리고 객관
적인 과학의 정신과 합치하는 바가 있다. 인간 내적 심리 상태에 의한 형
이상학적 이성보다는 객관적인 외부 세계와 구성 요소들 간의 상호 작용
에 대한 이해가 더 중요하다.

한국의 근대화 속에서 새롭게 자각된 분석정신, 실용정신은 근대성 형
성의 주요 동인이 되고, 아울러 국어의 현대화를 실현케 하는 주요 요인
으로 작용한다.

## 1.3. 분석실용 정신으로 이루어진 국어의 현대화 양상

앞 절에서 본 것처럼 의식의 현대화에 관여하는 인간의 정신은 여러 사조와 사상의 역사였다고 할 수 있지만, 그 중에서도 일상생활에서 현대성을 출현케 한 중요 사상은 실용주의였고, 구체적 사고 방식의 형태는 분석 정신이었다고 생각된다.

분석과 실용 정신이 시대를 현대로 이끈 동력이 되었다면, 인간 의식의 산물인 언어의 문제도 역시 이러한 정신과 상관성이 있음은 자명한 일이 될 것이다. 그렇다면 국어 변천사에서 어떤 문제들이 이 동인으로 설명되어야 할까 하는 문제를 생각해 보기로 한다.

국어의 근대화와 분석 정신과의 관련성에 대한 앞선 연구로는, 문학 연구 분야의 김상태·박덕은(1994)이 있다. 이 앞선 연구에서는, 소설 문장의 단문화, 분절화는 외현적 변화이고, 그 변화의 원리는 인간의 분석적인 사고의 발달에 있다고 하였다. 곧, 분석 정신이 현대 생활을 지배하게 되는 원리일 뿐만 아니라 소설 문체도 지배하는 원리라고 본 것이다. 그리고 이러한 분석 정신에 의하여 위와 같은 언어 형식상의 변화가 생겼다고 하였다. 곧 지문과 대화의 구별, 문장의 연결과 종결의 구분, 시제에 대한 어렴풋한 자각, 해부적 구성 방식, 분석적 전개 방식, 문장의 분절, 낭독조에서 변사조, 그리고 묵독으로 옮겨가는 산문 리듬의 변화 등 많은 변화가 생겼다고 언급하였다.

안병희·이광호(1990)에서도 중세 국어 시기에 장문이 형성된 것에 대해 논리의 명료함과 간결한 표현의 추구 정신이 미약한 전근대성에 원인이 있다는 지적을 하고 있다. 국어사의 문제를 의식 변천의 문제와 관련시킨 것이다.

이러한 앞선 연구들을 참고하면서, 이 장에서는 국어 변천과 정신의 변천과의 관련성에 대해 고찰하고자 한다. 정신적 변화의 영향 아래 진행되었다고 생각되는 국어의 변화로는 문장의 단문화(短文化), 띄어쓰기, 연결어미 형태의 변화, 탈 개념화 표현, 격 표현의 변화, 대명사 범주의 변화, 문장 종결 표현의 변화 등을 꼽을 수 있다.

## 1) 언어 단위의 분절화와 분석 정신

우리 문장의 전근대성 중 하나가 바로 문장의 길이가 지나치게 길며, 단위적 분절성이 부족하다는 점이다. 국어 문장의 이러한 전근대성은 국어 문장의 탄생이 한문 번역체로 시작하면서 이루어졌고, 이것이 하나의 전통이 되었다는 데에 그 원인이 있었다. 한문 문장의 특징은 문장 단위로 끊어지지 않는 것이므로, 이를 번역한 중세 시기의 언해문장은 한 단락이 한 문장이 된다는 형식적 틀로 등장하게 된 것이다. 길이가 길 뿐만 아니라, 띄어쓰기도 시도하지 않았다. 당시 띄어쓰기 인식이 없는 한문 문장의 전통 속에서 띄어쓰기의 시도는 생각조차 할 수 없었을 것이다. 뿐만 아니라, 연결어미도 음절 한 조각이 부족하여 분절적 어감을 덜 주는 것들이 있었다(예: '-어' : '-어서', '-니' : '-니까'). 그리고 명사적 개념을 만들 때 관형절을 안은 의존명사 '것'을 쓰는 대신에 서술어를 그대로 명사형 접미사를 붙여 명사적 개념으로 만드는 방법이 더 선호되었는데, 이 점 역시 언어 단위를 덜 분절되게 만드는 한 형식이었다.

### (1) 문장의 단문화

중세 국어 시기에 우리 문자가 처음 만들어지면서 한국어 문장의 모습이 드러난다. 이 때 몇몇 대화 문장을 제외하고는 대체로 문장의 길이가 대단히 긴 형태로 쓰임으로써 국어 문장의 현대화를 위해 극복해야 할 하나의 요소가 생겨났다.

국어 문장은 종결어미에 의하여 문장이 끝나고 마침표가 분명히 찍히는 문장형태를 갖는다. 그러므로 한 단락이 몇 개의 문장인지 각 문장이 어디서 끝나는지가 그대로 드러난다. 이는 의미적인 한 덩어리가 형식적으로도 분명하게 드러나 문장의 맺고 끊음이 있는 단위가 문장임을 뜻한다. 이에 반해 한문 문장은 의미적인 문장의 분간은 있으나 형식적으로 문장의 정확한 끝남을 인식하지 않는 문장 형태를 갖는다. 한문 문장에 문장이 끝나는 표시를 하는 어조사가 있는데, 이를 기준으로 문장의 경계를 보자면 내용적인 덩어리를 이루는 한 단락이 한 문장이 되는 일문 일단락 언어라 할 수 있다. 이러한 한문 문장이 번역되면서 국어 문장의 길이는 대단히 길어지게 되었고 이 전통은 이후 개화기 시기까지 거의 그대로 이어진 것이다.

최석재(2000:31-35)에서 장문 형식은 개화기 이전까지 국어 문장에 일반적으로 나타나는 현상이며, 한 문장의 범위를 한 단락쯤으로 여겼다고 추측하게 한다고 하였다. 그리고 장문의 의미구조를 보면, 가령, "이전 배경, 최근 배경, 원인1, 원인2, 결과"와 같이 부대상황의 모든 설명을 다 한 문장 안에 넣었기 때문임을 보이고 있다. 박갑수(1998)에서 "장문성은 일문 일단락, 복잡한 복문, 장문의 접속, 장문의 관형절, 장문의 보문, 대등절의 반복, 장문의 인용 등에서 빚어진다."고 언급하면서 문장의 길이에 따르는 가독성에 대한 R.Flesh의 가설을 소개하고 있다. 단어 8개(및 그 이하)의 이해도는 매우 쉬움, 17개는 보통, 29(및 그 이상)는 매우 어려움으로 제시되어 있다.

안병희·이광호(1990)에서는 중세국어에 한문 대역문이 아닌 문장, 예를 들어 석보상절 같은 경우에도 긴 문장이 많이 나오므로, 문장의 길이가 긴 원인이 한문 자체에 있다기보다 논리의 명료함과 간결한 표현의 추구 정신이 미약한 전근대성에 원인이 있다는 지적을 하고 있다. 그러나 우리는 국어 문장의 길이가 길어진 것의 직접적인 연유는 한문 문장의 번역 형태에서 비롯되었기 때문이라고 보면서, 이것이 근대에 와서 분석 정신에 기반하여 언어 단위의 분절을 시도하게 되었다고 해석하고자 한다.

이러한 연유로 길어진 국어문장의 모습은 하나의 전통이 되어 후에 번역분이 아닌 창작 분어체인 고대소설, 신소설, 신문문장, 논설문장 등에서도 그대로 답습된다. 소극적인 형태 분절로 길어진 문장이 적극적으로 분절되는 시기인 1920년대 정도까지 이 전통이 유지되는 것이다. 장문의 단문 시기를 1920년대로 본 것은 앞 절에서 본 바와 같이 신문 기사문장의 현대화 양상을 살펴본 결과이다. 신소설 문장에서도 대부분의 문장은 장문 형태로 쓰여진다. 그리고 이른바 근대 소설의 시기로 들어서면서 문장의 길이는 단문화 양상을 띠어가게 되는 것이다.

문장의 단문화 시기는 종결어미의 현대화 시기와도 일치한다. 다음 절에서 다루겠지만, 각 장르 서술의 현실화와 함께 전근대적인 종결어미를 지양하면서 현대적 종결어미를 구사하고, 더불어 문장의 단문화도 함께 진행된다. 이는 언어를 사용하는 사람들의 근대적 의식이 작용한 것으로 풀이해야 할 것이다. 특히 문장의 단문화 양상에 대해서는 근대화의 동력인 분석 정신에 의거했다고 할 수 있을 것이다.

### (2) 띄어쓰기의 시도

국어 문장 역사에서 빈칸 띄어쓰기가 처음 시도된 것이 1896년 독립신문에서 비롯되었음은 주지의 사실이다. 이 문제는 이기문 외(1990:30)에서 논의되었다. 독립신문 창간호의 논설에 한글 전용의 기본 취지는 "남녀 상하 귀천이 모두 보게 함"이며, 특히 빈칸 띄어쓰기를 하는 것은 "구절을 띄어쓰기는 알아보기 쉽도록 함"이라 밝히고 있다. 이는 우리나라 표기법 상 처음으로 띄어쓰기가 시도된 역사적 사실이다. 이보다 앞서 권점으로 띄어쓰기를 표시한 것이 있었다. 1894년 12월에 나온 《독립서고문》, 1896년에 나온 《新訂尋常小學》서 권점 띄어쓰기가 시도되었는데, 이는 빈칸 띄어쓰기는 아니었다.

이기문 외(1990)에서는 독립신문의 빈칸 띄어쓰기 생각의 주창자는 서재필이었음을 밝히고 있다. 그리고 그 과정에 대해서는 이보다 앞서 선교사들에 의해 국외 간행된 서적을 참고하였을 것이라고 추측한다. 곧, 1882년 요코하마에서 간행된 로쓰(J.Ross)의 《Korean Speech with Grammar Vocabulary》을 비롯하여 1887년 중국 상하이에서 간행된 스코트(J.Ccott)의 《A Coreen Manual or Phrase Book》, 1890년 요코하마에서 간행된 언더우드(H.G. Underwood)의 《한영문법(An Introduction to the Korean Language)》과 《한영ᄌ뎐(A Concise Dictionary)》등은 이미 빈칸 띄어쓰기를 했다. 서재필은 이 책들을 보았을 것이며, 더욱이 미국 유학을 통해 영문 띄어쓰기를 익히 알고 있었다. 이러한 인식 속에서《독립신문》창간호부터 이 빈칸 띄어쓰기를 시도하게 된 것이다.

굳이 띄어쓰기의 예를 들 필요는 없겠으나, 다만 띄어쓰기를 전혀 시도하지 않았던 문헌 자료와 띄어쓰기를 시도했던 문헌 자료를 들어 비교해 보면서 띄어쓰기의 효용성에 대해 생각해 보기로 한다.

  (1) 한農夫가둣을나무우에미고그속에쌀을너헛더니어너놀밤에흔쟌납이그나무
      에올나가둣속에인는쌀을다먹고나오려ᄒ다가몸이둣헤끼여움직이지못ᄒᄂ
      지라. 《심상소학 1895》

  (2) 우두 법 처음으로 발명흔 셰샤국 의원 젼어 씨을 위ᄒ야 일본셔 의원들이
      모혀 졔ᄉ을 지내고 비을 세우ᄂᆫ디 일본 황졔끠셔 돈 이빅원을 쥬시고 기
      외 유지흔 신샤들이 츌입을 만히 내엿다더라 《독립신문 1896.5.21》

같은 시기의 문장이라도 개화기 교과서에는 띄어쓰기가 아직 시도되지 않고 있다. 그러나 독립신문에서는 최초로 띄어쓰기를 시도하였다. (1)의 문장보다 띄어쓰기를 한 (2)의 문장이 훨씬 가독성이 뛰어남을 알 수 있다. 개화기 교과서에는 마침표가 찍혀져 있는데, 독립신문에는 아직 마침표는 안 찍혀져 있다. 독립신문에서 시도한 띄어쓰기는 각 단어는 띄어

쓰되 조사는 붙여 쓴다고 하는 한글 맞춤법에 맞게 이루어졌다. 그러나 이후 사료에서 구절 띄어쓰기를 시도한 문헌도 많다.

빈칸 띄어쓰기는 국어 문장이 중세 시기의 비분절적인 한문 문화권 영향으로부터 서구의 분절적인 표기 영향을 받게 되는 중요한 사건이었다고 해도 과언은 아닐 것이다. 빈칸 띄어쓰기의 시도는 국민들이 잘 알아보게 하기 위한 것이었고, 이는 실용주의에 입각한 것이라고 볼 수 있다. 그리고 글자들 덩어리로는 잘 알아 볼 수 없는 것을 단어별로 인식하면서 나누어 표기하고자 한 것은 이 당시의 새로운 지성적 분위기였던 분석 정신이 깔려 있는 것이라고 해석할 수 있을 것이다.

(3) 연결어미 형태의 변화

중세 국어 시기의 언해문 문장의 연결어미 중 특징적인 것은, '-서'가 잘 안 쓰이고 있다는 점이다. '-서' 형태소는 '-아/어서' '-고서'처럼 사용되어 문장에 분절적인 어감을 더해주는 기능을 한다. '-니'와 '-니까', '-라'와 '-라고' 같은 경우도 마찬가지라고 생각된다.[77]

다음 문장은 현대어에 비해 형태소 한 음절이 사용되지 않음으로써 미분절 어감을 주는 것이 된다.

(3) 잇더 삼쳔동이 할임이라 하난 양반이 잇스되 셰더명가요 충신의 후예라

---

[77] 통시적으로 '-아/어'나 '-라' 등의 어미에 후대로 올수록 '서', '고', '까' 등이 더 붙는 변천을 보이는데, 이것은 각기 기능이 다르긴 하지만 문장에 분절 어감을 더해주는 공통점이 있다고 본다. "배가 불러 더 못 먹겠다"와 "배가 불러서 더 못 먹겠다," "너를 보니 옛날 생각이 난다"와 "너를 보니까 옛날 생각이 난다," "집에 가려 길을 나섰다"와 "집에 가려고 길을 나섰다" 같은 예문에서 앞의 문장은 뒤의 문장에 비해 뜻을 더 강조하거나, 더 완결된 어감을 준다고 생각된다. 가령 "왜 못먹니?"라는 물음에 대해 "배가 불러"라고 하는 것은 이상한 반면 "배가 불러서"라고 하면 괜찮다. '-어서'의 '서'는 연유, 이유를 드러내는 뚜렷한 기능을 하며, '-니까'의 '까'는 강세의 어감을 준다. "-라 하는"보다는 "-라고 하는"이란 표현은 앞 문장에 더욱 완결 어감을 준다. 이 문제에 대해서는 더욱 철저한 규명이 이루어질 필요가 있다고 본다.

<열여춘향수절가>

(4) 홍참의는 본리 시럽슨 쇼리 잘하는 <u>사룸이라</u> 김씨부인의 ᄒ는 말은 드른 체도 아니ᄒ고 남순이를 다리고 허허 우스면서 …<치악산>

위 문장의 밑줄 친 부분은 현대어와 비교하면 어미에 '－고' 형태가 **빠**져 있다. 한 형태소의 줄임이 문체적인 변이에 큰 영향을 기치는 것은 아니지만 앞서 지적한 '－서'의 줄임 현상과 함께 문장의 분절 의식의 미성숙 문제로 이해된다.

이러한 미분절적 연결어미 형태의 변화가 어떻게 현대화 과정을 겪는지에 대해서는 정밀한 연구가 이루어져야 할 것이다. 다만, 개화기 시기에 오면 이러한 분절을 보이는 연결어미들이 어느 정도는 사용된다는 점을 지적할 수 있다.

(5) 의정부에서 홀 일이 농상공부보다 더 만히 잇고 더 중ᄒ 일들을 의론ᄒ야 결정홀 터이니 죠씨가 의정부에 <u>가셔</u> 일 잘ᄒ기룰 ᄇ라노라

《독립신문 1896,11,17》

(6) (하 원질도 홀만ᄒ 사룸 ᄒ나홀 <u>공천ᄒ려니짜</u> 암만 싱각ᄒ여도 썩 쉽지 안소그려 《제국신문 1898,8,17》

(7) 이째 아쌔는 가만히 여려 사람들의 니야기를 듯고만 잇다가 갑작이 생각하는 것이 <u>잇서서</u> 처음으로 입을 열었다 《신여성 1925, 10월》

위 예문의 연결어미는 형태소가 하나씩 더 쓰임으로써 이전의 형태보다는 다소 분절적인 어감을 주는 것들이다.

이상과 같이 연결어미의 형태가 한 음절이 첨가되면서 분절적 어감을 더했다는 것은 곧 인간의 분석 정신이 그 기저에 깔린 것이라고 이해할 수 있을 것이다.

(4) 탈 개념화 표현

국어 문장의 현대화 과정에서 또 한 가지 극복해야 할 요소는 많은 구성 성분을 하나의 개념화로 표현한 것을 벗어나는 것이었다. 이를 편의상 '탈 개념화 표현'이라고 명명했다. 박승윤(1992)에서 명사화와 분열문 구문이 명제를 개념화하여 추상적, 문어체적으로 만드는 효과가 있다고 논의한 바 있다.

'-ㅁ' 명사화 표현은 서술어의 어간에 바로 접미사를 붙여 그 뜻을 하나의 관념적 개체로 나타내어 추상화하는 기능을 갖는다. 반면에 '-는 것'은 서술어의 어간에 시제나 논리 관계를 나타내는 형태소를 덧붙이는 구조로서, 더욱 구체적인 표현을 하는 것이 되고 따라서 '-ㅁ' 명사화보다 분석적인 묘사에 가까운 것이 된다.

중세시기에 한문을 번역한 언해문에는 현대 한국어 문장과는 다른 고어적 문장 구조들이 쓰였다. '-ㅁ' 명사화 구문은 현대국어와는 아주 다른 문장구조로, 미분절적인 어감을 준다. 이 특징 역시 한문 번역 과정에서 많이 생겨날 수밖에 없었던 형식이었다고 생각된다.

고대 소설의 문장에서도 '-ㅁ' 명사화 표현이 많이 사용된다. 이 역시 문장의 내용을 풀지 않고 개체적인 개념으로 묶어 표현하려는 언어 의식을 보인다.

(8) ㄱ. 글의 지암이 신통ᄒ야

　ㄴ. 우리와 ᄒ가지로 글을 지어 우열을 닷톰이 엇더ᄒ뇨

　ㄷ. 소져는 혐의 잇ᄉ오니 더부어 결친홈이 맛당치 아니ᄒ여니다

　ㄹ. 소져 왈 츙남산 ᄌ육봉이 산천이 알음답고 경개 죠흔지라 ᄒ 번 구경호미 엇더ᄒ요 <구운몽>

개화기 시대에 오면 기사문, 논설문에서 그러한 쓰임 대신 "-는 것"

형이 많이 쓰이기 시작한다.

> (9) ㄱ. 나라이 잇슨 후에 법률과 장뎡이 업스면 공장의 먹줄과 주와 <u>겨울 업는</u>
> <u>것과</u> 갓허서 … 《제국신문 1898,8,8》
>
> ㄴ. … 법률이 어즈러운 나라에는 법률이 어두워셔 <u>죄의 경ㅎ고 즁ㅎ 것</u>
> <u>과 시비의 올코 글은 거시</u> 쳥촉ㅎ고 아니ㅎ는더 《제국신문 1898,8,8》
>
> ㄷ. 우리나라에도 이와 비슷ㅎ 풍속이 만흔더 그 풍속의 <u>폐되는 것이</u> 극히
> 크것만은 … <주샹호, 사람의 지혜와 권력, 신학월보, 2권9호(1902)>

곧, '-ㅁ' 명사화와 같은 전근대적인 문장구조의 예들은 개화기 시기
까지도 사용되었음을 알 수 있다. 그리고 '-것'이라고 하는 의존명사 표
현을 사용하면서 이러한 명사화 표현은 탈피된다. 이것은 곧 하나의 개념
을 하나의 언어 형식으로 표현하려 했던 분절적인 표현에 해당되며 인간
의 분석 정신의 방향과 일치하는 것이다.

## 2) 문법 범주의 실용화와 실용 정신

위에서 살핀 것이 모두 언어 형식상의 분절성과 관련된 것이었다면, 여
기서 다룰 것은 국어의 문법 범주와 관련되는 것들이다. 문법 범주의 각
규범들도 통시적으로 많은 변화를 겪었다. 특히, 격 표시, 대명사 같은 경
우에는 다분히 언어의 사용이 현실 세계를 반영함에 더욱 편리해야 한다
는 방향으로 변천이 되었다. 그리고 종결법 어미가 현대화되는 동기도 역
시 문장의 현실성 문제와 관련이 되며 따라서 실용 정신이 기저에 있는
것이라고 생각할 수 있다.

### (1) 격 기능에 맞는 격 표현의 지향

언해 문장의 언어적 특징 중 문장 내적인 구조에 해당하는 것을 몇 가

지 찾을 수 있는데, 그 중 의미상으로, 또는 문법적 기능상으로는 주어나
목적어인 것을 소유격으로 표현한 것이 있다. 한문 원전의 "之"가 관형격
으로 쓰였을 때 이것을 그대로 직역하다 보면 국어 문장에는 고풍스러운
소유격 문장이 형성되게 된다.

> (10) ㄱ. 내 말이 모황혼 주리 아니라 오직 성인의 ᄀᄅ치신 거시니라
>       (匪我言耄惟聖之謨)
>
> ㄴ. 이런 故로 父母의 ᄉ랑ᄒ시는 바롤 쏘 ᄉ랑ᄒ며 父母의 공경ᄒ시는
>     바롤 쏘 공경홀디라 (是故로 父母之所愛롤 亦愛之ᄒ며 父母之所敬
>     을 亦敬之니)
>
> ㄷ. 內則에 ᄀᆯ오디 父母ㅣ 죵의 난 ᄌᆞ식이어나 혹 첩ᄌᆞ식과 첩손ᄌᆞ롤 심
>     히 ᄉ랑커시든
>
> ㅁ. 져근 아히 비홀 글월의 쓴 거시라 (小學書題)《소학언해》

(10)은 원전에 관형격 "之"가 쓰인 것을 우리말로 번역하면서 그대로
"의"의 형태로 직역한 것들이다. 그러다보니 국어 문장에서는 의미적으
로 주격이거나 목적격이 되어 문장 한 성분으로 구실할 것을 그냥 한 구
절로 묶어버린 번역이 되었다. 이것은 행위자나 목적 대상을 주어나 목적
어로 풀어주지 않고 전체 행동이나 개념을 하나의 관념적 개체로 묶어버
리는 문체적 인상을 낳는다. 이러한 문장 서술 방식은 후에 고대소설, 신
소설에 그대로 이어져서 우리 국어 문장의 한 특성을 형성한다.

의미적인 격을 그대로 형식적인 격으로 반영하게 되는 시기는 1920년
대 이후라고 생각된다. 그러나 이것은 글쓴이에 따라 개별적인 차이를 보
인다.

> (11) ㄱ. 녀자가 머리를 깍고 안 깍는 것은 전혀 그 사람 개인의 취미문뎨인가

함니다. (1926, 김준하) 《신여성》

ㄴ. <u>내가 지금 하는</u> 말이 과연 틀님업시 오늘날의 신녀성들의 장뎜고 단
뎜을 바로 맛친 말일는지 혹은 바로 맛치지 못한 말일는지는 알 수 업
스나 하여간 청하는 대로 부득불 몃가지 내가 보는 뎜에 대하야 말을
하겟다.(1926. 김기진) 《신여성》

(11.ㄱ)의 밑줄 친 부분은 "녀자가"는 이전 표현 방식이라면 소유격으
로 표시되었을 것이다. (11.ㄴ)의 "내가"도 마찬가지이다. 그러나 여기서
는 각기 제 문법 기능에 맞는 격 표현을 사용하고 있다.

그러나 다음 문장은 1950년대의 문장임에도 이러한 소유격 개념적 표
현이 사용되었다. 필자에 따라 아직 이러한 격 표현의 현대화가 이루어지
지 않은 것임을 알 수 있다.

(12) ㄱ. 周知하는 바와 같이 相對性原理는 올봄에 逝去한 천재적 大物理學者
<u>아인슈타인박사의 唱道한</u> 物理學界의 一代혁명적 이론이었다.
&lt;김용배, 1955, 사상계&gt;

ㄴ. 여기에 思想의 危機가 있고, 思想을 다루는 <u>사람의 경계해야 할 點</u>이
있는 것이다.&lt;안병욱, 1955, 사상계&gt;

문장(12)에 밑줄 그은 부분의 소유격 표현은 의미상 주격에 해당한다.
"(16.ㄱ) 아인슈타인박사가 창도한 이론, (12.ㄴ)사람이 경계해야 할 점"
으로 표현하는 것이 현대문의 표현 방식이 될 것이다.

이러한 격 표현 방식은 현대 문장에 오면서 지양된다. 그러므로 노랫말
로 굳어져 아직도 그렇게 부르고 있는 "나의 살던 고향은"은 틀린 어법이
라고까지 하게 되었다. 그러나 사실은 우리 문장의 오랜 전통에서 비롯된
것이었고 그 시대에 고정되었던 노랫말이었다고 이해해야 할 것이다.

문장구조적으로 주어나 목적어인 것을 소유격으로 표현하는 것은 문장의 내용을 풀지 않고 개체적인 개념으로 묶어 표현하려는 언어 의식을 보인다. 이런 점에서 분절적인 것으로 바뀌어 간 것으로 해석할 수 있다. 아울러, 이러한 격 표현의 변화는 의미적인 것을 그대로 거기에 맞는 형식으로 표현하고자 하는 것으로서, 결국 언어를 실용적으로 사용하고자 하는 의식이 기저에 깔린 것이라고 생각해 보는 것이다.

### (2) 구체적 표현을 지향하는 대명사의 변화

국어 대명사 범주의 변화도 그 변화의 방향을 문법의 실용성으로 기술할 수 있으며, 그 기저에는 역시 분석·실용 정신이 작용한 것으로 설명할 수 있다고 본다. 국어 대명사의 변천에 대해서는 앞에서 다루어졌다.

이러한 대명사 범주의 변천 중, 특히 3인칭 대명사의 변천은 특별한 의미를 지닌다고 생각된다. 1, 2인칭과 재귀칭 범주는 사용되는 대명사의 형태도 변화하고, 대우법, 친소 관계에 의한 변별도 일어난다. 이것은 한편으로 생각하면 대명사적인 직시 기능을 제약하는 결과를 가져 온 것이고, 또 다르게 생각하면, 봉건 사회 속에서 사람들의 관계를 더욱 정밀하게 표현하고자 했던 결과였다고 할 수 있다. 이 맥락에서 3인칭 대명사도 설명된다. '이, 그, 뎌'라고 하는 간단한 형태로서 사람, 사물 모두 지칭할 수 있었던 중세적 기능이 개화기로 오면서 변화되었다. 여기에 그 사람의 신분과 관련된 내용을 표현하는 명사를 붙임으로써 제 구실을 하게 하는 방향으로 바뀐 것이다. 이것은 표현을 더욱 구체적으로 하려 했던 언어 심리가 작용한 것이었다. 실용성 관점에서 이것은 비효율적인 변화가 될 수도 있다. 그러나 실용 정신이 현실의 세계를 있는 그대로 접수하는 정신이었다고 생각하면, 우리의 현실은 바로 인간관계 (예: 수직적 관계, 수평적 관계)를 중요하게 생각하는 문화였고, 이를 그대로 언어에 반영하고자 했던 변천의 과정으로 이해할 수 있는 것이다.

### (3) 장르에 맞는 종결법의 지향

국어의 역사에서 국어의 현대화와 가장 직결되는 범주가 바로 종결법이다. 중세 국어 시기에 일반적 종결 어미로 사용되기 시작한 것이 '-더라,' '-이라,' '-노라,' '-지라' 같은 종결형이었는데, 이 형태는 우리의 현대적 문어체와는 잘 맞지 않는 형태였다. 종결형 '-라'형을 지양하고 '-다'형으로 바뀌는 문제는 우리 문장사에서 매우 중대한 의미를 내포하고 있다. 곧 '-라'형은 상대방에게 지금 말하고 있는 내용을 제시하고 있다는 것을 드러내는 종결형이다. '-라'가 사용되어 감탄, 명령과 같은 기능을 하는 것은 바로 그 기능이 있기 때문이다. 상대방을 염두에 둔다는 것은 곧 글 쓰는 이의 존재도 염두에 두는 것이라는 말이 된다. 곧 구어체적인 대화 상황과 관련이 된다. 그러나 문어체적인 문장 서술은 객관적으로 글 쓰는 이의 존재는 빠지고 상대에 대해서는 중립적인 특징을 갖는다. '-다'형은 그러한 기능을 가지면, '-다'형의 서술로 인해 문장 내용의 현실성이 획득된다. 그러므로 문어체에서의 '-라'형 종결형은 다분히 전근대적인 방식이었고 국어의 현대화를 위해 지양되어야 할 요인이 되었다.

종결법의 현대화 시기는 1890년대에 싹이 트고 1920년대에 이행이 시작되어 1930년대 끝 무렵에 가서야 완성되는 과정을 보인다고 정리할 수 있을 것이다(이 책의 11장, 12장 참고). 그러나 장르별로 특성적인 차이를 보인다. 소설 문장에서는 이미 1920년대에 오면 종결법의 현대화가 이미 이루어져 있다. 그러나 신문 문장의 현대화는 오랜 기간 서서히 진행되어 갔다.

신문 문장이 전반적으로 '-더라'형을 탈피하는 시기는 1930년 말엽으로 간다. 그러고 보면 신문 문장이 현대화로 진행하기 시작한 시기로부터 약 20년 (1920년대와 1930년대) 걸친 기간이 필요했음을 알 수 있다. 우리의 신문 문장이 일차적인 전근대성을 탈피하여 우선 종결형에서나마 현대성을 갖추게 되는 시기는 1940년대(정확히는 1930년대 끝 무렵)로 온다. 이러한 변화는 소설의 중요 요소인 시점의 채택 장치를 형성하게 되는 요인이 되는 것이다. 신문 문장에서의 '―ㄴ다' 채택은 신문 기자의 존재를 감추면서 기사의 진실성을 획득하게 하는 요인이 된다. 아울러 신문의 문체를 보고체에서 기술체로 바꾸게 하는 요인이 된다.

이상과 같은 종결법의 변화는 텍스트의 장르 인식과 다분히 관련되는 것으로 풀이해야 할 것이다. 훈민정음이 창제되고 국어 문장 글쓰기가 시작되었을 때에는 종결형에서 동일한 한 가지 방식만 사용되었다. 차츰 글쓰기의 여러 장르에서 전통이 쌓이면서 소설은 소설다운 방식으로, 신문은 신문다운 방식으로서 문장 유형을 정립해 나간 것이다. 각 장르다운 방식으로 변모해 나간다는 것은 곧 각 장르의 효율성을 높이는 과정이다. 따라서 이러한 변모의 기저에는 실용 정신이 작용하고 있는 것이라고 해석해 보는 것이다.


## ▌ 2. 언어 변화와 인지 요소

앞 절에서는 국어사의 몇 가지 변천 사실을 분석·실용 정신과 연관지어 고찰해 보았다. 물론 분석·실용 정신이 국어사의 제 변천 사실을 망라하여 설명할 수 있는 것은 아니다. 현대로 오면서 표현에서 나타나는 피해 의식의 증대, 쉬운 발음의 추구, 강한 어조의 증가, 의미의 추상화 과정 등은 분석정신의 맥락과는 상관이 없는 것들이다. 그리고 서론에서도 언급했듯이, 인간의 인지적 특징에 의한 언어 변화, 언어가 의사소통의 도구라는 기능성 때문에 생기는 변화 등도 있다. 이러한 것들을 정리해 보기로 한다.

## 2.1. 음운의 변화

음운의 변화 중 소실음이 되어 소리가 사라진 것은 음운 변별의 필요성이 없었기 때문인 것으로 풀이해야 할 것이다. 그리고 구개음화 등의 사항은 쉬운 발음을 추구하려는 인간의 심리에 연유한다고 본다. 또한 경음화 등 강한 발음을 추구하는 것은 더욱 강하게 표현해야 먹히는 현대사회의 특징을 반영하는 것이며, 아울러 그러한 사람의 심리를 반영하는 것이라고 할 수 있다.

경음화 현상은 현대에 와서 더욱 가중되어 가고 있는 현상이다. 현대국어에 이미 경음 표기가 바른 표기로 지정된 많은 예들이 있는데 이들은 기실 중세 국어 시기에는 경음이 아니었던 것이 많다. 그런데 현대 국어에서 경음 발음을 하면 안 되는 경우까지도 경음화 현상을 적용하고 있는 예가 많아졌다. 예를 들어 '과대표'를 '꽈대표'라고 발음하는 사람이 많다. 경음화란 앞의 소리 때문에 영향을 받아서 뒤의 소리가 경음으로 바뀌는 현상인데, 앞에 아무 소리가 없는데도 경음으로 발음하는 것이다. 이것은 언어내적인 변화가 아니라 다분히 표현을 더욱 강하게 하고 싶어 하는 사람들의 심리가 반영된 것이다.

## 2.2. 단어의 변화

사회에서 증가하는 대상(물건이나 개념)을 표현하기 위해 끊임없이 어휘가 증가했다. 곧 세상의 변화에 대응하는 단어의 변화가 일어난 것이다. 그리고 단어의 의미에서도 변화가 생겨났다. 또한 기존의 형태에서 파생, 합성 등의 방법으로 어휘가 증가하는데, 시대별로 그 방법에도 변화가 있었다. 이러한 부분에 대해서는 어떤 특정한 심리를 찾아보기는 어렵다. 또한 어휘의 문법화 과정은 기존의 말을 의미상 은유적, 추상적으로 확대하여 쓰게 되고 필요한 문법소까지 되는 과정 (물리 지시>심리 지시, 공간 지시> 시간 지시 등)으로, 이는 인간의 인지를 그대로 반영하는 것이라고 할 수 있다.

## 2.3. 문법의 변화

변별이 잘 안 되거나 불필요한 것은 편리하게 방식을 변화시키는 변화가 일어났다. 예를 들어 존대법 중 객체존대는 객체의 범위가 너무 광범위하여 그 성분을 생각하기에 번거로움이 있는 방식이었다. 이에 존대법 방식이 사라지고 지금은 어휘적인 형태로만 객체 존재의 모습이 남아있다. 그런가 하면, 대명사 변천에서는 표현을 강하게 하려는 심리를 읽을 수 있다. 3인칭 대명사에서 '이, 그 녀'로만 지시하기에는 뭔가가 부족한 표현임을 인식했던 듯하다. 구체적인 지시 대상의 정보를 붙여서 '이 사람, 그 남자, 저 여자, 이 분' 등의 표현을 하게 되었다. 그리고 피동과 사동의 변화를 보면, 현대인의 피해 의식과 책임감 회피의 의식이 커져가고 있다는 점을 드러낸다. 문법 범주 중 피동 표현의 변천을 살펴보면 현대 국어로 올수록 '되다'와 '-어지다'를 붙이는 피동 표현의 사용이 많아짐을 알 수 있다. 능동 표현이 행위자 위주의 표현이라면, 피동 표현은 사람이 다른 주체의 힘을 입는 표현이다. 최현배(1937)만 하더라도 우리말 피동 표현은 그리 활발하지 않은데, 그 이유는 우리말은 사람을 중심 삼는 말이고 서양말은 사람을 중심 삼지 않는 말이기 때문이라고 하였다. 그러나 현대로 오면서 피동형 문장의 사용이 점점 늘어났다. 가령 "사건의 진상은 반드시 밝혀져야만 한다 / 세계의 관심이 한국에 모아지고 있다 / 이러한 점은 극복되어져야만 한다 / 가난과 철거민의 대명사로 불리던 동네가…" 등의 표현은 행위의 주체를 쑥 빼버린 것이 되니, 누가 밝히고, 누가 부르던 것인지에 대한 언급을 회피하는 표현들이 된다. 이러한 현상들은 현대로 오면서 점차 판단과 책임 의식이 불확실해져 가는 현대인의 심리를 반영하는 변천인 것이다.

또한 이 책에서는 살피지 않았지만, 동사가 보조동사화 하고 보조 동사로서의 의미적 확장이 일어나는 보조 용언의 통시태에서도 인식의 변천이 감지된다. 손세모돌(1996)에서 보조 동사의 확장 범주가 주로 말할이의 판단을 나타내는 범주임을 확인하였다. 가령 "버리다"가 "기대에 어긋남"이라는 보조 용언의 의미로 쓰이게 되는 것은 신소설 자료에 와서의 일이다. "주다"가 "유익성 판단"의 뜻으로 쓰이게 되는 것도 근대 국어 자료에 와서의 일이다. 현대에 와서는 "착해빠지다, 순해터지다, 돌아먹었다" 등의 자료가 추가되니, 말할이의 주관적인 감정을 표현하는 조동사 범주가 점차 늘어나고 있는 것이다. 곧 사람의 감정적인 것을 더욱 표현하고자 하는 인지 요소가 반영된 것이라고 생각된다.

앞으로는 현대 국어에서 일어난 변화 양상들도 대상이 되어야 할 것이다. 이를테면, '똑' 소리 나게 키우자." 같은 표현이 현대 정보화 시대에 이르면 '클릭' 소리 나게 키우자"가 된다. 달라져 가는 문물 속에서, 우리는 달라짐을 두려워한다. 나와 같지 않은 것은 '틀리다'로 말하는 심리 속에 그 두려움이 반영되어 있다. '다르다'와 '틀리다'는 엄연히 다른 말임을 강조하다가, 언중들이 고치지 못하면, 그대로 쓰게 되고 어느 시기가 되면 언중의 인식에 따라 '틀리다'의 의미가 '다르다'가 될 것이다. 그러나 이러한 인식의 역사는, 특히 현대의 역사는 세월이 좀 지난 후에야 제대로 조망될 수가 있을 것이다. 단지 우리는 지금까지의 언어에 대한 역사의식을 가지고서, 현 시대에서 단편적인 사실들을 접하면서 언어를 운용해 나가는 것이다.

## ▌ 3. 미래의 언어와 사고에 대한 우리의 희망

이 책의 1장에서 우리는 언어의 현대성에 대해 언급한 바 있다. 언어의 변화에 의해 결국 우리의 언어는 현대성에 가까워져 왔다고 할 수 있다.

현대인이 현대 사회를 살아가는 데에 편리하도록 언어가 변모해 왔을 것이기 때문이다. 문물과 제도가 변하면서 사회는 바뀌고 사람들의 의식도 바뀌었고 이에 따라 언어도 바뀌었다. 현재 우리가 사용하는 것이 우리의 언어이기 때문에, 어쨌든 언어의 변화는 우리가 쓰기 편리한 방향으로 바뀌져 온 것은 사실일 것이다. 그리고 이제까지의 국어사에서 변화의 방향성은 분석 정신과 실용 정신 및 여타 인지 요소들이 기저에 깔려 있었음을 12장에서 살펴보았다.

그러면, 앞으로는 어떤 정신사적 변화가 올 수 있을까? 그리고 그와 관련하여 한국어의 미래는 어떻게 전개될까? 그 가능성을 짐작하기는 쉬운 일이 아닐 것이다. 그럼에도 불구하고 몇 가지에 대해 조심스럽게 생각해 보기로 한다. 한국어의 미래에 대해 언급한 참고 자료가 있어서 이 내용을 소개해 보기로 한다.

[국내 언어학자들이 보는 한국어의 미래]

앤드류 달비는 경제 논리에 따라 세계에는 아주 소수의 언어만 남게 될 것이며, 소멸된 언어가 저장하고 있던 문화도 함께 사라질 것이라고 우려했다. 문화는 모국어를 통해 후대로 전수되고, 다른 나라와도 교류하기 때문에 언어의 소멸은 결국 세계관을 이해할 수 있는 메커니즘의 소멸과도 같다는 것이다.

국내 언어학자들은 우선 디스토피아적인 달비의 주장이 과장 아닌 실제 상황이라고 입을 모았다. 김주원 서울대 언어학과 교수는 "2주에 1개 꼴로 언어가 사라진다는 것은 유네스코의 통계"라면서 "1만 명의 사용자가 남아있는 언어라 해도 그 대부분이 노인이기 때문에 그들이 죽으면 언어는 사라진다."고 말했다.

알타이어를 연구하는 김 교수는 "소수 민족의 대 언어 선택은 생존과 직결돼 불가피한 것이므로 비판하기 어렵다."면서 만주어가 1911년 청나라의 몰락으로 100년도 안 돼 사라져버린 사례를 들었다. 러시아, 중국 치하에서 언어통합이 일어나 만주족 1,000만 인구 중 현재 만주어를 읽고 쓰는 사람은 70대 이상 노인

10명에 불과하다는 것이다.

이익환 상명대 석좌교수는 "20세기 말부터 현재에 이르기까지 세계화가 언어의 소멸을 가속화시켰다."고 설명했다. 그에 따르면 세계화는 경제, 정치, 문화 전반에 영향을 미치고 있기 때문에 소수 민족은 자기 언어를 경시하고 대 언어를 배울 수밖에 없다.

그렇다면 한국어의 미래는 어떤 것일까. 이상규 경북대 국문학과 교수는 "인터넷의 발달로 소수자의 언어는 소통에서 열악한 위치에 놓였다."면서 "한국어도 200~300년 후엔 사라질지 모른다."고 조심스레 의견을 냈다. 출산율 저하로 인구가 감소하고, 외래어 유입이 심화되면 고유어는 설 자리를 잃게 될 것이라는 설명이다.

이 교수는 "외래어가 많은 경제신문의 경우, 산골에 사는 할머니들은 읽을 수도 없다. 이미 한국어는 사멸 위기에 처해있다."고 말했다. 그는 지난해 제주도에서 연령대별 방언 인지도를 조사했을 때 20대는 20%도 알지 못했다는 결과도 소개하면서 "표준어와 방언의 관계는 영어와 한국어의 관계와 동일한 패러다임을 적용할 수 있다."고 덧붙였다.

반면 이익환 교수는 "한국어를 쓰는 인구는 8,000만 명으로 추산되는데, 이는 지구상 수천 개의 언어 중 15위에 해당한다."며 한국어가 소멸할 것이라는 예상은 기우라고 말했다. 그는 "영국이 프랑스의 지배를 받았을 때 영어가 공용화될 것이라 누가 예상했겠느냐"며 "한국어의 미래도 속단할 수 없다"고 부연했다.

지난달 인도네시아의 소수민족인 찌아찌아족이 자신들의 언어를 표기할 공식 문자로 한글을 채택한 것도 한 예가 된다. 이 교수는 "세계의 언어학자들이 인도네시아, 태국 등 오지에서 언어를 채집하는 등 소수언어 보존을 위한 노력을 기울이고 있다"며 "미국 언어학회는 연구비를 조성해 미국 내 인디언들의 언어를 보존하는 데 투자하기도 한다."고 소개했다.

이상규 교수는 "소설가 고 최명희의 대하소설 <혼불>이 우리의 고유어를 회생시켰던 것처럼, 문학인들을 중심으로 고유어를 지키고 창조하기 위한 노력도 필요하다."고 말했다. <한국일보 2009년 9월 9일자>

위 글의 내용은 과거 소수 언어의 소멸 역사에 대해 회고하면서 현대의 세계화 상황 속에서 한국어도 사라질 수 있다는 가능성도 한 편 생각하면서, 한 편으로는 세계에서 한국어의 위치가 그리 가벼운 것이 아님을 언급하고 있다.

과연 현재 외래어 유입의 추세를 보면, 한국어 단어가 남기라도 하는 걸까 하는 걱정을 하지 않을 수 없다. 그러나 한국어의 문장 틀에 외래어를 대체한다고 하여 그것이 외국어가 되는 것을 아니다. 예를 들어, "오늘 런치 굿이예요"라고 말하는 것이 외국어는 아니다. 그것은 어찌 되었건 한국문장인 것이다. 또한 경제, 문화적으로 우세한 국가의 언어가 더 중요하다는 생각으로 소수 언어가 경시된다고 하여, 전 국민이 한국어보다 영어의 사용을 더 필요로 하는 것은 아니다. 한국인 중에서도 외국과 접촉하는 일을 하는 사람에게 영어가 필요한 것이지 전 국민이 영어를 유창하게 해야 하는 것은 아니기 때문이다. 그러므로 한국어는 국가가 정치적으로 주권을 가지고 역사가 계속되는 한 소멸되지 않을 것이다.

우리가 우려해야 하는 것은 외래어의 심한 유입으로 인해 한국어가 소멸되지 않을까 하는 문제가 아니라, 한국어와 영어의 양쪽 틈새 속에서 미래의 세대들이 생각의 절름발이가 되지 않을까 하는 점에 있지 않을까 생각한다.

언어는 의사소통의 강력한 도구이므로, 현대의 정치, 경제, 문화 등 전 국면이 세계를 주 무대로 펼쳐지고 있는 상황 속에서 전 세계의 공용어가 되고 있는 영어라는 언어가 무시할 수는 없다. 젊은이들이 세계를 무대로 일을 하려거든 영어를 열심히 해서 실력을 갖추어야 한다. 그러나 그렇다고 하여 그들이 한국 사회의 삶 속에서도 영어로 의사소통하며 사는 것은 아니다. 어디까지나 그들이 공감하며 함께 삶을 살 사람들은 한국어로써 서로의 생각을 전하는 한국 사람인 것이다. 사람이 사회에서 비즈니스만을 하며 사는 것이 아니라, 가족과 친지와 이웃과 웃고 잡담하고 생각을 공유하며 살아야 행복할 수 있는 것이다.

또한 인간은 생활 속에서 필요한 간단한 회화만 하면서 사는 것이 아니라, 더욱 깊은 생각을 표현하면서 살아야 한다. 가령, '왜 우리는 삶을 가볍게 여기면 안 되는가?, 나는 어떤 인생 계획을 세울 것인가?'와 같은 문제는 깊은 생각을 조리 있게 담아야 하는 긴 내용의 언어가 되는 것이다. 그런 내용에 대해 친구들과 부모와 멘토와 이야기를 나눌 수 있어야 한다. 그래야 우리들 삶이 황폐하지 않게 된다. 그런데 이런 내용의 의사소통을 한국어로 하지 않을 수가 없는 것이다. 왜냐하면, 의사소통의 참여자들은 주로 한국인이 될 것이기 때문이다.

그러므로 앞으로 언어의 문제는 철학과 논리 등 사고의 표현 도구이며 결과물이라는 점으로서 주목 받게 될 것이다. 실용적인 문물의 발달은 끝이 없을 듯 빠른 속도로 질주하고 있다. 그런 환경 속에서 인간의 정신적 고갈은 심해져 갈 수밖에 없다. 정신이란, 오로지 인간이 스스로 자발적으로 소유해야 하는 것인데, 외부의 빠른 발달은 인간을 바쁘게 만들며, 정신을 소유할 시간을 빼앗아 버리기 때문이다.

미래 속의 한국어는 우리의 삶에 더욱 중요한 기능을 하게 될 것이다. 정신이 나약해져가는 젊은이들을 강하게 만들어 줄 수 있는 처방이 될 것이며, 복잡한 현대 사회 속에서 행복하게 살도록 가르침을 줄 등불이 될 것이다. 그러므로 영어의 위력에 밀려 외면 받는 작금의 한국어 교육 현실을 심각하게 생각하면서, 유아 교육부터 초등, 중등, 고등 교육 전 과정을 통해 한국어로서 좋은 언어 표현을 하는 구사력을 키우는 것에 국가와 교육계는 집중해야 한다.

이 책을 통해 국어 변천의 많은 부분들이 정신적 문제와 결부되어 있음을 보았듯이, 생각과 언어는 불가분의 관련성을 갖는다는 사실을 다시 한 번 깨닫고, 미래의 한국어는 긍정적이면서 논리적이면서 정서적이면서 합리적인 내용을 가득 담아 국민들의 사랑을 받는 으뜸 언어로서 소유

되어야 할 것이다. 그러한 언어가 특정 작가에 의해서뿐만 아니라 전 국민 누구나에게 소유된다면 그것은 곧 한국인의 사고가 낭성적이며 논리적이며 정서적이며 합리적인 것임을 입증하는 것이고 그 때 이미 대한민국은 그 어느 나라보다도 행복한 국가가 되어 있을 것이다. 한국어의 존재로 인해 문화의 혜택을 입고 역사를 갖고 국어국문학이라는 학문을 배우고 있음에 대해 감사하는 우리 젊은이들의 책임 의식과 실천이 오늘 처한 자리에서 이루어지고 있다면, 우리는 이러한 긍정적 결과를 기대해 볼 수 있을 것이다.

## 생각샘

01. 중세시기의 국어에서 현대로 변천하면서, 겪은 국어의 변화를 염두에 둔다면 앞으로 미래의 국어는 어떻게 변하게 될지 예측해 봅시다.

02. 국어의 통시적 변천 속에는 어떤 정신적 변천이 관련되어 있는지에 대해 생각해 봅시다.

※ 이 장의 서술 속에 위 생각샘과 관련된 내용들이 언급되었습니다. 이러한 내용을 참고하고, 여러분의 진지한 생각을 더하여, 글로 정리해 봅시다.

## History of Korean for Foreigners (외국인을 위한 국어사)

※ 우리 학생들이 외국인에게 한국어의 역사에 대해 단편적으로나마 설명해 줄 수 있으면 좋겠다는 취지에서 이 영문을 실었습니다. 우리의 언어를 소중히 여기고 자랑스럽게 외국인에게 소개해 보고 싶은 의욕을 가져 보시기 바랍니다. 영문의 한국어 해설은 이 책의 뒤에 [부록]으로 실었습니다.

## Chapter 13. The Future and Characteristic of Historical Transformation of Korean

Various transformations of the Korean language discussed in this book are closely related to the change of concept. The society and minds of people change as the culture and system change. The language changes as well. The transformation of language occur case-by-case for individual factors; however, in perspective of the flowing history, it is the product of delicately projected consciousness. Few main facts among the changes of Korean ultimately are the results of the spirit of analysis and practicality, which was the engine of modernization of our minds.

The sentence that was very length in the medieval Korean era started to be shortened in the 1920's. Such phenomenon is closely connected to the spirit of analysis, the power of modernization. There existed no spacing in medieval Korean. Spacing was an important event of transition from the Chinese cultural influence with non-segmentation to the Western culture with segmentation. The attempt for spacing was for the better vision of people, which was based on the spirit of practicality. Dividing chunks of letters, which were not easily legible, into words rose from the spirit of analysis, which was new intellectual atmosphere at that time. In addition, it can be understood that the fact that nuance of segmentation was added to the form of the connection ending by the addition of an extra syllable was found on the analytical spirit of human.

Also, it is interpreted that changes such as expression fit to the function of class, specific pronoun expression, the use of ending form fit to nature of each genre within the grammatical boundary. If the spirit of practicality was the spirit that directly absorbed the real world, our reality was the culture that valued the human relationship (ex: horizontal relationship, vertical relationship), and the process of change was the direct reflection of such culture.

Besides, with regard to some aspects of the transformation of language done in the modern era, the fortification of sound intensifies; this is related to ossification of psychology yearning for stronger expression. The spread of usage of passive expression '어 지다(ə-zi-da)' is related to the spread of passive sense. It is understood that the spread of subordinate verb is the change of adding more value to the expression of emotion.

Can we predict the change of Korean in the future? The important issue for Korean in the future will be its status of existence. This is because the problem of "what is the most needed language for people for communication" has become significantly important today. The status of one country depends on its economic power, but at the end, it is built upon the patriotic mind of its citizens. Despite possible criticism for nationalistic thought, we must centralize Korean, which can delicately express our emotions better than any other language, into our living, and need to pay attention to its transformation. This is because Korean names, sentences, tones, and traditions melted in Korea are indeed our identities.

부록 1

# 생각샘 풀이

## ▌제1장 생각샘

1. (1) 공시태  (2) 통시태  (3) 공시태  (4) 통시태  (5) 공시태
   (6) 공시태  (7) 공시태  (8) 통시태  (9) 공시태

2. 《독립신문》은 1890년대의 자료이다. 다음과 같은 점에서 현대국어와의 차이가 발견된다.
   (1) 연철 표기와 분철 표기에 관한 맞춤법 방식의 차이가 보인다. '거슨 – 것은, 아러보지 – 알아보지, 일그니 – 읽으니'
   (2) 신문의 논설 문장인데, 종결어미로 '– 다' 형태를 쓰지 않고 '– 라' 형태를 썼다.
   (3) '샹하귀쳔, 귀졀, 에셔는, 죠션, 쟝'과 같이 이중모음을 쓴 곳이 현대국어와 다르다.
   (4) 목적격 조사 '를'을 써야 할 곳에 '을'을 썼다. '빅스을, 말마디을'
   (5) 현대국어에서는 사용하지 않는 '•' 표기를 썼다.
   (6) 마지막 문장은 매우 길다. 현대국어에서는 이렇게 긴 문장 사용은 자제한다.

(7) '아니 쓰고 – 안 쓰고, 아모라도 – 아무라도, 무론ᄒ고 – 물론하고, 몬저 –
먼저, 이니 ᄇᆡᅀᅩᄃᆞ리도 – 안 배우더라도, 자조 – 자주'와 같이 표현의 수수
한 차이를 보인다.

## ▌제2장 생각샘

1. 이 단락의 문자 표기에서 다음과 같은 특징을 발견할 수 있다.

    (1) '문쫑, 윙ᄒᆞ야, 셍죵엉졩'와 같이 받침소리가 없는 곳에도 받침 'ㅇ' 이
    쓰였는데, '이런' 같은 곳에는 받침이 없는 것을 보면, 한자어에만 받침
    자를 다 채워서 표기했음을 알 수 있다. ('성음법'이라 하여, 한자어 표기
    에는 초성, 중성, 종성을 다 쓰는 것을 원칙으로 했다.)

    (2) 현대국어와 비교하여 표현들이 다른 예들이 있다. '듕귁에 달아'는 '중국
    과 달라', '문쫑와로 서르 ᄉᆞᄆᆞᆺ디 아니홀ᄊᆡ'는 '문자와 서로 통하지 아니
    하므로'로 현대국어에서는 적는다. 현대 국어와 다른 표현들의 예는 '젼
    ᄎᆞ – 까닭, 수비 – 쉽게, 니겨 – 익혀, 뿌메 – 씀에' 등이 있다.

    (3) 종결어미의 형태는 '하니라, ᄯᆞᄅᆞ미니라'의 예에서처럼 ' – 라' 형태가 쓰
    였다. 현대 국어라면, '많다, 따름이다'와 같이 썼을 것이다.

    (4) '사ᄅᆞᆷ마다 ᄒᆡ여 수비 니겨'와 같은 표현에서는 사동법이 나오는데, 이것
    은 아마도 한문 원전의 '하여금'의 뜻을 갖는 '使' 자를 직역한 것일 듯
    하다. 번역 문장의 투가 보이는 예라고 하겠다.

    (5) '문쫑와로, 쫑룡, 뼌한킈' 같은 예는 실제로 경음 소리가 나므로 경음 표
    기를 한 것 같지는 않다. (한자어 '字, 便'의 동국정운식 한자 표기로, 한
    자음에 이러한 쌍자음(각자병서자)이 사용되는 것은 한국의 현실음이 아닌
    중국의 원음을 철저히 반영하고자 하는 의도가 있었다. 그러나 이 이상은
    지속되지 못하고 성종 대에 와서 이러한 표기 방식은 바뀌게 되었다.)

2. 이 문장은 《소학언해》 2권의 문장을 현대역 한 것이다. 원문장을 소개하면
다음과 같다. 아ᄃᆞᆯ이 그 안해를 심히 맛당히 녀겨도 부모ㅣ 깃거티 아니커시
든 내여보내고 아ᄃᆞᆯ이 그 안해를 맛당히 아니 녀겨도 부모ㅣ 굴아샤ᄃᆡ 날을
잘 셤기ᄂᆞ다 ᄒᆞ거시든 아ᄃᆞᆯ이 남진겨집의 례를 ᄒᆡᇰᄒᆞ야 …

## ▌제3장 생각샘

1. 인류학적인 한국 인종의 기원 연구, 몽골어 등 친족 언어라 추정되는 언어의 역사적 형태와 한국어와 관련성 연구, 방언 연구를 통한 한국어의 고어 형 재구 등이 기본적으로 이루어져야 한다. 그 밖에 어떤 게 있을지 창의적인 아이디어를 내 보기 바란다.

2. (1) 가볍다  (2) 끓다  (3) 혼자  (4) 기뻐하다  (5) 잠기다  (6) 어리석다
   (7) 마치, 망치  (8) 옅게 하다  (9) 곡식  (10) 취하다

3. · 얼갈울터 ─ 상명대학교 한국어문학과 학회지 이름, '얼'은 정신을, '갈'은 연 마한다는 뜻을, '울'은 '우리' 또는 '울타리'를, '터'는 마당을 뜻한다.
   · 한붉다비 ─ 상명대학교 국어교육과 학회지 이름, '한'은 크다는 뜻, '붉' 은 밝다는 뜻, '다비'는 답게의 뜻을 지닌다. 곧 '큰 밝음 답게'라는 뜻이 된다.
   ※ 이 밖에 우리 사회의 건물 이름, 아파트 이름, 공원 이름 등 각종 이름 에서 찾아보기 바람.

## ▌제4장 생각샘

1. ㄱ. 이긔여다>이기었다 : '긔'가 '기'로 된 것은 단모음화, '여'는 연결어미 '어'의 변이형태인데, 해석을 하면 '이기었다' 정도로 되지만, 과거시제 '었'을 표현한 것인지는 뚜렷하지 않다. 그러나 '되엿어니《소학언해》' 와 같은 예를 보면 이 형태는 과거시제 '었'의 고형이라고 볼 수도 있다.
   ㄴ. 바ᄃ시ᄂ다 > 받으신다 : 현대 시제 'ᄂ다' 형태가 'ㄴ다'로 바뀜. 모음 축약이 일어난 것.
   ㄷ. 맛도다 > 맞도다 (맞는구나) : 받침 표기가 제대로 된 것임.
      잇ᄂ이다 > 있습니다 : 상대방을 존경하는 선어말 어미 '이' 형태가 사 라지고 대신에 '습' 형태가 생긴 것.
      ᄒᄂ다 >한다 : 현대 시제 형태가 변화한 것.
   ㄹ. 남즉ᄒ다 > 남짓하다 : 어형이 변화한 것.

ㅁ. 브르ᄂᆞ다 > 부른다 : 현대 시제 형태가 변화한 것.

ㅂ. 올타>옳다 : 표기를 소리나는 대로 하지 않고 분철 표기를 한 것.

ㅅ. 갓고이다>깎습니다 : 경음화 현상이 일어났고, 상대방을 높이는 시제 형태가 변화한 것.

2. '고까도로, 국문꽈, 쐬주'와 같이 음운론적으로 경음화 발음이 안 나야 할 곳도 경음화로 발음하는 현상이 계속 진행되고 있음. 모음의 음가가 정확히 발음되지 않아서, '애'와 '에'가 잘 구분되지 않고, '위, 의' 발음 등을 정확한 음가로 발음하지 않음.

## 제5장 생각샘

1. 국립국어원 홈 페이지의 "고유어"나 《우리 토박이말 사전》(한글학회 펴냄)을 참고하시면서 살려 써도 좋을 말을 뽑아 봅시다.

2. '너들거리다'는 천 같은 것이 여러 갈래로 해져서 어지럽게 흔들리는 모습을 묘사하는 말인데, 은유적으로 확장하여 행동을 헤프게 하는 것을 뜻하는 말로도 쓰이게 되었다. '촐랑'은 물결이 작게 일렁이는 모습을 묘사하는 말인데, 은유적으로 의미 확장이 일어나서 가볍고 경망스럽게 자꾸 까부는 행동을 뜻하는 말로 쓰이게 되었다. '까불다'는 키질을 하는 행위를 뜻하는 말인데 이로부터 은유적인 의미 확장을 하여 가볍게 조심성 없이 하는 행동을 뜻하는 말로도 쓰이게 되었다. '주름잡다'는 치마나 바지에 줄을 세우는 '주름'에서 온 말로, 주름을 크고 작게 마음대로 잡는 것에 빗대어 '주름잡다'는 자기가 하고 싶은 대로 주동이 되어 처리하는 행동을 뜻하는 말로도 쓰이게 되었다. 이러한 의미 확장의 공통점은 실제의 물리적인 모습으로부터 추상적인 행위의 묘사로 확대되었다는 점이 될 것이다. 이 중 '까불다'는 '짜불다'의 형태와 함께 《이조어사전》에도 나오는데, 곡식을 까부는 의미로만 사용되었다고 보인다. '주름'이란 단어도 역시 《이조어사전》에 나오는데, 바지나 치마에 줄을 세우는 주름을 뜻했다. 의미 확장은 후대에 일어났을 것이다. 문헌 조사를 통해 어느 시기부터 이러한 의미 확장이 일어났는지를 연구하는 것도 국어사의 흥미로운 과제가 될 것이다.

## ┃ 제6장 생각샘

1. 우리가 현재 사용하는 대명사로는 1인칭, '나'와 '저', 2인칭 '너'를 꼽을 수 있다. 이 대명사들은 존대법 환경에만 맞으면 다른 제한 받지 않고 많이 사용된다. 그러나 2인칭 대명사 '당신', '자네', '그대'는 각기 사용상의 제한이 있다. 3인칭 대명사도 쉽게 사용할 수 있는 표현이 아니다. '그 분, 그 사람, 그 아이'와 같이 항상 지칭의 신분에 맞는 명사 표현을 함께 붙여서 써야 한다. 우리말에는 영어와 같이 어느 환경에서도 존대법이나 문체에 상관 없이 사용되는 대명사가 없다.

2. 우리나라에 와서 사는 외국인들에게 한국 와서 이상하게 느낀 점을 물었을 때, '존댓말을 쓰는 것'이라는 답이 빈도수 높게 나왔다고 한다. 또한 요즘 젊은 세대나 어린 세대들은 영어에 많이 익숙해져 있어서 존대법을 경시하는 풍조가 있다. 이러한 조짐을 생각해 보면, 앞으로 한국어 대명사에서 존대법에 따른 구별이 없어질 가능성도 없지 않아 있다. 1인칭 낮춤말 '저'는 없어지고 '나'만 남을지도 모른다. 한편, 대명사는 경제적인 언어 기능을 가지므로, 현대 국어에 2인칭, 3인칭 대명사로 어디서나 통용되는 것이 없는 점을 불편하게 생각하면서 다시 '그대'를 부활시킬 가능성도 있다. '그대'는 옛날에는 구어체에도 쓰였는데, 문어체로 제한되어 있었다. 그런데 요즘 이 표현을 구어체에도 사용하는 사람들을 간혹 만날 수 있다. '그녀'는 문어체에만 사용되는 3인칭 대명사인데, 이 역시 구어체에서도 종종 사용하는 이들이 있다. 그런데 여성과 남성의 구분조차 거추장스럽게 생각된다면 3인칭 대명사로 '그' 정도가 남을지도 모른다. 이러한 현재의 작은 징조와 대명사 관련 문제들은 앞으로 어느 환경에서나 통용되는 국어 대명사로 통일되어 정착될 가능성을 보여준다.

## ┃ 제7장 생각샘

1. 예를 몇 개 들어본다.

　　(1) 왜 그러느냐? 무슨 할 말이라도 있는 것이냐? 소신, 한 말씀 올려도 되겠습니까? <MBC 드라마 이산>

- 엇뎨 그러ᄒᆞᄂᆞ냐? 무슨 ᄆᆞᆯ 하고뎌 ᄒᆞᄂᆞ다? 쇼신 ᄒᆞᆫ ᄆᆞᆯ쏨 올려도 되야리잇가?

(2) 홍시입니다. 어찌 홍시라 생각하느냐? 하시면 그냥 홍시 맛이 나서 홍시라 생각한 것이온데…. 《MBC 드라마 대장금》
- 홍시이니이다. 엇뎨 홍시라 생각ᄒᆞᄂᆞ다 ᄒᆞ시면 그냥 홍시 마디 나셔 홍시라 생각ᄒᆞ거시론데….

(3) 첫 호흡입니다. 정성을 들이십시오. 이제 소세를 하십시오. <SBS 드라마>
- 첫 호흡이ᄂᆞ이다. 뎡셩을 드리쇼셔. 이제 소세롤 ᄒᆞ쇼셔

(4) 내 한 냥 걸지. <KBS 드라마 성균관 스캔들>
- 내 한 냥 거로리라.

(5) 전하를 뵐 것이다, 채비하거라. <SBS 드라마 뿌리깊은나무>
- 뎐하롤 뵈오리라. 채비ᄒᆞ거라.

2. 상대방과의 관계 속에서 무엇을 인지할 것인가 하는 문제는 전적으로 그 사회 구조의 의식과 관련된 것이라고 할 수 있다. 게다가 모국어에 어떤 표현 형태가 발달되어 있다면, 그러한 의식은 쉽사리 없어지지 않고 지속된다. 과거의 한국 사회는 수직적인 질서를 매우 중시하였던 듯하다. 언어 중에 존대법이 가장 잘 발달되어 있는 나라가 우리나라이다. 한국인은 사람을 만날 때 은연 중에 먼저 '저 사람이 나보다 나이가 많을까, 적을까', '지위나 신분은 어떨까', '친한 관계인가, 아닌가' 등에 대해 생각한다. 미국 사람들은 그런 생각을 하지 않는다. 그저 동등한 인간으로서 대하려는 마음이 있을 뿐이다. 수직적 인간 관계 의식이 전근대적인 구시대의 유물이라는 점에 부정할 사람은 없다. 그런 점에서 본다면, 앞으로 한국어의 높임법은 분류가 간소화되면서 차츰 없어져 갈 것으로 전망된다. 종결어미에서 '-습니다, -십시오' 형태가 차츰 없어지면서 예사 높임의 '-요' 형태로 일반화되어 가고 있다. 이러한 변화에 대해서 보수적인 생각을 갖는 어른은 역정을 내시기도 한다. 그러나 많은 젊은이들은 '하소서' 체에 대해 어색해 한다. 높임의 대상에 대해서는 조사 '께서'를 꼭 붙여 썼지만, 요즘은 대충 '이/가' 정도로 표현되는 경우도 많다. 어쨌든 이러한 변화는 높임법이 중화되어 가는 방향을 보여주는 것이라고 하겠다.

▮ 제8장 생각샘

1. 세종대왕께서 우리의 글자를 창제하시기 전, 우리 선조들은 말하는 것을 그대로 표기할 수 있는 글자가 없었다. 뜻을 전달할 수 있는 한문으로 문자 생활을 했으나 이것은 교육을 많이 받은 다음에야 가능한 것이라 일반 대중들이 누리지는 못했다. 한자 모양을 빌려서 우리말을 적는 이두 문자 같은 것이 있었으나 아주 제한이 많아서 불편한 점이 많았다. 그러나 한문, 이두로 적는 글자 생활은 그 당시 우리의 당연한 환경이었고, 배운 사람은 배운 만큼 그 혜택을 누렸고, 못 배운 사람은 못 배운 대로 글자 없는 생활을 당연시하고 있었다. 어느 누구도 우리말을 적는 글자의 필요성에 대해 생각하지 못했다.

주어진 환경을 깨고 180도 발상의 전환을 한다는 것은 참 어려운 일이다. 그러나 세종대왕께서는 우리말을 적는 글자가 있어야 한다는 생각을 하신 것이다. 한국의 역사상, 아니 인류의 역사상 가장 위대한 발상의 전환으로 손꼽아도 손색이 없을 정도의 거룩한 생각을 하신 것이다. 이것은 세종의 백성 사랑하는 거룩한 마음과 창의적 천재성이 합하여 이루어진 위대한 창조의 역사였다.

세종은 왕의 직분을 맡으면서, 가장 중요한 주력 사업 분야로 백성들의 물질적 풍요로움과 정신적 풍요로움을 이룩할 두 가지를 생각하였다. 이를 위해 경제를 위한 농업 장려책으로, 주먹구구식으로 농사를 잘 지어라 하는 왕의 명령으로써가 아니라 실제적으로 농민들이 이용할 수 있는 농사 요령을 가르치는 방식으로 농업의 발달을 꾀하였다. 농사를 잘 짓기 위해서는 천문을 제대로 측정할 수 있어야 하며, 빛, 강수량 등의 자연 조건을 잘 알아야 했으므로, 측우기, 혼천의 등과 같은 과학적인 여러 산물들의 발명을 장려하였다. 이와 더불어 생각한 것은 음악이었다. 나라가 평화롭게 잘 살기 위해서는 백성들의 성정(性情)이 바로 서야 하는데 그것을 이끌 수 있는 것은 바로 음악이었다고 판단한 것이다. 전파공학자들의 말에 의하면 당시 세종의 음감은 모차르트와 같은 절대음감이었다고 한다. 세종 때에 제작된 편경은 수원 화성에서 돌을 가져다 악사인 박연이 주관하여 만든 것이나, 세종이 직접적으로 음의 조율을 주관했을 것이라고 한다. 이 편경의 음은 현대의 전파공학으로 측정하여 그 오차 범위를 판정할 때, 절대음감에 해당한다는 것이다. 세종의 천재성을 말해 주는 대목이다.

과학과 음악, 그리고 또 하나의 역섬 사업으로 수도한 것이 바로 글자의 창제였다. 세종은 문자 생활이야말로 모두가 잘 사는 세상이 되기 위해 필수적인 것이라 생각하며 감히 우리 글자의 창제를 결심한 것이다. 한 말을 제대로 적을 수 있는 글자를 창제한다는 것은 한 개인의 천재성 없이는 불가능하다. 물론 여러 사람의 협력에 의해 보완되고 다듬어지면서 완전에 가깝게 될 것이다. 그러나 인류 역사상 위대한 발명은 주로 한 개인의 천재성에 의해서 이루어졌다. 한글은 위대한 과학적 산물의 발명과 동등한 가치와 성격을 지닌다. 사람의 말을 분절하여 기호화한다는 발상 자체가 이미 위대한 착상이며, 사람의 말을 분절하되 어떻게 분절하는가에 대한 천재적 통찰이 따르지 않고서는 한글 창제는 이루어지지 못 했을 것이다.

또한 진정한 박애정신 없이는 결코 나올 수 없는 발상이다. "나라의 말이 중국과 달라 서로 통하지 아니하므로, 어리석은 백성이 말하고자 하는 바가 있어도 서로 통하지 못 하는 사람이 많다. 이런 까닭으로 새로 스물여덟 자를 만들었으니 사람마다 쉽게 익혀서 편안하게 하고자 할 따름이다." 이 말은 세종대왕께서 위대한 발명품을 이 세상에 내 놓으며 하신 겸손한 말씀이다. 중국과의 다름을 언급한 것은 당시 문자였던 한자로서는 우리말을 적을 수 없음을 지적한 것이다. 백성을 어리석다 한 것은 세종의 백성을 사랑하는 마음의 표현이다. 한 나라의 어버이로서 자애로운 눈으로 백성들을 볼 때, 이 끌어주고 잘 살게 해 주어야 한다는 책임감의 시작은 바로 이 측은한 마음이 아니겠는가.

한글의 창제는 노벨평화상, 노벨과학상 감으로서 손색이 없는 우리의 위대한 문화유산이다. 글자가 있음으로써 우리 민족의 역사가 제대로 기록되었으며, 학문과 문학이 발전되었고, 우리가 누리는 온갖 정보들을 소유하게 되었다. 더욱이 발명된 한글은 사람들의 말소리를 쉽게 적을 수 있도록 구성되어 있으니, 세계의 모든 문자 중에서도 단연 일등으로 손꼽힐 수 있는 문자가 된 것이다. 유네스코가 1990년부터 매년 문맹 퇴치에 공이 많은 개인이나 단체에 주는 상 이름을 '세종대왕상'이라 이름 지은 것은 결코 우연이 아니다. 우리나라는 한글을 문자로 가지고 있으므로 문맹률이 아주 낮다. 얼마 전 북한에 평양과기대 설립 위원 중의 한 사람으로 북한을 방문한 맬컴 길리스 경제학자(전 미국 라이스대학 총장)는 북한의 장점을 문맹률이 낮은 것으로 꼽았다. 이것 역시 우리 한글의 힘이다.

만일 세종대왕이 안 계셨더라면, 한글은 발명될 수 없었을 것이고 우리는 한문 생활권이 되었을 것이며 말과 글자가 맞지 않는 어긋남 속에서 역사와 학문과 문학은 따로 돌고 대중이 소유하는 산물은 빈약하기 그지없게 되었을 것이다. 만일 우리 글자가 없었더라면, 우리는 대한민국이라는 국적을 지켜내지 못했을 수도 있다. 우리는 정작 현대의 세계화 속에서 비로소 국적의 소중함을 깨닫게 되는데, 우리글이 없었더라면 민족도 해체되었을 것이고 지금 우리가 누리는 이 인간적인 동질성, 문화적인 동질성이 없이 방황하는, 삭막한 환경이 되었을 것이다.

다행히도 우리 글자가 생겨났고, 우리는 그 글자를 사용하며 산다. 우리말을 적는 글자가 생겨났기에 우리는 우리말, 한국어를 고스란히 대물림 받으며 한국인다운 한국인으로서 갈아가고 있다. 그런데 글자가 주어졌다고 해서 우리가 이것을 온전히 지켜낼 수 있는 것일까? 별다른 노력 없이 이 글자는 지켜지는 것일까? 글자는 말이 없고, 인간이 쓰는 대로 쓰이고 놓일 뿐이다. 인간이 이 글자를 약속을 지키지 않은 채 자기 마음대로 쓰고, 마음대로 쓰인 것들이 활개를 치며 여기저기서 돌아다닐 때, 이 글자는 글자로서의 생명을 잃게 됨을 우리가 명심해야 한다. 세종이 창제한 글자도 하나의 약속이었고, 이제 우리가 쓰는 글자도 하나의 약속이다. 이렇게 써도 되고 저렇게 써도 되는 자유로운 대상이 아니라 제대로 알고 약속을 지키면서 사용해야 할 우리의 소중한 문화이며 정신이다.

2. 위의 1번에 적은 풀이와 8장의 교재 내용을 참고하시고, 그밖에 한글이 음소 문자로서 가장 훌륭한 문자이므로 문자가 없는 소수 언어 민족인 한글을 그들의 문자로 채택한 일, 또한 인터넷에 가장 적합한 언어로서 인정받는 점 등에 대해 서술해 보시기 바람.

## ┃제9장 생각샘

※ 서점가에 어린이를 위한 어원 책에서부터 국어학 전공으로서의 어원 연구 책이 나와 있습니다. 이 자료들을 훑어보시면 좋겠습니다. 소설 문장에서 의

성어를 특히 많이 쓰는 작가를 찾아보면 의성어 표현이 문장에 어떠한 영향을 미치는지에 대해서 구체적으로 생각해 볼 수 있을 겁니다.

## ▌제10장 생각샘

1. 말의 기본 수단은 음성이며, 글의 기본 수단은 문자이다. 말과 글은 언어 사용의 공간 요건, 시간 요건, 의도성 요건에서 차이가 난다. 말은 상황의존적 언어 행위이며, 글은 탈상황적, 단독적 언어 행위이다 (공간요건). 말은 즉현적이며 실시간적이고 글은 시간적으로 유보적이며 보존적이다 (시간 요건). 말은 화자와 청자의 즉각적 상호작용에 초점을 두며 글은 글 쓰는 이가 내면의 생각을 표현하여 잘 짜여진 내용을 드러내는 것에 초점을 둔다 (의도성 요건). 이러한 기본적인 속성의 차이로 인하여 말과 글의 표현 형태가 다르게 나타난다.

    말을 할 때에는 호칭도 사용되고, 청자 존대법을 쓰는 것이 필수이며, '더라, 대요, 더라고요' 등 직접적 보고체를 사용하며 '이, 그, 더'로 구성되는 상황의존적 직시소가 사용된다. 반면 글에서는 호칭이 사용되지 않고 청자 존대법은 문장 어미의 일관성을 위해 사용될 수 있는 것이며 직접적 보고체, 상황직시소의 사용은 불가능하다. '이, 그'로 이루어지는 문맥적 대용어만 가능하다. 말에서는 성분 생략이 빈번하며, 시점 장치가 없는 반면, 글에서는 문맥적으로 해석이 가능할 때에만 생략이 될 수 있으며, 시점 장치를 사용한다. 글에서 쉼, 억양, 강세 같은 비언어적 보조수단을 쓰나 글에서는 불가능하며 대신 구두점을 사용한다. 글에서는 '에, 또, 음' 같은 첨가어가 빈번하게 들어가지만 글에서는 완결된 문장을 지향하므로 첨가어를 쓰지 않는다. 말을 할 때에는 관형사절 내포문과 같은 복합구문이 쓰이기 어렵지만, 글에서는 많이 쓰인다. 말에서는 순서교대가 일어나지만 글에서는 불가능하며, 말에서는 말겹침 현상이 일어나지만 글에서는 일어나지 않는다. 말에서는 직접적 화행에 해당하는 의문, 명령, 청유문이 사용되지만 글에서는 변화법, 강조법의 필요에 의해 수사법으로 사용된다. <참고자료: 김미형, 2004, 한국어 구어와 문어의 특징 연구, 한말연구15호, 23-73>

2. 문장의 시대적 특징을 잘 보여주는 요인으로, 사용되는 어휘, 문장의 종결어

미 형태, 맞춤법 형태 등을 꼽을 수 있다. 가령 호칭에서, '마님, 소인' 같은 표현이 쓰이면 이것은 현대 국어 문장은 아님을 알 수 있다. 종결어미로 '노라, 더라, 지라, 세라' 등이 빈번하게 쓰이면 이것 역시 현대 국어 문장이 아님을 알 수 있다. 맞춤법으로 아래아 'ㆍ'나 합용병서자, 어두자음군 표기 등이 쓰이면 이것 역시 현대 국어 문장이 아님을 알 수 있다. 좀 더 정밀하게 어휘의 사용 연도, 맞춤법의 특징 등을 고려하면, 중세 국어 시기인지, 근대 국어 시기인지 등에 대한 정보도 얻을 수가 있다.

## 제11장 생각샘

1. ※ 한국학중앙연구원 편 (2005), 조선 후기 한글 간찰(언간)의 역주 연구 1, 2, 3권 자료를 참고하시기 바람. 여기에는 1998년에 발굴된 여인의 편지 일부분을 소개한다.

자내 샹해 날드려 닐오디 둘해 머리 셰오록 살다가 혼쯰 죽쟈 ᄒᆞ시더니 엇디 ᄒᆞ야 나를 두고 자내 몬져 가시노 날하고 ᄌᆞ식ᄒᆞ며 뉘 긔걸ᄒᆞ야 엇디ᄒᆞ야 살라ᄒᆞ야 다 더디고 자내 몬져 가시ᄂᆞᆫ고 자내 날 향회 ᄆᆞᄋᆞᆯ 엇디 가지며 나ᄂᆞᆫ 자내 향회 ᄆᆞᄋᆞᆯ 엇디 가지던고 ᄆᆡ양 자내ᄃᆞ려 닐오디 혼디 누어셔 이보소 ᄂᆞᆷ도 우리 ᄀᆞ티 서로 어엿비 녀겨 ᄉᆞ랑ᄒᆞ리ᄂᆞᆫ도 우리 ᄀᆞᄐᆞᆫ가 ᄒᆞ야 자내ᄃᆞ려 니ᄅᆞ더니 엇디 그런 이를 싱각디 아녀 나를 버리고 몬져 가시ᄂᆞᆫ고 (하략)

위 편지는 현재 안동대 박물관에 소장되어 있는 것으로서, 430여 년 전 고성 이씨 이응태(1556~86)의 부인 원이엄마가 자신의 머리카락을 잘라 만든 미투리 한 켤레와 함께 남편 무덤에 묻었던 한글 편지이다. 내용은 "당신이 언제나 나보고 말하기를, 둘이 머리가 희어지도록 살다가 함께 죽자고 하더니 어찌하여 나를 두고 먼저 가셨나요 나하고 자식은 누구를 의지하여 어찌 살라고 다 던져버리고 먼저 가셨나요 당신이 나를 향해 마음을 어찌 가졌으며 나는 당신 향해 마음을 어찌 가졌나요 늘 당신에게 말하기를, 함께 누워서 "이 보셔요, 남도 우리 같이 서로 어여삐 여기며 사랑하는 게 우리 같을까요?" 하며 당신에게 말했는데, 어찌 그런 생각을 아니하고 나를 버리고 먼저 가셨나요"와 같다. 놀라운 것은 조선조에 이러한 진솔한 사랑 편지를 썼다는 점이다. 편지의 끝에는 할 말이 끝이 없어서 이만 맺지만, 꿈에 와서 보여달라는 청원이 들어 있다. 이러한 내용을 보면, 남녀의 사랑이 예나 지금이나 애틋한 것은 마찬가지라고 생각된다.

2. ·淸館楓會 작일 청공관에셔 단풍회를 셜시ᄒ고 공ᄉ 허태신씨가 니의국대관 을 쳥ᄒ여 연회ᄒ엿다더라
   ·日有食之 작일 오후 다섯시에 일식ᄒ엿더라
   ·院長爲卿 니부에 소관 광제원 관제를 기정ᄒ야 독립원으로 뎡ᄒ고 원장은 경으로 마련ᄒᆫ 후에 위원을 각도에 파송ᄒ야 인민의병을 치료케ᄒᆫ다라
   ·守護兵交替 동구릉에 파송ᄒᆫ 병뎡 오십명이 미삭에 교체ᄒᆫ는데 리월 일일 에는 친위삼대뎌위관 원은상씨가 교체ᄒ고 홍릉에는 권긔홍씨가 교체ᄒᆫ다 더라
   ·私鑄巨額屬公 인천항 회관에셔 향구애 슈입되는 물건을 항상 슈험ᄒᆫ는데 일젼에는 어느나라 사롬이 빅동화 팔십만원을 스쥬ᄒ야 드려오다가 발간이 되여 뎐환국으로 속공이 되엿다더라 <제국신문 1902.11.1>

위 기사들을 보면, 정부에서 연회를 연 사연, 일식이 일어난 일, 광제원이라는 병원 소식, 동구릉, 홍릉에 파변되는 수위병 소식, 밀수입 소식 등이 보도되 었음을 알 수 있다.

## ▌제12장 생각샘

※ 이 책의 내용을 면밀히 보면서 1번의 생각샘 답을 낼 수 있습니다. 2번 생 각샘 문제는 이 책 맨 뒤의 풀이를 참고하면서, 다각적으로 생각해 보면 좋 겠습니다.

## ▌제13장 생각샘

※ 13장의 서술 속에 위 생각샘과 관련된 내용들이 언급되었습니다. 이러한 내 용을 참고하고, 여러분의 진지한 생각을 더하여, 글로 정리해 봅시다.

부록 2

# 외국인을 위한
# 국어사 한국어 번역

※ 각 장의 마지막 부분에 외국인을 위한 국어사의 영문 자료를 실었습니다.
이 내용의 한국어 번역을 올리니 참고하시기 바랍니다.

## ▌1장 : 국어사 개관

시대가 흐르면서 언어는 변화한다. 현재의 상태만 생각하면 언어의 변화를 감지하기가 어렵지만, 몇 세대가 지난 후 과거의 문자 자료와 현대의 언어를 비교해 보면, 언어가 많이 변화했다는 것을 알 수 있다. 사회에 새로운 문물이 생겨나면, 그것을 지칭할 단어가 새로 사용되는 것도 언어의 역사적 변화의 한 예가 된다. 발음상의 변화가 생기다가 어느 시기에 이르면 단어의 형태가 변화하는 단계가 되기도 한다. 한 단어가 쓰이다가 다른 단어가 생겨나면 한 단어의 의미가 변화되는 과정을 겪기도 한다. 신문 기사를 쓰는 방식도 19세기 초엽의 것과 현대의 것은 매우 다르다. 언어가 개인의 구사에 의해 이루어지는 것이라 늘 유동적이고 가변적이긴 하지만, 그 언어가 성립되기 위한 사회적 약속을 벗어나는 것은 아니므로 기본적인 고정 상태가 존재하는 것이다. 그러나 사회에서 어떤 상태를 유지하려는 규범적 노력에도 불구하고 한 시대의 언어 상태에 동요가 일어나면서 점차 확장이 되면, 다음 시기에는 언어 변화로 나타날 수 있게 된다. 이 교재에서는 이러한 통시적 변화에 대하여 다룬다. 아울러, 언어의 통시적 변화 속에는 인간의 사고의 변화가 반영되어 있으므로, 국어의 변화 속에 깃들어 있는 정신적 변화도 함께 살펴볼 것이다.

## ▮2장 : 국어사 연구의 동기와 방법

국어의 오늘의 모습은 어제의 변화를 포함한 것이다. 그러므로 어제의 역사를 더듬어 오늘의 정체성을 확인할 수 있다. 국어의 변천을 살펴봄으로써, 국어가 한국인의 삶과 얼마나 가까운 존재인가를 더욱 실감할 수 있게 된다. 우리가 현재 불편 없이 사용하여 소홀히 생각하기 쉬운 한국어의 가치를 새롭게 알고, 우리말은 그냥 아무렇게나 막 써도 좋은 수단적인 것이 아니라 우리가 아끼고 지켜야 할 보물단지라는 것도 깨닫게 된다. '우리가 매일 쓰는 이 표현들이 어디에서 온 것일까?'에 대해 궁금증을 갖고 이를 연구하는 일은 매우 흥미로운 일이 될 것이다. 국어의 역사 연구를 위해 전망적 방법과 회고적 방법을 사용할 수 있다. 전자는 과거의 언어가 기록된 문서에 의거하여 언어의 변천 과정을 연구하는 것이다. 후자는 기록이 남아 있지 않은 한글 창제 이 전의 국어를 연구하기 위해, 문헌에 의한 추정, 친족 관계의 언어 간의 비교 등에 의하여 과거의 형태를 재구하는 것이다.

## ▮3장 : 한국어의 기원

인간에게 있어 언어는 어떻게 시작되었을까? 그리고 국어는 어떻게 시작되었을까? 이 두 문제는 우리가 뿌리 의식 속에서 가질 수 있는 호기심 어린 질문이 된다. 인류에게 최초의 언어가 탄생했던 시기와 동기 및 초기 모습에 대해서는 여러 가지 설이 있으나 모든 설은 과학적으로 밝혀지기 어려운 하나의 추정일 뿐이다. 우리 민족의 기원에 대하여, 게놈 프로젝트에서는 우리 민족과 가장 가까운 유전인자를 가진 민족은 몽골족이라고 밝혔다. 그리고 유전인자 변이의 시간을 따져 계산하면 우리 민족은 2만 2천 400년 전에 몽골 민족과 다른 길을 걷게 된 것으로 추정된다. 이러한 민족의 역사에 대한 과학적 분석을 존중하고, 언어의 비교를 통해서 볼 때 한국어는 이전 시기에는 몽골어와 친족 언어였을 것이라는 추정을 할 수가 있다. 그러나 아주 오래 전의 이야기라는 것 또한 추정을 할 수가 있다. 그런데 이러한 현대의 게놈 프로젝트의 결과가 나오기 전, 국어사 연구에서는 한국어를 알타이어족이라고 추정했었다. 알타이어족의 언어 안에 몽골어가 있으므로, 알타이어족설은 어쩌면 몽골어와의 분화 이전 시기의 형태에 대한 학설이 될 수도 있을 것이다. 알타이어족설을 주장하기에 친족 언어 관계가 너무 소원함을 비판하면서 주장된 동북아시아어족설은 한국어, 몽골어, 만주어의 친족 관계를 주장하는 학설이다. 인종, 체형인류학, 고고학, 민속학적으로도 이들 간의 친족 관계가 뒷받침된다고 주장하였다.

한국 민족의 뿌리가 어디였는지 모호하더라도, 어쨌든 한국 민족은 한반도 내에 정착을 하였다. 초기 사정은 부족별로 나누어진 군집 형태로 추정된다. 따라서 한국어의 초기 형태는 동일한 언어는 아니었을 것으로 추정된다. 문헌에 이들 언어들이 비슷하다, 다르다는 기록이 있으나, 이 개념 자체가 상대적인 것이므로 과연 계통이 다른 차이었을지, 아니면 방언적인 차이였을지 단정 짓기가 어렵다. 역사적으로 이들 부족 집단들은 고구려, 백제, 신라의 삼국으로 형성되고 7세기에 통일 신라 시대가 된다. 이후 고려, 조선으로 왕조가 바뀌는데 다시 분화되는 양상은 없었다. 이러한 정치적 변화와 함께 언어의 통일도 서서히 형성되어 갔을 것으로 추정할 수 있다.

## ▌4장 : 한국어 말소리의 역사적 변화

옛날 말의 녹음이 없으므로, 말소리의 역사적 변화 연구는 오직 옛날의 문자 기록에 의존하여 이루어질 수 있다. 한국어를 적는 문자는 문자의 체계에 대한 설명과 함께 탄생된 것이므로 한국어 말소리의 변화는 한글의 역사를 참고하여 추정할 수 있다. 특히 한국어를 적는 문자인 한글은 문자 자체가 소리를 그대로 표현하는 음소문자이므로 말소리의 역사를 추정하기가 한결 용이한 상황이다. 그러나 문자를 통해 말소리의 변화를 추정하는 것은 문자의 보수성이 있으므로 주의해야 한다. 문자가 사용되었어도 말소리는 없어졌을 수 있고, 말소리가 없어졌어도 지역적으로는 남아 있을 수 있다.

한국어는 중세 국어 시기에 어두자음으로 이응 소리와 겹자음 소리가 올 수 있었다. 홑모음 중 '아'와 '오'의 중간음이 있었으나 차츰 소멸되어 현대 국어에서는 사라졌다. 중세 국어 시기에는 받침 소리에 'ㄷ'소리와 'ㅅ' 소리가 구분되었으나 현대 국어에서는 'ㄷ'소리로 중화되었다. 양순음과 모음 '으'가 결합하는

'믈, 블, 플'과 같은 소리가 중세 국어 시기에는 사용되었으나 차츰 원순모음화에 의해 없어졌다. 역사적으로 전설모음화, 구개음화, 경음화 규칙이 더 많은 예에 적용되었다.

## ▌5장 : 한국어 단어의 역사적 변화

말소리의 변화인 구개음화, 원순음화, 단모음화, 경음화, 비음화, 전설모음화 등과 같은 음운 현상이 적용되면서 역사적으로 단어의 형태 변화가 일어났다. 또한 어휘 면에서, 과거에는 한자어에 밀리고, 근대 국어에서는 일본어에 밀리고, 현대 국어에서는 서구어에 밀려 한국의 고유한 말이 많이 없어졌다. 단어와 단어가 만나서 합성어를 만들 때 그 방식에서도 역사적 변화가 있었다. 두 어근이나 어간만이 만나 단어를 만들 수 있었고(예: 죽살다), 관형격 조사 '의'가 개입되어 단어를 형성하였다(예: 돐기알). 단어의 의미가 역사적으로 변화 예도 있는데, 지시물이 바뀌거나 지시 영역이 넓어지거나 좁아지는 변화가 있었다. 어휘적 기능을 하던 단어가 문법적 기능을 담당하는 단어로 변화하는데, 이것을 문법화 현상이라고 한다. 문법화 현상은 많은 외국어에서도 일어난 것으로 연구되는 매우 보편적인 언어 현상이다.

## ▌6장 : 한국어 대명사의 역사적 변화

한국어의 대명사는 중세 국어 시기에는 1인칭 '나', 2인칭 '너'와 '그대', 3인칭 '이, 그, 뎌'가 쓰였다. 그러던 것이 점차 변화하여 현대 국어에는 1인칭 '나'와 '저', 2인칭 '너'와 '당신', 3인칭 지시사 '이/그/뎌'의 통합형이 쓰이게 되었다. '저'와 '당신'은 중세 국어 시기에는 재귀칭 대명사로만 쓰인 것이다. 1인칭에서는 자기를 낮추는 데에 쓰이던 '소인, 쇤네' 같은 명사 대신에 낮춤의 재귀 대명사 '저'를 쓰게 된 것이다. 2인칭에서는 예사 높임으로 '당신'을 쓰게 되면서 원래 쓰이던 '그대'는 문어체적인 것으로 바뀌었다. '당신'은 높임의 재귀칭 대명사였는데, 이것이 2인칭 대명사로도 쓰이게 된 것이다. 3인칭 대명사로는 중세 국어 시기에 '이 / 그 / 뎌'가 사용되었는데, 이 형태에 사람을 구체적으로 지시하는 '사람, 여자, 남자' 등을 붙여서 '이 사람, 그 여자' 등으로 사용되게 되었다. 한국어 대명사 범주의 변화는 존대법이 분화되고, 지시물을 구체적으로 표현하는 방향으로 바뀐 것이라고 할 수 있다.

# ▮7장 : 한국어 문법의 역사적 변화

문법은 말의 짜임새를 이루는 기본 틀로, 단어의 변화가 심한 것처럼 그 틀이 자주 바뀌기는 어렵다. 그러나 한국어의 문법 요소는 통사적 구성에 의해서만 아니라, 첨가어적 형태에 의해 이루어지는 것이 많으므로, 역사적인 문법 변화도 많이 일어났다. 한국어는 문장의 유형이 주로 문장의 종결어미로 구분이 되는데, 서술문의 종결어미는 현대 국어에서 새로운 형태로 바뀐 것은 아니지만, 중세 국어에서는 선호하는 어미가 '-다' 형태가 아니라 '-라' 형태였다는 차이점이 있다. 한국어의 의문문은 문장 구성의 어순 도치에 의한 것이 아니라 역시 종결어미에 의해 이루어진다. 중세 국어 시기에는 '-다' 형도 의문문에 쓰였으나 현대 국어에서는 사용되지 않는다. 그 밖에 '-가, -고, -냐, -노' 형태가 쓰였는데, 현대 국어에서도 여전히 쓰인다. 다만 '-고'는 고어적인 어감을 가지며 '-노'는 방언에서만 쓰인다. 명령문 종결어미로는 '-라', '-쇼셔, -고라'가 쓰였는데, 이중 '-쇼셔'는 현대 국어에서 '소서'로 쓰이며 고어적인 어감을 갖는다. '-고라'는 현대 국어에서 사용되지 않는다.

사동법과 피동법의 방식은 중세 국어에서는 주로 접미사에 의해 이루어졌는데, 현대 국어로 오면서 '-게 하다'와 '-어지다'라고 하는 통사적인 방식에 의해서도 이루어진다는 차이점이 있다. 그리고 피동형 접미사가 붙어 피동법을 이루던 많은 단어가 사용되지 않게 되었다. 중세 국어 시기에는 말하는 화자가 1인 칭임을 드러내기 위해 서술어에 삽입모음 '오/우'를 붙이는 인칭법이 있었다. 그러나 이 방식은 곧 사용되지 않게 되었다.

시간과 양상을 나타내는 한국어 시제법의 체계에도 적지 않은 변화가 있었다. 중세국어의 시제 표현은 현대국어에서 사용되는 과거 시제 '-았-'과 미래 시제 '-겠-', 그리고 현대 시제 '-는-'이 사용되지 않았다. 역사적으로 '-았-'은 중세국어의 통사적 구성 방식이었던 과거 완결 지속 형태 '-어 잇/이시-'가 축약되면서 생긴 형태이다. '-리-'는 근대국어 시기에 새롭게 '-게 하엿-'이 등장하면서, 쓰임이 약해지게 된다. '-게 하엿'은 이후 '-게엿- > -겟- > -겠-'의 형태로 된다. 그리고 '-는-'은 중세국어의 '-ᄂ-' 형태가 변화한 것이다. 높임법에서도 적지 않은 변화가 있었다. 높임법은 주로 동작의 주체자나 말 듣는 상대방높이는 것인데, 중세 국어 시기에는 그 밖의 대상들 (목적어, 비교, 처소)과 관련해서도 높이는 객체 높임 형태 (-습-)가 있었다. 그러나 이런 방식은 현대 국어에서 사용되지 않으며 객체 존대를 위해 사용되는 몇 개의 어휘 표현 (예: 여쭈다, 뵙다, 드리다, 모시다)이 사용될 뿐이다. 동작의 주체를 나타내는 주체 높임 형태는 예나 지금이나 '-시-'이다(예: 하시다). 청자를 높이는 청자 높임법에는 '-이-, -잇-'이 사용되었다. 17세기 경부터 객체를 높이는 '-습-' 형태가 주체 높임에도, 청자 높임에도 나타나는 혼란이 일어나다가, 이 형태는 청자를 높이는 '습'으로 정착된다. 18세기 이후에 청자 높임법은 '-습니다, -으오, -네, -다'와 같은 등급 체계가 형성되어, 현대국어에 이르렀다.

## ▌8장 : 한국어 문자, 한글

'한글'은 1443년, 세종대왕이 창제한 것으로, 한국어를 적는 문자이다. 처음에는 '훈민정음(訓民正音)'이라 이름 붙였었는데, 20세기 초에 국어학자 주시경 선생에 의해 '한글'이라는 이름으로 불리게 되었다. '한글'이라는 이름의 뜻은 '한민족(韓民族)의 글'이란 뜻도 되고, '하나의 글'이란 뜻도 되며, '큰 글'이란 뜻도 된다('하다'가 중세국어 때에는 '크다'라는 뜻의 단어였다. '크다'는 '위대하다'는 뜻으로 해석될 수 있다).

'한글'의 가장 큰 특징은 특정한 발명가에 의해 발명되었다는 점이다. 그러므로 오랜 세월이 지나면서 더해지고 변화되면서 이루어진 것들에 비하면, 매우 분석적인 음운 연구에 의해 이루어졌기 때문에 그 체계가 매우 정연하다. '한글'은 세종대왕이 한국어를 그대로 적을 수 있는 최상의 문자를 발명하기 위해 계획에 의해 탄생된 문자인 만큼 문자로서의 우수성이 뛰어나다. 한글의 우수성을 다음 몇 가지로 정리할 수 있다.

(1) 한글은 자음자와 모음자가 따로 만들어진 음소문자이다. 문자 발달사에서 가장 우수한 것으로 꼽는 것이 바로 음소문자이다. 왜냐하면, 음소문자는 적은 수의 문자로 많은 수의 음성을 표기할 수 있는 이점이 있기 때문이다.

(2) 로마자도 한글과 마찬가지로 음소문자이지만, 문자와 음성이 1:1로 대응하지 못한다는 흠이 있는 반면, 한글은 거의 1:1 대응을 보이고 있다는 점에서 언어를 적기에 훨씬 쉽고 편리한 문자가 된다.

(3) 한글의 모양은 그 소리가 나는 발음기관을 본떠 만들어졌다는 점도 주목되는 점이다. 기본 자음 'ㄱ, ㄴ, ㅅ, ㅁ, ㅇ'은 사람의 발음기관의 모양을 도식화한 것이다. 'ㄱ'은 이 소리를 낼 때 혀가 구부러지는 모양을 본떴다. 'ㄴ'도 이 소리를 낼 때 혀가 내려앉는 모양을 땄다. 'ㅁ' 소리는 입술에서 나므로 입술 모양을 본떴다. 'ㅇ'소리는 목구멍 모양을 본떴고, 'ㅅ'은 이 뒤에서 스치는 소리이므로 이 모양을 본떴다.

(4) 위 기본자에서부터 소리 특성이 조금씩 더해지면서 생기는 소리에 따라 획을 더하여 글자를 만들었다. 곧 기본 자음의 모양과 다른 자음의 관계는 소리값의 관련성을 상징적으로 반영한 것이다. 이 특징 때문에 언어학자들은 한글을 음운학적인 문자라고 일컫기도 한다.

ㄱ → ㅋ

ㄴ → ㄷ → ㅌ (ㄷ→ㄹ)

ㅁ → ㅂ → ㅍ

ㅅ → ㅈ → ㅊ

ㅇ → ㅎ

(5) 기본 모음자는 철학적인 원리를 바탕으로 만들어졌다. 15세기 창제 당시 만들어졌던 'ㆍ'는 둥근 하늘 모양을 본뜬 것이고, 'ㅡ'는 평평한 땅을, 'ㅣ'는 서 있는 사람을 본뜬 것이다. 이로부터 다시 각 모음자를 합하여 다른 글자를 만들었다. 이러한 글자 모양도 역시 음운학적인 의미를 반영한 것이 된다.

ㆍ + ㅡ → ㅗ, ㅜ

ㆍ + ㅣ → ㅏ, ㅓ

ㅣ + ㅗ → ㅛ

ㅣ + ㅏ → ㅑ

ㅣ + ㅜ → ㅠ

ㅣ + ㅓ → ㅕ

(6) 소리와 대응되는 음소 문자를 다시 초성, 중성, 종성 모아쓰기를 하여 쓰

게 함으로써, 사람의 소리 단위인 음절 단위로 문자를 쓰게 하였다. 사람들의 한 음절 소리 단위가 한 글자와 일치하는 특징은 가독성을 매우 뛰어나게 하는 방식이 된다.

이상과 같은 한글의 우수성으로 인해 세계에서는 한글을 주목하고 있다. 언어학자들도 한글의 우수성에 대해 격찬하였으며, 유네스코에서 1990년부터 매년 문맹 퇴치에 공이 많은 개인이나 단체에 주는 상 이름을 '세종대왕상'이라고 이름 붙였다. 또한 세종대왕이 태어난 날 (9월 8일)을 세계문맹퇴치의 날로 정하여 기념하고 있다. 뿐만 아니라, '한글'은 세계문화유산으로 지정되어 있다. 한국인들은 한글 덕분에 세계에서 문맹률이 가장 낮은 민족으로 손꼽힌다.

## 8장 : 표현과 한국어 어원

'표현'이란 생각이나 느낌 따위를 언어나 몸짓 따위의 형상으로 드러내어 나타내는 것을 말한다. 우리의 언어도 우리의 내면에서 꿈틀거리는 생각을 나타내기 위해 만들어진 것이다. '어떤 이름을 붙여 그 생각을 표현했을까? 어떤 단어가 처음 만들어질 때, 그 아이디어는 무엇이었을까?'에 대해 생각해 보는 일은 흥미로운 것이다. 아래에 한국어 단어가 만들어진 어원 이야기를 소개한다.

(1) 노가리 깐다: '노가리'란 명태의 새끼를 이르는 말이다. 명태는 한꺼번에 많은 수의 알을 낳는데, 이를 비유하여 말을 수다스럽게 많이 늘어놓은 것을 '노가리 까다' 또는 '노가리 풀다'라고 한 것이다. (중세국어에는 안 쓰임.)

(2) 미주알고주알: '미주알'은 항문에 닿아 있는 창자의 끝 부분이다. 남의 숨은 일까지 속속 캐려는 것이 마치 속 창자까지 살펴보려는 것 같아 '미주알고주알' 캐묻는다는 말이 생긴 것이다.

(3) 산통깨다: '산통'은 점을 칠 때 쓰는 산가지를 넣어두는 통이다. 산통을 깬다는 것은 점을 볼 수 없게 되는 것으로 일을 그르치게 된다는 뜻이다.
*산가지(算ーー): 수효를 셈하는 데 쓰던 짧은 댓개비.

(4) 술래: 조선시대에 도둑과 화재 따위를 감시하기 위해 궁중과 서울 둘레를 돌아다니던 관리가 '순라(巡邏)'였다. 이 말이 변한 것이다. 술래잡기 놀이

에서 숨은 아이들을 찾아다니는 사람을 가리킨다.

(5) 시치미 떼다: '시치미'란 길들인 매에 달았던 이름표이다. 길들인 매를 데리고 사냥을 다니는데, 생김새가 비슷한 매를 서로 자기 매라고 우기는 것을 예방하기 위해 이름을 달았던 것이다. 여기에서 '시치미 떼다'라는 말이 왔다.

(6) 알나리깔나리: 아이들이 서로 놀리는 말이다. '알나리'란 나이 어린 사람이 벼슬했을 때 농담처럼 이르던 말로 '아이나리'의 줄임말이다. '깔나리'는 자음 교체의 형태로 덧붙임으로써 리듬감과 재미를 주는 뜻으로 붙인 말이다.

(7) 이판사판: '이판'은 절에서 불교 경전을 공부하는 스님을 뜻한다. '사판'은 절의 살림을 꾸려나가는 스님이다. 유교를 국교로 내세우면서 불교를 억누른 조선시대에 스님은 천한 계층 취급을 받았으므로, 스님이 된다는 것은 이판이 되었건 사판이 되었건 마지막임을 뜻했다고 한다. 이로부터 '이판사판'은 막다른 데에 이르러 어쩔 수 없게 된 판이라는 뜻이 되었다.

(8) 점심: 마음에 점을 찍듯 조금 먹는다는 뜻에서 온 말이다.

(9) 터무니없다: '터무니'란 집이나 건축물의 터를 잡은 자취라는 뜻을 지닌다. 그러므로 '터무니없다'는 허황되게 근거가 없는 것을 뜻한다.

(10) 퇴짜놓다: '퇴(退)'란 궁궐에 들여가는 물건을 관리가 검사하여 품질이 좋지 않은 것에 대해서 이 글자를 표시하여 돌려보내는 것이었다. 여기에서 유래하여 바치는 물건을 받아들이지 않고 물리친다는 뜻이 되었다.

(11) 팽개치다: '팡개'에서 온 말로, 이것은 논에 내려앉아 벼 알갱이를 쪼아먹는 새를 쫓는 데에 쓰이던 도구로, 대나무 끝을 네 갈래로 쪼개 십자 모양의 작은 막대기를 물려, 이것을 흙에 꽂으면 그 사이에 돌멩이나 흙덩이가 찍히게 된다. '팡개치다'는 새를 쫓기 위해 팡개를 땅바닥에 쳐서 흙이나 돌을 묻힌 다음 그것을 휘두르는 것이다. '팡개'가 '팽개'로 변한 것이다.

(12) 한참동안: '한 참'은 역참과 역참 사이의 거리를 말한다. 그 거리가 멀어 시간이 많이 걸린다는 데서 온 말이다. *역참(驛站): 역마를 갈아타던 곳.

(13) 행주치마: '힝ᄌ'에서 온 말로, 속인(俗人)으로 절에 가서 불도를 닦는 사람을 가리킨다. 이들이 절에서 음식을 할 때 두르던 앞치마가 '힝ᄌ쵸마'

였다. 이를 임진왜란 행주대첩 때 아낙네들이 왜적을 물리치려고 앞치마에 돌을 가득 넣어 행주산성으로 날라서 행주치마가 되었다는 속설이 있는데 이는 민간어원설이다.

(14) 헹가래: '헹가래'는 가래로 직접 흙을 파기 전에 빈 가래질로 손을 맞춰보는 것을 말한다. 경기장 등에서 공이 있는 사람을 치하하기 위해 여럿이 한 사람의 팔다리를 번쩍 들어 던져 올리는 것을 헹가래친다고 한다. 사람의 팔다리를 쥐고 흔드는 것이 마치 헹가래질을 하는 것과 비슷하다고 하여 따온 말이다. * 가래: 삽과 양쪽 끈이 있어, 각각을 잡고 세 사람이 협동하여 흙을 파는 기구.

(15) 김치: 팀치>딤치>짐치>짐칙>짐치>김치) (중국의 한자어 '沈菜'가 우리나라에 들어와 변화한 말이다. 중국 역사 기록에는 제갈공명이 처음 배추를 절이는 음식을 시작한 것으로 보인다. 그러나 우리나라의 김치와 같은 것은 아니었을 것이다. (팀치> 딤치> 짐치> 짐칙> 짐치> 김치)

(16) 깡통: 영어 'can'과 '통'이 합하여 된 말이다. 우리나라에 미군이 들어오면서 생긴 말이다.)

(17) 노가다: 토목공사에서 막벌이 하는 노동자를 낮추어 이르는 말이다. 일본어에서 왔다.

(18) 담배: 외국어의 '토바코'가 일본의 '다바코'를 거쳐 우리나라에 '담바고'로 들어왔다. 이 단어가 변하여 '담배'가 되었다. 인조실록 기록에 1616~1617년에 바다를 건너 들어왔으며, 이 때에는 복용하는 자가 그다지 많지 않았으나, 1621~1622년에 이르러서는 복용하지 않는 사람이 거의 없었다고 되어 있다. (담비>담배)

(19) 배추: 중국어 발음 '바이차이(白草)'가 우리나라에 들어와 '배치'가 되고 이로부터 음이 변화한 말이다. (비치, 비츠>배초>배추)

(20) 아수라장: '아수라'는 범어의 'asura'에서 옴. 불교에서 화를 잘 내고 성질이 고약해 좋은 일이 있으면 훼방 놓기를 좋아하는 귀신을 가리킨다. '아수라장'은 줄여서 '수라장'이라고도 하는데, 아수라왕이 제석천과 싸운 마당이라고 한다. 전란이나 싸움 등이 일어나 매우 혼란한 상태를 뜻하는 말이 되었다. *제석천(帝釋天): 불교에서 범왕과 함께 불법을 지키는 신.

# ▎10장 : 한국어 문장의 역사적 시작

한국어 문장의 시작은 한국어를 적는 문자가 탄생된 중세 국어 시기부터 이루어졌다. 그 전에는 중국의 한자를 빌려서 문장을 적었으므로 한자 문장의 특성을 띠고 있었다. 문장을 쓰는 일은 말을 하는 일과는 다소 다르다. 말을 잘하는 사람이라도 글을 쓰라고 하면 어려워한다. 말의 어미와 글의 어미가 다르고, 글의 장르가 무엇인가에 따라 특정한 표현 방식이 있기 때문이다. 글을 쓴다는 것은 전적으로 내면 독백적인 단독 상황이다. 들을 이가 있는 상황에서 말하는 것과는 다르게, 시제, 존대법, 서법의 형식들은 적어도 그 글 안에서는 일정하게 가정된 어떤 정형을 취해야 한다. 또한 생각의 내용 (예: "기차 시간 늦겠어.")을 글로 표현할 때에는 그 내용에 대한 글쓴이의 관계성을 얘기해 주어야 하는 것이다(예: "나는 기차에 늦겠다고 생각했다.").

문자가 창제되기 이전에도 언어는 사용되었다. 그러나 어떤 생각을 타인에게 문어 문장으로 전달해야 하는 경우에는 우리말 문장이 사용된 것이 아니라, 한문 문장이나 이두문장이 사용되었다. 우리말을 그대로 적는 문자가 없었기 때문에 한문 문장을 쓰거나 한문 문장에 한자의 음훈차를 빌려 토씨를 삽입하는 이두문 문장이 사용된 것이다.

세계에서 어느 날 창제를 선포한 문자 발명국은 우리나라밖에 없다. 그리고 발명된 문자를 사용하여 언어적 사고를 문자언어의 문장으로 옮겨 처음으로 가시적인 하나의 문장 모습을 인식한다는 것, 한국 외의 다른 어떤 역사에서도 일어나지 않은 일이었다. 다시 말해, 예로부터 전해져 내려온 한국어 문장의 전통을 가지지 않은 상황에서 어느 날 처음으로 문장 형식을 만들어 내는 역사가 이루어졌던 것이다. 이러한 특별한 상황 속에 탄생한 국어의 문어 문장은 결론적으로 말하면, 문어 문장답지 못한 문장 형식을 지니게 되었고 이 형식은 문장의 고유한 정형이 되어 이후 500여 년 간 지속되는 것이다. 그리고 우리말 문장의 현대화 과정은 이 때 형성된 문장 정형을 깨면서 현재적 정형을 찾아가는 변천과 다분히 관련이 되었던 것이다.

국어의 문어 문장의 탄생은 중세 국어시기에 한문 원전을 번역한 언해문에서 출발한다. 이 때 한문을 번역하는 국어 문장 작성에 메타의사소통적 번역관이 개입하게 된다. 이 번역관에 의해, 국어 문어 문장의 일반적 종결 형식은 '－ 라'

형이 되었던 것이다. 이 당시에 대화문의 종결형으로 '-다'형과 '-라'형 둘 다 쓰였고, 오히려 기본형은 '-다'형이었는데도 말이다.

그렇게 된 데에는 청자(피보고자)에게 화자(보고자)가 이 문장을 제시한다고 하는 화행적 기능을 갖는 '-라'형이 당시의 언해문 작성 방식이었던 메타의사소통적 번역의 틀에 잘 들어 맞았기 때문이다. '-다'형은 일반 진술의 기능만을 가졌으므로, 이러한 메타의사소통적 번역의 틀에는 어울리지 않았다.

이렇게 하여 형성된 우리 문어 문장의 정형은 결국 의고체의 한 요인이 되는 구연조를 탄생시켰다. 소설 문장에서는 이야기를 지금 실감나게 들려주는 감정 넣은 목소리를 연상하게 한다. 신문 문장에서는 기자가 사건의 진실을 기정 사실화하여 전달하는 현대의 양식과는 전혀 다르게, 다만 기자가 보고 들은 사건을 독자에게 들려주는 입장이라는 점을 드러내었다. 논설 문장에서는 객관적 서술의 입장을 지켜야 하는 현대 양식과는 다르게, 연사가 한 편의 연설을 격정적으로 하는 듯한 인상을 자아내었다.

번역의 틀 때문에 채택된 '-라'형 종결 양식으로 인해 생긴 이러한 문체 이미지는 전근대성의 한 요인으로 간주된다. 문어 문장의 성격에 맞는 중립적 진술의 방식, '-다'형 종결 양식의 확립은 이후 개화기 이후를 지나 20세기 초엽의 일이 된다. 그리고 구조등가적 번역 태도에 의하여, 우리말답지 않은 문장 구조를 취하였다. 개념적인 글자들이 주욱 연결되면서 이루어지는 한문 구조와 문장 성분과 분절을 토씨와 어미로 나타내면서 이루어지는 한국어 구조와는 많은 차이가 있었는데, 구조등가적인 번역을 행함으로써 우리말답지 않은 문장 구조가 형성된다. 이 전통은 개화기까지 이어지면서 문장의 전근대적 요소가 된다.

그 중 하나는 문장 단위의 비분절성이다. 종결이 뚜렷하지 않은 채 한 단락을 이루는 한문 문장을 그대로 번역하면서 한 문장이 한 단락 길이만큼 길어지게 되었다. 종결형을 취하지 않고 "--하니, --하고, --거든" 등으로 계속 이어지면서 문장이 끊어지지 않고 굽이굽이 이어지는 유장미를 형성한다. 또한 구체적인 지시를 드러내는 의존 명사를 회피하는 '-ㅁ/음' 명사형 표현을 주로 씀으로써 문장의 비분절성을 더 추가한다. 이는 역시 한문에서 개념어가 낱자 하나로 표현되는 구조를 따르면서 나온 것이다. 한문 원전의 개념어 한 글자에 해당하는 것을 명사화해야 할 때 가장 적은 변형을 주는 것이 '-ㅁ/음' 형이었던 것이다. 마지막으로 소유격 문장이 빈번하게 등장하는데, 이 역시 한문에 대한 구조등가적인 번역관에서 비롯한 것이다. 한문의 구조에는 소유격 '之'로 이루어지는 표현이 많이 사용되는데, 이것이 그대로 직역되면서 우리말 성격과는 잘 맞지 않는 소유격 구문이 형성된 것이다. 소유격 문장 역시 문장의 비분절성을 낳는다. 이러한 비분절성 요인들이 합세하면서 우리 옛 문장의 문체 인상 중 하나인 유장미를 형성하게 된다.

이렇게 시작된 한국어의 문장 모습은 1900년 대 초엽까지 이어지고, 이후 12장에서 다루는 현대성의 변천 단계로 들어서게 되는 것이다.

## ▌11장 : 한국어 장르별 문체의 형성

장르란 의사소통의 다양한 상황과 목적에 맞는 글의 전형적 유형을 뜻한다. 예를 들어 편지글은 상대방에게 자신의 사연을 말하는 것이고, 소설은 허구적 이야기를 얘기하는 것이고, 신문은 사건의 진실을 보도하는 것이다. 이러한 적어도 문장을 쓰기 시작한 때부터 발생하였을 것이다. 한국어 문장에서도 초기의 자료들을 살펴 보면, 장르별로 다른 텍스트성 인식이 개입되어 있음을 알 수 있다. 우리말 문장의 시작은 한문을 번역한 문장으로 시작하였으므로, 한문 문장 구조의 특성에 많은 영향을 받았다. 한문의 원 문장을 해석한다는 의식에서, 상위술어적인 위치에서 그 원문을 드러내는 뜻이 있는 "-라" 형 종결어미를 주로 사용하면서, 우리말 문어체 문장의 일반적인 종결어미는 "-라"형이 되었다. 이러한 종결형의 양상이 이후 창작 텍스트의 탄생에서 어떤 영향을 미쳤으며, 각 장르의 초기 문체는 어떠했을까?

먼저 편지 텍스트는 특정한 상대방을 대상으로 말하듯 쓰는 장르이므로, 구어체적인 성향이 많이 나타났다. 개인별 문체 특징이 있었지만, "-다" 형 종결어미도 많이 썼다. 서술에 "-다"형 종결어미가 사용되게 되는 것은 1920년대 이후로 오는데, 편지글은 이른 시기에 "-다"형이 사용되었다.

일기 텍스트는 편지에 비해 문어체적이며, 다른 장르 (소설, 기사문, 논설문)에 비해서는 구어체적인 중간 성격을 지닌다. 종결어미로 "-더라"가 주로 쓰였지만, 시제중립의 "-다" 형도 간혹 쓰였다.

소설은 다른 장르와는 다르게 허구적 서사구조를 갖는 특별한 장르이다. 신소설 작가들은 이 점을 의식하였다고 생각된다. 종결어미 "-더라", "-이라", "-는다"와 연결어미 "는디"가 각각의 문체 효과를 가지면서 소설 구조와 관련된 유기적 기능을 갖는다. 지문으로, "-더라"가 쓰인 부분은 그 뒷부분에서 장면의 전환이 일어나든가, 독립적인 또 다른 하나의 장면이 서술된다. 반면에 지문으로, "-이라"가 쓰인 부분은 그 뒷부분이 앞의 내용과 계속 연관이 되는 장면으로 이어진다. 그러다가 지문으로, "는다"가 쓰이면 생동적인 변화가 일어난다. "-더라"와 "-이라"로 서술되는 장면이 감상적으로 호흡과 장단을 넣어가며 구연되듯 펼쳐지다가, "-는다"가 쓰인 문장에 이르면 속도가 빨라지고 읊조리듯 느리게 진행되던 장면이 갑자기 생동적으로 변화되게 한다. 여기에 덧붙여 지문에 쓰인 연결어미 "-는디"는 변사가 문장을 길게 이어가다가 이제 곧 중요한 이야기를 할 시점이라고 하는 것을 미리 드러내는 역할을 한다. 이러한 신소설의 문체 장치들이 고대소설은 그냥 낭독조의 어감을 주고, 신소설은 구연조의 어감을 주는 원인을 제공한다.

기사문 텍스트에서는 기사 작성자가 보거나 들은 것이라는 점을 그대로 옮기는 형태의 "-더라"가 일반적인 종결어미로 쓰였다. "-더라"는 기사작성자가 그 사실에 대해 보장한다는 확신감을 주지 못하는 형태이다. 현대의 기사문이 작성자의 존재를 숨기고 서술 대상에 중점을 두어 기정 사실화하는 방식으로 작성되는 것과는 매우 다른 것이다. 그런데 기사의 성격에 따라, 다른 종결형도 쓰였다. 문서를 기반으로 한 기정 사실인 경우에는 "-다"형을 써서, 종결어미의 문체적 효과를 매우 잘 인식하고 있었던 것으로 생각된다.

논설문 텍스트에서는 소설과 기사문의 종결형과는 다른 어미를 선택하고 있었다. 물론 논설 내용 중 누구에게 들은 내용인 경우 "-더라"를 쓰기도 했으나, 그렇지 않은 경우에는 거의 안 쓰였다. 논설문의 성격이 글쓴이의 단정적인 확신을 내보이는 문장이므로 거리감을 두고 보고하는 뜻을 지니는 "더라" 형식이 잘 안 맞는다는 인식을 했을 것으로 생각된다. 이 형태보다는 "-이라", "-니라", "-지라", "-노라", "-도다"가 주로 쓰였다. 지정을 하여 청자에게 제시하는 뜻이 있는 "-이라", 단정적인 것을 청자에게 제시하는 "-니라", 기정적인 사실임을 청자에게 제시하는 "-지라", 주관적인 의지를 선포하는 뜻이 있는 "-노라", 사태에 대한 화자의 감동의 뜻을 나타내는 "-도다" 등이 쓰임으로써 초기 논설 텍스트는 논설이라는 장르 인식이 있었던 것으로 보인다.

국어문장 초기에 실험된 언해문 문체의 언문불일치한 전근대성이 하나의 문장 전통이 되어 이후 개화기 시기까지 이어져 내려오지만, 한편으로는 각 장르의 특성에 대한 인식이 있어서 문장의 종결어미가 특정하게 선택된 점이 흥미롭다고 할 수 있다. 한문 문장 특성과 우리 말 문장의 교섭 관계, 또한 각 창작 장르의 상호텍스트성에 대한 인식 등 여러 요소가 복합적으로 작용하여 우리 국어 텍스트의 장르별 문체를 탄생시켰다.

## ▮12장 : 한국어 문장의 현대성

한국어를 적을 수 있는 문자가 1443년에 창제된 후, 한국어 문장은 매우 실험적인 형성 과정을 보였다. 신문 문장을 살펴보면, 1890년 대, 개화기 시대의 신문 문장은 중세 국어 시기의 의고적 문체를 그대로 닮아 있었다. 신문 문장은 기사문의 작성자가 사건의 서술을 단정하는 형식으로 서술되어야 하는데, 작성자가 보거나 들은 것이라는 보고 형태로서 문장이 작성되었다. 문장의 종결어미가 문체의 외현에 가장 두드러지는 특징을 드러내는 것인데, 신문 문장의 종결어미로 '-더라'로 씀으로써 이러한 전근대성을 보이고 있었다. 문장의 길이도 아주 길었고, 도치문 구성도 많이 사용되었다. 이러한 전근대성을 탈피하는 시기는 대략 1920년대부터 1930년대로 볼 수 있다. 한국에 신문이 나온 시기인 1980년대부터 아주 오랜 기간 동안 서서히 문장의 현대화가 이루어졌다. 기사보다 표제어나 부표제어에서부터 종결형 어미 '-다'를 썼고 기사문장에까지 확대되었다. 이러한 형식의 변화는 신문 문장이 보고자의 존재를 드러내지 않고서 사건에 대한 단정적 서술을 해야 하는 신문 문장의 특징을 잘 파악한다는 의의가 있는 것이다. 1940년대의 신문에서는 이전의 신문보다 더욱 현대성을 보이고 있다고 할 수 있다. 그러나 여전히 '이라 한다', '했다 한다'와 같은 표현을 써서, 신문 기사의 작성자가 그 사건에 대해 확실한 단정을 하지 못하고 보거나 들은 것이라는 뜻을 문장에 담고 있는 예도 나타났다.

## ▮13장 : 한국어의 역사적 변화의 성격과 미래

이 책에서 살펴 본 다양한 국어 변천 사실들은 의식의 변천사와 다분히 관련 되어 있는 것이라고 할 수 있다. 문물과 제도가 변하면서 사회는 바뀌고 사람들의 의식도 바뀐다. 이에 따라 언어도 바뀐다. 언어의 변천은 개개의 언어 사실로 보면 개별적인 연유를 가지고 변하는 것이나, 흐르는 역사의 강물을 따라 조망해 보면, 섬세하게 투영되는 의식의 산물임을 알 수가 있다. 국어사의 변화들

중 굵은 가지에 해당하는 몇몇 개별 사실들은 결국 우리 정신의 근대화의 동력
이었던 분석 정신과 실용 정신에 기인하여 발생된 것이라고 할 수 있다.

중세 국어 시기에는 매우 길었던 문장이 1920년 대 이후로 오면 짧아지기 시
작했다. 이러한 단문화 현상은 근대화의 동력인 분석 정신과 다분히 결부되어
있다고 하겠다. 중세 국어 시기에는 띄어쓰기를 하지 않았었다. 그런데 1890년
대의 신문에서부터 문장에 띄어쓰기를 한 것이다. 띄어쓰기는 국어 문장이 중세
시기의 비분절적인 한문 문화권 영향으로부터 서구의 분절적인 표기 영향을 받
게 되는 중요한 사건이었다. 띄어쓰기의 시도는 국민들이 잘 알아보게 하기 위
한 것이었고, 이는 실용주의에 입각한 것이라고 볼 수 있다. 글자들 덩어리로는
잘 알아 볼 수 없는 것을 단어별로 인식하면서 나누어 표기하고자 한 것은 이
당시의 새로운 지성적 분위기였던 분석 정신이 깔려 있는 것이라고 해석할 수
있을 것이다. 또한, 연결어미의 형태가 한 음절이 첨가되면서 분절적 어감을 더
했다는 것은 곧 인간의 분석 정신이 그 기저에 깔린 것이라고 이해할 수 있을
것이다.

또한, 문법 범주에서 격 기능에 맞는 표현, 구체적인 대명사 표현, 장르 특성
에 맞는 종결형태 사용 등의 변화는 실용정신과 다분히 관련이 있다고 해석된
다. 실용 정신이 현실의 세계를 있는 그대로 접수하는 정신이었다고 생각하면,
우리의 현실은 바로 인간 관계 (예: 수직적 관계, 수평적 관계)를 중요하게 생각
하는 문화였고, 이를 그대로 언어에 반영하고자 했던 변천의 과정으로 이해할
수 있는 것이다.

이 밖에 현대 시기에 와서 이루어진 언어 변화의 양상으로는, 경음화 현상이
심해져 가는데, 이것은 더욱 강하게 표현하고자 하는 심리의 경직화와 관련이
있다고 할 수 있다. 피동의 표현 '어 지다' 사용의 확대는 수동적 의식의 확대
와 관련이 있다고 할 수 있다. 보조동사의 확대 현상은 감정의 표현을 중하게
여기는 변화로서 이해할 수 있다.

앞으로의 한국어 변화를 점칠 수 있을까? 앞으로의 한국어는 이 세계 속에서
어떤 위상을 가지고서 한국어가 존재할 것인가 하는 것이 중요한 이슈가 될 것
이다. 의사소통의 수단으로서 우리에게 가장 절실한 언어가 무엇인가 하는 문제
가 아주 중요한 시기가 되었기 때문이다. 한 국가의 위상은 경제적 요인에 의해
좌우되겠지만, 결국은 그 국민의 조국 사랑 의식에서 비롯되는 것이다. 국수주

의적인 발상이라고 비난 받을 수 있으나, 우리는 그 어떤 언어보다도 섬세하게 우리의 감정을 표현할 수 있는 한국어를 중심에 둔 언어생활을 해야 하며, 한국 어의 변화에 대해서도 관심을 가지고 지켜볼 필요가 있다. 한국 곳곳에 녹아 있는 한국어 이름들, 한국어 문장들, 한국어 소리들, 한국어 유산들이 바로 우리의 정체성이기 때문이다.

참 고 문 헌

강기진 (1985). 국어 접속어미 '-니'와 '-니까'의 연구. 국어학 14. 국어학회.

간신항 (1982). 계림유사 고려방언 연구. 성균관대 출판부.

강상호 (1989). 조선어입말체 연구. 사회과학출판사.

고영근 (1987). 표준 중세국어 문법론. 탑출판사.

고영근 (1987). 표준 중세국어 문법론. 탑출판사.

고영근 (1999). 텍스트 이론 - 언어문학통합론의 이론과 실제. 도서출판 아르케.

고영근 (1987). 표준중세국어문법론. 탑출판사

구현정 (1989). 현대 국어의 조건월 연구. 건국대학교 대학원 박사학위 논문.

구현정 (2001). 대화의 기법. 경진문화사.

구현정 (2002). 통신언어 - 언어 문화의 포스트모더니즘. 국어학 36. 국어학회.

국어사연구회 (1997). 국어사연구. 태학사.

권영민 (1996). 개화 계몽 시대 서사 양식과 국문체. 문학과 언어학의 만남. 신구문화사.

권재일 (1988). 접속문 구성의 변천 양상. 언어 13-2. 한국언어학회.

권재일 (1989). 문법범주 실현방법의 역사성. 건국어문학 13,14. 건국대학교 국어국문학연구
　　　　회.

권재일 (1991). 문법 변화의 두 방향. 국어의 이해와 인식. 한국문화사.

권재일 (1994). 한국어 문법의 연구. 서광학술자료사.

권재일 (1998). 한국어 문법사. 박이정.

권재일 (2004). 구어 한국어의 의향법 실현 방법. 서울대 출판부.

김경일 (2003). 한국의 근대와 근대성. 백산서당.

김동언 (1996). 개화기 번역 문체 연구 -'텬로력뎡'을 중심으로. 한국어학 4. 한국어학회.

김미형 (1995). 한국어 대명사. 한신문화사.

김미형 (1995). 신소설 문체의 언어학적 분석. 어문학연구 3. 상명대학교.

김미형 (1996). 고대 소설의 문체 분석. 어문학연구 4. 상명대학교.

김미형 (1997a). 언해문(諺解文)의 문체 특징 연구. 어문학연구 6. 상명대학교

김미형 (1997b). 문체 유형의 언어 양상 연구. 어문학연구 5. 상명대학교.

김미형 (1997c). 문체와 문체 요인 (1). 한양어문 15. 한양어문학회.

김미형 (1998). 한국어 문체의 현대화 과정 연구
                    - 신문 문장을 중심으로. 어문학연구 7. 상명대학교.

김미형 (1999). <사상계 논문집>의 국어학적 고찰. 어문학연구 8. 상명대학교.

김미형 (2001). 한국어 대명사사. 한국어 의미학 9. 한국어 의미학회.

김미형 (2002). 국어 텍스트의 장르별 초기 문체 특징과 비교. 텍스트언어학 13. 한국텍스트언어학회.

김미형 (2003a). 번역의 틀로 형성되는 문체적 특징 연구
                    - 메타의사소통적 번역의 틀과 의고체. 한국언어문화 24. 한국언어문화학회.

김미형 (2003b). 구조등가적 번역의 틀과 의고체. 교육한글 16. 한글학회.

김상태/박덕은 (1994). 문체론. 법문사

김방한 (1983). 한국어의 계통. 민음사.

김방한 (1988). 역사- 비교언어학. 민음사.

김방한 (1998). 소쉬르. 현대 언어학의 원류. 민음사.

김봉군 (1994). 문체론과 수사학. 문체론. 대한교과서(주).

김상선 (1982). 문장수사학. 일조각.

김상태 (1994). 소설과 문체. 국어문체론. 대한교과서(주).

김상태/박덕은 (1994). 문체론. 법문사.

김석득 (1995). 우리말의 상징성 연구 -음소 상징어와 음소 상징을 가진 말/말맛/파생, 합성 문제-. 한글 229. 한글학회.

김성규 (1996). 중세 국어 음운. 국어의 시대별 변천·실태 연구. 국립국어연구원.

김성란 (2004). <노걸대>류 언해본에 대한 연구. 상명대 박사학위 논문.

김승곤 (1992). 국어 토씨 연구. 서광학술자료사.

김영배 (1979). 석보상절 23,24. 일조각.

김영황 (1978). 조선 민족어 발전력사 연구. 과학 백과사전 출판사.

김완진 (1983). 한국어 문체의 발달. 한국어문의 제문제. 일지사.

김완진 (1986). 음소의 분포와 어원연구. 국어학신연구. 탑출판사.

김완진 (1993). 향가해독법 연구. 서울대학교 출판부.

김용석 (2002). 깊이와 넓이 4막 16장. 휴머니스트.

김윤경 옮김 (1996). 언어와 행동. 한국문화사.

김인화 (1995). 현대 한국어의 음성상징어 연구. 이화여대 박사학위논문.

김일근 (1998). 언간의 연구. 건대출판부.

김일렬 (1991). 고전소설신론. 새문사.

김재홍 옮김 (1998). 시학. 고려대학교출판부.

김정수 (1984), 17세기 한국말의 높임법과 그 15세기로부터의 변천, 정음사.

김정우 (1994). 번역문체의 역사적 연구. 국립국어연구원.

김태옥 역 (2000). 은유와 실재. 한국문화사.

김한식 (2000). 한국 현대소설의 서사와 형식연구. 깊은샘.

김형주 (1996). 우리말 발달사. 세종출판사.

김혜숙 엮음 (1990). 언어와 삶. 태학사.

김홍범 (1995). 한국어의 상징어 연구. 연세대 박사학위논문.

김홍수 (1988). 언어학적 문체론의 위상과 과제. 국어국문학 100. 국어국문학회.

김홍수 (1990). 국어의 통사 현상과 문체. 강신항교수회갑기념 국어학논문집. 태학사.

김홍수 (1992). 국어문체론 연구의 현단계와 어학적 문체론. 국어국문학 40년. 집문당.

김홍수 (1993a). 국어 문체의 통사적 양상에 대한 연구. 한국언어문학 31.

김홍수 (1993b). 현대 국어 문체의 문법 현상에 대한 통시적 해석. 국어사 자료와 국어학
    의 연구. 문학과 지성사.

김홍수 (1997). 문체의 변화. 국어사연구. 태학사.

남기심 (1977). 개화기의 국어 문체에 관하여. 연세교육과학.

남기심 (1985). 접속어미와 부사형 어미. 말 10. 연세대학교 한국어학당.

노명완 (1994). 문체 연구와 심리. 국어문체론. 대한교과서(주).

려증동 (1973). 15세기 한국어 문체 연구. 문교부 연구 보고서.

리의도 (1989). 우리말 이음씨끝의 통시적 연구. 건국대학교 대학원 박사학위 논문.

민현식 (1991). 개화기 국어문체의 다양성과 그 기술의 균형을 위한 재검토. 제34회 국어
    국문학대회 발표 요지.

민현식 (1993). 개화기 국어사 자료에 대하여. 국어사 자료와 국어학의 연구. 문학과 지성사.

민현식 (1994a). 개화기 국어문체 연구. 국어국문학 111. 국어국문학회.

민현식 (1994b). 근대 국어의 문체. 국어문체론. 대한교과서 (주).

박갑수 (1977). 문체론의 이론과 실제. 세운문화사.

박갑수 (1998). 일반국어의 문체와 표현. 집문당.

박갑수 편저 (1994). 국어문체론. 대한교과서(주).

박경자·이재근 옮김 (1993). 심리언어학 입문. 한신문화사.

박동근 (1991). 한국어 상징어의 형태 의미 구조 연구. 건국대 대학원 석사학위논문.

박동근 (1997). 현대국어 흉내말의 연구. 건국대 박사학위논문.

박선자 (1992). 자질체계로서의 한글. 전남대 어학연구소 편(1992).

박승윤 (1992). 문체와 언어. 언어학과 인지. 한국문화사.

박영배 역 (1986). 언어학사. 학연사.

박영순 (1994). 문체론의 본질. 국어문체론. 대한교과서 (주).

박영순 (2001). 한국어의 사회언어학, 한국문화사.

박용순 (1978). 조선어 문체론 연구. 과학백과사전 출판사.

박진환 (1995). 수사심리학. 조선문학사.

백문식 (1998). 우리말의 뿌리를 찾아서. 삼광출판사.

백원담 편역 (1999). 인문학의 위기. 푸른숲.

서정수 (1977). '더'는 회상 기능을 가지는가? 언어 2-1. 언어학회.

서정수 (1991). 생각하는 힘을 기르는 문장력 향상의 길잡이. 한강문화사.

서정수 (1996). 국어문법. 한양대 출판원.

서준섭 (2001). 근대라는 '극장'에서 빠져나와 '광장' 한복판으로. 문학사상 344(2001.6). 문학사상사.

석주연 (2003). 서술의 시점과 국어 문법 현상의 이해. 제30회 국어학회 전국학술대회 발표논문집. 국어학회.

선혜영·황경식 옮김 (1986). 왜 언어가 철학에서 중요한가. 서광사.

손세모돌 (1985). <성경직히>에 나타난 종지법 어미 연구. 한양대 대학원 석사논문.

송문준 (1988), 소리흉내말의 씨가름에 대하여, 한글 200. 한글학회

시정곤 외 (2003). 한국어가 사라진다면. 한겨레신문사.

신중진 (1998). 현대국어 의성의태어 연구. 국어연구 154. 서울대 국어연구회.

신현숙 (1986). 의미분석의 방법과 실제. 한신문화사.

신현숙 (1990). A Subjectification Marker in Korean : -tela(더라). 언어 15. 언어학회.

심재기 (1999). 국어 문체 변천사. 집문당.

심재기 편 (1998). 국어 어휘의 기반과 역사. 태학사.

안동환 옮김 (1995). 과학과 인간의 목표 (Rapoport, A.. 1950). 한국문화사.

안병희 (1968). 국어의 문장 구조의 현대화에 관한 연구. 문교부 연구 보고서.

안병희 (1992). 국어사 연구. 문학과 지성사.

안병희·이광호 (1990). 중세국어문법론. 학연사.

안주호 (1997). 한국어 명사의 문법화 현상 연구. 한국문화사.

엄 훈 (2002). 조선 전기 공론 영역의 논변의 사례 분석. 텍스트언어학 12. 한국텍스트언어학회.

염광호 (1997). 종결어미의 통시적 연구. 박이정.

오상현 옮김 (1998). 지의 기법. 경당.

우리누리 (1995), 그래서 이런 말이 생겼대요 1,2. 도서출판 그린비.

원진숙 (1995). 논술교육론. 박이정.

유문수 (1974). 어휘상으로 본 한국 개화기 문장의 문체론적 연구. 고려대 교육학 석사논문.

유창돈 (1964). 이조어 사전. 연세대학교 출판부.

윤길순 옮김 (2001). 심리학. 김영사.

윤희원 (1993). 의성어·의태어의 개념과 정의. 새국어생활 3-2. 국립국어연구원.

이광린 (1989. 개화사상의 형성과 그 발전. 한국사시민강좌 제4집. 일조각.

이광정 (1995). 한문 언해문장의 문체적 특징. 한국어학 2. 한국어학회.

이기문 (1961/1972). 국어사개설. 탑출판사.

이기문·심재기·이정민·소홍렬 (1990). 한국어의 발전방향. 민음사.

이기우·이정애·박미엽 옮김 (1996). 인지 언어학의 기초. 한국문화사.

이남덕 (1985). 국어의 어원 연구 1, 2. 이화여자대학교 출판부.

이문규 (1996), 현대국어 상징어의 음운·형태론적 연구, 경북대 박사학위논문

이병혁 편저 (1986). 언어사회학 서설 - 이데올로기와 언어. 까치.

이석규 외 (2001). 텍스트언어학의 이론과 실제. 박이정.

이석주 (1994). 문체와 시대. 국어문체론. 대한교과서(주).

이선향 옮김 (1997). 사회과학의 이해 (Gilbert Abcatian & Monte Palmer 1974). 학문과 사상사.

이성범 (1999). 언어와 의미. 태학사.

이승욱 (1980). 종결어미의 통합적 관계 -{-다}, {-라}의 素性記述을 위하여. 남광우교
　　　수환갑기념논총. 일조각.

이영숙 (1991). 현대 국어 연결어미 'ㄴ/는데'의 분석. 김영배선생회갑기념논문집. 경운출판사.

이익섭 (1994). 사회언어학. 민음사.

이익섭 외 (1997). 한국의 언어. 신구문화사.

이정우 옮김 (2000). 의미의 논리. 한길사.

이진우 옮김. 1996. 현대성의 철학적 담론. 문예출판사.

이찬규 옮김 (2003). 언어 커뮤니케이션. 한국문화사.

이태영 외 (2000). 언어와 대중매체. 신아사.

이태준 (1939). 문장강화. 창작과 비평사.

이현희 (1982). 국어 종결어미의 발달에 대한 관견. 국어학 11. 국어학회.

이현희 (1993). <小學>의 언해본. 국어사 자료와 국어학의 연구. 문학과 지성사.

이현희 (1994). 중세국어구문연구. 신구문화사.

이현희. 1993. 小學의 언해본. 국어사 자료와 국어학의 연구. 문학과 지성사.

이희자 (2002). '의사소통의 최소 단위'로서의 '발화문'과 '문장'. 텍스트언어학 13. 한국텍
　　　스트언어학회.

이희재 옮김 (2000). 지적 사기. 민음사.

장경희 (1985). 현대 국어의 양태 범주 연구. 탑출판사.

장소원 (1986). 문법기술에 있어서의 문어체 연구. 국어연구 72. 서울대 대학원.

장은하 (2000). 개화기 시대 이후 문장의 문체 변화. 현대국어의 형성과 변천 3. 박이정.

전경욱 (1990). 춘향전의 사설형식 원리. 고려대학교 민족문화연구소

전남대어학연구소 편(1992), 훈민정음과 국어학, 전남대학교 출판부

전성기 (2002). 번역과 현대 한국어. 텍스트언어학 12. 한국텍스트언어학회.

전성기 옮김 (2001). 번역의 오늘 - 해석 이론. 고려대학교 출판부.

전정례 (1994). 중세 국어의 문체. 국어문체론. 대한교과서(주).

전정례 · 김형주(2002). 훈민정음과 문자론. 도서출판 역락

정대현 (1984). 한국어와 철학적 분석. 이화여자대학교 출판부.

정현종 역 (1980). 아는 것으로부터의 자유. 정우사.

조국현 (2002). 텍스트 구조 및 생산의 관점에서 본 메타의사소통의 역할. 텍스트언어학13.
　　　　한국텍스트언어학회.

조규태 (1999). 한글의 우수성. 한글사랑.

조남호 (1996). 중세국어 어휘. 국어의 시대별 변천 · 실태 연구 1. 국립국어연구원.

진태하 (1975). 계림유사 연구. 광문사.

채완 (1993). 의성어 · 의태어의 통사와 의미. 새국어생활 3 - 2. 국립국어연구원.

채완 (2000a). 국어 의성어 의태어 연구의 몇 문제. 진단학보 89. 진단학회.

채완 (2000b). 시조와 판소리 사설의 의성어 연구. 한민족문화연구 7. 한민족문화학회.

채완 (2001). 19세기 국어 의태어에 대한 고찰. 인문과학연구 7. 동덕여대 인문과학연구소.

채완 (2002). 의성어 의태어의 텍스트별 특성. 국어국문학 132. 국어국문학회.

최기호 외 (2000). 토박이말 사전. 토담.

최기호 (2000). 청산별곡의 형성 배경과 몽골 요소 문학한글. 한글학회.

최기호 · 김미형 (2000). 현대 교양인을 위한 언어와 사회. 한국문화사.

최석규 역 (1963). 낱말의 생태. 문교부.

최석재 (2000). 개화기 시대 이후의 단문화 과정. 현대 국어의 형성과 변천 3. 박이정.

최용호 옮김 (1995). 언어학과 정신분석학. 인간사랑.

최현배 (1937). 우리말본. 정음사.

한국어내용학회 편 (1998). 모국어와 에네르게이아. 국학자료원.

한국정신문화연구원 편 (1993). 언어 문화 그리고 인간. 고려원.

한덕웅 외 (2001). 인간의 마음과 행동. 박영사.

한글학회 (1992). 우리말 큰사전. 한글학회.

한말연구학회 (1996). 우리말 역사 연구. 박이정.

한미선 (1986). 문체 분석의 구조주의적 연구. 국어연구 74. 서울대 대학원.

허웅 (1975). 우리옛말본 - 15세기 국어형태론. 샘문화사.

허웅 (1982). 한국말 때매김법의 걸어온 발자취. 한글 178. 한글학회.

허웅 (1983). 국어학 - 우리말의 오늘 · 어제. 샘문화사.

허웅 (1988). 16세기 우리말 의향법에 대한 연구. 한글 201 · 202. 한글학회.

허웅 (1989). 16세기 우리 옛말본. 문화사.

홍기문 (1947). 조선어 문법 연구. 서울신문사.

홍대식 편저 (1998). 현대심리학 개론. 청암미디어.

홍미경 옮김 (1999). 지식의 역사1,2 (Charles Van Doren 1991). 고려문화사.

홍윤표·송기중 (1992). 국어문장의 구조와 논리. 한국어문 1. 정신문화연구원.

홍종선 (1996). 개화기 시대 문장의 문체 연구. 국어국문학 117. 국어국문학회.

홍종선 외 (2000a). 현대 국어의 형성과 변천 1. 박이정.

홍종선 외 (2000b). 현대 국어의 형성과 변천 2. 박이정.

홍종선 외 (2000c). 현대 국어의 형성과 변천 3. 박이정.

홍종선 편 (1998). 근대국어 문법의 이해. 박이정.

황병순 (1996). 말을 알면 문화가 보인다. 태학사.

황적륜 외 공역 (1993). 사회언어학. 한신문화사.

Ammon, U., N. Dittmar and K.J. Mattheier (1987). *Sociolinguistics : An International Handbook of the Science of Language and Society* Ⅰ. Berlin: Walter de Gruyter.

Baker, Mark, G. (2001). *The Atoms of Language*. Basic Books A Member of the Perseus Books Group.

Berman, Marshall. 1982. *All That Is Solid Melts into Air: The Experience of Modernity.* New York: Simon and Schuster (윤병호 외 역. 1994. 현대성의 경험: 견고한 모든 것은 대기 속에 녹아버린다. 현대미학사).

Bolton, K. and H. Kwok eds (1992). *Sociolinguistics Today : International Perspective.* Londin: Routeledge.

Fauconnier, Gilles and Mark Turner (2003). *The Way We Think : Conceptual Blending and Mind's Hidden Complexities.* Basic Books.

Greenberg (1966),

Harrison, Allen, F. and Robert M. Bramson (2002). *The Art of THINKING.* The Berkley Publishing Group.

Jacobs, R and P. Rosenbaum (1971), *Transformation, style, and meaning.* Waltham, Mass:Xerox Pub. Co..

Rapoport, Anatol (1950). Science and Goals of man. New York: Harper & Brothers.

Sampson, Geoffrey (1985), *Writing Systems,* The Standford University Press.

Swales, John, M. (1990). *Genre Analysis.* Cambridge University Press.

Wallace, Stephen (1982), Figure and Ground : The interrelationships of linguistic Categories. *TENSE–ASPECT: Between Semantics & Pragmatics,* TSL Vol1, Amsterdam: John Benjamins Publishing Company.

Waterman, John T. (1986), Perspectives in Linguistics(박영배 역, 언어학사, 학연사).

### ▌저자소개▌

김미형(문학박사)

· 상명대학교 한국어문과 교수

[논저]
한국어 대명사, 인지적 대조언어학의 방법론 연구, 언어와
사회, 인간과 언어, 현대한국어 학습 사전, 생활의미론, 생
활음운론, 한국어 과장표현 연구, 국어국문학도의 대중매
체 언어문화콘텐츠 창작, 조사 '이/가'와 '은/는'의 기본 전
제와 기능 분석 외 다수

\<개정판\>

# 우리말의 어제와 오늘
- 정신의 변화를 안고 흐른 국어의 역사 -

**개정판 1쇄 인쇄**  2012년 2월 10일
**개판판 1쇄 발행**  2012년 2월 28일

**저    자**  김 미 형
**발 행 인**  윤 석 현
**발 행 처**  제이앤씨
**책임편집**  최 인 노
**등록번호**  제7-220호

**우편주소**  ㉾ 132-702 서울시 도봉구 창동 624-1
            북한산 현대홈시티 102-1206
**대표전화**  02) 992 / 3253
**전    송**  02) 991 / 1285
**홈페이지**  http://www.jncbms.co.kr
**전자우편**  jncbook@hanmail.net

ⓒ 김미형 2012 All rights reserved. Printed in KOREA

ISBN 978-89-5668-892-3    93710        정가 22,000원